LAURENT MARIOTTE

W0380836

Mieux MANGER toute l'année

2019

SOLAR EDITIONS

MIEUX MANGER

Mieux manger toute l'année en 2019

D'ABORD, MERCI POUR L'ACCUEIL QUE VOUS AVEZ RÉSERVÉ À LA VERSION 2018 !

Pensé pour vous accompagner au quotidien, au marché et en cuisine, ce livre est celui que vous avez le plus plébiscité parmi tous ceux que j'ai écrits. Vous êtes nombreux à vous être mis ou remis à cuisiner grâce à lui. **J'en suis très heureux !**

Comment mieux faire ses courses ? Comment bien remplir ses placards, son frigo et son congélo ? Dans cette version 2019, chaque mois sur une double page, je vous livre aussi mes conseils.

Vous trouverez **365 nouvelles recettes** qui suivent les saisons et le calendrier. Imaginées pour mon émission de télévision et pour vous faciliter la vie en rentrant du travail, il y en a pour tous les goûts !

Des **recettes rapides** pour la semaine et de **grands classiques** pour le week-end. **Végétariennes**, **classiques**, **express**, **bon marché**, **à moins de 2 euros** par personne : vous les identifierez rapidement **grâce à de nouveaux tampons** !

Au début de chaque mois, une liste de produits de saison vous aidera à cuisiner **en respectant le calendrier des cultures et celui de la pêche** et à connaître la meilleure période pour déguster les fromages. Vous avez été nombreux à me demander plus de recettes sucrées, je vous propose donc plein de nouveaux desserts !

J'ai écrit ce livre dans ma cuisine, au jour le jour, comme un carnet de recettes. Mes proches ont été les premiers servis, et ils ont d'ailleurs leur place dans ce livre avec la recette du riz au lait de ma grand-mère, les œufs cocotte de ma mère, le poulet au curry de ma femme et les recettes préférées de mon fils : mon quotidien raconté en cuisine !

Bien manger et mieux manger, ce doit être accessible à tous !

J'espère que vous aurez autant de plaisir à lire ce livre que j'en ai eu à l'écrire.

Bonne cuisine et à bientôt !

Laurent Mariotte

JANVIER
au marché

MES INCONTOURNABLES

1 LE RADIS NOIR

En attendant le petit rose du printemps, j'en croque pour le radis noir ! Il régule notre intestin, et ça tombe bien, après les fêtes de fin d'année. Fraîchement râpé façon rémoulade ou dans un bouillon (voir page 8), le radis noir a tout bon !

2 LE PANAIS

Cousin germain de la carotte – on l'appelle aussi la carotte blanche –, c'est l'un des légumes racines que j'aime retrouver en hiver. Son goût frais et citronné séduit tout de suite. En purée, ajoutez-lui une goutte d'huile de sésame et quelques graines dorées, ça marche à tous les coups !

3 LES POIRES COMICE ET CONFÉRENCE

C'est le bon moment pour ces deux poires d'hiver ! La conférence, reconnaissable à sa silhouette tout en longueur, est juteuse à souhait. La comice, plus trapue, a pris le temps de se gorger de sucre. Les deux sont parfaites pour une tarte express (voir page 29).

LES FRUITS ET LÉGUMES *du mois*

CHEZ LE MARAÎCHER

Légumes :

- Betterave
- Cardon
- Carotte
- Céleri-rave
- Choux
- Chou-fleur
- Chou de Bruxelles
- Endive
- Épinard
- Navet
- Panais
- Poireau
- Pomme de terre
- Potiron
- Courge
- Crosne
- Topinambour
- Mâche

Fruits :

- Citron
- Clémentine
- Kiwi
- Mandarine
- Poire
- Pomme
- Orange
- Ananas
- Mangue
- Papaye
- Litchi
- Fruit de la Passion

MAIS AUSSI CHEZ LE POISSONNIER :

huîtres, oursins, coquilles Saint-Jacques, amandes de mer, crevettes bouquets, sole, merlan, rouget-barbet, julienne ou lingue, tacaud

ET CÔTÉ FROMAGER :

époisses, livarot, maroilles, munster, pont-l'évêque, vacherin Mont-d'Or

EN JANVIER
mes conseils pour
CHANGER SES HABITUDES ALIMENTAIRES

Les connaissances en nutrition évoluent, nos modes de vie sont plus sédentaires, notre volonté de mieux manger s'affirme… mais le temps, lui, ne s'allonge pas !

Ma solution ? S'atteler chaque mois à une bonne résolution autour du « mieux manger ». À la fin de l'année, vous mangerez mieux sans vous en apercevoir.

Ce mois-ci, je commence à manger :

- MOINS DE PRODUITS TRANSFORMÉS
- MOINS DE VIANDE
- PLUS DE LÉGUMES (DE SAISON)
- PLUS DE LÉGUMINEUSES

1 JE RESPECTE LES SAISONS

Pour moi, c'est une discipline de vie mai[s] aussi un jeu : suivre les saisons quan[d] j'achète mes produits ! D'un point de vu[e] écologique comme de celui de la santé sans oublier le sacro-saint goût, les sai-sons ont tout bon !

ASTUCES *saisons*

Tout mon livre est basé sur les saisons, vous n'avez qu'à suivre le guide ! Et n'oubliez pas de regarder chaque début de mois : vous y trouverez la liste des produits du moment.

Ma recette végétale

2 JE DÉCOUVRE LES PROTÉINES VÉGÉTALES

Pas plus de 500 g de viande par semaine (hors volaille), c'est ce que préconise l'Anses* depuis janvier 2017 pour éviter les maladies cardio-vasculaires et certains cancers. Une bonne façon de manger moins de viande est de goûter aux protéines végétales.

*Agence nationale de sécurité sanitaire de l'alimentation, de l'environnement et du travail

MES RECETTES PLEINES DE PROTÉINES VÉGÉTALES

Le 23 février :
Biscuits flocons d'avoine

Le 4 mars :
Steak végétal maison

Le 16 mai :
Salade pois et céréale

Le 24 juin :
Salade de fèves à l'orientale

3 J'ARRÊTE LES PLATS TOUT PRÊTS !

lus de 4 ou 5 ingrédients sur l'étiquette ? Alors mieux vaut eposer cet aliment-là en rayon ! Laissez le glutamate monoodique, le nitrite de sodium et leurs amis au supermarché et rganisez-vous pour faire vos bons petits plats vous-même lès que l'occasion se présente ! Dans notre bonne résoluion de mars (voir page 82), je vous donne mes astuces pour nieux s'organiser.

Plus de 35 % des aliments quotidiens des Français sont transformés ou ultra-transformés, avec des ajouts de sel, de sucre, de colorants, de texturants...

D'après le chercheur en alimentation Anthony Fardet.

MES RECETTES *Maison*

Le 3 avril :
Cordon-bleu au saint-nectaire

Le 8 mai :
Nuggets de poulet maison

Le 25 septembre :
Cookies au beurre de cacahuètes

Mardi

01

JANVIER

Soupe détox

AU POTIMARRON

ENTRE LES RESTES DE FOIE GRAS ET DE SAUMON, IL VOUS RESTE BIEN UN PEU DE PLACE POUR UNE SOUPE LÉGÈRE ET NOURRISSANTE ? MAIS OUI ! ET BONNE ANNÉ

RECETTE *Végétale*

Pour 4 personnes
Préparation : 10 min
Cuisson : 15 min

- ☐ 150 g de potimarron
- ☐ Le blanc de 1 petit poireau
- ☐ 5 tranches fines de gingembre frais
- ☐ ½ cuil. à soupe d'huile de pépins de raisin
- ☐ 90 g d'orge perlé à cuisson rapide
- ☐ 90 cl de bouillon de légumes
- ☐ ¼ de radis noir
- ☐ 2 cuil. à soupe de persil plat haché
- ☐ Huile de sésame (ou de noisette)
- ☐ Sel et poivre noir du moulin

1. Pelez et coupez le potimarron en petits cubes et émincez blanc du poireau très finement. Faites chauffer l'huile de pépins d raisin dans une casserole à feu moyen, jetez-y le blanc de poireau e le gingembre, et faites revenir le tout pendant 3 minutes en remuar régulièrement. Puis ajoutez les dés de potimarron et l'orge, sale poivrez et remuez à nouveau pendant 1 minute.

2. Versez le bouillon, portez à ébullition, puis baissez le feu, cou vrez la casserole et faites cuire (le temps indiqué sur le paquet) er remuant de temps en temps. Pendant ce temps, pelez et coupez le radis noir en bâtonnets, puis mélangez-les avec le persil.

3. Lorsque la soupe est prête, servez-la dans des bols, saupou drez du mélange de radis noir et de persil et terminez en arrosan de quelques gouttes d'huile. Dégustez immédiatement.

Si vous n'avez pas d'orge perlé sous la main, optez pour du blé précuit !

ENTRE *nous*

Diminutif de « détoxification », le mot « détox » revient en force en janvier. Il est question de nettoyer ses organes des déchets fabriqués par les aliments et leurs additifs. La vraie détox est opérationnelle sous forme de cure, grâce à des jus notamment. Cette soupe vous donnera un avant-goût de détox.

Mercredi
02
JANVIER

Lentilles
sauce gribiche

AH, LES LENTILLES ! BLONDES, VERTES, CORAIL... IL FAUT TOUJOURS EN AVOIR DANS SES PLACARDS. J'ADORE PRÉPARER CETTE RECETTE RASSASIANTE. LA SAUCE GRIBICHE LUI DONNE UN PETIT AIR BISTROT.

PAS CHER

1. Hachez les câpres, les cornichons et les herbes fraîches. Séparez les jaunes d'œufs des blancs et écrasez finement les jaunes dans un bol. Hachez également les blancs.

2. Rincez les lentilles et placez-les dans une casserole. Couvrez-les de 2 cm d'eau et faites-les cuire 20 à 25 minutes à petite ébullition. Salez-les en fin de cuisson. Égouttez-les.

3. Dans le bol où se trouvent les jaunes d'œufs, ajoutez la moutarde et mélangez. Incorporez peu à peu l'huile, comme pour une mayonnaise. Salez, poivrez et détendez la préparation avec le vinaigre. Ajoutez les câpres, les cornichons, les herbes et le blanc des œufs durs.

4. Terminez en mélangeant la sauce gribiche aux lentilles encore tièdes. Dégustez !

Pour 4 personnes
Préparation : 10 min
Cuisson : 20 à 25 min

- ☐ 250 g de lentilles vertes du Puy

Pour la sauce gribiche

- ☐ 2 œufs durs
- ☐ 1 cuil. à soupe de câpres
- ☐ 1 cuil. à soupe de cornichons
- ☐ 1 cuil. à soupe de persil
- ☐ 1 cuil. à soupe de cerfeuil
- ☐ 1 cuil. à soupe d'estragon
- ☐ 2 cuil. à café de moutarde fine
- ☐ 15 cl d'huile de tournesol
- ☐ 1 cuil. à soupe de vinaigre blanc
- ☐ Sel et poivre

MIEUX *MANGER*

Riches en protéines végétales, en fer et en minéraux, les lentilles permettent de diversifier nos menus. En salade, en garniture, en velouté, les végétariens le savent : elles ont tout bon ! Enrichies de céréales, elles vous permettront d'obtenir un plat équilibré riche en fibres.

GO !

Jeudi
03
JANVIER

FAIRE MANGER DU POISSON AUX ENFANTS N'EST PAS TOUJOURS FACILE ! MA GRAND-MÈRE Y ARRIVAIT GRÂCE AU MERLAN. UN POISSON DOUX, PRESQUE SUCRÉ, QUE J'AI GLISSÉ DANS CETTE BRANDADE À LA PATATE DOUCE. DOUCEUR, QUAND TU NOUS TIENS !

BRANDADE DE MERLAN
à la patate douce

our 4 personnes
Préparation : 20 min
uisson : 40 à 45 min

- 400 g de filets de merlan sans peau ni arêtes
- 4 patates douces
- 2 gousses d'ail
- 2 cm de gingembre frais
- 60 g de beurre + 20 g pour le plat
- 15 cl de lait
- 50 cl de bouillon de légumes
- ¼ de botte de coriandre
- 3 cuil. à soupe de grosse chapelure
- Fleur de sel et poivre du moulin

1. Pelez et coupez les patates douces en cubes. Dans une casserole remplie d'eau froide salée, faites-les cuire pendant 20 minutes environ avec l'ail pelé et écrasé.

2. Pelez le gingembre et hachez-le. Passez les patates douces au presse-purée ou écrasez-les à la fourchette. Mélangez la pulpe avec le beurre coupé en dés et le gingembre, puis versez progressivement le lait préalablement chauffé. Salez et poivrez.

3. Faites bouillir le bouillon de légumes dans une grande casserole, plongez-y les filets de poisson et laissez cuire à frémissement pendant 6 à 7 minutes.

4. Ciselez la coriandre. Égouttez le poisson, écrasez-le avec une fourchette, puis mélangez-le avec la purée de patates douces et la coriandre.

5. Beurrez un plat à gratin, garnissez de purée mélangée au poisson, saupoudrez de chapelure et enfournez pour 6 à 8 minutes sous le gril du four. Dégustez bien chaud.

MIEUX CONNAÎTRE

La patate douce fait partie des tubercules de saison ! Originaire d'Amérique du Sud, elle existe en deux couleurs, avec une chair jaune clair ou orange. Cette dernière, plus sucrée, a son rond de serviette dans mon bac à légumes. Son prix est accessible, pensez-y en faisant vos courses et ne lésinez pas sur la quantité. Vous saurez toujours quoi en faire. La preuve ce samedi (voir page 13) !

Vendredi

04

JANVIER

CUISSES DE POULET AU CITRON

Pour 4 personnes
Préparation : 10 min
Marinade : 2 h
Cuisson : 40 min

- ☐ 4 cuisses de poulet séparées en deux (hauts de cuisse et pilons)
- ☐ 1 cuil. à soupe de gros sel
- ☐ Le jus de 2 citrons
- ☐ 1 citron
- ☐ 60 g de gingembre frais
- ☐ 1 cuil. à soupe de feuilles de coriandre
- ☐ 1 paquet de chips de légumes variés

1. Désossez le haut des cuisses de poulet, aplatissez-les, salez-les au gros sel côté chair. Versez le jus des citrons sur les morceaux de cuisses de poulet et laissez mariner 2 heures au réfrigérateur dans un plat allant au four et couvert d'un papier film.

2. Égouttez les cuisses de poulet. Réservez la marinade dans un bol et ajoutez-y un petit verre d'eau.

3. Préchauffez le four à 200 °C (th. 6-7).

4. Découpez le citron en quartiers. Pelez le gingembre et coupez-le en lamelles épaisses.

5. Déposez à nouveau les cuisses de poulet dans le plat, parsemez de gingembre et de quartiers de citron. Enfournez le poulet pour 20 minutes et arrosez-le régulièrement de marinade.

6. Baissez le four à 180 °C (th. 6) et poursuivez la cuisson 20 minutes supplémentaires, continuez d'arroser régulièrement.

7. À la sortie du four, nappez de jus de cuisson et parsemez de feuilles de coriandre. Dégustez avec les chips de légumes.

DÈS QUE J'AI COMMENCÉ À CUISINER POUR MA FAMILLE, LE POULET AU CITRON EST DEVENU L'UN DE MES CLASSIQUES. VOICI UNE VERSION EXPRESS POUR UN SOIR DE SEMAINE !

MON TRUC *en plus*

Carottes, céleri, betterave : on trouve aujourd'hui des chips de légumes en sachet. Elles font partie de mes courses pour donner du croustillant à une recette express.

Essayez !

UIS QUE J'AI DÉCOUVERT CETTE FAÇON DE FAIRE CUIRE
PATATE DOUCE, JE NE M'EN LASSE PAS !
TIÈRE, CUITE AU FOUR, ELLE FAIT PARTIE
MES PLANS B QUAND JE SUIS À COURT D'IDÉES.
LA CUISINE À TOUTES LES SAUCES... LA PREUVE !

Samedi
05
JANVIER

atates douces AU FOUR
mes sauces

Je compte **1 patate**, petite ou moy-enne, par personne que je lave et brosse, sans la peler. Je l'enfourne pour 45 minutes à 240 °C (th. 8) en la retournant de temps en temps.

Pour la déguster, il suffit d'entailler sa peau et de glisser dans la fente **1 cuillerée à soupe de la sauce de votre choix.**

J'aime bien l'accompagner **d'un reste de tarama allongé avec du yaourt**, mais je vous conseille aussi d'essayer avec **des dés de chorizo** et **de la coriandre ciselée**.

Autre mariage gourmand qui marche à merveille : accompagnez votre patate douce rôtie **d'une grosse cuillerée de houmous** et **d'un filet de jus de citron**. Un régal !

MIEUX *s'organiser*

Demain, c'est galette ! N'hésitez pas à vous avancer en faisant la crème pâtissière dès aujourd'hui !

MIEUX *MANGER*

Comme sa cousine la pomme de terre, la patate douce est un féculent. Avec son énergie durable, elle stabilise notre appétit et permet d'éviter le petit creux qui survient 2 heures après le repas. Ce n'est pas moi qui le dis, mais selon le PNNS (Programme national Nutrition Santé), on ne mange pas assez de féculents. Il faut avoir la patate... douce !

Dimanche

06

JANVIER

C'EST L'ÉPIPHANIE !
ENTRE UNE GALETTE INDUSTRIELLE ET LA QUEUE CHEZ LE BOULANGER, N'HÉSITEZ PLUS... PASSEZ AU FAIT MAISON !

GRAND CLASSIQUE

GALETTE des Rois

Pour 6 à 8 personnes
Préparation : 30 min
Réfrigération: 2 h
Cuisson : 1 h

- ❑ 2 rouleaux de pâte feuilletée pur beurre
- ❑ 100 g de beurre
- ❑ 100 g de sucre glace
- ❑ 100 g d'œuf (ou 2 gros œufs) + 1 jaune pour dorer
- ❑ 50 g de farine
- ❑ 100 g de poudre d'amandes
- ❑ 1 cuil. à soupe de rhum ambré
- ❑ 1 fève

Pour la crème pâtissière
- ❑ 10 cl de lait entier
- ❑ ½ gousse de vanille
- ❑ 1 jaune d'œuf
- ❑ 20 g de sucre en poudre
- ❑ 10 g de farine ou de fécule de maïs

1. Préparez la crème pâtissière. Faites chauffer le lait avec vanille fendue en deux. À la première ébullition, coupez le feu.

2. Fouettez le jaune d'œuf avec le sucre, puis incorporez la fari progressivement. Lorsque le mélange est bien lisse, versez la mo tié du lait chaud en fouettant, sans faire mousser. Versez alors mélange dans la casserole contenant le reste du lait. Faites chau fer à feu doux en mélangeant sans cesse jusqu'à ce que la crèm épaississe. Arrêtez la cuisson.

3. Transférez la crème pâtissière dans un autre récipient, puis filmez la préparation au contact et réservez-la 2 heures minimum au réfrigérateur. Préchauffez le four à 180 °C (th. 6).

4. Dans un saladier, mélangez le beurre et le sucre glace, ajoutez les œufs, la farine, puis la poudre d'amandes et enfin le rhum Incorporez la crème pâtissière bien froide. Déposez la garniture su une pâte feuilletée à l'aide d'une poche à douille en laissant 2 c de pâte tout autour, que vous mouillez légèrement avec un pinceau et de l'eau. N'oubliez pas la fève !

5. Recouvrez le tout avec le second disque de pâte et soudez bien les bords avec les doigts pour éviter que la garniture ne s'échappe à la cuisson. À l'aide d'un couteau, chiquetez le bord (pratiquez de petites entailles). Dorez le dessus avec un jaune d'œuf dilué avec un peu d'eau.

6. Enfournez la galette pour 45 minutes, puis baissez le four à 160 °C ou 170 °C (th. 5-6) et poursuivez la cuisson 15 minutes Dégustez tiède.

MIEUX s'organiser

Vous aurez un peu plus de crème pâtissière que nécessaire. Congelez ce qu'il vous reste pour une autre galette !

ENTRE NOUS

L'Épiphanie permet de relancer le débat sur les deux qualités non négociables d'une galette digne de ce nom. Une pâte feuilletée pur beurre et une garniture généreuse en poudre d'amandes sans arômes artificiels : voici ma recette !

MON TRUC
en plus

Déposer du papier film au contact de la crème pâtissière permet d'éviter qu'elle sèche et qu'une croûte se forme en surface.

Lundi

07

JANVIER

MIEUX CONNAÎTRE

Les bucatinis sont de longues pâtes creuses et ces longs tubes se gorgent de sauce quand on les remue : j'adore ! Elles font la fierté de la région de Rome, où on les cuisine traditionnellement dans un ragoût de joue de bœuf tomatée. Vous pouvez aussi les remplacer par des spaghettis.

UN PLAT DE PÂTES POUR BIEN DÉMARRER LA SEMAINE ! ÉQUILIBRÉ, EN PLUS !

BUCATINIS AUX POIREAUX *et au jambon blanc*

Pour 4 personnes
Préparation : 25 min
Cuisson : 20 à 25 min

- 400 g de bucatinis ou autres pâtes sèches
- 2 petits poireaux
- 4 tranches de jambon blanc du boucher de 1 cm d'épaisseur environ
- 50 g de parmesan râpé
- 2 cuil. à soupe d'huile d'olive

Pour une béchamel sans beurre

- 40 g de fécule de maïs
- 50 cl de lait écrémé
- 1 pincée de noix de muscade en poudre
- Sel et poivre du moulin

PAS CHER

1. Lavez les poireaux, retirez les deux tiers de la partie verte. Coupez-les ensuite en deux, puis émincez-les. Taillez le jambon en petits dés.

2. Dans une grande poêle, faites chauffer l'huile d'olive, ajoutez les poireaux et faites-les revenir pendant 4 à 5 minutes avec une pincée de sel.

3. Pendant ce temps, délayez la fécule dans la moitié du lait froid, portez le reste du lait à ébullition, puis versez-le sur la préparation lait et fécule en mélangeant bien avec un fouet. Assaisonnez cette béchamel avec du sel, du poivre et de la noix de muscade. Laissez-la cuire à faible ébullition, sans cesser de remuer, pendant 5 à 6 minutes, jusqu'à épaississement.

4. Faites bouillir une grande quantité d'eau salée (comptez 10 g par litre d'eau) et plongez-y les pâtes. Dès qu'elles sont cuites *al dente* (voir temps de cuisson sur le paquet), égouttez-les.

5. Mélangez les pâtes avec les poireaux, un peu de béchamel (ajustez en fonction de la consistance souhaitée), les dés de jambon et le parmesan râpé. Rectifiez l'assaisonnement si nécessaire. Dégustez chaud.

Mardi

08

JANVIER

MA SALADE DE CHOU AU HADDOCK

LE FUMÉ DU HADDOCK &
LE CROQUANT D'UN BEAU CRUCIFÈRE !
AVEC CETTE SALADE,
VOUS NE FEREZ PAS CHOU BLANC !

Pour 4 personnes
Préparation : 10 min
Marinade : 30 min

- ½ chou blanc
- 320 g de filets de haddock
- 1 cuil. à café de moutarde forte de Dijon
- 2 cuil. à café de crème fraîche épaisse
- 2 cuil. à soupe d'huile de tournesol
- 1 cuil. à soupe de vinaigre de vin blanc
- 1 petit bouquet d'aneth
- Sel et poivre du moulin

1. Lavez et tranchez finement le chou, mélangez-le à la moutarde, la crème fraîche épaisse, l'huile de tournesol et le vinaigre. Salez et poivrez. Laissez macérer 30 minutes à température ambiante.

2. Ôtez la peau des filets de haddock et découpez de fines escalopes dans les filets.

3. Déposez-les sur la salade de chou. Parsemez de brins d'aneth et dégustez immédiatement.

MIEUX CHOISIR

Attention aux arnaques ! Pour être sûr que vous avez affaire à du vrai haddock, au moment de l'achat, vérifiez qu'il y a bien une ligne noire tout le long de la peau.

MIEUX s'organiser

Gardez l'autre moitié de chou pour jeudi, je ne vous en dis pas plus…

Mercredi

09

JANVIER

GRAND CLASSIQUE

UN PLAT UNIQUE AVEC 3 INGRÉDIENTS, MATIÈRE GRASSE COMPRISE ! DU GOÛT ET DE LA SIMPLICITÉ. ON COMPREND POURQUOI LE MAGRET FAIT PARTIE DES PLATS PRÉFÉRÉS DES FRANÇAIS !

Magret de canard
et pommes de terre sautées

- 2 magrets de canard
- 600 g de pommes de terre type belle de Fontenay, charlotte ou amandine
- Huile de tournesol, d'arachide ou graisse de canard
- Sel

Pour 4 personnes
Préparation : 10 min
Cuisson : 40 à 50 min
Repos : 5 min

1. Lavez et pelez les pommes de terre. Taillez-les en cubes de 1 cm de côté ou en rondelles de 3 mm d'épaisseur. Lavez-les soigneusement dans une bassine d'eau froide pour retirer le maximum d'amidon, puis épongez-les bien dans un torchon propre afin qu'elles ne terminent pas en purée pendant la cuisson.

2. Faites chauffer une poêle, et lorsqu'elle est bien chaude, versez un bon filet d'huile, puis les pommes de terre sur une seule couche. Laissez-les cuire 3 minutes sans y toucher, puis faites-les sauter toutes les 2 à 3 minutes. Comptez 20 minutes de cuisson. Salez-les après cuisson afin qu'elles restent bien croustillantes en surface.

3. Pendant la cuisson des pommes sautées, préchauffez le four à 150 °C (th. 5) et faites cuire les magrets. Incisez le gras des magrets, salez-les côté gras et déposez-les sur ce même côté dans une poêle allant au four. Faites cuire 8 à 10 minutes sur feu moyen. Dégraissez la poêle et faites cuire les magrets 3 minutes côté chair.

4. Enfournez la poêle pour 10 à 15 minutes, pour une cuisson de la viande bleue à saignante.

5. Débarrassez les magrets sur une planche à découper et laissez reposer 5 minutes avant de les trancher.

6. Servez les magrets avec les pommes sautées.

Jeudi

10

JANVIER

Salade de chou À LA JAPONAISE

Je coupe **un demi-chou blanc** très finement (si possible à la mandoline) et je le dispose dans un saladier.

Pour **la vinaigrette à la japonaise**, je fouette **15 cl de vinaigre de riz** et **3 cuillerées à soupe de cassonade** jusqu'à ce que celle-ci soit dissoute. J'ajoute ensuite **1 cuillerée à soupe de nuoc-mâm**, **1 cuillerée à soupe de sauce soja** et **2 cuillerées à soupe d'huile de tournesol** ou **de sésame**, et j'émulsionne tout ça.

Je mélange le chou émincé avec sa vinaigrette et je laisse mariner quelques heures au réfrigérateur. Au moment de servir, je parsème **de sésame noir ou doré** : c'est prêt !

Voilà une salade qui ne fera pas chou blanc auprès de vos invités.

SACHANT QU'IL ME RESTE LA MOITIÉ DU CHOU DE MARDI ET QUE J'AI BESOIN DE FAIRE À MANGER CE JEUDI, VOICI UNE SALADE AVEC LE MI-CHOU RESTANT !

ANTI GASPI

MON TRUC EN PLUS

Je garde l'huile de sésame au réfrigérateur pour éviter qu'elle ne rancisse trop vite.

MON *menu*

Pour la jouer nippon jusqu'au bout des doigts, accompagnez cette salade de brochettes yakitori (voir recette du mercredi 23 octobre, page 382).

Vendredi
11
JANVIER

EXPRESS

VEGGIE

QUELQUE CHOSE ME DIT QUE VOUS INVITEREZ SOUVENT CE PAIN AU FROMAGE À L'APÉRO OU POUR UNE SOIRÉE TÉLÉ. VOUS VERREZ, C'EST UN BON COPAIN !

PAIN AU FROMAGE

Pour 4 à 6 personnes
Préparation : 10 min
Cuisson : 20 à 25 min

- 1 boule de pain de campagne frais
- 100 g de fromage persillé (bleu d'Auvergne)
- 100 g de tomme de Savoie
- 100 g d'emmental
- 1 à 2 gousses d'ail
- Huile d'olive

Pour les condiments

- 1 cuil. à soupe de tomates séchées
- 1 cuil. à soupe de ciboulette
- 1 cuil. à soupe d'olives noires dénoyautées
- 1 cuil. à soupe de cerneaux de noix

1. Préchauffez le four à 180 °C (th. 6).
2. Frottez la boule de pain d'ail et badigeonnez-la d'huile d'olive.
3. Coupez profondément la boule de pain en quadrillage de 1 cm de côté environ afin d'obtenir une sorte de boule hérissée. Coupez les fromages en lamelles et glissez-les dans toutes les fentes.
4. Posez le pain sur une plaque allant au four, recouvrez-le de papier sulfurisé et enfournez pour 20 à 25 minutes.
5. Hachez les tomates séchées, la ciboulette, les olives noires et les cerneaux de noix. Parsemez ces condiments hachés sur le pain dès la sortie du four et dégustez avec les doigts, sans vous brûler !

VEGGIE

Samedi
12
JANVIER

Burger végé D'HIVER

Pour 4 personnes
Préparation : 15 min
Cuisson : 25 min

- 4 pains à burger (buns) ▢
- 4 steaks végétaux de kasha (voir le 4 mars, page 86) ▢
- 4 cuil. à soupe de yaourt grec ▢
- 1 pomme granny smith ▢
- 1 betterave cuite ▢
- Huile d'olive ▢
- Quelques feuilles de laitue ▢
- Sel et poivre ▢

1. Préparez les steaks de kasha selon la recette du 4 mars.

2. Faites chauffer une grande poêle avec un filet d'huile et faites-les cuire 2 minutes par face.

3. Mélangez le yaourt grec et le reste du persil haché qui a servi à réaliser les steaks, salez et poivrez.

4. Pelez et tranchez la pomme et la betterave.

5. Faites chauffer les buns à la poêle, tartinez-les de sauce au persil, puis ajoutez sur 4 demi-buns 1 à 2 feuilles de laitue, quelques tranches de pomme et de betterave, puis le steak de kasha. Fermez les burgers avec les 4 demi-buns restants et dégustez chaud.

EXPRESS

Pas le temps de préparer des steaks végétaux ?
Une fois n'est pas coutume : vous en trouverez au rayon traiteur de votre supermarché.

MON TRUC *en plus*

J'achète mes buns chez le boulanger : frais et sans additif, ça change tout !

Dimanche

13

JANVIER

DES BOULETTES FACILES À FAIRE : INUTILE D'ÉPLUCHER LE POTIMARRON ! CE PLAT EST DEVENU UN BASIQUE DE L'HIVER CHEZ MOI. JE LE SERS DÈS LA SORTIE DU FOUR ET TOUT LE MONDE ATTAQUE. C'EST ÇA, AUSSI LE WEEK-END

Mes boulettes de bœuf et potimarron

À LA MAROCAINE

Pour 4 personnes
Préparation : 10 min
Cuisson : 40 min

- 1 petit potimarron de 600 g environ
- 500 g de viande hachée pur bœuf
- 4 cuil. à soupe d'huile d'olive
- 1 cuil. à café de harissa
- 1 cuil. à café de ras el-hanout
- 1 gousse d'ail
- 2 cuil. à soupe de pignons de pin
- ½ tasse de feuilles de coriandre
- Sel et poivre noir du moulin

1. Préchauffez le four à 180 °C (th. 6).

2. Mélangez dans un bol l'huile d'olive, la harissa, le ras el-hanout, l'ail pelé et passé au presse-ail, les trois quarts de la coriandre hachée grossièrement, du sel et du poivre.

3. Coupez le potimarron en quatre, enlevez les graines, puis coupez chaque quartier en trois.

4. Badigeonnez au pinceau les tranches de potimarron avec une partie du mélange contenu dans le bol, puis déposez-les sur une plaque de cuisson couverte de papier sulfurisé et enfournez pour 20 minutes.

5. Ajoutez la viande hachée au reste du bol et mélangez le tout. Formez une douzaine de boulettes, puis déposez-les à côté des tranches de potimarron au bout des 20 premières minutes de cuisson. Poursuivez la cuisson encore 20 minutes.

6. Torréfiez légèrement les pignons de pin, à sec dans une poêle.

7. Dès la sortie du four, parsemez de la coriandre restante et les pignons torréfiés. Il n'y a plus qu'à vous régaler !

ENTRE *nous*

J'aime aussi cette recette avec de la viande de veau ou d'agneau.

Lundi

14

JANVIER

SOUPE À L'ÉCHALOTE

GRATINÉE AU BEAUFORT

- ☐ 400 g d'échalotes roses
- ☐ 200 g de pommes de terre (type bintje)
- ☐ 25 g de beurre
- ☐ 200 g de beaufort AOP
- ☐ Pain de campagne ou croûtons pour servir
- ☐ Sel et poivre

Pour 4 personnes
Préparation : 15 mi
Cuisson : 25 min

1. Pelez et émincez les échalotes. Pelez et coupez en petits cubes les pommes de terre.

2. Faites revenir le tout dans une casserole avec le beurre. Lorsque la préparation est légèrement roussie, couvrez-la de 3 cm d'eau et laissez cuire 20 minutes sans faire bouillir. Salez et poivrez.

3. Préchauffez le gril du four et râpez le beaufort.

4. Versez la soupe dans 4 bols, recouvrez-la de beaufort râpé et faites gratiner sous le gril quelques minutes (surveillez bien, c'est très rapide !).

5. Dégustez bien chaud, avec une tranche de pain de campagne ou des croûtons.

ÇA M'ÉNERVE !

Il n'y a qu'une échalote, qu'on se le dise ! La traditionnelle cultivée en Bretagne ou dans votre potager. Celle-ci est plantée à la main, et non semée comme la semi-hybride venue de Hollande et aussi vendue sous le nom d'échalote. Une bêtise validée par la Cour de justice européenne, qui a autorisé cette appellation. Et, question goût, cette échalote qui n'en a que le nom ressemble à un oignon. Aucun intérêt ! La véritable échalote rose est facile à reconnaître : elle contient 2 bulbes asymétriques avec une face bombée et l'autre plate. Pensez-y quand vous faites vos courses… à l'échalote !

Mardi

15

JANVIER

POULET coco curry

PAS LA PEINE D'ATTENDRE DES HEURES POUR PROFITER DU PARFUM D'UN CURRY. CETTE VERSION EXPRESS DONNE TOUT DE SUITE UN PETIT GOÛT D'AILLEURS, EN RENTRANT DU BOULOT, PAR EXEMPLE !

1. Coupez les blancs de poulet en dés. Versez le lait de coco dans une casserole avec le curry, le jus de citron et du sel. Portez à ébullition 1 minute. Ajoutez ensuite les dés de poulet et laissez cuire 8 minutes.

2. Écrasez grossièrement les cacahuètes. Faites-les griller dans une poêle sans matière grasse. Effeuillez la coriandre.

3. Versez le poulet au curry dans un plat. Parsemez-le de cacahuètes grillées et de feuilles de coriandre. Servez avec un riz basmati ou thaï.

EXPRESS

Pour 4 personnes
Préparation : 10 min
Cuisson : 10 min

- 4 blancs de poulet
- 20 cl de lait de coco
- 1 cuil. à soupe de curry en poudre
- Le jus de ½ citron vert
- 1 poignée de cacahuètes décortiquées
- Quelques brins de coriandre
- Sel

ENTRE *nous*

Et si on laissait les plus grands enfants cuisiner ? Les ados adorent les currys. Profitez donc de cette recette facile et rapide pour leur demander de faire la cuisine. Ainsi, ils auront au moins les bases pour se lancer dans un curry quand ils quitteront la maison !

Mercredi

16

JANVIER

Truite mi-cuite
AVOCAT GRILLÉ

Pour 4 personnes
Préparation : 15 min
Cuisson : 10 min

J'ADORE LE MARIAGE DE LA TRUITE ET DE L'AVOCAT. J'AI DÉCOUVERT CETTE FAÇON DE GRILLER L'AVOCAT CHEZ CARBON, UN RESTAURANT PARISIEN. CE PETIT GOÛT GRILLÉ LUI VA BIEN. J'AI EU ENVIE DE L'ASSOCIER À LA DOUCEUR DE LA TRUITE.

1. Mélangez tous les ingrédients de la vinaigrette.

2. Lavez, équeutez les radis, puis coupez-les en rondelles à l'aide d'une mandoline.

3. Coupez les avocats en deux, retirez le noyau central ainsi que la peau, coupez chaque moitié en deux dans la longueur. Faites chauffer 1 cuillerée à soupe d'huile d'olive dans une poêle, puis déposez les quartiers d'avocat et faites-les griller à feu vif 2 minutes environ sur chaque face.

4. Enrobez les pavés de truite de graines de sésame et faites-les cuire dans une poêle 2 minutes de chaque côté avec un peu d'huile.

5. Déposez les pavés dans des assiettes, ajoutez un peu d'avocat, quelques rondelles de radis et des feuilles de roquette. Arrosez de vinaigrette, salez, poivrez et dégustez.

- ☐ 4 filets de truite bien épais sans peau de 120 g chacun
- ☐ 2 avocats
- ☐ 1 botte de radis boules roses
- ☐ 2 cuil. à soupe de graines de sésame noir (ou doré)
- ☐ 2 cuil. à soupe d'huile d'olive
- ☐ 2 poignées de roquette

Pour la vinaigrette

- ☐ 1 cuil. à soupe de vinaigre balsamique
- ☐ 3 cuil. à soupe d'huile de noisette
- ☐ 1 cuil. à café de moutarde forte
- ☐ Fleur de sel et poivre du moulin

LE SUNDAE FAIT UN CARTON AUPRÈS DES ADOS.
ET SI ON EN PROFITAIT POUR LEUR MONTRER
UNE VERSION MAISON AVEC LE RESTE DU PAQUET
DE CACAHUÈTES OUVERT AVANT-HIER ?
ÇA SE TENTE, NON ?

Jeudi
17
JANVIER

EXPRESS

COUPE GLACÉE **FAÇON SUNDAE**

Pour 4 personnes
Préparation : 5 min
Cuisson : 4 à 5 min

Pour le coulis de caramel, je mets **100 g de sucre en poudre** à caraméliser à sec dans une casserole, sans le quitter des yeux.

Puis je porte à ébullition **20 cl de crème liquide** dans une autre casserole. Dès que le caramel prend une couleur ambrée, j'ajoute **la crème liquide chaude** en trois fois, en fouettant bien. J'incorpore ensuite **20 g de beurre demi-sel** et je mélange de nouveau. Le caramel doit épaissir légèrement.

Je concasse grossièrement **2 poignées de cacahuètes** et je les torréfie dans une poêle à sec pendant quelques minutes.

Je dresse dans chaque coupe **2 boules de glace vanille**, je nappe la glace **de caramel au beurre salé** et je parsème **d'éclats de cacahuètes** : c'est prêt !

MIEUX *CHOISIR*

Dans le commerce, vous trouverez de tout : des « crèmes glacées à la vanille », mais aussi des « glaces arôme vanille ». Évitez les crèmes glacées très jaunes à bas prix avec des grains noirs. Elles contiennent des colorants et les graines proviennent de gousses séchées et broyées pour faire illusion. C'est l'arôme qui donne le goût. Les glaces industrielles contiennent aussi trop d'air. C'est pour gonfler le prix ! Optez pour des crèmes glacées aux arômes naturels et riches en crème.

Vendredi

18

JANVIER

EXPRESS

Chou-fleur vapeur
DATTES ET NOIX

SOUVENT MAL AIMÉ, LE CHOU-FLEUR EST EN PASSE DE DEVENIR LE CHOUCHOU DE TOUS GRÂCE À CETTE CUISSON COURTE. ET JE NE PARLE PAS DE LA SAUCE QUI RELÈVE TOUT ÇA ! UNE DE MES RECETTES PRÉFÉRÉES EN HIVER !

Pour 4 personnes
Préparation : 10 min
Cuisson : 10 min

- 1 chou-fleur
- 4 à 6 dattes medjool
- 1 poignée de cerneaux de noix
- 1 petite noix de gingembre frais
- 6 cuil. à soupe d'huile d'olive
- 1 cuil. à soupe de sauce soja peu salée
- 1 cuil. à café de curcuma en poudre
- 1 petit bouquet de coriandre
- Sel et poivre

1. Prélevez les bouquets de chou-fleur, lavez-les et faites-les cuire 10 minutes à la vapeur.

2. Hachez les dattes et les noix. Pelez et hachez le gingembre.

3. Mélangez les dattes et les noix avec l'huile d'olive, la sauce soja, le curcuma et le gingembre, salez et poivrez.

4. Répartissez les bouquets de chou-fleur dans 4 assiettes, ajoutez le condiment aux dattes, parsemez le tout de feuilles de coriandre et dégustez tiède.

MON TRUC *en plus*

N'hésitez pas à préparer un peu plus de hachis de dattes et de noix : je garde toujours ce condiment à portée de main pour mes salades, mes soupes et mes purées. Il apporte de la saveur et du croquant !

TARTE AUX POIRES
cacao et pistaches

Samedi
19
JANVIER

Pour 4 à 6 personnes
Préparation : 15 min
Cuisson : 25 min

- 3 petites poires bio de fin de saison (type comice ou conférence)
- 1 rectangle de pâte feuilletée pur beurre de 15 cm × 30 cm de côtés environ
- 30 g de beurre doux
- 2 à 3 cuil. à soupe de pistaches nature
- 1 cuil. à soupe de pépites de cacao cru
- 1 cuil. à soupe de sucre en poudre

DEPUIS QUE J'AI DÉCOUVERT LES PÉPITES DE CACAO CRU, JE NE PEUX PLUS M'EN PASSER ! DANS UN FROMAGE BLANC, SUR DES FRUITS RÔTIS OU DANS UNE TARTE... ESSAYEZ !

1. Coupez les poires en tranches de 0,5 cm d'épaisseur dans la hauteur et épépinez-les. Disposez-les sur le rectangle de pâte en laissant 1 à 2 cm de pâte nue sur les côtés.

2. À l'aide d'un couteau, faites le tour des poires en incisant légèrement la pâte, sans la percer. Cela va permettre aux bords de la tarte de gonfler pendant la cuisson.

3. Préchauffez le four à 200 °C (th. 7).

4. Faites fondre le beurre avant d'en badigeonner la tarte à l'aide d'un pinceau. Parsemez les poires de pistaches concassées et de pépites de cacao, poudrez le tout de sucre et enfournez pour 25 minutes. Dégustez tiède.

MIEUX CONNAÎTRE

NE PAS CONFONDRE PÉPITES DE CACAO CRU ET GRUÉ DE CACAO.

Le grué est obtenu à partir de fèves concassées, torréfiées et débarrassées de leur peau. Il se distingue par son goût de cacao amer et grillé.
Séchées à plus basse température (45 °C), **les pépites de cacao cru** se distinguent par un mélange d'amertume et de fraîcheur.
Les deux se trouvent dans les épiceries bio ou sur Internet. En attendant d'en trouver, quelques carrés de chocolat hachés feront l'affaire !

UN DIMANCHE DE JANVIER ? VOILÀ UNE BELLE OCCASION DE RASSEMBLER LA FAMILLE ET LES COPAINS DEVANT UN VRAI CLASSIQUE RUSTIQUE. CHOISISSEZ UN COCHON BIEN ÉLEVÉ, S'IL VOUS PLAÎT !

Mon petit salé *aux lentilles*

Dimanche
20
JANVIER

GRAND CLASSIQUE

Pour 4 personnes
Préparation : 20 min
Dessalage : 1 h
Cuisson : 2 h 55

- ☐ 1,2 kg de petit salé (jambonneau, poitrine demi-sel, échine)
- ☐ 1 saucisse de Morteau
- ☐ 400 g de lentilles vertes du Puy
- ☐ 1 gousse d'ail
- ☐ 1 oignon
- ☐ 2 clous de girofle
- ☐ 3 carottes
- ☐ 1 cuil. à café de poivre noir en grains
- ☐ 1 bouquet garni
- ☐ 1 feuille de laurier

1. Faites dessaler le petit salé dans de l'eau fraîche le temps indiqué par votre boucher (1 heure en général), renouvelez l'eau de temps à autre.

2. Placez les morceaux de viande dans une grande cocotte, recouvrez d'eau froide et faites cuire à feu doux pendant 1 heure en écumant régulièrement.

3. Pelez la gousse d'ail et l'oignon. Piquez l'oignon avec les clous de girofle. Épluchez les carottes et coupez-les en rondelles. Ajoutez tous ces ingrédients, le poivre, le bouquet garni et la feuille de laurier dans la cocotte contenant le petit salé. Laissez mijoter 1 heure.

4. Ajoutez ensuite la saucisse de Morteau et poursuivez la cuisson 30 minutes.

5. Rincez les lentilles sous l'eau froide et mettez-les dans une casserole. Couvrez-les largement d'eau froide non salée, portez à ébullition et laissez frémir 25 minutes à couvert.

6. Égouttez les lentilles et le petit salé, retirez l'oignon et le bouquet garni, disposez les lentilles dans un plat, coupez la viande en morceaux et disposez-la par dessus. Dégustez chaud.

N'EN JETEZ PLUS

S'il vous reste du petit salé, gardez-le pour mardi prochain, je vous donne une autre idée de recette.

Lundi

21

JANVIER

Velouté de cardon
AU FENOUIL

VEGGIE

DES FIBRES, DES FIBRES, DES FIBRES !
EN HIVER AUSSI, IL EN FAUT. AVEC CETTE SOUPE DE CARDON, VOUS FEREZ LE PLEIN !

Pour 4 personnes
Préparation : 15 min
Cuisson : 25 min

- ☐ 500 g de cardon épineux avec feuilles
- ☐ 1 petite pomme de terre bintje
- ☐ 1 citron
- ☐ 1 oignon
- ☐ 20 g de beurre
- ☐ 1 cuil. à café de graines de fenouil
- ☐ 1l de bouillon de légumes
- ☐ 15 cl de crème liquide
- ☐ Quelques brins de cerfeuil
- ☐ Sel et poivre

1. Lavez le cardon, hachez les feuilles, éliminez les épines des tiges, effilez-les et émincez-les. Réservez-les dans une eau froide citronnée pour qu'elles ne noircissent pas.

2. Pelez et coupez en petits morceaux la pomme de terre et l'oignon.

3. Faites chauffer le beurre dans une casserole et faites-y revenir l'oignon, les graines de fenouil et le cardon sans les laisser colorer.

4. Ajoutez la pomme de terre, couvrez le tout de bouillon de légumes et laissez cuire 20 minutes à petite ébullition.

5. Mixez finement la préparation, ajoutez la crème, salez et poivrez, mélangez et servez dans des assiettes creuses avec quelques brins de cerfeuil.

MIEUX *CHOISIR*

C'est le dernier mois pour les cardons frais, mais on peut en trouver toute l'année, cuits au naturel et conservés en bocaux. Le cardon est un légume branche, cousin de l'artichaut, que l'on cultive traditionnellement dans la région Rhône-Alpes. N'oubliez pas les gants pour l'épluchage, car le cardon noircit les mains !

PAS QUESTION DE GASPILLER LES RESTES DU PETIT SALÉ DE DIMANCHE. FAITES-EN UNE SALADE EXPRESS AVEC L'ENDIVE, RELEVÉE D'OIGNON. J'AI PIQUÉ L'IDÉE DE MON ONCLE PIERRE QUI FAIT ÇA AVEC LE POT-AU-FEU. MERCI TONTON !

Mardi
22
JANVIER

ANTI GASPI

Salade d'endive
AVEC LE RESTE DE PETIT SALÉ

Pour 4 personnes
Préparation : 10 min
Cuisson : 10 min

- Le reste du petit salé de dimanche (viande et lentilles)
- 3 endives
- 1 oignon rouge ou 1 échalote
- 1 poignée de noisettes décortiquées
- 1 cuil. à soupe de vinaigre de vin rouge
- 3 cuil. à soupe d'huile de noix ou de noisette
- Quelques brins de cerfeuil

1. Préchauffez le four à 180 °C (th. 6).
2. Rincez les endives et émincez-les en rondelles. Pelez et hachez l'oignon. Concassez légèrement les noisettes et faites-les torréfier 10 minutes au four.
3. Mélangez le reste de petit salé, les noisettes, les endives, l'oignon, puis assaisonnez de vinaigre et d'huile de noix.
4. Parsemez de quelques brins de cerfeuil et c'est prêt !

MON TRUC *en plus*

Conservez les huiles de noisette et de noix au réfrigérateur, elles ranciront moins vite !

Mercredi
23
JANVIER

J'AI ÉTÉ ÉLEVÉ AU TAPIOCA ! MA GRAND-MÈRE LE METTAIT DANS UNE SOUPE. J'EN AI FAIT UN DESSERT EXOTIQUE GRÂCE À LA MANGUE !

TAPIOCA à la *mangue*

1. Faites bouillir le lait avec le sucre. Versez-y les billes de tapioca en pluie et faites cuire 10 à 15 minutes en mélangeant régulièrement.

2. Mixez la chair de la mangue avec un peu d'eau afin d'obtenir un coulis.

3. Hors du feu, ajoutez le coulis de mangue, mélangez, puis versez la préparation dans 4 verrines ou ramequins.

4. Laissez refroidir au réfrigérateur 30 minutes avant de déguster.

Pour 4 personnes
Préparation : 10 min
Cuisson : 10 à 15 min
Réfrigération : 30 min

- 4 cuil. à soupe de billes de tapioca (perles du Japon)
- 50 cl de lait
- 40 g de sucre en poudre
- 1 mangue bien mûre

MON TRUC *en plus*

Au moment où je fais bouillir le lait, j'ajoute une pincée de fève tonka en poudre. Son arôme proche de l'amande amère et de la vanille s'accorde avec les desserts. Essayez aussi sur une mousse au chocolat, vous m'en direz des nouvelles...

MIEUX *CONNAÎTRE*

Le tapioca est une fécule obtenue à partir des racines de manioc. On le trouve sous forme de gros flocons. Très en vogue dans les années 1960-1970, il permet d'épaissir les soupes et les desserts. Aujourd'hui, vous le trouverez aussi en petites billes sous le nom de perles du Japon. C'est ce que j'utilise pour ce dessert !

Jeudi

24

JANVIER

ONGLET DE BŒUF

sauce chimichurri

AVEC SES FIBRES LONGUES ET JUTEUSES, L'ONGLET FAIT PARTIE DE MES MORCEAUX PRÉFÉRÉS. ET JE NE SUIS PAS LE SEUL. PASSEZ LE BONJOUR À VOTRE BOUCHER !

Pour 4 personnes
Préparation : 10 min
Repos : 1 h + 5 min
Cuisson : 10 min

- 4 onglets de bœuf de 180 g
- 2 noix de beurre
- Huile de tournesol ou de pépins de raisin

Pour la sauce chimichurri

- 1 oignon
- 4 gousses d'ail
- 1 botte de persil frais
- 1 cuil. à café d'origan ou d'herbes de Provence
- 1 cuil. à café de cumin en poudre
- 1 pincée de paprika doux
- 1 pincée de piment de Cayenne
- 3 cuil. à soupe de vinaigre de vin
- 6 cuil. à soupe d'huile d'olive
- Sel et poivre du moulin

1. Laissez les onglets 1 heure à température ambiante avant de les faire cuire.

2. Préparez la sauce. Pelez et hachez l'oignon et les gousses d'ail, coupez-les en petits morceaux. Prélevez les feuilles de persil, mélangez-les aux herbes sèches, aux épices, à l'ail et à l'oignon, puis passez tous ces ingrédients au mixeur. Versez le vinaigre et l'huile d'olive en plusieurs fois dans le mixeur.

3. Faites chauffer une poêle. Lorsqu'elle est chaude, ajoutez une noix de beurre et un filet d'huile, puis faites-y cuire les onglets 5 à 7 minutes suivant l'épaisseur et la cuisson souhaitée. Salez et poivrez au milieu de la cuisson.

4. Débarrassez les onglets sur une grille et laissez-les reposer 5 minutes.

5. Servez les onglets avec une bonne cuillerée à soupe de sauce chimichurri.

ÇA M'ÉNERVE

Oubliez les grosses caissettes de viande rouge en promo dans les grandes surfaces. Hormis le fait que ces viandes ne sont pas assez matures, la qualité n'est pas tirée vers le haut. Engraissées aux céréales et à l'ensilage, les vaches sont nourries à la va-vite pour être rentables. L'éleveur et le consommateur sont tous les deux perdants.

MIEUX CONNAITRE

LA SAUCE CHIMICHURRI EST ORIGINAIRE D'AMÉRIQUE DU SUD, OÙ ELLE EST SERVIE EN ACCOMPAGNEMENT DES VIANDES RÔTIES OU GRILLÉES. VOUS POUVEZ AUSSI EN BADIGEONNER L'ONGLET AU COURS DE LA CUISSON. ELLE SE CONSERVE 15 JOURS AU RÉFRIGÉRATEUR.

CRÉMEUSE ET NOURRISSANTE, VOILÀ UNE VRAIE RECETTE D'HIVER ! EN PLAT UNIQUE OU EN GARNITURE, C'EST À VOUS DE VOIR. QUOI QU'IL EN SOIT, IL FAUT TOUJOURS AVOIR UN PAQUET DE POLENTA CHEZ SOI !

Vendredi
25
JANVIER

MA PURÉE DE POLENTA AU GORGONZOLA

Pour 4 à 6 personnes
Préparation : 10 min
Cuisson : 10 à 15 min

- 375 g de polenta sèche précuite
- 200 g de gorgonzola
- 1 petite pincée de cannelle
- Sel et poivre

1. Ôtez la croûte du gorgonzola et coupez-le en petits morceaux. Faites cuire la polenta en suivant les indications du paquet.

2. En fin de cuisson, ajoutez le gorgonzola en mélangeant vigoureusement. Lorsqu'il est bien fondu et incorporé, ajoutez une petite pincée de cannelle, mélangez et dégustez aussitôt.

TRINQUONS À L'ITALIENNE POUR ACCOMPAGNER LA POLENTA !

Entre les chianti, nero d'avola et barolo, le dieu Bacchus a gâté l'Italie en breuvages de qualité. Pour accompagner cette polenta au fort tempérament grâce au gorgonzola, je vous conseille un pecorino. Je ne parle pas du fromage au lait de brebis, mais d'un vin blanc italien issu du pecorino, un ancien cépage des Marches et des Abruzzes dans l'est de l'Italie. Ce vin à la robe dorée charme aussi par ses notes florales et une joyeuse acidité. Bon à marier avec cette polenta crémeuse et généreuse !

ENTRE *nous*

J'aime aussi cette recette avec un bleu d'Auvergne, un roquefort ou encore un bleu de Bresse pour donner du crémeux !

VEGGIE

Samedi

26

JANVIER

SAINT-JACQUES au beurre de corail

DE NORMANDIE, ON CONNAÎT LE BEURRE ET LA CRÈME, MAIS LES SAINT-JACQUES NE SONT PAS MAL NON PLUS ! CORAILLÉES ET CHARNUES, ELLES SE PLAISENT BIEN DANS LA BAIE DE SEINE.

Pour 4 personnes
Préparation : 10 min
Cuisson : 10 à 15 min

- ☐ 8 à 12 noix de saint-jacques avec corail (selon la taille)
- ☐ Huile d'olive
- ☐ Fleur de sel
- ☐ Poivre noir

Pour le beurre de corail

- ☐ Le corail des saint-jacques
- ☐ 1 échalote
- ☐ 10 cl de vin blanc sec
- ☐ 60 g de beurre demi-sel
- ☐ 1 cuil. à café de crème fraîche liquide

1. Pelez et ciselez finement l'échalote. Placez-la dans une petite casserole et ajoutez le vin blanc, qui doit réduire aux deux tiers.

2. Hors du feu, incorporez le beurre bien froid coupé en petits dés et la crème au fouet.

3. Coupez le corail des saint-jacques en petits morceaux. Ajoutez-les au beurre et à la crème, et maintenez la préparation au chaud au bain-marie avant de la mixer.

4. Faites chauffer une poêle avec un filet d'huile d'olive et saisissez rapidement les noix de saint-jacques, 1 minute par face. Assaisonnez de fleur de sel.

5. À l'aide d'un mixeur plongeant, mixez la sauce au corail.

6. Nappez le centre de 4 assiettes de beurre de corail et disposez dessus 2 à 3 noix de saint-jacques, parsemez de quelques éclats de poivre noir et servez aussitôt.

DEPUIS QU'UN AMI ITALIEN M'A DONNÉ SA RECETTE D'AMARETTI, JE NE PEUX PLUS M'EN PASSER ! VOUS AUSSI, METTEZ-VOUS À LA MODE DE CES MACARONS ITALIENS !

BISCUITS amaretti

EXPRESS

Pour 10 à 15 biscuits
Préparation : 10 min
Cuisson : 10 min

- 2 blancs d'œufs
- 100 g de sucre en poudre
- 180 g de poudre d'amandes
- 1 cuil. à soupe de farine
- 3 à 4 gouttes d'extrait d'amande amère
- 1 pincée de sel
- Sucre glace

1. Préchauffez le four à 180 °C (th. 6).

2. Montez les blancs d'œufs en neige avec une pincée de sel. Incorporez le sucre en poudre peu à peu, en fouettant jusqu'à obtenir une meringue lisse.

3. À l'aide d'un fouet, mélangez la poudre d'amandes et la farine. Puis incorporez délicatement les deux préparations à l'aide d'une spatule. Ajoutez l'extrait d'amande amère.

4. Formez des petites boules entre les mains et roulez-les dans le sucre glace. Disposez-les sur une plaque en tôle recouverte de papier sulfurisé. Aplatissez-les légèrement avant d'enfourner pour 10 minutes.

5. Laissez refroidir avant de les déguster ou de les conserver dans une boîte à biscuits.

ÇA M'ÉNERVE

Pourquoi les gâteaux industriels sont-ils si souvent composés d'additifs, de conservateurs et de colorants alors que les ingrédients de ces biscuits suffisent ? Pour faire des économies et assurer une longue conservation, les fabricants en oublient trop souvent le goût ! Ça vaut le coup de faire un atelier amaretti et de les conserver dans une boîte, non ?

Lundi
28
JANVIER

VEGGIE

MA TARTE

AU CHÈVRE FRAIS ET POIREAUX

Pour 4 personnes
Préparation : 15 min
Cuisson : 35 min

- ❑ 200 g de pâte feuilletée pur beurre
- ❑ 4 à 5 poireaux
- ❑ 200 g de fromage de chèvre frais
- ❑ 1 œuf
- ❑ 10 cl de crème liquide
- ❑ 1 cuil. à café de graines de cumin

VOUS LE SAVEZ, J'ADORE LES TARTES ! EN VOICI UNE IMPROVISÉE AVEC LES RESTES DU RÉFRIGÉRATEUR. POUR QU'ELLE AIT FIÈRE ALLURE, J'AI JUSTE MIS LES POIREAUX AU GARDE-À-VOUS !

1. Préchauffez le four à 180 °C (th. 6).

2. Foncez un moule à tarte avec la pâte et réservez-la au réfrigérateur le temps de continuer la recette.

3. Enlevez la partie dure des feuilles vertes des poireaux. Lavez-les soigneusement. Faites-les cuire 5 minutes, pas plus, dans un grand volume d'eau bouillante fortement salée. Égouttez-les et épongez-les bien en fin de cuisson. Incorporez l'œuf et la crème au fromage de chèvre. Ajoutez les graines de cumin. Étalez la préparation sur le fond de tarte. Coupez les poireaux en tronçons de 2 cm. Disposez-les debout, bien serrés les uns contre les autres sur la préparation de chèvre et enfournez pour 30 minutes.

4. Servez chaud, accompagné d'une salade verte.

Mardi

29

JANVIER

TRUITE POMMES À L'HUILE

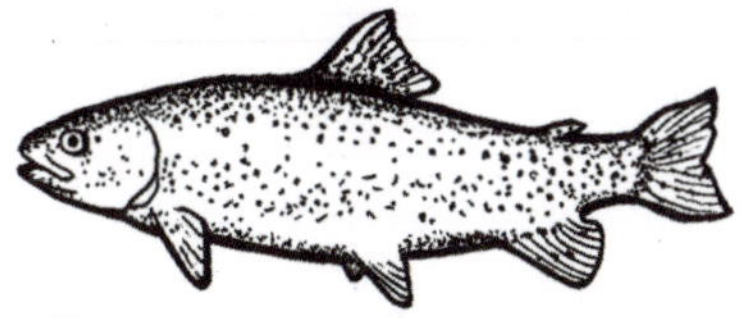

LE HARENG POMME À L'HUILE EST UN CLASSIQUE DES BISTROTS. J'ADORE ÇA ! JE ME SUIS RETROUVÉ UN JOUR AVEC UN JOLI LOT DE FILETS DE TRUITE. POUR NE PAS EN GASPILLER, J'AI IMAGINÉ CETTE ENTRÉE BISTROTIÈRE...

Pour 4 à 6 personnes
Préparation : 10 min
Salage : 30 min
Marinade : 1 nuit

- 8 filets de truite arc-en-ciel
- 100 g de gros sel gris
- 8 pommes de terre à chair ferme (amandine, Charlotte ou belle de Fontenay)

Pour la marinade

- 1 carotte
- 1 oignon
- 1 gros brin de thym frais
- 2 feuilles de laurier
- 1 cuil. à soupe de graines de coriandre
- 35 cl d'huile d'olive minimum

1. Recouvrez les filets de truite de gros sel pendant 30 minutes (afin d'exhausser le goût et de raffermir la chair).

2. Pelez et émincez finement la carotte et l'oignon. Mélangez tous les ingrédients de la marinade dans un plat creux.

3. Rincez rapidement les filets de truite sous un filet d'eau froide et épongez-les avant de les placer dans la marinade. Laissez-les une nuit au réfrigérateur.

4. Le lendemain, faites cuire les pommes de terre dans une casserole remplie d'eau froide salée. Comptez 15 minutes à partir de l'ébullition, puis égouttez les pommes de terre et épluchez-les.

5. Disposez des pommes de terre coupées sur chaque assiette, accompagnées des filets de truite. Arrosez d'un filet de jus de citron avant de les déguster.

Mercredi

30

JANVIER

Mon risotto DE COQUILLETTES courge et jambon

S'IL Y A UNE RECETTE RASSEMBLEUSE, C'EST BIEN CELLE-CI. C'EST MON JOKER, QUAND JE SUIS À COURT D'IDÉES, POUR RÉUNIR ADULTES ET ENFANTS AUTOUR D'UNE ASSIETTE ULTRA-GOURMANDE !

- ❑ 400 g de coquillettes
- ❑ 200 g de courge musquée
- ❑ 100 g de jambon blanc du boucher
- ❑ 1,5 l de bouillon de veau
- ❑ 40 g de beurre
- ❑ Sel et poivre

Pour 4 personnes
Préparation : 5 min
Cuisson : 20 min

1. Faites chauffer le bouillon de veau dans une casserole, puis versez-le dans un récipient.

2. Pelez et émincez la courge. Dans une casserole, faites-la revenir 3 minutes dans la moitié du beurre.

3. Ajoutez les coquillettes et mélangez pendant 2 minutes.

4. Ajoutez une louche de bouillon chaud et mélangez constamment. Lorsque le liquide est quasi absorbé, ajoutez de nouveau une louche de bouillon et continuez l'opération jusqu'à ce que les coquillettes soient cuites et liées au bouillon. Salez et poivrez légèrement.

5. Ajoutez le beurre restant et le jambon coupé en lanières ou en carrés. Mélangez, servez dans des assiettes creuses et dégustez aussitôt.

BOUILLON DE CHOU AUX CHAMPIGNONS

MIEUX MANGER AU QUOTIDIEN, C'EST AUSSI SE FAIRE PLAISIR ET DU BIEN EN MÊME TEMPS. LA PREUVE AVEC CE BOUILLON RICHE EN FIBRES, EN VITAMINES ET EN ANTIOXYDANTS GRÂCE AU CHOU ET AUX SHIITAKÉS.

Pour 4 personnes
Préparation : 15 min
Cuisson : 25 min

- 800 g de shiitakés ou d'un mélange de champignons frais
- 1/4 de chou vert frisé
- 3 échalotes
- 2 gousses d'ail
- 1 cube de bouillon de volaille bio
- 2 cuil. à soupe d'huile d'olive
- 6 brins de cerfeuil
- Sel et poivre du moulin

1. Nettoyez les champignons et émincez le chou vert. Pelez et hachez l'échalote et l'ail.

2. Dans une poêle, faites suer l'échalote dans l'huile d'olive avec une pincée de sel pendant 3 minutes. Ajoutez les champignons et faites-les revenir à feu vif pendant 5 minutes, versez l'ail haché et poursuivez la cuisson 1 à 2 minutes, le temps que toute l'eau des champignons se soit évaporée. Ajoutez 1 litre d'eau, le cube de bouillon de volaille, et poursuivez la cuisson pendant 15 minutes. Rectifiez l'assaisonnement. Ajoutez le chou vert 5 minutes avant la fin de la cuisson.

3. Versez le bouillon dans des bols et parsemez de feuilles de cerfeuil. Dégustez chaud.

FÉVRIER
au marché

MES INCONTOURNABLES

1 LE CÉLERI-RAVE

Pour le choisir, ce n'est pas compliqué : il n'y a qu'une seule variété ! Invitez-le tout cru et râpé dans une salade de pommes et de noix arrosée d'huile de noisette. Dans une purée, je le marie à un fromage bleu : une explosion en bouche ! Retrouvez-le dans ma ratatouille d'hiver (voir page 70).

2 L'ORANGE SANGUINE

Que j'aime sa couleur ! Elle est due au même pigment que celui qui colore les cerises, les aubergines et même certaines fleurs. Son petit goût musqué lui donne un caractère unique. En quartiers dans une salade ou en jus dans une vinaigrette, pensez-y !

3 L'ENDIVE

C'est le bon mois pour en déguster de pleine terre. Fermes, elles possèdent une amertume plus prononcée et perdent moins d'eau en cuisson que celles cultivées dans de l'eau avec des nutriments. Peu calorique, excellente pour le foie, l'endive a bonne mine !

LES FRUITS ET LÉGUMES *DU MOIS*

CHEZ LE MARAÎCHER

Légumes :

- Carotte
- Courge
- Potiron
- Céleri-rave
- Chou
- Chou-rave
- Fenouil
- Chou-fleur
- Mâche
- Panais
- Poireau
- Salsifis
- Topinambour
- Rutabaga
- Navet
- Endive

Fruits :

- Avocat
- Orange
- Citron
- Clémentine
- Mandarine
- Pamplemousse
- Pomme
- Poire
- Kiwi

MAIS AUSSI CHEZ LE POISSONNIER :

coquilles Saint-Jacques, huîtres, chinchard, tacaud, merlan, grondin, rouge, lieu noir, lieu jaune, hareng

ET CÔTÉ FROMAGER :

livarot, beaufort, laguiole, ossau-iraty, comté, salers, époisses, parmesan reggiano, vacherin Mont-d'Or, soumaintrain, bleu de Gex

EN FÉVRIER

mes conseils pour

MIEUX GÉRER SON FRIGO

On a tous un frigo, mais le connaît-on bien ? Ce mois-ci, je vous propose de nous réapproprier cet objet du quotidien pour qu'il nous aide vraiment à « mieux manger » !

Mon frigo et moi :

- JE NETTOIE MON FRIGO CHAQUE SEMAINE AU VINAIGRE BLANC.
- JE LE RANGE RÉGULIÈREMENT EN LISANT LES ÉTIQUETTES POUR ÉVITER D'OUBLIER UN ALIMENT À CONSOMMER RAPIDEMENT.
- JE L'OUVRE AVEC PARCIMONIE ET LE REFERME RAPIDEMENT POUR ÉVITER LA DÉPERDITION DU FROID.

1 LES TEMPS DE CONSERVATION

-viande crue : 2 jours

-poisson cuit : 2 jours

-plats maison : 2-3 jours dans un récipient fermé, en verre de préférence

-pâtisseries et entremets maison ou du pâtissier : 2 jours

-lait UHT entamé : 3 jours

-œuf dur : 1 semaine

ATTENTION : 1 JOUR MAX

-steak haché du boucher et abats
-poissons crus et fruits de mer
-mousse au chocolat, mayonnaise et toutes les préparations maison à base d'œuf cru
-lait frais

DLC ET DLUO

Au frigo, on en perd parfois son latin devant les étiquettes… Ne confondez plus :

- **la DLC**
C'est la date limite de consommation, au-delà de laquelle vous risquez une intoxication alimentaire, même si, souvent, on peut la dépasser un peu pour les yaourts… En revanche, on ne rigole pas avec la viande et le poisson !

- **la DLUO**
C'est la date limite d'utilisation optimale, au-delà de laquelle le produit est consommable mais n'a plus toutes ses qualités (saveur, odeur…). Mais ce n'est pas une raison pour le jeter !

2 QUELQUES ALIMENTS À NE PAS METTRE AU FRIGO !

Les œufs
L'humidité rend leur coquille poreuse et ils absorbent les odeurs.

Le gingembre frais
Il moisit plus rapidement au frais.

Les tomates, le melon, les pêches et les fraises
Elles perdent leur saveur au froid.

Les pommes de terre
À la température du frigo, l'amidon se transforme en sucre.

3 BRAVO LES FRIGOS PARTAGÉS !

Partager un frigo au bureau ou dans son hall d'immeuble, c'est le bon moyen d'éviter le gaspillage. Chacun y dépose les aliments qu'il n'aura pas le temps de manger avant la péremption et tout le monde peut se servir. Une initiative à retrouver, par exemple, sur partagetonfrigo.com

Ma pâte brisée (page 362), comme toutes les pâtes à tarte, a besoin de se détendre au frais pour ne pas se casser lorsqu'on l'étale. Je l'oublie 1 heure au frigo avant de sortir le rouleau !

Vendredi

01

FÉVRIER

Ma bavette
SAUCE ROQUEFORT

TOUT COMME LES HARENGS POMMES À L'HUILE ET LE POIREAU VINAIGRETTE, LA BAVETTE EST UNE DIGNE REPRÉSENTANTE DE LA CUISINE DE BISTROT. EN GÉNÉRAL, ON VOUS DONNE LE CHOIX DE LA SAUCE : BÉARNAISE, ROQUEFORT, BOURGUIGNONNE ? J'AI CHOISI !

Pour 4 personnes
Préparation : 15 min
Cuisson : 30 à 35 min

GRAND CLASSIQUE

- 2 bavettes de 300 g chacune
- 1 chou-fleur
- 120 g de roquefort
- 20 g de beurre
- 20 cl de crème légère liquide
- 1 cuil. à café rase de fécule de maïs
- Quelques brins de ciboulette
- Sel et poivre

1. Préchauffez le four à 180 °C (th. 6).

2. Prélevez les bouquets du chou-fleur. Coupez en deux les plus gros, gardez les plus petits entiers. Disposez le chou-fleur sur une plaque tapissée de papier sulfurisé. Faites fondre le beurre et badigeonnez les bouquets de chou-fleur avec le beurre fondu. Salez légèrement. Faites cuire 25 à 30 minutes. Sortez du four et poivrez.

3. Dans une casserole, faites chauffer la crème à feu moyen, ajoutez la fécule et fouettez jusqu'à ce que la sauce épaississe légèrement (elle doit rester relativement liquide, sinon elle figera en refroidissant). Hors du feu, ajoutez le roquefort coupé en cubes, fouettez rapidement et poivrez.

4. Dans une poêle bien chaude, faites cuire la bavette avec un filet d'huile de tournesol, 2 à 3 minutes de chaque côté, selon la cuisson désirée. Laissez reposer la viande 2 minutes à couvert dans la poêle. Versez la sauce au fond du plat, puis déposez les bavettes coupées en tranches, les bouquets de chou-fleur, et terminez en parsemant de ciboulette ciselée.

À la place

Pour ceux qui n'aiment pas le roquefort, faites une sauce moutarde express en remplaçant le fromage par de la moutarde à l'ancienne.

ENTRE *nous*

Ayez toujours du pain à proximité... Comme dit mon ami Laurent Baffie, saucer n'est pas tromper !!

VIVE LA CHANDELEUR, LA FÊTE DES CRÊPES !
NATURE, CHOCOLAT OU PISTACHE, CETTE ANNÉE IL Y AURA DE LA PÂTE À CRÊPE POUR TOUS LES GOÛTS !

CRÊPES CACAO ET PISTACHE

Pour 10 crêpes environ
Préparation : 10 min
Repos : 1 h
Cuisson : 10 min

- ☐ 300 g de farine
- ☐ 60 g de sucre en poudre
- ☐ 1 pincée de sel
- ☐ 2 œufs
- ☐ 1 l de lait
- ☐ 2 cuil. à café de cacao amer
- ☐ 1 cuil. à soupe de pistaches en poudre

1. Mélangez la farine, le sucre et le sel dans un saladier. Creusez un puits pour y incorporer les œufs préalablement battus. Versez progressivement le lait, jusqu'à obtenir une pâte consistante et fluide.

2. Divisez la pâte en deux et incorporez le cacao dans une moitié de pâte à crêpes, et les pistaches en poudre dans l'autre. Laissez reposer 1 heure au réfrigérateur. Si la pâte vous semble un peu épaisse après 1 heure de repos, ajoutez un peu d'eau froide. Fouettez de nouveau les pâtes à crêpes pour homogénéiser le mélange.

3. Graissez la poêle et faites sauter vos crêpes !

MON TRUC *en plus*

Pour faire honneur à la crêpière, qui est de sortie, et afin d'éviter que les crêpes n'attachent, graissez-la légèrement avec de l'essuie-tout imbibé d'huile.

Dimanche

03

FÉVRIER

CHOUCROUTE riquewihrienne

Recette régionale

J'AI DÉCOUVERT CE PLAT LORS D'UN TOURNAGE EN ALSACE. MISE AU POINT PAR UN CHEF ÉTOILÉ, CETTE CHOUCROUTE VERTE EST AUJOURD'HUI CHOUCHOUTÉE PAR 6 RESTAURANTS QUI ONT SIGNÉ UNE CHARTE DE PARFAITE EXÉCUTION DE LA RECETTE. ESSAYEZ, ÇA VAUT LE DÉTOUR !

Pour 4 personnes
Préparation : 30 min
Cuisson : 1 h 30

Pour la choucroute

- ☐ 1,2 kg de chou à choucroute
- ☐ 1 oignon
- ☐ 3 gousses d'ail
- ☐ 2 grosses cuil. à soupe de matière grasse (saindoux ou graisse de canard)
- ☐ 20 cl de riesling
- ☐ Baies de genièvre
- ☐ Poivre 5 baies
- ☐ 2 feuilles de laurier
- ☐ 250 g de saucisse d'oie
- ☐ 200 g de saucisse de canard
- ☐ 200 g de saucisse blanche à la pistache
- ☐ 100 g de lard en tranche (facultatif)
- ☐ 4 pommes de terre vapeur

Pour la sauce verte

- ☐ 1 l de crème liquide
- ☐ 500 g de persil plat
- ☐ Un mélange d'herbes : 1 bouquet de basilic, 1 botte d'aneth, 1 botte de cerfeuil, 2 feuilles de sauge, 3 feuilles de coriandre, 2 branches de thym, 1 branche de romarin, quelques feuilles d'estragon
- ☐ 50 g de beurre
- ☐ Sel et poivre

1. Préparez la choucroute. Émincez le chou. Pelez et émincez l'oignon et l'ail, puis faites-les blondir avec la matière grasse dans une casserole assez haute.

2. Ajoutez le chou préalablement rincé à l'eau et le vin. Laissez le vin s'évaporer 5 minutes. Ajoutez 50 cl d'eau, les baies de genièvre, le poivre et les feuilles de laurier. Laissez cuire à couvert 1 h 20.

3. Pendant ce temps, préparez la sauce verte. Faites réduire la crème dans une casserole, hachez le persil et mélangez-le à la crème jusqu'à obtenir une couleur bien verte. Ciselez les autres herbes, ajoutez-les à la crème de persil, assaisonnez et montez au beurre.

4. Goûtez et vérifiez l'assaisonnement de la choucroute. Disposez les saucisses et les pommes vapeur directement sur le chou, et laissez-les réchauffer 10 minutes. Retirez les saucisses et les pommes de terre, mélangez la sauce verte au chou.

5. Dans le plat de service, disposez la choucroute, placez dessus les saucisses, le lard légèrement grillé à la poêle, les pommes de terre, et servez aussitôt.

À LA PLACE

Didier Freguin, le chef du restaurant Le Médiéval, m'a transmis cette recette de Riquewihr pour vous. Il la sert avec de sublimes saucisses de canard et d'oie. Si vous n'en trouvez pas, remplacez-les par des saucisses de Montbéliard, de Morteau ou des saucisses fumées de votre région. Merci Didier !

MON TRUC *en plus*

Pour gagner du temps, vous pouvez faire cette recette avec une choucroute déjà cuite, achetée chez votre boucher-charcutier.

EN
ALSACE

Lundi

04

FÉVRIER

ANTI GASPI

Comme une *flammekueche*

MIEUX MANGER TOUTE L'ANNÉE, C'EST AUSSI L'ART DE CUISINER LES RESTES !
PLUTÔT QUE DE SE JETER SUR UN PLAT PRÉPARÉ TROP SOUVENT ENRICHI DE GRAS ET DE SUCRE, VOICI MA RECETTE EXPRESS, QUI DONNE UNE DEUXIÈME VIE À NOTRE CHOUCROUTE VERTE DE LA VEILLE !

MIEUX *MANGER*

Le chou fermenté est excellent pour bichonner notre microbiote. Riche en antioxydants, en fibres et en vitamines, il est reconnu pour lutter contre l'apparition de certaines maladies. Y a pas de mal à se faire du bien !

JE CONFECTIONNE UNE PÂTE À FLAMMEKUECHE

en mélangeant **250 G DE FARINE** et **1 PINCÉE DE SEL** dans un saladier. J'incorpore au fur et à mesure **5 CL D'HUILE NEUTRE** et **10 À 15 CL D'EAU TIÈDE** à la farine, en pétrissant jusqu'à ce que la pâte soit homogène. J'étale très finement la pâte au rouleau sur un plan de travail fariné et je lui donne une forme de rectangle, comme la vraie flammekueche !

JE DISPOSE LA PÂTE SUR UNE PLAQUE ALLANT AU FOUR, TAPISSÉE DE PAPIER SULFURISÉ.

Je préchauffe le four au thermostat maximum **(ENVIRON 240 °C, TH. 7-8)**. Je pèle et j'émince finement **2 OIGNONS**, que je répartis sur la pâte. Je découpe **LES RESTES DE SAUCISSES** en tranches fines. S'il n'y en a pas, je remplace par des **LARDONS** ! Pour finir, je dispose le reste de choucroute riquewihrienne bien égouttée sur la pâte et **J'ENFOURNE POUR 8 À 10 MINUTES**.

À déguster aussitôt !

Mardi
05
FÉVRIER

NOUVEL AN CHINOIS

Porc au caramel

**C'EST LE NOUVEL AN CHINOIS !
POUR VOUS METTRE À L'HEURE DE NOS AMIS CHINOIS,
JE VOUS INVITE À CUISINER CE PLAT, UN CLASSIQUE DE L'EMPIRE DU MILIEU.**

Pour 4 à 6 personnes
Préparation : 15 min
Marinade : 30 min à 1 h
Cuisson : 1 h 10 à 2 h

EXPRESS

- ☐ 600 g d'échine de porc taillée en bouchées
- ☐ Sel et poivre

Pour le caramel

- ☐ 100 g de sucre en poudre

Pour la marinade

- ☐ 1 gousse d'ail
- ☐ 15 g de gingembre frais
- ☐ 1 gros oignon
- ☐ 5 cl de sauce soja
- ☐ ½ cuil. à café de cinq-épices
- ☐ 10 cl de nuoc-mâm
- ☐ 2 cuil. à soupe d'huile d'arachide

1. Pelez et hachez l'ail, le gingembre frais et l'oignon.

2. Dans un plat creux, rassemblez tous les ingrédients de la marinade, ajoutez la viande et laissez mariner 30 minutes à 1 heure à température ambiante.

3. Dans une petite casserole, faites un caramel brun avec le sucre et 2 cuillerées à soupe d'eau.

4. En parallèle, faites chauffer une sauteuse ou un wok sur feu vif, ajoutez un filet d'huile d'arachide et faites saisir la viande égouttée. Une fois dorée, ajoutez le liquide de la marinade filtré.

5. Versez le caramel, mélangez, ajoutez 50 cl d'eau et laissez mijoter 40 minutes à 1 heure à couvert jusqu'à ce que le liquide ait bien réduit.

6. Salez, poivrez et servez aussitôt accompagné de riz et/ou de légumes sautés.

ÇA M'ÉNERVE

En France, 90 % des porcs sont élevés de manière intensive. Entendez par là : hors sol, sans jamais fouler la moindre prairie. Mieux vaut payer un peu plus cher et acheter des porcs fermiers élevés en plein air, Label Rouge ou bio. Vous verrez, ça en vaut le goût !

#CHOISISBIENTONPORC

Mercredi

06

FÉVRIER

- ▢ 4 kiwis mûrs
- ▢ 4 à 6 g de feuilles de gélatine
- ▢ 30 cl de crème liquide entière
- ▢ 30 g de sucre en poudre
- ▢ ½ gousse de vanille
- ▢ ½ citron vert
- ▢ 2 cuil. à soupe d'arilles de grenade
- ▢ 2 cuil. à soupe de noix de coco, râpée ou en copeaux

1. Mettez les feuilles de gélatine dans un bol d'eau bien froide et laissez tremper une dizaine de minutes.

2. Pelez 2 kiwis et mixez-les sans en faire un coulis.

3. Versez la crème liquide et le sucre dans une casserole. Fendez la gousse de vanille en deux et grattez-la au-dessus de la casserole, mélangez, puis faites chauffer.

4. Lorsque la crème est chaude, retirez du feu, puis râpez le zeste du ½ citron vert au-dessus de la crème et mélangez. Ajoutez les feuilles de gélatine essorées entre vos mains et mélangez bien. Laissez légèrement tiédir.

5. Répartissez le kiwi mixé au fond de verres en l'étalant légèrement sur les côtés avec le dos d'une cuillère. Versez très doucement la crème dans les verrines, puis mettez au frais pour 2 heures au moins.

6. Avant de servir, pelez les 2 kiwis restants et coupez-les en cubes. Mélangez-les aux arilles de grenade et parsemez les panna cotta de ce mélange. Terminez par la noix de coco et dégustez.

PANNA COTTA SIGNIFIE « CRÈME CUITE » EN ITALIEN. POUR ÉQUILIBRER LA DOUCEUR ET LA SENSUALITÉ DE CE DESSERT, JE FAIS APPEL À LA CHAIR VERTE ET ACIDULÉE DU KIWI !

PANNA COTTA AU KIWI

Pour 4 personnes
Préparation : 15 min
Trempage : 10 min
Cuisson : 5 à 10 min
Réfrigération : 2 h

À LA PLACE

Vous pouvez remplacer la gélatine par de l'agar-agar. Attention à son super pouvoir gélifiant : comptez 1 g d'agar-agar pour 6 à 8 g de gélatine. Il est impératif de tremper celle-ci dans un liquide froid et de lui donner une ébullition pour qu'elle prenne.

MIEUX CONNAÎTRE

Au pied des Pyrénées, les producteurs de l'Adour ont été les premiers à implanter la culture des kiwis, il y a 30 ans. À l'origine, c'est un fruit chinois, mais la greffe a pris dans les Landes grâce au climat océanique doux et tempéré et au sol limoneux.

FILETS DE TACAUD et purée de betterave

MIEUX MANGER, C'EST AUSSI DIVERSIFIER SON ALIMENTATION. EXÉCUTION AVEC LE MARIAGE D'UN POISSON ET D'UN LÉGUME BON MARCHÉ.

Pour 4 personnes
Préparation : 15 min
Cuisson : 25 min

- 4 filets de tacaud de 250 g environ (avec peau, mais sans arêtes)
- Huile d'olive
- 10 cl de vinaigre de Xérès
- Sel et poivre

Pour la purée

- 400 g de betterave rouge crue
- 150 g de pommes de terre bintje
- 25 g de beurre
- 5 cl de lait à température ambiante
- Sel et poivre

1. Pelez la betterave et la pomme de terre. Coupez-les en morceaux et disposez-les dans une casserole. Couvrez de 3 cm d'eau salée et faites cuire 20 minutes à petite ébullition.

2. Égouttez-les et passez-les au moulin à légumes (grille fine). Faites chauffer la purée dans une casserole sur feu doux afin de la dessécher légèrement. Incorporez-y le beurre en petits morceaux, puis le lait. Fouettez vigoureusement. Maintenez la purée au chaud, au bain-marie, le temps de cuire les filets de poisson.

3. Faites chauffer une poêle antiadhésive avec un filet d'huile d'olive. Dès la première fumée, posez-y les filets de poisson côté peau. Laissez cuire 2 minutes sur la peau, puis 1 minute côté chair. Salez, poivrez.

4. Disposez une belle cuillerée à soupe de purée de betterave sur le coin de chaque assiette, puis le filet de tacaud au centre, peau croustillante au-dessus. Déglacez la poêle avec le vinaigre de Xérès et laissez réduire de moitié sur feu vif. Disposez un filet de vinaigre réduit le long du poisson et servez aussitôt.

MIEUX CHOISIR

Les poissons aussi ont une saison. En ce moment, c'est celle du tacaud. Le label « Pêche durable », issu de l'établissement national FranceAgriMer, nous aide à bien choisir pour respecter le cycle de reproduction, le parcours migratoire, les conditions météorologiques ou encore l'état des stocks, qui peuvent varier d'une année à l'autre. Acheter des poissons de pêche durable vous permettra aussi de cuisiner autre chose que du cabillaud, du saumon ou du merlan.

FONDUE BOURGUIGNONNE
FAÇON SHABU-SHABU

1. Coupez la viande en tranches fines.

2. Lavez les champignons, le blanc de poireau et le chou chinois. Émincez-les. Pelez le radis noir, coupez-le finement à la mandoline ou râpez-le. Faites chauffer le bouillon de bœuf avec 2 litres d'eau dans un poêlon résistant à la chaleur. Mettez à infuser la cannelle et les bâtons de citronnelle coupés en deux dans la longueur. Portez à ébullition.

3. Préparez les deux sauces en mélangeant les ingrédients.

4. Installez-vous à table et plongez tour à tour la viande, les lamelles de champignon, de poireau et de chou chinois dans le bouillon, jusqu'à la cuisson désirée. Dégustez avec le radis noir râpé et les sauces.

Pour 6 personnes
Préparation : 20 min
Cuisson : 5 min

- ☐ 400 g de rumsteck
- ☐ 400 g de poire de bœuf
- ☐ 400 g de bavette
- ☐ Un bouillon de bœuf bien corsé
- ☐ 1 bâton de cannelle
- ☐ 2 bâtons de citronnelle

Pour la sauce tartare
- ☐ 8 cuil. à soupe de mayonnaise maison (voir recette page 364)
- ☐ 1 cuil. à café de piment en poudre
- ☐ 2 cuil. à soupe de fines herbes hachées
- ☐ 1 cuil. à soupe de câpres et de cornichons hachés

Pour la sauce cocktail
- ☐ 8 cuil. à soupe de mayonnaise maison
- ☐ 4 cuil. à soupe de ketchup
- ☐ 1 cuil. à café de cognac

Différents légumes
- ☐ Shiitakés frais ou champignons de Paris, ½ chou chinois, ½ radis noir, 1 blanc de poireau...

Matériel
- ☐ 1 service à fondue

Samedi

09

FÉVRIER

Pour 4 personnes
Préparation : 10 min
Cuisson : 40 min

- 1 l de lait entier
- 40 g de sucre en poudre
- 1 étoile de badiane
- 150 g de riz rond (à risotto)
- 2 clémentines

Pour la sauce chocolat

- 100 g de chocolat noir à 70 % de cacao
- 40 g de beurre demi-sel

AH, LE RIZ AU LAIT ! MA GRAND-MÈRE EN FAISAIT UN DANS UN MOULE GARNI DE CARAMEL. COMME POUR LA MAJORITÉ DE NOS RECETTES D'ENFANCE, JE N'AI JAMAIS RÉUSSI À RETROUVER LE GOÛT DE CE DESSERT... VOICI DONC MA VERSION DE SAISON ET CHOCOLATÉE !

1. Faites bouillir le lait avec le sucre et la badiane.

2. Versez le riz et laissez frémir à feu doux pendant 40 minutes, en remuant régulièrement.

3. Transférez le riz au lait dans un saladier, laissez tiédir, puis ôtez la badiane.

4. Pelez les clémentines à vif et prélevez les segments. Incorporez-les délicatement au riz au lait avant de le réserver au réfrigérateur.

5. Préparez la sauce chocolat 5 minutes avant de servir. Faites fondre le chocolat au bain-marie. Laissez-le tiédir, puis incorporez le beurre froid.

6. Servez le riz au lait dans les assiettes et zébrez-le de sauce chocolat.

RIZ AU LAIT sauce chocolat

Dimanche

10

FÉVRIER

VEGGIE

MES SOUFFLÉS

fond d'artichaut parmesan

INCONTOURNABLE DU CONGÉLATEUR, LE SACHET DE FONDS D'ARTICHAUTS EST UNE VALEUR SÛRE. TELLEMENT PRATIQUE QUE JE M'AMUSE À EN FAIRE UN SOUFFLÉ !

Pour 4 personnes
Préparation : 15 min
Décongélation : 12 h (pour des fonds d'artichauts cuits)
Cuisson : 20 à 40 min

- 300 g de fonds d'artichauts surgelés
- 40 g de parmesan (Parmigiano Reggiano)
- 3 œufs + 1 jaune
- 1 citron (facultatif)
- 1 cuil. à soupe de fécule de maïs
- 1 cuil. à soupe d'huile d'olive
- Sel et poivre
- Beurre pour le moule

1. Si vous utilisez des fonds d'artichauts crus surgelés, faites-les cuire 15 à 20 minutes sans décongélation dans une eau bouillante salée et citronnée. Égouttez et réservez. Si vous utilisez des fonds d'artichauts cuits surgelés, faites-les décongeler 12 heures au réfrigérateur, dans une assiette et emballés dans du papier film.

2. Préchauffez le four à 180 °C (th. 6). Râpez le parmesan. Mixez les fonds d'artichauts, puis ajoutez l'huile d'olive, le parmesan râpé et la fécule de maïs. Salez et poivrez. Réduisez en une purée homogène.

3. Séparez les jaunes des blancs d'œufs. Mélangez les 4 jaunes avec la purée d'artichauts. Puis à l'aide d'un robot, montez les 3 blancs en neige avec une pincée de sel. Incorporez les blancs au mélange jaunes d'œufs/artichauts en soulevant délicatement avec la spatule.

4. Beurrez 4 ramequins à soufflé et chemisez-les de farine. Remplissez-les aux trois quarts. Enfournez dans le bas du four, pour que la surface ne forme pas une croûte trop rapidement. Laissez cuire pendant 20 minutes. Servez aussitôt.

Lundi
11
FÉVRIER

UNE RECETTE LUDIQUE ET ÉCONOMIQUE QUI PLAIRA À TOUTE LA FAMILLE : ENTRE LES POMMES DE TERRE, LE POIREAU, LA SALADE ET LA TRANCHE DE DINDE, ELLE COÛTERA MOINS DE 2 € PAR PERSONNE !

GALETTE POIREAU POMME DE TERRE

Pour 4 personnes
Préparation : 25 min
Cuisson : 15 à 20 min

- ☐ 1,2 kg de pommes de terre (type charlotte)
- ☐ 300 g de poireau
- ☐ 50 g de beurre
- ☐ 200 g d'escalope de dinde
- ☐ 1 botte de persil plat
- ☐ 1 poignée de mesclun
- ☐ 100 g de cheddar en bloc
- ☐ 1 cuil. à soupe de vinaigre de cidre
- ☐ 4 cuil. à soupe d'huile d'olive
- ☐ Sel et poivre du moulin

PAS CHER

1. Préchauffez le four à 200 °C (th. 6-7).

2. Lavez et coupez les poireaux en fins bâtonnets. Faites-les fondre dans une poêle avec le beurre. Pelez et râpez les pommes de terre. Dans un saladier, mélangez la fondue de poireau aux pommes de terre. Salez et poivrez.

3. Versez l'ensemble dans une grande poêle allant au four, faites revenir pendant 4 à 5 minutes sur le feu, puis tassez le tout avec une spatule afin de confectionner une grande galette. Enfournez pour 6 à 7 minutes.

4. Pendant ce temps, découpez la dinde en cubes de 1 cm de côté. Faites chauffer 1 cuillerée à soupe d'huile dans une poêle et faites dorer les cubes de dinde 2 minutes. Réservez.

5. Effeuillez le persil plat. Dans un bol, émulsionnez le vinaigre avec le reste d'huile d'olive, ajoutez le persil plat et assaisonnez le mesclun lavé.

6. Réalisez des copeaux de cheddar avec un économe. Sortez la galette du four et garnissez-la du mélange persil plat et mesclun, puis parsemez de cubes de dinde et de copeaux de fromage. Dégustez aussitôt.

À LA PLACE

Pour une recette végétarienne, je remplace la dinde par un mélange de noix et d'amandes, que je torréfie à la poêle, ou par du tofu fumé, coupé en cubes et revenu à la poêle.

Pour 4 personnes
Préparation : 10 min
Repos : 30 min (facultatif)

- 1 petit radis noir
- 2 petits navets boule d'or
- 100 g de vieille mimolette
- Quelques feuilles de roquette
- Huile de noix
- Vinaigre de vin rouge
- Sel et poivre

Mardi **12** FÉVRIER

Carpaccio de radis noir

NAVETS BOULE D'OR / MIMOLETTE

VEGGIE

MIEUX MANGER TOUTE L'ANNÉE ? UN JEU D'ENFANT EN SUIVANT LES SAISONS. LA PREUVE AVEC CE CARPACCIO DE LÉGUMES RACINES. SUBLIMÉ PAR CETTE VIEILLE MIMOLETTE !

1. Pelez et lavez le radis et les navets. Émincez-les finement à l'aide d'une mandoline. Assaisonnez le tout de sel, de poivre, d'un filet d'huile de noix et de vinaigre.

2. Disposez-les en rosace dans 4 assiettes, ajoutez quelques feuilles de roquette et huilez-les légèrement.

3. Pour finir, parsemez généreusement les crudités de copeaux de mimolette et de feuilles de roquette. C'est prêt à être dégusté !

MIEUX *s'organiser*

En faisant vos courses, pensez à doubler les quantités de radis noir ! Vous le retrouverez sous une autre forme en fin de semaine.

MON TRUC EN PLUS

Pour apprécier pleinement ce carpaccio, taillez finement le radis et les navets, et laissez-les 30 minutes à température ambiante pour que l'assaisonnement assouplisse cette belle crudité.

Mercredi

13

FÉVRIER

RECETTE *Végétale*

CETTE SOUPE FAIT L'UNANIMITÉ À LA MAISON ! J'ESPÈRE QU'ELLE VA DEVENIR L'UN DE VOS CLASSIQUES !

MA CRÈME DE BUTTERNUT À LA THAÏ

Pour 4 personnes
Préparation : 20 min
Cuisson : 25 min

- ❑ 800 g de courge butternut
- ❑ 3 cm de gingembre frais
- ❑ 1 bâton de citronnelle
- ❑ 1 oignon
- ❑ 1 cuil. à soupe d'huile d'olive
- ❑ 40 cl de lait de coco
- ❑ 50 cl de bouillon de légumes
- ❑ 1 cuil. à soupe de graines de courge
- ❑ Sel et poivre

1. Pelez la courge, retirez les pépins et coupez-la en morceaux. Pelez et râpez le gingembre. Ciselez le bâton de citronnelle après en avoir ôté les parties dures. Pelez l'oignon et émincez-le finement.

2. Versez l'huile dans une cocotte et faites blondir l'oignon 2 minutes. Ajoutez les morceaux de butternut.

3. Réservez 15 cl de lait de coco et 10 cl de bouillon de légumes dans des récipients séparés. Versez le reste des deux liquides dans la cocotte, ajoutez le gingembre et la citronnelle, salez et poivrez. Laissez mijoter 20 minutes à feu moyen et à couvert.

4. Lorsque c'est cuit, mixez en ajoutant le bouillon de volaille restant au fur et à mesure jusqu'à obtenir la consistance voulue.

5. Servez la crème de courge dans des bols ou des assiettes creuses, décorez avec le reste du lait de coco sans remuer, puis parsemez de graines de courge.

MIEUX CONNAÎTRE

Pour cette recette, j'ai choisi des graines de courge vertes achetées dans le commerce. Issues d'une courge spéciale pour faire de l'huile, elles sont agréables avec leur enveloppe fine. Vous pouvez aussi utiliser des graines de potimarron ou de courge musquée après les avoir laissées sécher une nuit à l'air libre et les avoir passées 20 minutes au four à 180 °C (th. 6).

HUÎTRES AUX ÉPINARDS *et sésame*

EXPRESS

Jeudi 14 FÉVRIER

Pour 4 personnes
Préparation : 10 min
Cuisson : 2 min

- 1 à 2 douzaines d'huîtres creuses de pleine mer, n° 2
- 8 à 10 belles feuilles d'épinard
- 1 cuil. à soupe de graines de sésame doré
- 500 g de gros sel
- Poivre du moulin

C'EST LA SAINT-VALENTIN ! BONNE FÊTE, LES AMOUREUX ! L'HUÎTRE EST CONNUE POUR SON GOÛT IODÉ, MAIS MOINS POUR SES VERTUS APHRODISIAQUES. CASANOVA S'EN ENFILAIT PLUSIEURS BOURRICHES AU PETIT DÉJEUNER QUAND IL RETROUVAIT SES CONQUÊTES. OUVREZ LA COQUILLE AVANT DE VOUS GLISSER SOUS LA COUETTE !

1. Ouvrez les huîtres, récupérez l'eau dans un bol, détachez la chair en coupant le pied et réservez-la dans son eau.

2. Lavez, essorez et équeutez les épinards. Faites-les retomber dans une sauteuse sur feu doux pendant 2 minutes. Poivrez. Égouttez-les, puis parsemez-les de graines de sésame.

3. Posez les coquilles d'huîtres dans le plat de service, sur un fond de gros sel.

4. Mettez un peu d'épinard dans chacune d'elles, replacez les huîtres avec un peu de leur eau, parsemez de quelques graines de sésame et dégustez avec les épinards encore tièdes.

Qu'est-ce qu'on boit avec ?

En accompagnement, je vous conseille un bon vin blanc de Loire (montlouis) ou un riesling d'Alsace. Pensez aussi au pouilly-fuissé, un grand vin de Bourgogne !

Vendredi

15

FÉVRIER

VOICI DE QUOI « TWISTER » VOS RILLETTES EN LEUR DONNANT UN PEU DE FRAÎCHEUR ! TRADITION ET VÉGÉTAL FONT BON MÉNAGE !

Tartine de rillettes
CÉLERI ET RADIS NOIR

EXPRESS

1. Préchauffez le gril du four et faites-y griller les tranches de pain sur une seule face. Pelez le radis noir et découpez-le en très fines lamelles à la mandoline.

2. Hachez finement la branche de céleri, l'échalote et les câpres. Écrasez les graines de coriandre et incorporez le tout aux rillettes.

3. Tartinez copieusement les tranches de pain de rillettes et repassez-les sous le gril 5 minutes environ.

4. Dès la sortie du four, recouvrez les tartines de lamelles de radis noir et dégustez.

Vite faite, bien faite, il vous faudra à peine plus de temps pour faire cette tartine que pour la déguster.

Pour 4 personnes
Préparation : 10 min
Cuisson : 10 min

- ☐ 4 grandes tranches de pain de campagne
- ☐ 1 pot de 200 g de rillettes de porc ou de canard (de fabrication artisanale)
- ☐ 1 petit radis noir
- ☐ ½ branche de céleri
- ☐ 1 petite échalote
- ☐ 2 cuil. à café de câpres
- ☐ 1 cuil. à café de graines de coriandre

Samedi
16
FÉVRIER

Le biscuit DE SAVOIE DE MA MÈRE

BIEN QU'ORIGINAIRE DES VOSGES, J'AI ÉTÉ ÉLEVÉ PAR MA MÈRE AU GÂTEAU DE SAVOIE ! VOICI SA RECETTE.

Pour 6 personnes
Préparation : 15 min
Cuisson : 50 min à 1 h

- 7 œufs
- 100 g de farine
- 100 g de fécule de maïs
- 250 g de sucre en poudre
- 1 sachet de sucre vanillé (facultatif)

Materiel :

- 1 moule à manqué de 24 cm de diamètre

1. Séparez les jaunes d'œufs des blancs. Fouettez les jaunes avec le sucre jusqu'à ce que la préparation double de volume. Incorporez la farine et la fécule tamisées (c'est important pour que le gâteau soit bien aéré).

2. Préchauffez le four à 150 °C (th. 5).

3. Montez les blancs d'œufs en neige ferme sans les casser, puis mélangez délicatement les deux préparations à l'aide d'une maryse. Lorsque la pâte est bien homogène, versez-la dans le moule à manqué bien beurré et légèrement fariné, puis enfournez pour 50 minutes à 1 heure.

4. Laissez refroidir avant de démouler. Dégustez à toute heure avec de la confiture, du chocolat ou nature.

MIEUX S'ORGANISER

Pas d'inquiétude s'il vous reste du gâteau, j'aurai une recette extra pour vous le 19 février.

Dimanche
17
FÉVRIER

GRAND CLASSIQUE

BŒUF *bourguignon*

Pour 6 à 8 personnes
Préparation : 15 min
Marinade : 1 nuit
Cuisson : 2 h 30 à 3 h

- ☐ 700 g de gîte à la noix
- ☐ 700 g de paleron
- ☐ 200 g de lard
- ☐ 5 cl de marc de Bourgogne
- ☐ 1 bouquet garni (thym, persil, laurier)
- ☐ 5 grains de poivre noir
- ☐ 3 carottes
- ☐ 3 gros oignons
- ☐ 30 g de beurre
- ☐ 1 gousse d'ail
- ☐ 1 bouteille de bourgogne rouge (75 cl)
- ☐ 1 morceau de sucre
- ☐ 2 cuil. à soupe d'huile de tournesol
- ☐ Sel et poivre du moulin

OIGNONS GRELOTS

SI VOUS VOULEZ FAIRE UN BOURGUIGNON SANS AUCUNE FAUSSE NOTE, N'OUBLIEZ PAS LES GRELOTS ! PRENEZ-EN UNE TRENTAINE, ÉPLUCHEZ-LES ET FAITES-LES REVENIR À LA POÊLE DANS 10 G DE BEURRE, SANS LES FAIRE DORER, PENDANT 10 MINUTES, À FEU MOYEN. AJOUTEZ-LES DANS LA COCOTTE ENCORE CHAUDE.

1. Taillez le gîte et le paleron en gros cubes de 4 cm environ. Mettez tous les cubes de viande dans un saladier et couvrez-les de vin. Ajoutez le marc de Bourgogne, le bouquet garni, les grains de poivre et 1 cuillerée à soupe d'huile de tournesol. Laissez mariner une nuit au réfrigérateur.

2. Le lendemain, épluchez les carottes et les gros oignons, puis tranchez-les en rondelles de 0,5 cm. Retirez la couenne du lard et coupez-le en lardons.

3. Égouttez les morceaux de viande, séchez-les soigneusement avec un linge propre et laissez-les à température ambiante 1 heure avant de les faire cuire.

4. Faites chauffer 20 g de beurre et 1 cuillerée à soupe d'huile de tournesol dans une cocotte, puis faites rissoler les lardons jusqu'à ce qu'ils soient dorés.

5. Débarrassez, puis ajoutez les cubes de viande et faites-les colorer sur toutes les faces. Réservez avec les lardons. Dans la même cocotte, faites revenir les carottes et les oignons avec le reste de beurre pendant 3 minutes.

6. Remettez les cubes de viande et les lardons dans la cocotte. Versez la marinade avec le bouquet garni. Portez à ébullition, puis ajoutez la gousse d'ail non épluchée. Couvrez et laissez mijoter 2 h 30 à feu doux.

7. En fin de cuisson, retirez les morceaux de viande et les lardons. Passez la sauce au travers d'une passoire fine. Ajoutez le sucre dans la cocotte.

8. Mixez les oignons et les carottes avec la sauce. Reversez-la dans la cocotte. Ajoutez les lardons, la viande, et réchauffez le tout avant de servir.

9. Accompagnez le plat de pommes de terre cuites à la vapeur et éventuellement de croûtons frits.

Lundi

18

FÉVRIER

LE MINESTRONE EST VRAIMENT DE SAISON. RASSASIANT, GÉNÉREUX ET PARFUMÉ, C'EST UN PLAT UNIQUE PARFAIT POUR LE SOIR !

Pour 4 personnes
Préparation : 20 min
Cuisson : 25 min

Minestrone aux crozets

- 100 g de crozets
- 1 carotte
- 1 branche de céleri
- 1 oignon
- 2 gousses d'ail
- 1 petite boîte de tomates concassées
- 1,5 l de bouillon de poule
- 1 cuil. à café d'origan sec
- 1 cuil. à café de basilic sec
- 1 petite boîte de haricots blancs
- Parmesan en copeaux
- Huile d'olive
- Sel et poivre

1. Pelez et ciselez l'oignon. Pelez la carotte, lavez la branche de céleri et taillez-les en petits cubes. Gardez les feuilles du céleri pour la décoration.

2. Faites suer l'oignon dans une casserole avec un peu d'huile. Ajoutez l'ail pelé, puis haché, et mélangez 30 secondes. Ajoutez les cubes de céleri et de carotte, et mélangez 5 minutes.

3. Ajoutez la boîte de tomates concassées, le bouillon de poule, les herbes séchées (origan et basilic), et laissez mijoter 10 minutes.

4. Ajoutez les haricots rincés et les crozets, puis laissez cuire 10 minutes environ. Rectifiez l'assaisonnement et dégustez bien chaud, parsemé de copeaux de parmesan et de feuilles de céleri.

MIEUX CONNAÎTRE

À base de farine de blé ou de sarrasin, les crozets, pâtes en forme de petits carrés, sont une spécialité de Savoie. Des pâtes en Savoie ? Eh, oui ! Jusqu'en 1860, cette province appartenait à l'Italie, d'où une forte influence de la gastronomie transalpine sur la cuisine savoyarde.

AUTRES IDÉES À CROZETS !

UN GRATIN DE CROZETS AU BEAUFORT AVEC DE LA CRÈME.

UN RISOTTO, EN REMPLAÇANT LE RIZ PAR DES CROZETS POUR RENDRE HOMMAGE À LEUR ORIGINE ITALO-SAVOYARDE.

DES CROZETS DANS UN BOUILLON THAÏ POUR LES EMMENER VOIR DU PAYS.

Mardi
19
FÉVRIER

SI VOUS N'AVEZ PAS MANGÉ TOUT LE BISCUIT DE SAMEDI DERNIER, VOICI UNE IDÉE DE DESSERT IMPARABLE POUR LUI DONNER UNE DEUXIÈME VIE !

EXPRESS

VERRINES DE SAVOIE

Pour 4 personnes
Préparation : 10 min

- ❑ 1 biscuit de Savoie
- ❑ 25 cl de crème liquide entière bien froide
- ❑ 1 pot de crème de marrons (250 g)
- ❑ 1 pot de confiture de myrtilles

1. Montez la crème liquide au fouet ou au batteur électrique dans un saladier bien froid.

2. Versez 2 cm de crème de marrons dans le fond des verrines. Placez dessus des morceaux de biscuit.

3. Versez sur le biscuit 2 cm de confiture de myrtilles, remettez quelques morceaux de biscuit et terminez par 2 cm de crème montée.

4. Ajoutez enfin un peu de confiture de myrtilles sur la crème montée et dégustez.

ANTI GASPI

Mercredi

20

FÉVRIER

Pour 4 personnes
Préparation : 15 min
Cuisson : 15 min

RECETTE *Végétale*

- 3 petits choux-raves
- 4 petits navets boules d'or
- 2 patates douces
- 2 bulbes de fenouil
- 500 g de pleurotes
- 24 oignons grelots surgelés
- 2 gousses d'ail
- 4 brins de romarin
- Huile d'olive
- Sel et poivre

MA RATATOUILLE D'HIVER

MIEUX MANGER TOUTE L'ANNÉE, C'EST FACILE GRÂCE AUX LÉGUMES DE SAISON ! ÉVIDEMMENT, PAS QUESTION D'ACHETER DES TOMATES, COURGETTES ET AUBERGINES CULTIVÉES HORS-SOL… RATATOUILLONS LES LÉGUMES D'HIVER !

1. Pelez les choux-raves, les navets et les patates douces. Rincez les bulbes de fenouil et les pleurotes sans imbiber d'eau les champignons.

2. Faites chauffer une sauteuse avec un peu d'huile d'olive. Mettez-y les oignons grelots surgelés et faites-les blondir dans l'huile chaude. Taillez tous les légumes, sauf les pleurotes, en petits cubes et faites-les revenir dans la sauteuse.

3. Ajoutez ensuite l'ail en chemise, les pleurotes, le romarin et un filet d'huile d'olive. Salez, poivrez, couvrez et laissez cuire sur feu moyen 12 minutes environ en faisant sauter les légumes délicatement de temps en temps.

4. Une fois les légumes cuits (croquants et fondants), servez la ratatouille bien chaude.

Recette régionale

Jeudi

21

FÉVRIER

DIOTS de Savoie

1. Lavez le poireau soigneusement, puis émincez-le en séparant le blanc du vert. Pelez les pommes de terre et coupez-les en rondelles de 0,5 cm d'épaisseur. Pelez et émincez l'oignon.

2. Faites colorer les diots dans un sautoir avec un peu de beurre. Ajoutez l'oignon, le blanc du poireau et les pommes de terre. Salez, poivrez, puis faites revenir le tout 3 minutes.

3. Ajoutez le vin blanc, le bouquet garni, couvrez et laissez cuire 30 minutes sur feu doux.

4. Ajoutez le vert du poireau, mélangez et poursuivez la cuisson 5 minutes à découvert.

5. Présentez dans le sautoir et dégustez aussitôt.

**COMME ON DIT :
« EN SAVOIE, ON N'A PAS
DE PÉTROLE, MAIS ON A DES DIOTS ! »**

Pour 4 personnes
Préparation : 15 min
Cuisson : 40 à 45 min

- 4 à 8 saucisses diots nature
- 1 gros poireau
- 700 g de pommes de terre à chair ferme (type belles de Fontenay)
- 1 gros oignon
- 50 cl de vin blanc sec de Savoie
- 1 bouquet garni (laurier, thym, romarin, persil)
- Beurre
- Sel et poivre

À LA PLACE

LES DIOTS SONT DES SAUCISSES DE PORC TYPIQUES DE HAUTE-SAVOIE, LÉGÈREMENT PARFUMÉES À LA MUSCADE. SI VOUS N'EN AVEZ PAS, LA RECETTE MARCHE AUSSI AVEC UNE SAUCISSE DE TOULOUSE. POUR LES AMATEURS DE SAUCISSES FUMÉES, LA MONTBÉLIARD OU LA MORTEAU FERONT L'AFFAIRE !

Vendredi

22

FÉVRIER

Truite entière au vin blanc

Pour 4 personnes
Préparation : 20 min
Cuisson : 30 à 35 min

- ☐ 1 truite
- ☐ Sel et poivre

Pour la marinade

- ☐ 1 oignon
- ☐ 1 carotte
- ☐ 15 cl de vin blanc sec
- ☐ 2 rondelles de citron
- ☐ 1 gros brin de thym frais
- ☐ 2 feuilles de laurier

1. Préchauffez le four à 180 °C (th. 6).

2. Pelez et émincez l'oignon et la carotte. Faites chauffer tous les ingrédients de la marinade avec 15 cl d'eau, portez à ébullition et faites cuire 15 minutes sur feu moyen.

3. Salez et poivrez la truite. Placez-la dans un plat creux, versez la marinade chaude dessus et enfournez pour 15 à 20 minutes.

4. Dégustez la truite tiède ou froide, accompagnée de pommes de terre vapeur.

À LA PLACE

Si vous trouvez de la féra chez votre poissonnier, n'hésitez pas. C'est l'un des poissons qu'il faut avoir goûtés au moins une fois dans sa vie. Elle est vendue aux alentours de 28 € le kilo. Vous pouvez aussi remplacer la truite par de la perche française.

Fait MAISON

MES BISCUITS
FLOCONS D'AVOINE

L'HIVER, C'EST LA SAISON IDÉALE POUR CUISINER LES FLOCONS. MOBILISEZ LES ENFANTS POUR UN ATELIER « BISCUITS MAISON » QU'ILS POURRONT EMPORTER À LA NEIGE !

Pour 10 biscuits
Préparation : 5 min
Réfrigération : 1 h
Cuisson : 25 à 30 min

- 200 g de flocons d'avoine nature
- 50 g de chocolat noir à 70 % de cacao
- 80 g de sucre complet (muscovado ou rapadura)
- 50 g de raisins noirs secs
- 50 g de noisettes
- 15 cl de jus de raisin

1. Râpez le chocolat noir pour en faire des copeaux. Mélangez tous les ingrédients de la recette dans un saladier et réservez 1 heure au réfrigérateur.

2. Préchauffez ensuite le four à 160 °C (th. 5-6). Avec la préparation, confectionnez des petits palets de 1 cm d'épaisseur et de 7 cm de diamètre à l'aide d'un cercle. Tassez bien la préparation au fond des cercles. Enfournez pour 25 à 30 minutes.

3. Laissez refroidir complètement avant de les manipuler et de les déguster.

MIEUX MANGER

Riches en protéines végétales, les flocons d'avoine font partie des céréales dont les sucres lents nous évitent les coups de barre au fil de la journée. Ils fournissent une énergie durable.
Ce gâteau maison est bien meilleur que le shoot de sucre d'une barre chocolatée industrielle.

Biscuit de flocons d'avoine = énergie pour le sport (d'hiver ou d'ailleurs !).

Dimanche
24
FÉVRIER

À MA DROITE, LA TARTIFLETTE CLASSIQUE, À MA GAUCHE LA VERSION CROUSTILLANTE...
À VOUS DE CHOISIR CELLE QUI SERA LA STARTIFLETTE DE VOTRE HIVER !

Tartiflette EN BRICKS

Pour 4 personnes
Préparation : 20 min
Cuisson : 40 à 45 min

- ☐ 1 kg de pommes de terre moyennes
- ☐ 100 g de tranches fines de lard fumé
- ☐ 1 oignon
- ☐ 1 reblochon fermier
- ☐ 2 cuil. à soupe de crème fraîche épaisse
- ☐ 1 trait de vin blanc sec
- ☐ 8 feuilles de brick
- ☐ 20 g de beurre

1. Faites cuire les pommes de terre avec leur peau, dans une casserole d'eau froide, pendant 20 minutes à partir de l'ébullition.

2. Pendant ce temps, ôtez la couenne du lard fumé et taillez-le en allumettes. Pelez et émincez finement l'oignon.Dans une poêle, faites dorer légèrement l'oignon dans le vin blanc.

3. Pelez les pommes de terre cuites et coupez-les en rondelles de 0,5 cm d'épaisseur. Grattez la croûte du reblochon et coupez-le en lamelles de 0,5 cm d'épaisseur.

4. Préchauffez le four ainsi qu'une plaque en tôle à 200 °C (th. 6-7).

5. Humidifiez les feuilles de brick deux par deux afin de les assouplir. Disposez 2 feuilles de brick l'une sur l'autre. Répartissez au centre quelques rondelles de pommes de terre, l'oignon, les allumettes de lard et un peu de crème fraîche. Terminez par quelques lamelles de reblochon.

6. Rabattez les bords des feuilles de brick vers le centre de la préparation afin de l'emprisonner. Faites fondre le beurre et beurrez toute la surface des feuilles à l'aide d'un pinceau.

7. Disposez les croustillants (côté pliure) sur la plaque en tôle et enfournez-les pour 15 à 20 minutes jusqu'à ce qu'ils soient bien dorés. Servez chaud, accompagné d'une salade verte.

Tartiflettes : LE MATCH !

Tartiflette CLASSIQUE

Pour 4 personnes
Préparation : 20 min
Cuisson : 25 à 30 min

- ☐ 1 kg de pommes de terre (BF15)
- ☐ 150 à 180 g de lard fumé
- ☐ 1 oignon
- ☐ 2 grosses cuil. à soupe de crème fraîche épaisse
- ☐ 1 reblochon fermier
- ☐ 1 gousse d'ail
- ☐ 10 g de beurre
- ☐ Sel et poivre

1. Préchauffez le four à 200 °C (th. 6-7).

2. Pelez et lavez les pommes de terre. Coupez-les en rondelles de 0,5 cm d'épaisseur. Ôtez la couenne du lard fumé et coupez-le en lardons. Émincez finement l'oignon.

3. Faites fondre l'oignon dans une poêle avec le beurre. Ajoutez les pommes de terre, et faites-les légèrement dorer.

4. Ajoutez les lardons, puis la crème et mélangez. Laissez cuire sur feu doux.

5. Grattez la croûte du reblochon et coupez-le en lamelles de 0,5 cm d'épaisseur.

6. Frottez un plat à gratin avec la gousse d'ail écrasée. Versez une première couche de la préparation aux pommes de terre, puis couvrez-la de lamelles de reblochon. Versez une deuxième couche de pommes de terre. Terminez enfin par des lamelles de reblochon et enfournez pour 20 minutes.

7. Dégustez chaud avec une salade verte.

GRAND CLASSIQUE

Lundi
25
FÉVRIER

LE SALON DE L'AGRICULTURE

CHAQUE ANNÉE, PLUS DE 600.000 FRANÇAIS SE RENDENT AU SALON INTERNATIONAL DE L'AGRICULTURE.
C'EST L'OCCASION D'EN APPRENDRE PLUS SUR LES CONDITIONS D'ÉLEVAGE DE NOTRE PAYS ET DE RECONNAÎTRE LES COCHONS BIEN ÉLEVÉS DE CEUX QU'ON A MIS AU COIN...
POUR CETTE RECETTE, CHOISISSEZ UN JAMBON FERMIER LABEL ROUGE BIO.

MES ENDIVES *au jambon*

GRAND CLASSIQUE

CE PLAT FAIT PARTIE DE MES CLASSIQUES D'HIVER PRÉFÉRÉS. VOICI LA RECETTE OFFICIELLE QUE VOS INVITÉS DEVRAIENT VOUS RÉCLAMER !

- ☐ 4 endives
- ☐ 4 tranches de jambon blanc du boucher
- ☐ 50 g de beurre + une noix pour le plat
- ☐ 50 g de farine
- ☐ 75 cl de lait
- ☐ 1 cuil. à soupe de crème fraîche épaisse
- ☐ 125 g d'emmental râpé
- ☐ Sel et poivre du moulin

Pour 4 personnes
Préparation : 15 min
Cuisson : 35 min

1. Éliminez une partie du cœur des endives à la base. Faites-les cuire entières pendant 8 minutes à la vapeur. Égouttez-les sur du papier absorbant.

2. Préchauffez le four à 220 °C (th. 7-8).

3. Dans une casserole, faites fondre le beurre, ajoutez la farine et mélangez au fouet jusqu'à obtenir une pâte brun clair.

4. Hors du feu, ajoutez peu à peu le lait en remuant vigoureusement pour éviter les grumeaux. Remettez sur le feu et continuez à mélanger jusqu'à ce que le liquide épaississe. Ajoutez la crème, salez et poivrez.

5. Roulez les endives dans les tranches de jambon, disposez-les dans un plat à gratin beurré et recouvrez-les de sauce béchamel. Parsemez d'emmental râpé et enfournez pour 20 minutes.

6. Régalez-vous !

MIEUX S'ORGANISER

Pour gagner du temps, vous pouvez faire la béchamel à l'avance et la réchauffer au bain-marie. Même chose pour les endives, que vous pouvez faire la veille, à condition de les laisser égoutter la nuit au réfrigérateur.

CETTE SALADE EST UN CLASSIQUE DES GRANDS HÔTELS. ELLE EST NÉE AU DÉBUT DU XIXE SIÈCLE EN PLEIN CŒUR DE MANHATTAN, À NEW YORK, DANS LES CUISINES DE L'HÔTEL WALDORF. CETTE SALADE COÛTE MOINS DE 2 € PAR PERSONNE… SYMPA POUR UNE RECETTE DE PALACE !

EXPRESS

VEGGIE

Mardi
26
FÉVRIER

MA SALADE WALDORF

Pour 4 personnes
Préparation : 10 min
Cuisson : 10 min

Pour la salade

- 50 de cerneaux de noix
- 2 branches de céleri
- 2 pommes royal gala ou elstar
- 30 g de raisins secs blonds
- 1 petite laitue ou batavia

Pour la sauce

- 1 yaourt brassé
- 2 cuil. à soupe de mayonnaise maison (voir recette page 364)
- 2 cuil. à soupe de jus de citron
- 1 cuil. à soupe de miel liquide
- Sel et poivre

1. Préchauffez le four à 150 °C (th. 5).
2. Mettez les noix sur une plaque couverte de papier sulfurisé et faites-les dorer légèrement au four pendant 10 minutes.
3. Préparez la sauce en fouettant rapidement tous ses ingrédients dans un petit bol.
4. Lavez et émincez le céleri en tronçons de 0,5 cm environ. Rincez et coupez les pommes en cubes de 2 cm environ. Versez le céleri, les pommes et les raisins secs dans un saladier. Ajoutez la sauce et mélangez.
5. Lavez la salade. Déchirez-la grossièrement à la main, puis déposez-la dans un plat. Versez sur la salade le contenu du saladier. Écrasez très grossièrement les noix entre vos mains et parsemez-les sur la salade.
6. Mélangez et dégustez sans attendre.

Mercredi

27

FÉVRIER

RECETTE *Végétale*

Pour 4 à 6 personnes
Préparation : 10 min
Réfrigération : 6 h
Cuisson : 15 à 20 min

- ▢ 400 g de tofu soyeux
- ▢ 200 g de chocolat noir
- ▢ 1 orange non traitée
- ▢ 2 cuil. à soupe de sucre roux
- ▢ 1 douzaine de noix de pécan

LES CONTRAINTES ALIMENTAIRES DE NOTRE ENTOURAGE NOUS PERMETTENT AUSSI DE FAIRE DE BELLES DÉCOUVERTES GUSTATIVES. LA PREUVE AVEC CETTE CRÈME AU CHOCOLAT SANS CRÈME HYPER RAPIDE !

CRÈME SOYEUSE AU CHOCOLAT

1. Pelez l'orange à vif et découpez dans la peau le zeste, puis hachez-le finement. Faites-les blanchir 2 minutes dans une casserole d'eau bouillante.

2. Faites fondre le chocolat au bain-marie. Hors du feu, ajoutez le tofu soyeux dans le chocolat fondu et mixez à l'aide d'un mixeur plongeant (ou un blender). La consistance doit être homogène.

3. Séchez le zeste et incorporez-le à la préparation.

4. Versez le mélange dans des ramequins et placez-les au frais pour 6 heures au moins (la veille pour le lendemain est l'idéal).

5. Dans une poêle, faites caraméliser le sucre à sec et ajoutez les noix de pécan, remuez rapidement pour enrober les noix et réservez.

6. Juste avant de déguster, hachez les noix de pécan au couteau et parsemez-en sur les crèmes au chocolat.

MIEUX CONNAÎTRE

Le tofu est obtenu à partir de caillé frais du jus de soja. Comme son non l'indique, le tofu soyeux est plus fluide et doux que le tofu traditionnel. Une vraie caresse qui permet de remplacer la crème dans cette recette, comme dans beaucoup d'autres. Vous trouverez le tofu soyeux au rayon frais.

Jeudi

28

FÉVRIER

LIEU JAUNE
TAGLIATELLES DE CAROTTES AUX AGRUMES

DU CRU ET DES VITAMINES POUR AFFRONTER LA FIN DE L'HIVER ! QUAND JE FAIS CETTE RECETTE, JE LA SERS DANS UN GRAND PLAT. AVEC LES BELLES COULEURS DES CAROTTES ET LA TAPENADE QUI ENROBE LE POISSON, ON SE CROIRAIT AU PRINTEMPS !

Pour 4 personnes
Préparation : 15 min
Cuisson : 10 min

- 4 pavés de 150 g de lieu jaune avec la peau
- 1 carotte jaune
- 1 carotte orange
- 1 orange
- ½ pomelo
- 2 cuil. à soupe d'huile d'olive
- Quelques brins de cerfeuil pour servir
- Poivre et sel

Pour la sauce olive

- 4 cuil. à soupe de tapenade d'olives noires
- 2 cuil. à soupe d'huile d'olive
- ¼ de jus de citron vert

1. Salez les pavés de poisson et réservez-les.

2. Pelez les carottes et taillez-les à l'aide d'une mandoline ou d'un rasoir à légumes dans la longueur afin d'obtenir des tagliatelles. Dans une casserole d'eau bouillante salée, pochez les tagliatelles de carottes 1 minute 30. Égouttez-les.

3. À l'aide d'un couteau bien aiguisé, pelez l'orange à vif, détaillez-la en fines rondelles, puis coupez les rondelles en quatre. Pelez le pomelo à vif et prélevez les segments.

4. Dans la poêle huilée, faites cuire les pavés de lieu côté peau 7 à 8 minutes, sans les retourner.

5. Dans un bol, mélangez la tapenade avec l'huile d'olive et le jus de citron vert. Mélangez les carottes et les agrumes à cette sauce.

6. Dressez les pavés de lieu dans des assiettes chaudes, ajoutez les carottes aux agrumes, puis parsemez de cerfeuil.

MARS

au marché

MES INCONTOURNABLES

1 LA LOTTE

Appelée aussi baudroie, la lotte n'a pas d'arêtes, mais une colonne vertébrale marquée. Sa chair ferme se cuit comme une viande, on en fait d'ailleurs des médaillons bons pour un aller-retour à la poêle. Je vous en ai fait une terrine ce mois-ci (voir page 85), à servir tranchée à l'occasion de Pâques, par exemple !

2 LA FOURME D'AMBERT

Ce fromage du Puy-de-Dôme est une pâte persillée, plus douce que celle de son compatriote de Roquefort. À tester absolument dans une soupe de légumes pour son crémeux et sa douceur, en attendant le printemps.

3 LE POIREAU

Mars reste une saison morne pour les fruits et légumes, alors profitons-en pour nous rabattre sur des légumes indémodables comme le poireau. Peu calorique et diurétique, on l'appelle l'asperge du pauvre. Pour lui rendre ses lettres de noblesse, sortez-le du bac à légumes et faites-en une belle tarte (voir page 116).

LES FRUITS ET LÉGUMES *DU MOIS*

CHEZ LE MARAÎCHER

Légumes :

- Céleri
- Chou kale
- Chou vert
- Cresson
- Échalote
- Mâche
- Oignon
- Panais
- Poireau
- Salsifis
- Topinambour

Fruits :

- Pomme
- Poire
- Orange sanguine
- Kiwi
- Pamplemousse
- Citron
- Mandarine

MAIS AUSSI CHEZ LE POISSONNIER :

baudroie (lotte), hareng, maquereau, bulots, carrelet, cabillaud, lieu noir, merlan

ET CÔTÉ FROMAGER :

fourme d'Ambert, roquefort, crottin de Chavignol, munster, gruyère

EN MARS
mes conseils pour
GAGNER DU TEMPS

Comme vous, je n'échappe pas à cette maladie moderne de courir après le temps… Mais il y a un domaine dans lequel je peux vous aider : c'est derrière les fourneaux !

Voici mes conseils pour gagner du temps… et accepter que la cuisine en prenne un peu malgré tout pour « mieux manger toute l'année. »

Ce mois-ci, je deviens maître du temps :

- JE RÉFLÉCHIS À MES MENUS DE LA SEMAINE À L'AVANCE.
- JE FAIS DES LISTES DE COURSES.
- JE MUTUALISE EN CUISINE.

Le temps en cuisine, c'est une question d'organisation !

Un carnet de menus

Compilez vos recettes sur un carnet ! D'un mois à l'autre, d'une année à l'autre, ça donne des idées de plats qu'on avait oubliés. Et relire un menu de Noël ou d'anniversaire réveille de beaux souvenirs, comme un album photo !

1 DES MENUS COMME AU RESTAURANT

Question organisation, il y a beaucoup de choses à apprendre des cuisines de restaurants ! La première est d'écrire ses menus pour la semaine.

ATTENTION

Laissez-vous une marge de manœuvre : un jour vide sur le calendrier pour laisser place à l'envie du moment ou pour concevoir un repas de restes.

MON STEAK VÉGÉTAL *maison*

LES GOÛTS DE L'ÉPOQUE CHANGENT, ET LES CONTRAINTES ALIMENTAIRES DE NOTRE ENTOURAGE PERMETTENT DE FAIRE DES DÉCOUVERTES ET DE CONSIDÉRER LE VÉGÉTAL COMME UN ALLIÉ.

- ☐ 100 g de kasha (sarrasin concassé)
- ☐ 35 g de boulgour
- ☐ ½ oignon
- ☐ 1 pincée de bicarbonate de sodium
- ☐ 1 cuil. à café de farine
- ☐ Quelques feuilles de persil
- ☐ 1 cuil. à café de sauce soja
- ☐ 1 œuf
- ☐ 1 cuil. à soupe d'huile de tournesol

Pour 2 personnes
Préparation : 25 min
Cuisson : 10 min

VEGGIE

1. Pelez et hachez l'oignon. Dans une casserole, faites-le blondir pendant 5 minutes dans l'huile.

2. Ajoutez le sarrasin et le boulgour. Mélangez, ajoutez le bicarbonate de soude et couvrez-les d'eau chaude (25 cl d'eau). À la première ébullition, couvrez la casserole et laissez gonfler hors du feu pendant 10 minutes.

3. Mélangez la farine, le persil haché, la sauce soja et l'œuf dans un saladier, puis ajoutez les céréales égouttées. Homogénéisez le mélange et formez 2 palets. Faites chauffer une poêle avec un filet d'huile et faites cuire ces steaks de kasha 2 minutes par face.

MIEUX CONNAÎTRE

Sans gluten, le kasha est simplement la graine de sarrasin grillée, très appréciée pour son petit goût fumé. Idéales pour composer un steak végétarien, je glisse ces petites graines aussi dans des salades ou sur une poêlée d'épinards pour apporter du croquant. N'hésitez pas, le kasha est plein de nutriments !

- 250 g de farine
- 50 g de beurre
- 30 g de sucre en poudre
- 1 pincée de sel fin
- 2 gros œufs
- Le jus de ½ orange
- 1 cuil. à café de rhum brun
- Sucre glace
- Le zeste râpé de 1 citron vert
- Huile de tournesol pour la friture

Mardi

05

MARS

BUGNES
AUX AGRUMES

C'EST MARDI GRAS !
COUP DE FRAÎCHEUR SUR LES BEIGNETS DE CARNAVAL !

Pour 15 à 20 bugnes
Préparation : 20 min
Réfrigération : 4 à 5 h
Cuisson : 5 min

1. Tamisez la farine dans un grand saladier. Ajoutez le beurre ramolli, le sucre, le sel, les œufs battus en omelette, le jus d'orange et le rhum. Mélangez et pétrissez longuement (entre 15 et 20 minutes). Formez une boule et laissez reposer 4 à 5 heures au réfrigérateur.

2. Abaissez la pâte sur une épaisseur de 5 mm. Détaillez-la en bandelette de 10 cm sur 4 cm. Faites une fente de 5 cm de long au centre des bandelettes. Passez-y une extrémité de la pâte afin d'obtenir une sorte de nœud. Faites frire les bugnes dans l'huile chaude (180 °C).

3. Égouttez-les sur du papier absorbant. Poudrez-les de sucre glace et de zeste de citron vert avant de déguster.

Mercredi

06

MARS

Quasi de veau

AUX LÉGUMES DE SAISON

Pour 4 personnes
Préparation : 15 min
Cuisson : 30 à 40 min
Repos : 5 min

- 700 g de quasi de veau (coupé en 4 portions)
- 2 navets boules d'or
- 1 chou-rave
- 1 bulbe de fenouil
- 8 choux de Bruxelles
- 2 carottes
- 1 petit brocoli
- 4 échalotes
- 4 gousses d'ail
- Beurre
- Huile d'olive
- Sel et poivre

ADMIRABLE, LE QUASI DE VEAU EST L'ÉQUIVALENT DU RUMSTECK CHEZ LE BŒUF. TENDRE ET FONDANT, SI VOUS VOYEZ CE QUE JE VEUX DIRE ! EN COCOTTE AVEC LES LÉGUMES DU MARCHÉ, CE PLAT DONNERA UN AIR DE DIMANCHE AU MILIEU DE LA SEMAINE !

1. Pelez les légumes. Taillez les navets, le chou-rave et le bulbe de fenouil en fins quartiers.

2. Coupez les choux de Bruxelles et les échalotes en deux dans la longueur, le brocoli en petits bouquets et les carottes en sifflets (des rondelles en biseau). Laissez l'ail entier.

3. Faites chauffer une large sauteuse ou une cocotte. Ajoutez une noix de beurre, un filet d'huile, et faites dorer le quasi de veau sur toutes les faces, à feu moyen.

4. Ajoutez tous les légumes, de nouveau un peu de beurre, et faites sauter le tout 25 à 30 minutes environ (les légumes doivent être tendres). Salez et poivrez au milieu de la cuisson.

5. Laissez reposer la viande 5 minutes avant de la trancher. Dégustez avec les légumes sautés.

MIEUX CONNAÎTRE

Méconnu, le chou-rave est l'un de mes légumes préférés de fin d'hiver ! Avec son goût légèrement sucré, on dirait qu'il a pris le meilleur du navet et du chou. Achetez-le petit pour profiter de sa chair fondante et épluchez-le avec un couteau bien aiguisé.

POUR TOUT VOUS DIRE, LE GÂTEAU MARBRÉ FAIT PARTIE DE MES PREMIERS SOUVENIRS DE PÂTISSERIE. EN LE FAISANT AVEC MA MÈRE, J'ÉTAIS EMBALLÉ PAR L'ASPECT MAGIQUE DE CES DEUX PÂTES MÉLANGÉES QUI DONNENT NAISSANCE AUX MARBRURES. POUR RENFORCER LE CÔTÉ GOURMAND, J'AI GLISSÉ ICI DU PRALINÉ !

MARBRÉ
choco-praliné

Pour 6 à 8 personnes
Préparation : 5 min
Cuisson : 50 min à 1h

- 140 g de farine
- 1 cuil. à soupe de cacao amer en poudre
- 1 cuil. à soupe de pralin en poudre
- 90 g de beurre mou
- 150 g de sucre en poudre
- 1 gros œuf
- 1 cuil. à café rase de levure chimique
- 12 cl de crème liquide entière
- 1 pincée de sel

Matériel :

- 1 moule à cake de 20 cm × 8 cm et de 8 cm de haut environ

1. Préchauffez le four à 180 °C (th. 6).

2. Tamisez la farine. Versez tous les ingrédients sauf le cacao en poudre dans le bol d'un robot et mixez jusqu'à obtenir une pâte lisse.

3. Divisez la pâte en deux parts égales et incorporez le cacao dans l'une d'elles. Mélangez bien au fouet.

4. Beurrez et farinez le moule à cake. Versez un peu de pâte blanche dans le fond du moule, puis recouvrez d'un peu de pâte au cacao. Répétez l'opération en alternant les deux pâtes jusqu'à 2 cm en dessous du bord du moule.

5. Enfournez pour 50 minutes à 1 heure. Vérifiez la cuisson avec la pointe d'un couteau (qui doit ressortir sèche). Laissez refroidir avant de démouler.

ENTRE *nous*

Si vous ne trouvez pas de pralin, faites griller 30 g de noisettes au four à 160 °C (th. 5-6). Laissez-les refroidir, passez-les au mixeur, puis au tamis, et glissez-les dans la pâte du marbré. Je tiens cette astuce de Christophe Felder, le génial pâtissier qui a rendu la pâtisserie accessible à tous.

Vendredi

08

MARS

EN CETTE JOURNÉE DES DROITS DES FEMMES, JE VOUS INVITE À GOÛTER LA CUISINE DE LA MIENNE ! À VRAI DIRE, À LA MAISON, C'EST MOI QUI SUIS AUX FOURNEAUX, MAIS S'IL Y A UNE RECETTE À LAQUELLE JE N'AI PAS LE DROIT DE TOUCHER, C'EST CELLE-CI : UN CURRY DE POULET TRANSMIS PAR UNE AMIE DE SA FAMILLE QUI CUISINAIT POUR UN AMBASSADEUR INDIEN. AUJOURD'HUI, EXCEPTIONNELLEMENT, J'AI LE DROIT DE LA PRÉPARER…

LE POULET *de l'ambassadeur*

Pour 6 personnes
Préparation : 20 min
Cuisson : 1 h 20

- ☐ 6 cuisses de poulet fermier (séparées en deux par le boucher)
- ☐ 4 oignons
- ☐ 5 poires
- ☐ 80 cl de lait de coco
- ☐ 1 sachet de raisins secs (200 g)
- ☐ 1 cuil. à soupe de pâte de curry indien « mild »
- ☐ 700 g de riz basmati
- ☐ Huile d'olive
- ☐ 1 pincée sel + poivre

1. Retirez la peau des cuisses de poulet, et épluchez les oignons et les poires. Émincez les oignons et coupez les poires en dés.

2. Faites dorer les cuisses de poulet et les oignons dans une cocotte avec de l'huile d'olive. Assaisonnez de sel et de poivre, et laissez cuire une quinzaine de minutes à feu moyen en remuant régulièrement.

3. Quand les oignons et le poulet sont colorés, ajoutez le lait de coco, les raisins secs et la pâte de curry. Laissez mijoter 1 heure environ à feu doux. 20 minutes avant de servir, ajoutez les poires, goûtez la sauce et ajoutez, ou non, du curry selon votre goût. Servez avec du riz blanc basmati.

RDV demain pour la recette avec les restes de ce curry…

Pour 4 personnes (8 samossas)
Préparation : 15 min
Cuisson : 15 min

Samedi
09
MARS

SAMOSSAS
aux restes de curry

ANTI GASPI

EN CUISINE, C'EST COMME EN CHIMIE : RIEN NE SE PERD, RIEN NE SE CRÉE, TOUT SE TRANSFORME. METTONS À EXÉCUTION LES BELLES PAROLES DE LAVOISIER POUR DONNER UNE SECONDE VIE AU POULET AU CURRY DE VENDREDI !

Pour 8 samossas, j'effiloche **les restes de poulet au curry** et je les mélange à **leur sauce aux fruits secs** (voir recette de la veille). Si nécessaire, j'égoutte la sauce pour qu'elle ne détrempe pas les feuilles de brick.

Je coupe en deux **quatre feuilles de brick** et je plie en deux chaque moitié sur elle-même. Je dépose **une grosse cuillerée à soupe de farce** (poulet + sauce aux fruits secs) sur une extrémité et je rabats en angle droit chaque côté, pour obtenir un triangle, plusieurs fois de suite. Je termine en glissant le dernier bout de feuille de brick dans le triangle, pour le souder.

On peut faire cuire les samossas à la friteuse, mais je préfère la cuisson **au four** pendant **15 minutes, à 180 °C (th. 6),** après les avoir badigeonnés **d'huile d'olive**. Sans oublier de les retourner à mi-cuisson !

POUR ACCOMPAGNER LES SAMOSSAS, JE CONFECTIONNE UNE SAUCE EXPRESS EN MÉLANGEANT *3 cuillerées à soupe* DE CRÈME FRAÎCHE, 1 PINCÉE DE SEL, 6 FEUILLES DE MENTHE *et 6 feuilles de coriandre ciselées.* VOILÀ UN POULET QUI A DE BEAUX RESTES !

Dimanche

10

MARS

FISH AND CHIPS de maquereau

PAS CHER

AVEC SON BEAU COSTUME RAYÉ, LE MAQUEREAU SE FAIT BEAU POUR NOUS SORTIR DE L'HIVER ! J'AI UTILISÉ CE POISSON GRAS ET BON MARCHÉ POUR REMPLACER L'ÉGLEFIN DU FISH AND CHIPS.

Pour 4 personnes
Préparation : 20 min
Cuisson : 3 min

- ☐ 600 g de filets de maquereau sans peau
- ☐ 70 g de farine
- ☐ 10 cl de bière
- ☐ 2 œufs
- ☐ 2 cuil. à soupe d'amandes broyées
- ☐ Huile pour friture
- ☐ 400 g de frites maison
- ☐ Sel fin et poivre du moulin

Pour la sauce au fromage allégée

- ☐ 1 jaune d'œuf
- ☐ 1 cuil. à soupe de moutarde
- ☐ 2 cuil. à soupe d'huile d'arachide
- ☐ 100 g de fromage frais
- ☐ 1 bouquet de ciboulette
- ☐ Le jus de 1 citron

LORS DU DÉBARQUEMENT EN NORMANDIE, LES SOLDATS BRITANNIQUES CRIAIENT « FISH ! » ET LEURS CAMARADES DEVAIENT RÉPONDRE « CHIPS ! » POUR S'ASSURER QU'ILS ÉTAIENT BEL ET BIEN BRITANNIQUES ET NON ALLEMANDS !

La Grande-Bretagne vend plus de 250 millions de « fish and chips » par an. C'est la nourriture fast-food la plus vendue dans le pays !

1. Préchauffez votre friteuse à 180 °C (th. 6) ou faites chauffer l'huile spéciale friture dans une casserole.

2. Dans un saladier, versez la farine avec une pincée de sel fin. Ajoutez la bière et mélangez bien. Ajoutez les 2 jaunes d'œufs et les amandes. Montez légèrement les 2 blancs au fouet électrique, puis incorporez-les à la préparation. Mélangez.

3. Rincez les filets de poisson, essuyez-les soigneusement et taillez-les en trois, en biseau.

4. Dans un bol, confectionnez la sauce. Battez le jaune d'œuf, la moutarde, du sel et du poivre, puis montez le mélange à l'huile d'arachide. Ajoutez le fromage frais, la ciboulette ciselée ainsi que le jus de citron, et réservez la sauce au frais.

5. Trempez délicatement les filets de poisson dans la pâte à frire et mettez-les à cuire dans la friteuse pendant 3 minutes, le temps que se forme une belle enveloppe croustillante. Égouttez les filets sur du papier absorbant.

6. Servez avec des frites maison dans des cornets de papier journal alimentaire avec de la sauce au fromage, comme au Royaume-Uni !

Lundi

11

MARS

GRAND CLASSIQUE

FAITES DANS LES RÈGLES DE L'ART, CES PÂTES SONT UN CHEF-D'ŒUVRE. ELLES AURAIENT PU DÉCORER LE PLAFOND DE LA CHAPELLE SIXTINE SI MICHEL-ANGE LES AVAIT GOÛTÉES !

SPAGHETTIS CARBONARA

1. Faites dorer la pancetta dans une poêle légèrement huilée. Réservez.

2. Râpez le parmesan. Mélangez les jaunes d'œufs et l'oeuf entier battu au fromage. Poivrez uniquement.

3. Mettez les spaghettis à cuire 8 minutes (vérifiez le temps de cuisson sur le paquet pour des pâtes *al dente*) dans 3,5 litres d'eau bouillante salée avec 30 g de gros sel.

4. Égouttez-les (en gardant un peu d'eau de cuisson), puis mélangez-les à la sauce avec 1 cuillerée à café de l'eau de cuisson. Ajoutez la pancetta et dégustez aussitôt.

- 360 g de spaghettis
- 100 g de pancetta
- 150 g de parmesan
- 3 jaunes d'œufs + 1 œuf entier
- Huile d'olive
- Gros sel et poivre

Pour 4 personnes
Préparation : 15 min
Cuisson : 13 min

PAS CHER

LES 3 COMMANDEMENTS *de la carbo*

- *Pas de crème, tu ne mettras.*
- *Du poivre noir concassé, tu abuseras.*
- *Al dente, tu cuiras.*

LES ITALIENS UTILISENT DU GUANCIOLE :

c'est de la joue de porc, qui donne un goût unique à *la pasta* ! Pour que ce soit plus facile à trouver, je l'ai remplacée par la pancetta, l'autre charcuterie officielle des carbos !

ON L'A CONNU RÂPÉ DANS LA SAUCE RÉMOULADE MOUTARDÉE, ON L'A CROISÉ EN VELOUTÉ ASSOCIÉ À UN FROMAGE PERSILLÉ, VOILÀ LE CÉLERI 2019 : TOUT EN SEMOULE ! ON N'A PAS FINI DE FAIRE LE TOUR DU CÉLERI-BOULE !

Mardi
12
MARS

CÉLERI RÉMOULADE *sauce cocktail*

Pour 4 personnes
Préparation : 20 min

- ☐ ½ boule de céleri-rave
- ☐ 1 cuil. à café de sel
- ☐ 5 pincées de piment d'Espelette
- ☐ Le jus de ½ citron
- ☐ 8 grosses crevettes cuites
- ☐ 1 cuil. à soupe d'aneth pour servir

Pour la sauce cocktail

- ☐ ½ gros cornichon aigre-doux
- ☐ 5 cl de crème fraîche épaisse
- ☐ 1 grosse cuil. à soupe de ketchup
- ☐ Le jus de ½ citron + le zeste du citron entier
- ☐ Sel et poivre au goût

1. Pelez le céleri et coupez-le en morceaux. Dans le bol d'un robot, mixez par petites pulsions les morceaux de céleri jusqu'à obtenir une sorte de semoule. Mettez cette semoule dans un saladier, ajoutez le sel et le piment d'Espelette.

2. Prélevez le zeste du citron et réservez-le pour la sauce. Coupez le citron en deux, pressez-le et ajoutez la moitié de son jus à la semoule de céleri, en mélangeant bien.

3. Décortiquez les crevettes et hachez-les avant de les ajouter à la semoule de céleri.

4. Préparez la sauce cocktail. Hachez le demi-cornichon. Versez la crème fraîche dans un bol, ajoutez le ketchup, 1 cuillerée à soupe du jus de citron restant, le zeste, le hachis de cornichon, salez et poivrez, mélangez. Versez la sauce sur la semoule et remuez bien.

5. Répartissez le céleri rémoulade dans 4 coupelles et parsemez d'aneth ciselé au moment de servir.

MON TRUC *en plus*

Chaque découpe de légume change sa texture et son goût ! Ici, en semoule, le céleri nous emballe par sa finesse. Même chose pour :

- **des tagliatelles de carotte ou de courgette** faites à l'économe,
- **une belle tomate cœur-de-bœuf,** en été, tranchée bien épaisse pour faire un steak végétal,
- **des poireaux taillés en biseau,** arrosés d'une vinaigrette.

LE GOÛT, C'EST COMME LA COIFFURE : C'EST AUSSI UNE AFFAIRE DE COUPE !

POUR INITIER LES ENFANTS À LA PÂTISSERIE, IL N'Y A PAS MIEUX QUE LES FINANCIERS ET LES BROWNIES. AVEC CETTE VERSION 2 EN 1, VOUS ALLEZ VOIR, C'EST VITE FAIT, BIEN FAIT, COMME ON AIME !

Pour 10 petits financiers ou 6 moyens
Préparation : 10 min
Cuisson : 20 à 25 min

- ☐ 100 g de beurre
- ☐ 3 blancs d'œufs
- ☐ 100 g de sucre en poudre
- ☐ 30 g de farine
- ☐ 100 g de cerneaux de noix
- ☐ 1 cuil. à soupe rase de cacao amer en poudre

1. Préchauffez le four à 180 °C (th. 6). Hachez les cerneaux de noix au couteau.

2. Dans une casserole, faites fondre le beurre à feu doux jusqu'à ce qu'il prenne une couleur noisette. Arrêtez la cuisson en plongeant le fond de la casserole dans un saladier d'eau froide. Filtrez le beurre au travers d'une passoire fine au-dessus d'un petit bol. Dans un saladier, mélangez les blancs d'œufs et le sucre. Ajoutez la farine et les noix concassées, le cacao, puis le beurre noisette.

3. Versez la pâte dans 10 petits moules à financiers légèrement beurrés et enfournez pour 15 minutes (20 minutes pour des moules moyens). Démoulez les financiers dès la sortie du four. Laissez-les refroidir sur une grille et dégustez.

MIEUX CONNAÎTRE

Ingrédient indispensable du financier classique, le beurre noisette rehausse aussi cette recette. Il s'agit d'un beurre frais chauffé jusqu'à ce qu'il prenne une belle couleur et odeur noisette. Il va donner du moelleux et enrichir le goût de cette petite douceur.
Aux gâteaux, le beurre noisette apporte une autre dimension ! Pensez-y lorsque vous faites un cake, par exemple, ou encore un clafoutis. Son avantage par rapport au beurre clarifié : il n'a pas besoin d'être filtré.

Pour 4 personnes
Préparation : 10 min
Cuisson : 15 à 20 min

- 500 g de champignons de Paris
- 2 oignons
- 1 feuille de laurier
- 20 cl de crème fleurette
- 1 cuil. à soupe d'huile d'olive
- Quelques pluches de cerfeuil
- Sel et poivre du moulin

Jeudi
14
MARS

Velouté de champignons DE PARIS

VEGGIE

PAS CHER

UNE SOUPE EXPRESS ! ENTRE LA DÉCOUPE, LA CUISSON ET LE MIXEUR, COMPTEZ 15 À 20 MINUTES POUR 4 BONS BOLS DE VELOUTÉ. RAPIDE, SIMPLE ET EFFICACE, LE VELOUTÉ DE CHAMPIGNONS FAIT PARTIE DES RECETTES QUE JE DÉGAINE ENTRE DEUX COUPS DE FEU.

1. Rincez les champignons, ôtez le bout du pied terreux et coupez-les en morceaux.

2. Épluchez et hachez les oignons. Faites-les suer dans l'huile d'olive.

3. Ajoutez les champignons, puis couvrez d'eau bouillante jusqu'à 2 cm au-dessus des champignons. Salez, poivrez, ajoutez la feuille de laurier et laissez frémir 15 minutes.

4. Enlevez la feuille de laurier et mixez la préparation en ajoutant la crème, jusqu'à obtenir une consistance onctueuse.

5. Servez dans un bol ou une assiette creuse, décoré de quelques pluches de cerfeuil.

Vendredi

15

MARS

MIEUX MANGER TOUTE L'ANNÉE, C'EST AUSSI VARIER SON ALIMENTATION GRÂCE À DE NOUVELLES RENCONTRES. LAISSEZ-MOI VOUS PRÉSENTER LE CARRELET, UN POISSON PLAT BON MARCHÉ QUI SE CUISINE FACILEMENT ET RAPIDEMENT !

Cocotte de topinambours

PAVÉS DE CARRELET À L'ESTRAGON

1. Pelez les topinambours et mettez-les au fur et à mesure dans de l'eau vinaigrée pour qu'ils ne noircissent pas. Épongez-les dans un torchon propre et faites-les cuire en cocotte avec 50 g de beurre et quelques brins d'estragon. Salez, poivrez et roulez-les dans le beurre pendant la cuisson : comptez 35 à 40 minutes à couvert, sur feu moyen.

2. 5 minutes avant la fin de la cuisson des topinambours, faites chauffer une poêle avec les 50 g de beurre restants. Lorsque le beurre mousse, posez les pavés de carrelet côté peau et laissez cuire 3 minutes, sur feu moyen.

3. Salez, poivrez, puis faites cuire 1 minute côté chair.

4. Disposez les topinambours dans 4 assiettes, puis ajoutez les pavés de carrelet, côté peau sur le dessus. Déglacez la poêle avec le jus de citron, ajoutez quelques feuilles fraîches d'estragon hachées et arrosez le carrelet de beurre à l'estragon. Dégustez aussitôt.

Pour 4 personnes
Préparation : 15 min
Cuisson : 40 min

- ☐ 600 g de topinambours
- ☐ 4 pavés de carrelet de 180 g avec peau
- ☐ 100 g de beurre
- ☐ Le jus de 1 citron
- ☐ 1 bouquet d'estragon
- ☐ Sel et poivre

MIEUX CONNAÎTRE

Pour passer incognito, le carrelet se fait aussi appeler la plie. Ne soyez pas surpris quand vous le voyez affiché sous deux noms différents chez votre poissonnier ! Pour le reconnaître, vous remarquerez des petits points orange à la surface de sa peau épaisse. On le pêche dans l'Atlantique, la Manche et la mer du Nord. Qu'il soit entier ou en pavé, préparez ce poisson plat et charnu comme une sole.

Samedi

16

MARS

BROCHETTES

de poulet mozza

LA PREMIÈRE ÉMISSION DE CUISINE QUE J'AI ANIMÉE S'APPELAIT « 24 MINUTES CHRONO ». J'AI ADORÉ ÇA ET J'EN AI TOURNÉ PLUS DE 350… C'EST FOU, TOUT CE QU'ON PEUT CUISINER EN 24 MINUTES CHRONO, CUISSON COMPRISE ! DES BLANCS DE POULET, DE LA MOZZARELLA, DU PARMESAN… 3, 2, 1, *GO* !

Pour 4 personnes
Préparation : 14 min
Cuisson : 10 min

- ☐ 4 filets de poulet
- ☐ 250 g de mozzarella
- ☐ 30 g de farine
- ☐ 30 g de chapelure
- ☐ 1 cuil. à café d'origan séché
- ☐ 20 g de parmesan
- ☐ 1 cuil. à café de piment d'Espelette
- ☐ 1 pointe de piment de Cayenne doux
- ☐ 2 œufs
- ☐ 4 cuil. à soupe d'huile de tournesol
- ☐ 100 g de tomates séchées
- ☐ 1 gousse d'ail
- ☐ 5 feuilles de basilic frais
- ☐ 2 cuil. à soupe d'huile d'olive
- ☐ Sel et poivre
- ☐ Piques à brochettes

1. Coupez les filets de poulet et la mozzarella en cubes de 2 cm de côté. Montez les brochettes en alternant les cubes de poulet et de mozzarella.

2. Déposez la farine dans une assiette creuse, versez la chapelure dans une autre assiette et ajoutez-y l'origan, le parmesan et les deux piments. Dans une troisième assiette creuse, battez les œufs en omelette, et assaisonnez de sel et de poivre.

3. Préchauffez le four à 180 °C (th. 6). Passez les brochettes successivement dans la farine, puis dans l'œuf et enfin dans la chapelure. Dans une poêle, versez l'huile de tournesol. Quand elle est bien chaude, faites-y revenir les brochettes en les retournant régulièrement afin de les dorer sur toutes les faces.

4. Disposez les brochettes dans un plat et enfournez pour 10 minutes.

5. Hachez les tomates séchées, l'ail, le basilic, salez, poivrez, passez au mixeur et ajoutez l'huile d'olive jusqu'à l'obtention d'une purée.

6. Servez les brochettes avec la purée de tomates et des pâtes fraîches arrosées d'un filet d'huile d'olive.

UN PETIT COUP DE MOU AU MILIEU DU MOIS DE MARS ? ET SI VOUS PROFITIEZ DE LA SAINT PATRICK POUR VOUS FAIRE PLAISIR AVEC UNE RECETTE ULTRA RÉCONFORTANTE. ET N'OUBLIEZ PAS LA GUINNESS® POUR CÉLÉBRER CETTE FÊTE COMME UN IRLANDAIS !

Welsch À L'IRLANDAISE

Pour 4 personnes
Préparation : 20 min
Cuisson : 15 min

PAS CHER

- 400 g de cheddar
- 4 tranches de jambon blanc du boucher
- 30 cl de bière brune type Guinness®
- 2 à 3 cuil. à soupe de moutarde fine forte
- 4 tranches de pain de campagne (ou de pain de mie)
- Poivre

1. Préchauffez le four à 180 °C (th. 6).
2. Dans une casserole, faites fondre le cheddar avec la moutarde et 5 cl de bière afin d'obtenir une pâte lisse. Poivrez généreusement.
3. Imbibez les tranches de pain avec le reste de bière et mettez-les dans 4 plats creux allant au four. Posez dessus 1 tranche de jambon, puis nappez le tout de crème de cheddar et enfournez pour 10 minutes.
4. Dégustez bien chaud !

MIEUX CONNAÎTRE

Obtenues à partir de malts torréfiés plus longtemps que ceux des blondes, les bières brunes passent moins inaperçues. Ambrées, fortes en goût et en alcool, elles ont de nombreux adeptes. La Guinness®, célèbre bière irlandaise, séduit par sa belle épaisseur et sa mousse blanche.

Lundi

18

MARS

S'IL Y A UN DESSERT RUSTIQUE ET RÉGRESSIF, C'EST BIEN CELUI-CI. COMME TOUS LES FRUITS, LA POMME REND À LA CUISSON UNE LÉGÈRE ACIDITÉ. VOILÀ POURQUOI JE L'ADOUCIS AVEC DE LA CONFITURE. PARFAIT POUR SORTIR DE L'HIVER ET ACCUEILLIR LE PRINTEMPS.

POMMES AU FOUR
À LA CONFITURE DE PRUNES

Pour 4 personnes
Préparation : 20 min
Cuisson : 40 à 50 min

- ☐ 4 pommes elstar, juliet…
- ☐ 2 cuil. à soupe de confiture de prunes jaunes
- ☐ 1 rouleau de réglisse
- ☐ 40 g de noisettes
- ☐ Sirop d'orgeat
- ☐ 60 g de beurre

1. Lavez et évidez les pommes sans les transpercer.

2. Hachez le rouleau de réglisse, réservez-en quelques morceaux pour la finition et incorporez-les à la confiture.

3. Torréfiez les noisettes pendant 10 minutes dans un four à 180 °C (th. 6). À la sortie du four, concassez-les grossièrement avant d'en ajouter les deux tiers à la confiture de prunes.

4. Garnissez les pommes de ce mélange. Disposez-les dans un plat à four copieusement beurré. Ajoutez 2 cuillerées à soupe d'eau, arrosez le tout de sirop d'orgeat et enfournez pour 30 à 40 minutes. Arrosez-les de temps en temps avec le sirop de cuisson.

5. Servez les pommes tièdes, parsemées des morceaux de noisette et de réglisse restants.

ENTRE *nous*

LA CONFITURE DÉGOULINE EN CUISINE !

Pensez aux confitures faites l'été dernier pour twister vos recettes.

DONNEZ DE LA CONFITURE AU COCHON !

En cuisine, n'hésitez pas à déglacer les sucs de cuisson d'un filet mignon de porc avec de la confiture d'abricots mélangée à un peu d'eau. Enrobez ensuite le filet de cette sauce acidulée et parsemez-le de thym frais.

MISE AU PLACARD

Sortez la confiture de framboises ou de fraises maison pour garnir des biscuits smileys (voir page 324) ou enrichir un riz au lait.

SORTEZ LA QUETSCHE OU LA MIRABELLE !

Pour accompagner des fromages puissants tels que le munster ou l'époisses, leur douceur acidulée équilibrera ces beaux costauds !

Mardi

19

MARS

ŒUFS POCHÉS INRATABLES
et coulis de cresson

Pour 4 personnes
Préparation : 10 min
Cuisson : 6 min

- 4 gros œufs extra-frais
- 1 botte de cresson
- Quelques brins d'estragon
- 5 cl de crème liquide
- 1 cuil. à soupe d'huile neutre
- Sel et poivre
- Une poignée de glaçons

Matériel :

- papier film spécial cuisson
- ficelle alimentaire

1. Rincez le cresson et équeutez-le (retirez seulement les grosses tiges). Plongez-le 3 minutes dans une grande casserole d'eau bouillante salée. Préparez un grand bol d'eau froide avec les glaçons.

2. Sortez le cresson de l'eau bouillante et plongez-le aussitôt dans l'eau froide. Pressez-le entre vos mains pour l'égoutter. Mixez-le avec 3 ou 4 glaçons, la moitié de l'estragon et la crème liquide. Salez et poivrez.

3. Préparez les oeufs pochés comme suit :

ÉTAPE 1

Garnissez un bol de papier film, huilez sa surface, puis cassez-y l'œuf. Salez et poivrez.

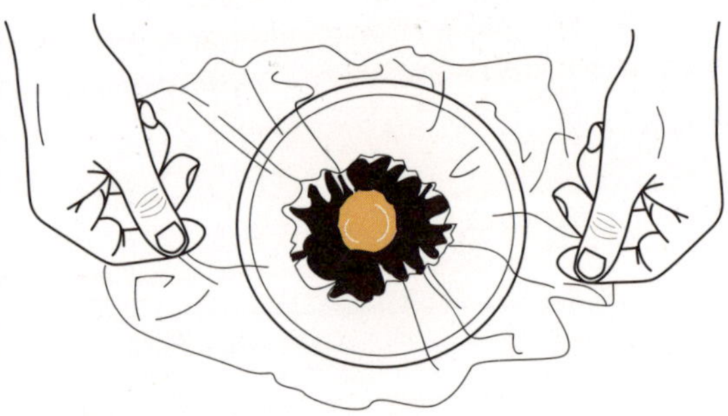

ÉTAPE 2

Refermez le film en le nouant avec un lien afin de former une poche. Renouvelez l'opération pour les 3 autres œufs.

ÉTAPE 3

Mettez 1 litre d'eau à frémir, plongez-y les 4 poches et laissez cuire 3 minutes (le blanc ne doit plus être transparent).

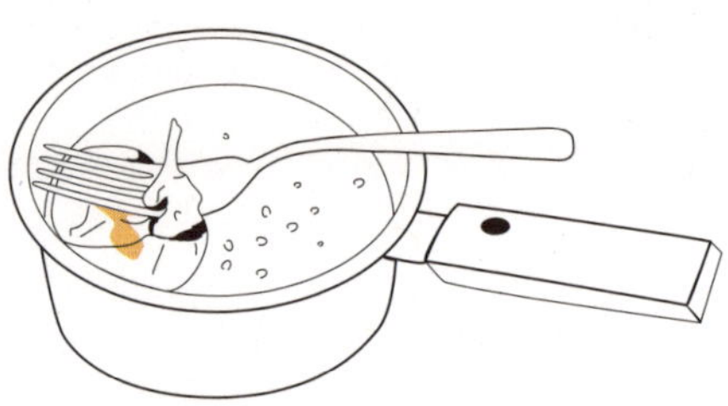

ÉTAPE 4

Égouttez, ouvrez les poches et sortez délicatement les œufs.

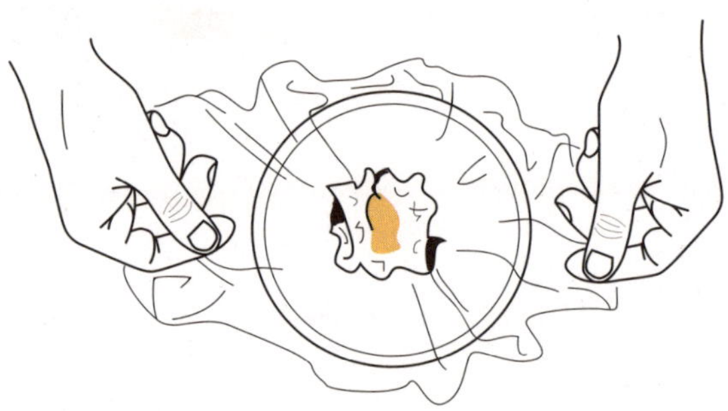

4. Répartissez le coulis de cresson au fond des assiettes, dressez un œuf au centre de chacune d'elles et entourez de quelques feuilles d'estragon. Dégustez immédiatement !

BOUILLON COQUES RADIS

Pour 4 personnes
Préparation : 10 min
Trempage : 30 min
Cuisson : 25 min

Mercredi
20
MARS

C'EST LE PRINTEMPS ! LA FIN DES COQUES, LE DÉBUT DES RADIS... CE CHASSÉ-CROISÉ DES PRODUITS DE SAISON SENT BON LE PRINTEMPS !

- ☐ 1 l de coques
- ☐ 1,5 l de bouillon de volaille (type Ariaké®)
- ☐ 1 carotte
- ☐ 4 à 6 radis roses
- ☐ 10 pois mange-tout
- ☐ 2 petites cébettes
- ☐ 2 cm de gingembre frais
- ☐ 1 poignée de graines germées (poireau, bettrave, fenugrec…)
- ☐ Sel et poivre

1. Dessablez les coques 30 minutes dans deux ou trois eaux claires froides en les brassant régulièrement.

2. Faites chauffer le bouillon.

3. Pendant ce temps, lavez, pelez et tranchez très finement à la mandoline (ou au rasoir à légumes) les légumes façon tagliatelles, à l'exception des pois mange-tout ! Faites de même avec le gingembre.

4. Plongez les coques dans le bouillon et retirez-les dès qu'elles s'ouvrent. Laissez ensuite réduire le bouillon d'un tiers et, pendant ce temps, décoquillez les coques.

5. Répartissez les légumes et les coques dans 4 assiettes creuses.

6. Versez le bouillon bien chaud sur la garniture, décorez avec quelques graines germées, salez et poivrez, et dégustez aussitôt.

C'EST LA JOURNÉE INTERNATIONALE SANS VIANDE !

Pour célébrer cette journée initiée en 1985 par une association américaine qui milite pour les droits des animaux, il vous suffit de remplacer le bouillon de volaille par un bouillon de légumes. Et les coques ? Ouf, ce n'est pas de la viande !

Jeudi

21

MARS

Crêpes ROSES

Pour 4 personnes
Préparation : 10 min
Cuisson : 15 min
Réfrigération : 1 h

Pour la pâte à crêpes

- ▢ 250 g de farine
- ▢ 2 pincées de sel
- ▢ 2 sachets de sucre vanillé
- ▢ 1 cuil. à soupe de sucre en poudre
- ▢ 4 œufs
- ▢ ½ l de lait
- ▢ 1 cuil. à soupe d'eau de rose
- ▢ Huile pour la poêle

Pour la garniture

- ▢ 8 litchis frais
- ▢ 4 pralines roses

Pour la chantilly à la rose

- ▢ 50 cl de crème liquide à 35 % de MG, bien froide
- ▢ 1 cuil. à soupe d'eau de rose

1. Tamisez la farine au-dessus du saladier, salez, puis ajoutez les sucres. Creusez un puits et cassez-y les œufs avant de les incorporer au fouet à la préparation. Versez peu à peu le lait en remuant, puis l'eau de rose, et réservez.

2. Huilez une poêle à crêpes et versez une petite louche de pâte en recouvrant le fond de la poêle. Confectionnez 8 crêpes.

3. Épluchez et dénoyautez les litchis, coupez-les en petits dés. Passez les pralines au blender pour obtenir une poudre rose.

4. À l'aide d'un batteur électrique, montez la crème en chantilly, incorporez la cuillerée à soupe d'eau de rose, le hachis de litchis et les pralines en poudre.

5. Nappez chaque crêpe du mélange, puis roulez-les. Réservez les crêpes 1 heure au réfrigérateur. Coupez-les en bouchées, saupoudrez de pralines et dégustez.

IL N'Y A PAS QU'À LA CHANDELEUR QU'ON PEUT FAIRE DES CRÊPES ! POUR DONNER UN AIR DE PÂTISSERIE CHIC À CE DESSERT, JE ME SUIS INSPIRÉ DE L'ISPAHAN, LE MACARON FRAMBOISE-LITCHI-EAU DE ROSE DU GÉNIAL PIERRE HERMÉ.

CARROTTES *Vichy*

Pour 4 personnes
Préparation : 10 min
Cuisson : 20 à 25 min

- 800 g de carottes
- 50 cl d'eau de Vichy
- 40 g de beurre
- 1 cuil. à soupe de sucre en poudre
- Sel et poivre du moulin

PAS CHER

VEGGIE

LES CAROTTES VICHY FONT PARTIE DES CLASSIQUES DE NOTRE CUISINE ! AU DÉPART, JE PENSAIS QUE L'EAU DE VICHY ÉTAIT UNE FIGURE DE STYLE POUR ANOBLIR LA CAROTTE, MAIS J'AI DÛ ME RENDRE À L'ÉVIDENCE : NATURELLEMENT GAZEUSE, ELLE JOUE UN RÔLE DANS LA CUISSON.

1. Épluchez les carottes, lavez-les et coupez-les en rondelles. Mettez-les dans une sauteuse et couvrez d'eau de Vichy à hauteur. Saupoudrez de sucre et ajoutez le beurre coupé en petits dés. Salez, poivrez.

2. Faites cuire à feu moyen pendant 20 à 25 minutes, à découvert (vérifiez qu'il reste encore un peu de jus à la fin de la cuisson).

3. Les carottes doivent être brillantes, « glacées » comme on dit dans le jargon ! Servez aussitôt.

MIEUX *CONNAÎTRE*

L'eau minérale Vichy Célestins® contient du bicarbonate de sodium, un corps minéral qui **DONNE UNE SAVEUR AUX PLATS** et permet de remplacer une partie du sel utilisé en cuisine ; **DE PLUS, IL FIXE LA CHLOROPHYLLE** des légumes verts et la couleur orangée de la carotte.

ENTRE *nous*

Pensez à doubler la quantité de carottes pour la recette de dimanche !

Samedi

23

MARS

SOURIS D'AGNEAU *tandoori*

LA SOURIS D'AGNEAU FAIT PARTIE DE MES MORCEAUX PRÉFÉRÉS. POUR ÊTRE SÛR D'EN AVOIR EN QUANTITÉ, PENSEZ À COMMANDER UN PEU À L'AVANCE CE PROLONGEMENT DU GIGOT AUPRÈS DE VOTRE BOUCHER.

Pour 4 personnes
Préparation : 15 min
Cuisson : 1 h

- 4 belles souris d'agneau
- 600 g de pommes de terre grenaille
- 3 cuil. à soupe de mélange d'épices tandoori
- 6 cuil. à soupe d'huile d'olive
- 5 gousses de cardamome
- 1 petit citron confit
- ¼ de botte de coriandre
- Sel et poivre

1. Mélangez les épices tandoori à 3 cuillerées à soupe d'huile. Ajoutez les graines de cardamome fendues et grattées. Salez et poivrez les souris d'agneau, roulez-les dans le mélange huile-épices.

2. Préchauffez le four à 190 °C (th. 6-7).

3. Faites rissoler les souris d'agneau pendant 5 minutes dans une cocotte avec le reste d'huile, en les retournant régulièrement.

4. Nettoyez soigneusement les pommes de terre, puis disposez-les dans la cocotte autour des souris d'agneau.

5. Coupez le citron confit, ôtez les pépins, détaillez-le en cubes et ajoutez-le dans la cocotte.

6. Salez et enfournez à couvert. Laissez cuire 10 minutes.

7. Baissez ensuite le four à 160 °C (th. 5) et poursuivez la cuisson 45 minutes. Retournez les souris à mi-cuisson, mouillez avec un peu d'eau si nécessaire.

8. Dressez dans un plat de service en posant les souris verticalement, répartissez les pommes de terre autour et parsemez de coriandre fraîche ciselée.

Dimanche
24
MARS

Pour 4 personnes
Préparation : 15 min
Cuisson : 20 min

Pour la chapelure
- 6 biscottes
- 1 noix de beurre

- 4 cuisses de canard confit
- 800 g de carottes Vichy déjà cuites (voir recette du 22 mars)
- 1 petit oignon
- 2 cuil. à soupe de persil plat
- Sel et poivre

ANTI GASPI

Parmentier de canard ET CAROTTES

1. Passez les carottes cuites à l'eau de Vichy au presse-purée ou bien écrasez-les à la fourchette. Pelez l'oignon et hachez-le, ainsi que le persil.

2. Effilochez la chair des cuisses de canard et mélangez-la avec le persil et l'oignon. Poivrez sans saler (le confit et les carottes le sont déjà).

3. Répartissez le canard dans le fond d'un plat creux beurré. Recouvrez-le de purée de carottes.

4. Préchauffez le four à 180 °C (th. 6). Broyez les biscottes en chapelure, faites fondre le beurre, puis mélangez-les.

5. Recouvrez la purée de chapelure et enfournez pour 20 minutes.

6. Servez bien chaud, avec un mesclun ou une salade de mâche.

ÇA M'ÉNERVE !

En France, nous jetons 20 kg de nourriture par an et par personne, dont 13 kg de produits frais.
Les fruits et légumes constituent la moitié des produits frais jetés ! Alors on ne gaspille pas les carottes cuites et on leur donne une nouvelle vie « parmentière » ! Et je ne parle pas de la traçabilité et du goût : ce sera bien meilleur qu'un parmentier tout prêt et « micro-ondable ».

Lundi

25

MARS

PAS CHER

ANTI GASPI

MES CROISSANTS PERDUS

et lait Tagada®

SI VOUS AVEZ EU LES YEUX PLUS GROS LE VENTRE EN ACHETANT VOS CROISSANTS CE WEEK-END, VOICI UNE RECETTE BLUFFANTE QUI DONNERA UNE SECONDE VIE À CEUX QUI RESTENT.

Pour 4 personnes
Préparation : 10 min
Repos : 30 min
Cuisson : 30 min

Pour les ramequins ou cassolettes

- ☐ 4 croissants de la veille
- ☐ 4 œufs
- ☐ 60 g de sucre
- ☐ 1 l de lait
- ☐ 1 pincée de vanille en poudre (ou ½ gousse de vanille)
- ☐ 4 cuil. à soupe de confiture de lait
- ☐ 30 g de beurre pour les moules
- ☐ 1 cuil. à soupe de sucre glace

Pour 4 verres de lait Tagada®

- ☐ 50 cl de lait
- ☐ 14 fraises Tagada®

1. Préchauffez le four à 160 °C (th. 5). Beurrez les ramequins (ou les cassolettes).

2. Coupez les croissants en gros morceaux et disposez-les chacun dans un ramequin. Battez les œufs, le sucre, le lait et la vanille, puis versez le mélange sur les croissants. Laissez s'imbiber 30 minutes.

3. Versez en filet 1 cuillerée à soupe de confiture de lait dans chaque ramequin. Enfournez pour 30 minutes.

4. Pendant la cuisson des croissants perdus, faites chauffer le lait dans une casserole avec les fraises Tagada®. Quand elles ont fondu, passez le mélange au blender.

5. Sortez les croissants perdus du four, saupoudrez-les de sucre glace et dégustez-les tièdes, avec un verre de lait Tagada®.

WOK DE GAMBAS
ET POMMES DE TERRE

EXPRESS

Mardi

26

MARS

LE WOK EST UN USTENSILE DE CUISSON ASIATIQUE QUI PERMET DE RÉALISER DES CUISSONS VIVES. SI VOUS N'EN AVEZ PAS, UNE GRANDE POÊLE FERA L'AFFAIRE. CETTE RECETTE EST UNE BONNE RÉPONSE À UNE ENVIE SOUDAINE D'EXOTISME !

Pour 4 personnes
Préparation : 15 min
Cuisson : 5 min

- ☐ 12 gambas ou grosses crevettes fraîches
- ☐ 2 belles pommes de terre
- ☐ 2 carottes
- ☐ ½ daïkon (radis noir)
- ☐ 1 oignon rouge
- ☐ 2 cuil. à soupe d'huile d'olive
- ☐ ½ cuil. à café de paprika
- ☐ 1 cuil. à soupe de nuoc-mâm
- ☐ 1 cuil. à soupe de ciboulette
- ☐ Poivre du moulin

1. Enlevez les têtes des gambas et décortiquez les queues, puis incisez légèrement le haut du dos et ôtez le boyau noir. Mettez-les au frais.

2. Épluchez les pommes de terre, les carottes et le daïkon. Taillez tous ces légumes en tranches de 5 mm d'épaisseur et, au couteau, faites des bâtonnets façon pommes allumettes. Pelez l'oignon, puis émincez-le en fines rondelles après en avoir retiré les extrémités.

3. Versez l'huile dans le wok. Dès que l'huile est chaude, ajoutez les crevettes, les pommes de terre, les carottes et l'oignon, faites sauter vivement l'ensemble en remuant sans cesse durant 4 à 5 minutes. Saupoudrez de paprika et poivrez. Déglacez au nuoc-mâm.

4. Hors du feu, ajoutez les bâtonnets de radis noir et parsemez de ciboulette : dégustez bien chaud !

Mercredi

27

MARS

Recette régionale

VEGGIE

OSSAU-IRATY PANÉ *et champignons*

C'EST LA JOURNÉE MONDIALE DU FROMAGE ! DANS UN PAYS QUI EN COMPTE PLUS DE 1 200 VARIÉTÉS, CETTE JOURNÉE CRÉÉE EN 2001 EST LA BIENVENUE. ORGANISÉE PAR L'ASSOCIATION FROMAGES DE TERROIRS, ELLE MET À L'HONNEUR LES FROMAGES FERMIERS OU ARTISANAUX AU LAIT CRU… LES FROMAGERS AFFINEURS, PAYSANS ET ARTISANS ORGANISENT DES ANIMATIONS POUR L'OCCASION, ALORS OUVREZ L'ŒIL !

1. Coupez les pieds des grappes de pleurotes, nettoyez-les à l'aide d'un chiffon humide, puis émincez-les grossièrement. Rincez et ciselez le persil. Pelez et ciselez l'échalote.

2. Faites suer l'échalote dans une sauteuse avec un peu d'huile, sur feu vif. Ajoutez les champignons et baissez légèrement le feu. En fin de cuisson, salez, poivrez et parsemez de persil. Réservez au chaud.

3. Préparez la panure du fromage. Pour cela, concassez les noix, mélangez-les à la chapelure et versez dans un récipient creux. Battez un œuf en omelette dans un second récipient creux. Enfin, versez la farine dans un troisième récipient creux.

4. Taillez l'ossau-iraty en triangles de 5 à 7 mm d'épaisseur et passez-les dans la farine, puis dans l'œuf battu et enfin dans la chapelure.

5. Dans une poêle, faites chauffer 3 cuillerées à soupe d'huile, puis faites-y dorer les triangles de fromage pané sur chaque face.

6. Dressez la poêlée de pleurotes et le fromage pané dans 4 assiettes et dégustez aussitôt.

Pour 4 personnes
Préparation : 15 min
Cuisson : 10 min

- ☐ 400 g d'ossau-iraty ou autre fromage à pâte pressée cuite/non cuite
- ☐ 800 g de pleurotes
- ☐ Quelques brins de persil plat
- ☐ 1 petite échalote
- ☐ Huile de tournesol ou d'arachide
- ☐ Sel et poivre

Pour la panure

- ☐ 100 g de noix
- ☐ 100 g de chapelure de pain
- ☐ 1 œuf
- ☐ 100 g de farine

L'ENTRECÔTE FAIT PARTIE DES MORCEAUX PRÉFÉRÉS DES FRANÇAIS. IL S'AGIT D'UNE CÔTE DE BŒUF DÉSOSSÉE. POUR QU'ELLE DONNE LE MEILLEUR D'ELLE-MÊME DANS CETTE RECETTE, SORTEZ-LA DU RÉFRIGÉRATEUR UNE PETITE HEURE AVANT DE LA CUIRE. SI VOUS N'AVEZ JAMAIS GOÛTÉ LE MARIAGE BŒUF-ANCHOIS, C'EST LE MOMENT !

EXPRESS

Jeudi
28
MARS

ENTRECÔTES OLIVES-ANCHOIS

Pour 4 personnes
Préparation : 10 min
Cuisson : 4 à 8 min
Repos : 5 min

- ▢ 2 entrecôtes bien épaisses de bœuf (500 g chacune environ)
- ▢ 4 filets d'anchois à l'huile d'olive
- ▢ 12 petites olives noires dénoyautées
- ▢ 2 pincées de piment d'Espelette
- ▢ 2 cuil. à soupe de tournesol ou de pépins de raisin
- ▢ 1 noix de beurre
- ▢ Fleur de sel et poivre du moulin

1. Hachez finement les anchois et les olives, puis mélangez-les au piment d'Espelette.

2. Faites 4 à 6 petites incisions profondes (sans transpercer la viande) dans les entrecôtes. Glissez-y la purée d'anchois aux olives.

3. Faites chauffer l'huile et le beurre dans une poêle, et faites cuire les entrecôtes 2 à 4 minutes sur chaque face en commençant par le côté non incisé. Assaisonnez la viande à mi-cuisson avec la fleur de sel et le poivre.

4. Laissez reposer les entrecôtes 5 minutes sur une grille avant de servir afin que la viande reste bien juteuse.

Vendredi

29

MARS

TARTE FINE
aux poireaux

VEGGIE

Pour 4 personnes
Préparation : 10 min
Cuisson : 20 à 25 min

- 200 g de pâte feuilletée
- 2 poireaux moyens
- 20 g de beurre
- 2 cuil. à soupe de vin blanc sec
- 1 cuil. à café rase de curry
- Sel et poivre

1. Préchauffez le four à 180 °C (th. 6).
2. Découpez 4 disques de pâte de 15 cm de diamètre environ.
3. Lavez les poireaux et émincez-les en biseau de 1 cm d'épaisseur. Faites-les cuire 5 minutes dans le beurre, le vin blanc et le curry.
4. Égouttez-les, disposez-les en rosace sur les disques de pâte et enfournez pour 15 à 20 minutes.
5. Servez les tartes fines chaudes, en accompagnement d'un poisson grillé ou simplement avec une salade verte.

MIEUX CHOISIR

On ne va pas se mentir, faire sa pâte feuilletée, c'est un vrai boulot et ça demande du savoir-faire… Mon conseil : allez voir le pro du pâton, j'ai nommé VOTRE BOULANGER ! Vous pourrez la commander à l'avance, pur beurre garanti !

ÇA M'ÉNERVE !

En grande surface, les pâtes feuilletées vendues sont le plus souvent fabriquées avec des huiles végétales (palme, colza et tournesol) pour remplacer le beurre. Forcément, ça coûte moins cher et, pour donner l'illusion « jaune » du beurre, les industriels ajoutent du bêtacarotène. Regardez bien les étiquettes et, si vous avez un doute, privilégiez une pâte feuilletée surgelée « pur beurre » sans additifs ni conservateurs.

LE PRINTEMPS RAMÈNE SA FRAISE ET C'EST TANT MIEUX ! PLUS PARFUMÉE ET SURTOUT MOINS TRAITÉE QUE LES FRAISES D'ESPAGNE, LA FRANÇAISE SAIT SE FAIRE ATTENDRE. COMME LES PREMIÈRES SONT ACIDULÉES, CE CHEESECAKE LEUR APPORTERA UN PEU DE DOUCEUR !

Samedi
30
MARS

Cheesecake À LA FRAISE

- ☐ 250 g de fraises (type gariguette)
- ☐ 125 g de palets bretons
- ☐ 4 feuilles de gélatine
- ☐ 60 g de sucre en poudre
- ☐ Le zeste de 1 citron non traité
- ☐ 200 g de crème fraîche épaisse
- ☐ 350 g de fromage blanc

Pour 6 à 8 personnes
Préparation : 15 min
Réfrigération : 4 à 6 h

SANS CUISSON

1. Réduisez les palets bretons en miettes et tassez-les au fond d'un moule à manqué à fond amovible de 20 cm de diamètre.

2. Faites ramollir les feuilles de gélatine dans de l'eau froide.

3. Lavez, équeutez et coupez les fraises en deux dans la hauteur. Placez-en une partie dans le moule, face tranchée contre la paroi.

4. Faites un sirop avec 10 cl d'eau, le sucre et le zeste du citron. Faites bouillir 5 minutes puis, hors du feu, ajoutez la gélatine égouttée entre vos mains. Mélangez bien au fouet et laissez complètement refroidir.

5. Fouettez la crème fraîche avec le fromage blanc, puis incorporez-y le sirop au citron.

6. Versez la préparation au fromage blanc dans le moule en alternant avec les fraises restantes coupées en petits morceaux. Terminez par la préparation au fromage blanc, lissez la surface et laissez prendre le cheesecake 4 à 6 heures au réfrigérateur avant de le démouler.

MIEUX CHOISIR

La gariguette disponible de mars à mai est la fraise primeur, c'est elle qui ouvre le bal. Imaginée par l'INRA en 1976, elle est la fraise la plus vendue en France et bénéficie du Label Rouge depuis 2009. Comme elle a un peu volé la vedette aux autres variétés, je vous en présenterai d'autres, tout aussi bonnes, un peu plus loin (voir page 164).

Dimanche

31

MARS

C'EST LE CHANGEMENT D'HEURE !
À PEINE LEVÉ QU'IL FAUT DÉJÀ CUISINER ! CONTRACTION DE BREAKFAST (PETIT DÉJEUNER) ET LUNCH (DÉJEUNER), LE BRUNCH EST UNE SOLUTION POUR COMPENSER CE DÉCALAGE HORAIRE PRINTANIER !

BRUNCH EXPRESS
EN MOINS DE 30 MINUTES !

Pour 4 personnes
Préparation : 5 min

- ☐ 1 l de jus de tomate
- ☐ 2 branches de céleri
- ☐ Le jus de ½ citron vert
- ☐ 2 cuil. à soupe de sauce Worcestershire
- ☐ 1 pincée de sel de céleri
- ☐ 1 pincée de paprika
- ☐ Poivre du moulin
- ☐ Quelques glaçons

VIRGIN MARY

1. Mettez tous les ingrédients, sauf les branches de céleri et le paprika, dans un blender, ou dans un shaker si vous vous sentez d'humeur vigoureuse. Mixez (ou secouez) pendant 2 minutes.

2. Versez le virgin mary dans des verres hauts, lavez et coupez les branches de céleri en deux, et plantez-en une par verre, à la manière d'une paille. Saupoudrez chaque verre d'une pincée de paprika. Dégustez bien frais !

Pour 4 personnes
Préparation : 3 min
Cuisson : 3 min

- ☐ 8 œufs frais + 4 jaunes (3 œufs moyens par personne)
- ☐ 40 g de beurre
- ☐ Quelques branches de persil plat
- ☐ Sel et poivre

ŒUFS BROUILLÉS

1. Cassez les 8 œufs entiers dans un saladier et mettez les 4 jaunes de côté.

2. Faites chauffer une casserole ou une sauteuse sur feu très doux (la casserole ne doit pas être trop chaude). Battez les œufs entiers à l'aide d'une fourchette sans insister, puis assaisonnez de sel et de poivre.

3. Versez le beurre dans la casserole et laissez-le fondre sans coloration. Ajoutez les œufs battus, puis mélangez sans cesse à l'aide d'une spatule plate en bois en formant des petits cercles et en frottant le fond de la casserole. Les œufs doivent rester crémeux.

4. Arrêtez la cuisson et, hors du feu, ajoutez immédiatement les jaunes et mélangez bien. La texture des œufs brouillés est alors parfaite !

5. Servez décoré de quelques feuilles de persil.

AVOCADO TOAST

Pour 4 personnes
Préparation : 10 min

- ☐ 2 avocats
- ☐ ¼ de cuil. à café de sel
- ☐ ¼ de cuil. à café de poivre
- ☐ Le jus de ½ citron vert
- ☐ 4 tranches épaisses de pain complet ou aux graines
- ☐ 2 cuil. à soupe de ciboulette
- ☐ 100 g de chèvre cendré bien fait
- ☐ 4 radis roses

1. Coupez en deux, épluchez et dénoyautez les avocats. Dans un bol, écrasez leur chair, et ajoutez le sel, le poivre et le jus du demi-citron vert.

2. Faites griller les tranches de pain au four ou au grille-pain.

3. Ciselez la ciboulette et émiettez le fromage de chèvre. Lavez bien les radis roses, puis tranchez-les très finement.

4. Étalez la purée d'avocat sur le pain grillé, puis déposez un peu de fromage de chèvre, des tranches de radis rose, de la ciboulette, et terminez par quelques gouttes de jus de citron vert.

MON TRUC *en plus*

Si vous avez encore de l'appétit, ma recette de salade de rattes peut aussi être de la partie (voir page 127).

AVRIL
au marché

MES INCONTOURNABLES

1 LE RADIS ROSE

Il annonce l'arrivée des beaux jours ! Si vous avez la chance d'avoir un potager, c'est le moment d'en semer. Un petit truc : moins vous l'arroserez, plus il sera piquant !

2 LE MERLAN

Il est bon, ce poisson, et pas cher ! Sa douceur plaît aux enfants. Riche en vitamines B3, B12 et D, en phosphore ainsi qu'en magnésium, je vous en prépare des filets le 7 avril, spécialement pour la journée mondiale de la santé.

3 L'ÉPINARD

Même si on trouve des épinards pratiquement toute l'année, les variétés sont différentes selon les saisons. Au printemps, on trouve celui de Viroflay et de Rueil-Malmaison. Contrairement à la légende, les épinards contiennent plus de vitamine C que de fer.

LES FRUITS ET LÉGUMES *DU MOIS*

CHEZ LE MARAÎCHER

Légumes :

- Morille
- Artichaut poivrade
- Radis
- Ail nouveau
- Cerfeuil
- Chou-rave
- Chou vert
- Champignon
- Cresson
- Échalote
- Épinard
- Fève
- Laitue
- Oignon
- Oseille
- Pissenlit

Fruits :

- Pamplemousse
- Orange
- Banane
- Fraise
- Avocat

MAIS AUSSI CHEZ LE POISSONNIER :

saumon, carpe, daurade, merlan, truite, lotte, maquereau, sardine, hareng

ET CÔTÉ FROMAGER :

selles-sur-cher, camembert, mimolette, coulommiers, chèvres frais

EN AVRIL
mes conseils pour

MIEUX ACHETER AU SUPERMARCHÉ

Ne jetons pas le bébé avec l'eau du bain : la nourriture industrielle n'est pas mon amie, mais je sais que le supermarché peut simplifier la vie... Voici mes conseils pour y dénicher de beaux et bons produits bruts sans se faire berner !

Ce mois-ci, je deviens la/le pro du supermarché.

- JE DÉCRYPTE LES ÉTIQUETTES.
- JE ME MÉFIE DES PROMOS.
- JE TRAQUE LA QUALITÉ ET LE LOCAL.

Préférez les produits bruts et achetez le minimum au supermarché, juste ce que vous ne trouvez pas chez les producteurs et les commerçants locaux et ce que vous ne pouvez pas fabriquer vous-même.

Certains laits de coco ne contiennent que deux ingrédients : de l'extrait de noix de coco et de l'eau. D'autres contiennent aussi de la gomme de xanthane (E415) pour épaissir, d'autres des stabilisants comme la gomme de guar (E412). Est-ce bien nécessaire ?

Certains laits de coco contiennent jusqu'à 82 % d'extrait de noix de coco, contre juste 57 % pour d'autres... En lisant les étiquettes, vous ferez un meilleur choix !

1 LA CHASSE AUX ÉTIQUETTES

Les 3 choses à regarder sur une étiquette :

L'ordre des ingrédients

Le premier ingrédient est celui qui est en plus grande quantité dans le produit.

Le nombre des ingrédients

Plus il y a d'ingrédients, plus le produit a subi de transformations. Au-delà de 5, passez votre chemin !

Le nom des ingrédients

E409, nitrite de sodium... Quand vous avez l'impression d'être devant le tableau périodique des éléments appris en chimie au collège, c'est mauvais signe !

LE SUPERMARCHÉ : INUTILE DE LE DIABOLISER, MIEUX VAUT LE DOMPTER !

2 LA GUERRE AUX PROMOS

Sachez que les promotions en tête de gondole sont payées par les marques, car cet emplacement les rend très visibles. Un seul but : vendre plus, toujours plus… Soyez donc vigilant !

Comparez les prix au kilo des produits en promo avec d'autres marques en rayon : les réductions ne sont pas toujours aussi avantageuses qu'elles en ont l'air.

Plus le ventre est vide, plus le Caddie se remplit vite… Pensez à faire vos courses après les repas !

Évitez les produits suremballés. Ça ne sert à rien, si ce n'est à produire plus de carton et de plastique… dont le coût se répercute sur votre ticket de caisse de surcroît !

Et les fruits et légumes ?

N'hésitez pas à tâter les fruits et légumes avant de les mettre dans le Caddie.
Trop durs ? Trop mous ? Je passe mon chemin : j'irai m'approvisionner sur le marché ou auprès d'un producteur local.

JAMAIS LE SAMEDI !

D'après le CRÉDOC (Centre de recherche pour l'étude et l'observation des conditions de vie), nous sommes plus nombreux le samedi au supermarché… et nous y restons plus longtemps !
Les deux horaires à éviter : entre 10 et 11 heures et entre 15 et 17 heures.
À bon entendeur…

3 LA QUALITÉ

Dès que vous le pouvez, choisissez en premier lieu les produits :

- AOP,
- Label Rouge,
- de fabrication artisanale,
- sans additif,
- sans sucre ajouté,
- sans OGM,
- sans huile de palme.

Lundi

01

AVRIL

MERLAN GRILLÉ
et légumes croquants

EH NON ! JE NE VOUS PARLE PAS DU POISSON, MAIS DU MORCEAU DE BŒUF QU'ON APPELLE LE MERLAN À CAUSE DE SA FORME... ET CE N'EST PAS UN POISSON D'AVRIL ! COMME LA POIRE OU L'ARAIGNÉE, C'EST UN MORCEAU DIT « DU BOUCHER », CAR AUTREFOIS CELUI-CI SE LES RÉSERVAIT. AUJOURD'HUI, ET TANT MIEUX, IL LES VEND ! TENDRE ET FONDANT, LE MERLAN SE CUISINE ICI COMME UN BIFTECK.

Pour 4 personnes
Préparation : 20 min
Cuisson : 15 min

- ☐ 4 steaks de merlan de 180 g
- ☐ 1 bulbe de fenouil
- ☐ 3 branches de céleri
- ☐ 3 carottes
- ☐ 2 petits poireaux
- ☐ 3 cl de vinaigre de cidre
- ☐ 2 échalotes
- ☐ 1 branche d'estragon
- ☐ Huile d'olive
- ☐ Huile de tournesol

1. Rincez et pelez les légumes. Coupez-les en fins bâtonnets. Hachez finement les échalotes et l'estragon.

2. Dans un wok, chauffez un filet d'huile d'olive et faites-y revenir les légumes 5 minutes.

3. Ajoutez le vinaigre et les échalotes, mélangez bien et poursuivez la cuisson 5 minutes. Dès que les légumes sont mi-cuits, éteignez le feu, parsemez de feuilles d'estragon et couvrez pour que les arômes se diffusent.

4. Saisissez les deux faces des morceaux de merlan dans un filet d'huile de tournesol bien chaude, baissez le feu et poursuivez la cuisson selon votre goût.

5. Déposez la poêlée de légumes autour des steaks de merlan et dégustez bien chaud.

ENRICHI AU BEURRE SALÉ, CE CAKE MAISON VA DEVENIR L'UN DE VOS DESSERTS PRÉFÉRÉS. UN GRAND MOMENT PÂTISSIER !

Mardi
02
AVRIL

Cake caramel au beurre salé

1. Préparez le caramel. Faites frémir la crème liquide. Versez le sucre dans une autre casserole et faites chauffer sur feu moyen, jusqu'à l'obtention d'une belle couleur ambrée. Hors du feu, versez doucement la crème liquide frémissante. Remuez bien en ajoutant le beurre demi-sel coupé en morceaux.

2. Préchauffez le four à 180 °C (th. 6).

3. Préparez le cake. Faites fondre sur feu doux, dans une casserole, le lait, le beurre et le caramel au beurre salé.

4. Dans un saladier, fouettez les œufs avec le sucre jusqu'à ce que le mélange blanchisse. En mélangeant avec une spatule, ajoutez la farine, la levure et le sel. Incorporez le lait au caramel, mélangez bien et versez la préparation dans un moule à cake beurré.

5. Enfournez pour 40 minutes de cuisson : pour savoir si le cake est cuit, enfoncez la pointe d'un couteau, qui doit alors ressortir sèche.

Pour 6 à 8 personnes
Préparation : 20 min
Cuisson : 50 min

- 100 g de lait
- 80 g de beurre demi-sel + 1 noix pour le moule
- 50 g de sucre en poudre
- 2 œufs + 1 jaune
- 150 g de farine
- 1 sachet de levure chimique
- 1 pincée de sel

Pour le caramel au beurre salé
- 10 cl de crème liquide
- 80 g de sucre en poudre
- 40 g de beurre demi-sel

MIEUX CONNAÎTRE

L'invention du caramel au beurre salé est revendiquée par un chocolatier : Henri Le Roux. Ce dernier s'installe à Quiberon, en Bretagne, en 1977 et met au point cette douceur salée, après 3 mois de recherche. Cette création fait de l'œil au Salidou, une pâte à tartiner au caramel et au beurre salé légèrement lactée inventée par la famille Audebert, toujours en Bretagne. Ça vaut un caramel, tout ça !

Mercredi

03

AVRIL

SAINT-NECTAIRE, PRIEZ POUR NOUS ! CE FROMAGE AU LAIT CRU D'AUVERGNE EST UNE VALEUR SÛRE À METTRE SUR UN PLATEAU DE FROMAGES QUAND VOUS NE SAVEZ PAS QUOI CHOISIR. IL EST AUSSI À SA PLACE DANS CE CORDON-BLEU. LE SAINT DU SAINT !

Mon cordon-bleu AU SAINT-NECTAIRE

Pour 4 personnes
Préparation : 15 min
Réfrigération : 15 min
Cuisson : 10 à 12 min

- ☐ 4 escalopes de poulet
- ☐ 2 œufs
- ☐ 300 g de saint-nectaire
- ☐ 250 g de chapelure
- ☐ ¼ de botte de cresson de fontaine
- ☐ 4 cuil. à soupe d'huile de tournesol
- ☐ Sel et poivre

1. Demandez au boucher d'aplatir finement les escalopes, de façon à obtenir de belles tranches fines. Sinon disposez chaque escalope entre deux feuilles de papier sulfurisé et aplatissez-les en tapant légèrement dessus avec un rouleau à pâtisserie.

2. Battez les œufs à la fourchette et versez-les dans un plat creux. Réservez la chapelure dans une assiette creuse. Salez et poivrez les escalopes, ôtez la croûte du saint-nectaire et coupez-le en fines lamelles. Effeuillez le cresson.

3. Posez les escalopes bien à plat sur le plan de travail. Placez le saint-nectaire et le cresson au centre des escalopes, et repliez-les en chausson. Mettez-les au réfrigérateur pour 15 minutes, le temps de souder les bords des cordons-bleus (sinon, fermez-les à l'aide d'un cure-dents).

4. Immergez les cordons-bleus dans l'œuf battu, puis dans la chapelure. Recommencez l'opération.

5. Versez l'huile dans une poêle chaude et faites cuire les cordons-bleus à feu moyen 5 à 6 minutes de chaque côté. Lorsqu'ils sont cuits, déposez le reste de cresson en bouquet sur les cordons-bleus et dégustez.

RECETTE *Végétale*

Salade DE RATTES

1. Rincez les pommes de terre et faites-les cuire avec la peau, à la vapeur, 8 à 10 minutes (elles doivent rester légèrement fermes).

2. Dans un saladier, détaillez les pommes de terre encore chaudes en rondelles ou en sifflets (rondelles en biseau), avec la peau.

3. Aspergez-les de jus de citron et ajoutez le zeste. Détaillez le citron confit en petits cubes et ajoutez-le.

4. Enlevez la première peau des oignons, puis émincez les bulbes à la mandoline ou très finement au couteau. Émincez ensuite le vert des oignons et les feuilles de persil.

5. Dans un saladier, mêlez tous les ingrédients aux pommes de terre citronnées, salez et poivrez. Remuez bien. C'est prêt !

Pour 4 personnes
Préparation : 15 min
Cuisson : 8 à 10 min

- 400 g de pommes de terre rattes ou nouvelles
- Le zeste et le jus de 1 citron
- ½ citron confit
- ¼ de botte d'oignons nouveaux
- ¼ de botte de persil plat
- 3 cl d'huile d'olive
- 50 g d'olives noires niçoises
- Sel et poivre

MIEUX CONNAÎTRE

La ratte est une variété de pomme de terre à chair ferme qui a failli disparaître. Petite, allongée et courbée, sa peau fine cache une chair jaune pâle au petit goût de châtaigne. Longtemps cultivée dans le Lyonnais, l'Ardèche et l'Auvergne, elle a fait son retour dans les années 1960 en Picardie, une région qui l'a vue grandir, grâce à M. Hennuyer, producteur dans le Boulonnais. Bien lui en a pris, car la ratte du Touquet est devenue un grand nom de la pomme de terre. Pourquoi l'appelle-t-on ainsi ? À cause de sa forme qui ressemble à une souris… Très fine et goûteuse, la ratte n'a pas besoin de beaucoup d'artifices pour être mise en valeur. À la vapeur, à la cocotte, avec un peu de beurre demi-sel, ça suffit !

Vendredi

05

AVRIL

EXPRESS

UN PEU D'ORGANISATION, ET VOUS ALLEZ VOIR TOUT CE QU'ON PEUT FAIRE EN CUISINE. EN MOINS D'UNE DEMI-HEURE, CUISSON COMPRISE. VOUS ALLEZ BLUFFER TOUT LE MONDE !

Boulettes de bœuf TABOULÉ VERT

Pour 4 personnes
Préparation : 20 min
Cuisson : 10 min

- ☐ 400 g de viande de bœuf hachée
- ☐ 500 g de graines de couscous moyen
- ☐ 4 branches de coriandre
- ☐ 4 branches de persil plat
- ☐ 4 brins de menthe
- ☐ 4 branches d'estragon
- ☐ 8 brins de ciboulette
- ☐ 1 boîte de lait de coco (25 cl)
- ☐ 2 œufs
- ☐ 100 g de mie de pain
- ☐ 2 verres de lait
- ☐ 1 cuil. à soupe de cumin en poudre
- ☐ 1 cm de gingembre frais
- ☐ 2 gousses d'ail
- ☐ 10 feuilles de salade romaine
- ☐ Huile d'argan
- ☐ 2 cuil. à soupe de farine
- ☐ Huile de tournesol ou de pépins de raisin
- ☐ Sel fin et poivre du moulin

1. Équeutez et lavez toutes les herbes aromatiques. Réservez quelques feuilles de chaque espèce pour le décor. Mettez 25 cl d'eau à chauffer avec le lait de coco. Versez le liquide sur les graines de couscous, couvrez et laissez gonfler 5 minutes en égrainant régulièrement à l'aide d'une fourchette.

2. Pour préparer les boulettes, faites tremper la mie de pain dans le lait.

3. Hachez les herbes, réservez-en la moitié pour le taboulé et ajoutez le reste à la viande hachée avec les œufs, la mie de pain, une pincée de sel fin, du poivre, le cumin en poudre, le gingembre et l'ail hachés. Mélangez soigneusement.

4. Formez des boulettes de la taille d'une noix, roulez-les dans la farine et mettez-les à cuire dans une poêle avec un fond d'huile pendant 8 minutes environ, en les retournant régulièrement.

5. Pendant ce temps, lavez la salade, faites chauffer à feu moyen un sautoir et faites-la cuire 2 minutes. Ajoutez l'huile d'argan à la fin. Salez. Attention, elle doit rester croquante !

6. Ajoutez les herbes restantes aux graines de couscous et vérifiez l'assaisonnement.

7. Sur le lit de salade, déposez les boulettes égouttées, saupoudrez les herbes aromatiques restantes et servez le taboulé à part.

MIEUX s'organiser

Jetez un coup d'œil à la recette de demain : vous pouvez vous avancer en en préparant une partie aujourd'hui !

Pour 4 personnes
Préparation : 20 min
Macération : 24 h
Égouttage : 1 h

- ☐ 300 g de fromage blanc
- ☐ 20 cl de crème fleurette
- ☐ 250 g de fraises

Pour le sirop de queues de fraises

- ☐ Les queues des 250 g de fraises
- ☐ 1 gousse de vanille
- ☐ 1 tasse de sucre
- ☐ 1 tasse d'eau

Samedi
06
AVRIL

J'AI IMAGINÉ CETTE RECETTE POUR NE RIEN PERDRE DES PREMIÈRES FRAISES D'AVRIL. J'UTILISE MÊME LEURS QUEUES POUR PARFUMER UN SIROP !

TÊTE À QUEUE DE FRAISES
EN FONTAINEBLEAU

1. La veille, équeutez les fraises et placez les queues avec la gousse de vanille fendue en deux dans un bocal en verre. Versez le sucre et l'eau, et laissez macérer au réfrigérateur pendant 24 heures. Conservez les fraises équeutées dans une boîte hermétique. Mettez la crème fleurette au réfrigérateur.

2. Le lendemain, laissez égoutter le fromage blanc pendant 1 heure, puis fouettez-le pour le rendre bien lisse. Montez la crème fleurette bien froide en chantilly, au fouet ou au batteur électrique. Incorporez très délicatement et en plusieurs fois le fromage blanc à la chantilly. Remplissez une poche munie d'une douille cannelée avec ce mélange.

3. Filtrez le jus des fraises à travers une passoire. Coupez les fraises en deux ou en quatre.

4. Garnissez les coupelles de fraises, puis du mélange à base de fromage blanc. Nappez de sirop de fraise et dégustez aussitôt.

LE FONTAINEBLEAU fait partie des douceurs fromagères du printemps. Enrichi de crème fouettée, ce fromage blanc doit son nom à la ville de Seine-et-Marne où il a été mis au point par un crémier, au XVIIIe siècle. À l'époque, il était 100 % crème et sans fromage blanc. Aujourd'hui, les deux versions cohabitent.

Dimanche

07

AVRIL

POUR LA JOURNÉE MONDIALE DE LA SANTÉ, J'AI PRÉPARÉ UNE ASSOCIATION DE BIENFAITEURS QUI VOUS PRENDRA 24 MINUTES CHRONO ! DÈS QUE LES USTENSILES ET LES INGRÉDIENTS SONT EN PLACE... À VOUS DE JOUER !

Pour la poêlée pommes et poires au thym et au miel

- 4 poires bio type comice ou passe-crassane
- 4 pommes bio type golden, chantecler ou braeburn
- 1 citron
- 3 cuil. à soupe de miel
- 2 cuil. à soupe d'huile d'olive
- 1 branche de thym
- 1 gousse de vanille

0'00 À 10'30 :

JE PRÉPARE LA POÊLÉE POMMES-POIRES

Je rince, puis je coupe en quatre les pommes et les poires et j'ôte les pépins. Je presse le jus d'un demi-citron et je citronne les morceaux. Je verse l'huile d'olive dans la poêle et je poêle les fruits à feu vif. J'ajoute le jus du deuxième demi-citron et le miel, je baisse sur feu moyen et j'ajoute la branche de thym coupée en tronçons et la gousse de vanille fendue en deux. Au bout de 5 minutes, je retourne les quartiers.

Pour le crémeux à l'ail

- 3 gousses d'ail
- 3 blancs d'œufs
- 3 cuil. à soupe de fromage blanc
- Huile d'olive
- Pain grillé
- Sel et poivre

10'30 À 15'30 :

J'ATTAQUE LE CRÉMEUX À L'AIL

Je pèle l'ail et le mets dans un blender. J'ajoute les blancs d'œufs dans le blender. Je verse le fromage blanc, je sale, je poivre et je mixe jusqu'à obtenir une consistance crémeuse. Pour que le mélange fige, j'ajoute un filet d'huile d'olive. Je répartis le crémeux à l'ail dans 4 petits bols avec pour chacun 1 tranche de pain grillé.

15'30 À 16'30 :

JE TESTE LA CUISSON DE LA POÊLÉE DE POMMES ET DE POIRES

Je plante la pointe du couteau dans les pommes et les poires : elles doivent rester un peu fermes. Je coupe le feu et je répartis la poêlée sur 4 assiettes à dessert.

MERLAN VAPEUR LÉGUMES VERTS
et poêlée pommes-poires thym et crémeux à l'ail

Clin d'œil à 24' Chrono la première émission de cuisine que j'ai animé sur Cuisine TV

Pour le merlan vapeur et légumes verts

- 4 filets de merlan sans peau ni arêtes
- 100 g d'algues fraîches (type wakamé, kombu, haricots de mer...)
- 250 g de pois gourmands
- 250 g de blettes
- 4 sucrines
- 100 g de pousses d'épinard
- Huile d'olive

16'30 À 23'00 :

JE PRÉPARE LE MERLAN VAPEUR ET LES LÉGUMES VERTS

Dans un panier vapeur, je place les filets de merlan roulés sur eux-mêmes et maintenus avec un pique-olive. J'ajoute les algues et je laisse cuire 5 minutes à la vapeur. Pendant ce temps, je coupe les pois gourmands en biseau et je les fais revenir à la poêle, dans de l'huile d'olive, à feu moyen, en mélangeant régulièrement. Je lave et détaille en lanières les blettes, puis les ajoute dans la poêle.

Je rince et coupe les sucrines et je les ajoute avec les pousses d'épinard, du sel et du poivre, dans la poêle. Je fais cuire 1 minute de plus.

23'00 À 24'00 :

JE DRESSE LES ASSIETTES

Je dresse les légumes dans des assiettes creuses, j'ajoute les filets de merlan et je dispose harmonieusement quelques algues dessus. C'est prêt : entrée, plat et dessert en 24 minutes chrono !

Lundi

08

AVRIL

MA SALADE D'ARTICHAUTS POIVRADE

EXPRESS

VEGGIE

EXCELLENTS POUR LE FOIE ET FACILES À CUISINER, LES PREMIERS PETITS ARTICHAUTS VIOLETS NOUS AIDENT AUSSI À MIEUX MANGER !

Pour 4 personnes
Préparation : 15 min

- 6 jeunes artichauts poivrade
- 2 oignons rouges
- 1 petit bulbe de fenouil
- 200 g de jeunes fèves écossées
- 1 gousse d'ail frais
- 4 filets d'anchois au sel
- 1 bouquet de basilic
- 100 g de parmesan en bloc
- 10 cl d'huile d'olive
- 1 cuil. à café de vinaigre de vin rouge
- 1 cuil. à café de jus de citron
- Poivre du moulin

1. Épluchez les oignons rouges. Retirez la queue et les feuilles rigides des artichauts poivrade. À l'aide d'une mandoline, émincez-les finement, ainsi que le bulbe de fenouil et les oignons rouges. Mélangez le tout dans un saladier, ajoutez les fèves.

2. Pelez l'ail, puis écrasez-le dans un mortier avec les filets d'anchois en ajoutant progressivement l'huile d'olive. Versez le vinaigre, le citron et nappez-en les légumes.

3. Répartissez les crudités dans 4 assiettes et assaisonnez avec le mélange précédent. Parsemez de feuilles de basilic et de copeaux de parmesan réalisés à l'aide d'un économe. Poivrez.

MIEUX CUISINER

L'ARTICHAUT TOUT CRU
Le petit artichaut poivrade nous vient de Provence et se cuisine cuit aussi bien que cru, ce qui n'est pas le cas de son cousin breton, le gros Camus qui demande une cuisson. Prenez soin de retirer ses feuilles trop rigides et de couper sa pointe assez dure avant de croquer dedans !

QU'EST-CE QU'ON BOIT AVEC ?

Rien tel qu'un bon blanc minéral pour accompagner l'artichaut. Un grenache blanc du Languedoc ou un coteau varois seront les bienvenus !

Mardi
09
AVRIL

Pour 4 personnes
Préparation : 10 min
Repos : 30 min
Réfrigération : 12 h

Rillettes
de hareng fumé

- ▢ 4 filets de harengs fumés
- ▢ 50 cl de lait
- ▢ 1 feuille de laurier
- ▢ 2 brins de thym frais
- ▢ 1 gousse d'ail pelée
- ▢ 10 grains de poivre noir
- ▢ 3 cuil. à soupe de persil plat
- ▢ 2 cuil. à soupe de ciboulette
- ▢ 1 cuil. à soupe d'échalote
- ▢ 1 cuil. à soupe de fromage blanc
- ▢ 1 cuil. à soupe de crème fraîche épaisse
- ▢ 1 cuil. à soupe de graines de coriandre
- ▢ 1 cuil. à soupe de baies roses

UNE RECETTE POUR DEMAIN ET C'EST TRÈS BIEN, CAR CE SERA MERCREDI, LE JOUR DES ENFANTS ! LES RILLETTES SONT UN BON MOYEN DE LEUR FAIRE DÉCOUVRIR DE NOUVELLES SAVEURS COMME CELLE DU HARENG. N'AYEZ PAS PEUR DE LES INCITER À TESTER DES GOÛTS PRONONCÉS !

1. Faites chauffer le lait avec le laurier, le thym, l'ail et le poivre. Hors du feu, plongez-y les filets de harengs, couvrez et laissez infuser 30 minutes.

2. Pendant ce temps, hachez les herbes, l'échalote, et mélangez-les au fromage blanc et à la crème épaisse. Ajoutez les graines de coriandre et les baies roses.

3. Épongez les filets de harengs, émiettez-les en retirant les arêtes et incorporez leur chair au mélange précédent.

4. Mettez les rillettes de harengs dans 1 ou 2 pots et laissez reposer une nuit au réfrigérateur avant de les déguster sur des tranches de pain grillé.

Mercredi

10

AVRIL

LA KEFTA ! FACILE ET PARFUMÉE, VOILÀ UNE BOULETTE QUI FAIT VOYAGER RAPIDEMENT SANS PASSER DES HEURES EN CUISINE. DES ÉPICES, DE LA MENTHE... FERMEZ LES YEUX, ON SE CROIRAIT AU MAGHREB !

KEFTAS DE VEAU

Pour 4 personnes
Préparation : 10 min
Cuisson : 6 à 8 min

- ☐ 500 g de viande de veau hachée
- ☐ ½ oignon
- ☐ 6 à 8 feuilles de menthe fraîche
- ☐ 1 cuil. à soupe d'huile d'olive
- ☐ 3 cuil. à soupe de ras-el-hanout
- ☐ Huile de tournesol ou de pépins de raisin
- ☐ Sel

GRAND CLASSIQUE

1. Mixez ensemble l'oignon et la menthe. Ajoutez ensuite la viande, le ras-el-hanout, l'huile d'olive, 1 cuillerée à soupe d'eau, salez et mélangez le tout.

2. À l'aide de vos mains, formez des boulettes de la grosseur d'une noix.

3. Faites chauffer l'huile dans une poêle et faites-y cuire les boulettes pendant 6 à 8 minutes en les tournant régulièrement.

4. Dégustez bien chaud, avec une salade mélangée.

À LA PLACE

Vous pouvez remplacer le veau par de l'agneau ou de la viande de bœuf. Pour changer des boulettes, vous pouvez aussi façonner de petites saucisses autour de piques en bois.

J'ADORE LE PETIT GOÛT FRUITÉ DES ASPERGES VERTES. PROFITONS DE LA PLEINE SAISON POUR LES CUISINER À TOUTES LES SAUCES. LES POINTES BIEN VISIBLES ET LES TIGES EN PESTO, VOILÀ UN PLAT DE PÂTES QUI SENT BON LE PRINTEMPS… ET L'ITALIE !

Jeudi
11
AVRIL

VEGGIE

MES TAGLIATELLES
au pesto d'asperge verte

Pour 4 personnes
Préparation : 10 min
Cuisson : 15 à 18 min

- ☐ 1 botte d'asperges vertes
- ☐ 1 gousse d'ail
- ☐ 1 cuil. à soupe de parmesan râpé
- ☐ Quelques gouttes de jus de citron
- ☐ 10 cl d'huile d'olive
- ☐ 400 g de tagliatelles
- ☐ Sel et poivre

1. Éliminez la base sèche des asperges (2 à 3 cm) et plongez-les 5 à 8 minutes (suivant la grosseur) dans une eau salée en ébullition.

2. Plongez-les ensuite dans de l'eau glacée afin d'arrêter la cuisson et de conserver leur couleur verte. Égouttez-les bien.

3. Réservez les pointes et mixez les tiges dans un blender avec l'ail, le parmesan et le jus de citron. Ajoutez l'huile d'olive progressivement. Salez et poivrez.

4. Faites cuire les pâtes selon le temps indiqué sur l'emballage.

5. Égouttez-les et mélangez-les aussitôt à la sauce, ajoutez des pointes d'asperges sur chaque assiette pour décorer et dégustez aussitôt.

Vendredi
12
AVRIL

SI ON NE PEUT PAS TOUS LES JOURS CUISINER UN AÏOLI DANS LES RÈGLES DE L'ART… CE N'EST PAS POUR ÇA QU'ON DOIT SE PRIVER DE SA VERSION EXPRESS AU SAUMON !

EXPRESS

AÏOLI au saumon

Pour 4 personnes
Préparation : 15 min
Cuisson : 30 min

1. Préchauffez le four à 60 °C (th. 2).

2. Préparez le fromage blanc aillé aux herbes. Pelez, puis hachez finement l'échalote et l'ail. Ciselez les herbes aromatiques. Dans un saladier, mélangez au fouet tous les ingrédients du fromage blanc.

3. Lavez soigneusement les pommes de terre et faites-les cuire à la vapeur 20 minutes environ avec la peau, à couvert. Réservez dans le four chaud.

4. Disposez ensuite les pavés de saumon dans le panier du cuit-vapeur et faites-les cuire 8 à 10 minutes à couvert.

5. Coupez les pommes de terre en rondelles et répartissez-les dans les assiettes. Assaisonnez d'un filet d'huile d'olive, de fleur de sel et de poivre.

6. Égouttez les pavés de saumon et déposez-les sur les pommes de terre. Arrosez de jus de citron, salez, poivrez, puis ajoutez 1 à 2 cuillerées à soupe de fromage blanc aillé aux herbes sur chaque assiette.

7. Servez aussitôt !

- 4 pavés de saumon sans peau
- 12 petites pommes de terre (rattes du Touquet ou grenailles)
- Le jus de ½ citron
- Huile d'olive
- Fleur de sel et poivre du moulin

Pour le fromage blanc aillé aux herbes

- 300 g de fromage blanc
- 1 échalote
- 1 gousse d'ail
- Quelques tiges d'estragon
- 3 brins de ciboulette
- Sel et poivre du moulin

MIEUX MANGER

Comme le saumon fait partie des poissons les plus demandés, l'élevage représente l'essentiel de la production. Ne choisissez pas un saumon premier prix, souvent trop gras, optez plutôt pour un saumon Label Rouge ou bio.

UNE HIRONDELLE NE FAIT PAS LE PRINTEMPS, MAIS LA MORILLE, OUI ! AVEC SES ALVÉOLES, C'EST LE CHAMPIGNON IDÉAL POUR ÊTRE CUISINÉ EN SAUCE. EN VOILÀ, DES MORILLES, AVEC UNE BELLE CRÈME ÉPAISSE, COMME L'AIMAIT PAUL BOCUSE.

CÔTE DE VEAU AUX MORILLES

Pour 4 personnes
Préparation : 25 min
Cuisson : 15 min

- ☐ 4 côtes de veau élevé sous la mère, bien épaisses
- ☐ 400 g de morilles
- ☐ 1 l de bouillon de volaille
- ☐ 2 brins de thym frais
- ☐ 1 cuil. à soupe de jus de citron
- ☐ 200 g de crème fraîche épaisse
- ☐ Beurre
- ☐ Huile de tournesol
- ☐ Sel et poivre

1. Nettoyez soigneusement les morilles en les faisant tremper dans un saladier d'eau vinaigrée, puis en brassant bien. Faites-les cuire 15 minutes dans le bouillon de volaille. Égouttez-les.

2. Préchauffez le four à 50 °C (th. 1-2).

3. Faites chauffer une poêle avec un mélange de beurre et d'huile. Ajoutez les brins de thym et faites rôtir les côtes de veau 3 à 4 minutes par face. Salez et poivrez. Débarrassez-les sur une grille et mettez-les au repos dans le four le temps de préparer la crème aux morilles.

4. Dégraissez la poêle, ajoutez les morilles et faites-les sauter 2 minutes. Déglacez la poêle avec le jus de citron, baissez le feu, ajoutez la crème et faites chauffer 5 minutes. Salez et poivrez.

5. Disposez les côtes de veau dans 4 assiettes chaudes, accompagnez-les des morilles à la crème et dégustez aussitôt.

MIEUX *connaître*

Je vous l'ai déjà dit l'année dernière: on ne rigole pas avec la cuisson des morilles sinon elles sont toxiques ! Minimum 10 minutes de cuisson. Pour en trouver lors de vos balades, vous aurez plus de chance dans des endroits ensoleillés en lisière de forêt ou au bord des chemins. Et si vous avez un doute, allez montrer votre cueillette à un pharmacien avant de la cuisiner.

Dimanche

14

AVRIL

Pour 4 personnes
Préparation : 20 min
Cuisson : 50 min
Repos au frais : 4 h

Pour le caramel

- ☐ 75 g de sucre en poudre
- ☐ 2,5 cl d'eau

Pour la crème

- ☐ 75 cl de lait
- ☐ ½ gousse de vanille
- ☐ 5 œufs frais
- ☐ 100 g de sucre en poudre

MA CRÈME RENVERSÉE

GRAND CLASSIQUE

C'EST LE PREMIER DESSERT QUE J'AI APPRIS EN PASSANT MON CAP DE CUISINE. ET VOUS ALLEZ VOIR QU'IL Y A QUELQUES RÈGLES À RESPECTER, COMME POUR TOUTES LES CHOSES LES PLUS SIMPLES, POUR QUE CE SOIT RÉUSSI ! J'AI INDIQUÉ EN GRAS LES ESSENTIELS.

PAS CHER

1. Préparez le caramel. Faites cuire le sucre et l'eau dans une casserole sur feu moyen **sans remuer.** Dès que le caramel devient blond foncé, retirez la casserole du feu. Versez-le dans un plat allant au four sur une épaisseur de 2 à 3 mm. Laissez refroidir à température ambiante.

2. Préchauffez le four à **160 °C (th. 5-6).**

3. Dans une casserole, faites chauffer sur feu moyen le lait et la gousse de vanille fendue dans la longueur. **À la première ébullition, coupez le feu.**

4. Mélangez les œufs et le sucre dans un saladier. Versez progressivement le lait bouillant, en fouettant sans cesse. **Passez cette préparation à travers une passoire fine et écumez soigneusement.**

5. Versez la préparation dans le plat contenant le caramel et **enfournez-le au bain-marie** pour 45 minutes. Vérifiez la cuisson avec la pointe d'un couteau (elle doit ressortir propre quand on la pique dans la crème).

6. Laissez ensuite refroidir hors du four, puis mettez le plat au réfrigérateur pour 4 heures. Pour démouler, **passez la lame d'un petit couteau contre les parois du plat** et renversez la crème sur une grande assiette plate. Dégustez aussitôt !

MIEUX CONNAÎTRE

Dans le commerce, pour savoir si les poules sont bien élevées, regardez les numéros inscrits sur les œufs ! Dans le poulailler du voisin, les plumes et la paille remplacent les chiffres !

0 — ŒUFS DE POULES ÉLEVÉES EN PLEIN AIR *Bio*

(au moins 2,5 m² de terrain extérieur par poule) et nourries avec une alimentation biologique

1 — ŒUFS DE POULES ÉLEVÉES EN PLEIN AIR

(au moins 2,5 m² de terrain extérieur par poule)

2 — ŒUFS DE POULES ÉLEVÉES AU SOL

(élevage intensif en intérieur, mais sans cage – max. 9 poules/m²)

3 — ŒUFS DE POULES ÉLEVÉES EN CAGE OU EN BATTERIE

(18 poules/m²)

Lundi

15

AVRIL

MAQUEREAUX À L'UNILATÉRALE

EXPRESS

Pour 4 personnes
Préparation : 15 min
Cuisson : 5 min

- ▢ 4 beaux filets de maquereau
- ▢ 4 asperges vertes
- ▢ ½ fenouil
- ▢ 4 cuil. à soupe d'huile d'olive
- ▢ Le zeste et le jus de 1 citron vert
- ▢ 1 cuil. à soupe de câpres
- ▢ Fleur de sel et poivre du moulin

ILS SONT BEAUX, ILS SONT FRAIS, MES MAQUEREAUX ! JUSTE GRILLÉS, AVEC LA POINTE DE FRAÎCHEUR DES ASPERGES VERTES ET DU FENOUIL, C'EST LE PARADIS !

1. Rincez les filets de maquereau et vérifiez qu'il ne reste plus d'arêtes.

2. À l'aide d'un rasoir à légumes ou d'une mandoline, faites de très fines lamelles d'asperge et de fenouil. Ciselez la partie feuillue du fenouil.

3. Mettez les légumes dans un saladier, ajoutez l'huile d'olive, le zeste du citron et la moitié de son jus, salez et poivrez. Ajoutez les câpres et laissez mariner pendant la cuisson des filets de maquereau.

4. Dans une poêle huilée à revêtement antiadhésif, faites griller les filets côté peau, salez, poivrez, et surveillez la cuisson : le centre des filets doit devenir rosé.

5. Sur chaque assiette, dressez la salade en dôme, posez un filet dessus ou à côté, et arrosez du jus de citron vert restant.

MIEUX *cuisiner*

Pour cette recette, il vous faut une mandoline ou un rasoir à légumes… Pour connaître les indispensables en cuisine, faites un tour pages 238 et 239 à la rubrique « mes conseils pour ranger les ustensiles utiles ».

L'ACIDITÉ DU CITRON JAUNE, LE FRUITÉ DU CITRON VERT : VOILÀ UNE BONNE RAISON DE LES ASSOCIER DANS CETTE TARTE VIVE ET INRATABLE.

Mardi

16

AVRIL

MA TARTE AU CITRON *jaune et vert*

Pour 6 personnes
Préparation : 20 min
Cuisson : 35 à 40 min

- ▢ 200 g de pâte sablée
- ▢ 2 citrons jaunes (non traités)
- ▢ 1 citron vert (non traité)
- ▢ 50 g de beurre
- ▢ 4 jaunes d'œufs
- ▢ 150 g de sucre en poudre
- ▢ 1 cuil. à soupe de fécule de maïs
- ▢ 1 cuil. à soupe de poudre d'amandes
- ▢ Sucre glace

1. Foncez un moule à tarte avec la pâte et réservez au frais. Faites fondre le beurre dans une petite casserole.

2. Préchauffez le four à 180 °C (th. 6).

3. Fouettez les jaunes d'œufs avec le sucre jusqu'à ce que le mélange blanchisse et prenne du volume. Prélevez le zeste des citrons, d'une part, et leur jus, d'autre part.

4. Ajoutez la fécule de maïs au mélange œufs et sucre, mélangez, ajoutez le beurre fondu, le jus des 2 citrons, puis la poudre d'amandes. Fouettez et versez la préparation dans une casserole. Laissez-la épaissir légèrement sur feu doux en mélangeant sans cesse.

5. Versez la préparation sur le fond de tarte et enfournez pour 35 à 40 minutes.

6. Laissez refroidir la tarte avant de la poudrer de sucre glace et de la décorer avec le zeste de citron.

MON TRUC *en plus*

Ne jetez pas la peau des citrons jaunes : récupérez le zeste et faites-le sécher. Il sera délicieux dans une vinaigrette ou un gâteau.

La pâte sablée

Pour la recette, allez à la page 363 découvrir mon atelier « main à la pâte » !

ÉCHINE DE PORC AU PISSENLIT

C'EST LA JOURNÉE MONDIALE DES LUTTES PAYSANNES. EN TANT QUE FILS ET PETIT-FILS DE PAYSANS, JE NE VEUX PAS PASSER À CÔTÉ. IL EST TEMPS DE REVENIR AUX FONDAMENTAUX DE CE MÉTIER, QU'ON A VOULU INDUSTRIALISER. L'AGRICULTURE FAMILIALE, L'AGROÉCOLOGIE ET LES CIRCUITS COURTS SONT LES SOLUTIONS D'AVENIR. LES AGRICULTURES BIO, LOCALES, À TAILLE HUMAINE, NOUS ASSURENT UNE MEILLEURE TRAÇABILITÉ ET UN MODE D'ÉLEVAGE VERTUEUX. DÉMONSTRATION AVEC CETTE RECETTE SIMPLE ET RUSTIQUE AUTOUR D'UN COCHON BIEN ÉLEVÉ ET D'UNE PLANTE DE SAISON QUI POUSSE DANS NOS JARDINS.

1. Sortez les tranches d'échine du réfrigérateur pour qu'elles soient à température ambiante.

2. Effeuillez les pissenlits, lavez-les dans de l'eau vinaigrée et essorez-les. Pelez et hachez l'ail.

3. Faites chauffer une poêle, ajoutez-y un peu d'huile et de beurre, puis les tranches d'échine. Faites-les cuire 4 à 5 minutes par face. Salez, poivrez et laissez-les reposer sur une grille, recouvertes de papier sulfurisé.

4. Pendant ce temps, versez le vinaigre et l'ail haché dans la poêle, et faites chauffer 30 secondes.

5. Disposez une tranche d'échine dans chaque assiette et ajoutez une belle poignée de pissenlit. Salez, poivrez et arrosez le tout du jus de cuisson au vinaigre et à l'ail. Dégustez aussitôt !

Pour 4 personnes
Préparation : 10 min
Cuisson : 8 à 10 min

- 4 tranches d'échine de porc d'une épaisseur de 2 cm environ
- 8 jeunes pissenlits
- 3 gousses d'ail
- 5 cl de vinaigre de vin rouge
- Huile de tournesol ou de colza
- Beurre
- Sel et poivre

Jeudi

18

AVRIL

VEGGIE

CETTE RECETTE FACILE ET BLUFFANTE EST UNE EXCELLENTE RÉPONSE AU FAMEUX « QU'EST-CE QUE JE FAIS EN ENTRÉE ? » ET ÇA MARCHE EN TOUTE SAISON !

TUILES DE PARMESAN et champignons

Pour 4 personnes
Préparation : 20 min
Cuisson : 20 min

- ❑ 12 cuil. à soupe de parmesan fraîchement râpé
- ❑ 600 g de champignons de Paris
- ❑ 2 échalotes
- ❑ 6 feuilles de basilic
- ❑ 6 feuilles de menthe
- ❑ 6 feuilles de coriandre
- ❑ 15 g de beurre
- ❑ 2 cuil. à soupe d'huile neutre (colza, tournesol)
- ❑ Sel et poivre du moulin

1. Préchauffez le four à 180 °C (th. 6).

2. Sur une feuille de papier sulfurisé posée sur une plaque à pâtisserie, déposez 1 cuillerée à soupe de parmesan râpé, de façon à former un disque. Répétez l'opération six fois. Enfournez pour 8 minutes.

3. Sortez immédiatement les tuiles de parmesan du four et laissez-les tiédir à plat. Une fois refroidies, décollez-les délicatement du papier sulfurisé.

4. Ciselez les herbes. Coupez les pieds des champignons et émincez-les finement. Pelez et ciselez les échalotes.

5. Faites chauffer le beurre et l'huile dans une grande poêle, puis faites-y revenir les champignons et les échalotes jusqu'à ce qu'ils soient bien dorés. Ajoutez ensuite la moitié des herbes. Salez et poivrez.

6. Sur chaque assiette, disposez une tuile de parmesan, puis une grosse cuillerée à soupe de champignons poêlés dessus. Cassez une autre tuile en petits bouts et disposez-les harmonieusement autour des champignons. Décorez avec le reste des herbes fraîches ciselées.

MIEUX CHOISIR

Oubliez le parmesan râpé vendu en sachet. Il s'agit surtout de croûtes finement broyées. Et je ne parle pas de l'odeur suspecte… Préférez un morceau de parmesan, même petit, que vous râperez vous-même.

Vendredi

19

AVRIL

AVEC DES ESSENTIELS DU PLACARD ET DU FRIGO, VOILÀ UN DESSERT RAPIDE À FAIRE. PRÉPAREZ-LE JUSTE AVANT L'ARRIVÉE DE VOS INVITÉS. IL FERA PRISE AU RÉFRIGÉRATEUR PENDANT QUE VOUS DÎNEZ !

CRÈME CAFÉ *liégeois*

1. Faites bouillir le lait et la crème épaisse pendant 30 secondes, puis coupez le feu aussitôt.

2. Fouettez les jaunes d'œufs et le sucre en poudre jusqu'à ce que le mélange blanchisse. Ajoutez la fécule et incorporez-la au fouet.

3. Versez sur les jaunes d'œufs le café, puis le mélange de lait et de crème. Mélangez et reversez le tout dans la casserole. Laissez épaissir sur feu doux en remuant sans cesse.

4. Répartissez le mélange dans 4 verrines. Laissez refroidir à température ambiante, puis mettez-les pour 1 heure au réfrigérateur.

5. Avant de servir, montez la crème liquide en chantilly avec le sucre glace et disposez-la sur les crèmes au café. Poudrez de cacao et servez.

Pour 4 personnes
Préparation : 20 min
Cuisson : 5 à 10 min
Réfrigération : 1 h

- ☐ 35 cl de lait
- ☐ 4 cuil. à soupe de crème fraîche épaisse
- ☐ 4 jaunes d'œufs
- ☐ 65 g de sucre en poudre
- ☐ 20 g de fécule de maïs
- ☐ 10 cl de café serré
- ☐ 15 cl de crème liquide entière bien froide
- ☐ 1 cuil. à soupe de sucre glace
- ☐ Cacao en poudre non sucré

MIEUX *CONNAÎTRE*

COMME SON NOM NE L'INDIQUE PAS, LE CAFÉ LIÉGEOIS EST ORIGINAIRE…

Au départ, il s'agit d'un café chaud surmonté d'une chantilly et saupoudré de cacao. Très en vogue dans les cafés européens au XIXe siècle, cette spécialité a disparu des cartes, au début du XXe siècle, au profit du café liégeois : une coupe glacée au café, crème fouettée et sirop de café. Pourquoi ? En hommage à la ville de Liège, attaquée par les forces allemandes et autrichiennes durant la Première Guerre mondiale. Les cafetiers de Paris ont suivi, et le café liégeois est toujours à la carte des brasseries de la capitale.

…DE VIENNE, EN AUTRICHE !

MES ŒUFS
À LA FLORENTINE

VOILÀ UNE ENTRÉE DE SAISON QUI SE GLISSERA FACILEMENT DANS VOS MENUS. L'EXPRESSION « À LA FLORENTINE » CONCERNE DES PLATS DE VIANDES, DE POISSONS OU D'ŒUFS DANS LESQUELS IL Y A DES ÉPINARDS. CHAUD DEVANT !

Pour 4 personnes
Préparation : 20 min
Cuisson : 5 min

- ▢ 4 gros œufs à température ambiante
- ▢ 600 g d'épinards frais
- ▢ 20 g de beurre
- ▢ 1 gousse d'ail
- ▢ 20 cl de crème liquide
- ▢ Le jus de ½ citron
- ▢ ½ fève tonka
- ▢ 40 g de gruyère râpé
- ▢ 40 g d'oignons frits en sachet
- ▢ Sel et poivre

1. Préchauffez le four à 180 °C (th. 6).

2. Équeutez les épinards, rincez-les et faites-les suer avec le beurre dans une poêle. Tournez-les à l'aide d'une fourchette au bout de laquelle vous aurez piqué la gousse d'ail pelée, pour parfumer les épinards. Égouttez.

3. Versez la crème liquide dans une casserole, ajoutez le jus de citron, salez, poivrez, râpez la demi-fève tonka et portez à ébullition.

4. Dans le fond de 4 verrines, tapissez une belle couche d'épinards, cassez un œuf, recouvrez de crème, parsemez de gruyère râpé et enfournez pour 10 minutes.

5. Une fois les œufs cuits, parsemez d'oignons frits et servez.

À la place

Si vous n'avez pas d'oignons frits, revenez aux bonnes vieilles mouillettes de pain !

Samedi
20
AVRIL

MON TRUC *en plus*

Pour donner une autre dimension à cette entrée, râpez une demi-fève tonka dans la crème. Avec son petit arôme de foin et d'amande amère, elle sera à sa place.

Dimanche

21

AVRIL

Pour 6 personnes
Préparation : 20 min
Cuisson : 1 h

- ☐ 1,2 kg d'épaule d'agneau et de collier coupés en morceaux
- ☐ 1 oignon
- ☐ 2 cuil. à soupe de farine de riz
- ☐ 1 verre de vin blanc
- ☐ 1 cuil. à soupe de curry en poudre
- ☐ 1 bouquet garni
- ☐ 2 tomates pelées en boîte
- ☐ 1 botte de carottes fanes
- ☐ 1 botte de navets fanes
- ☐ 6 asperges vertes
- ☐ 100 g de pois gourmands
- ☐ 100 g de petits pois écossés
- ☐ Huile de tournesol
- ☐ Sel et poivre du moulin

MON CURRY *d'agneau primeur*

C'EST PÂQUES ! POUR CHANGER DU GIGOT QUE JE VOUS AI FAIT L'ANNÉE DERNIÈRE, VOICI UNE RECETTE QUE J'ADORE. MI-CURRY, MI-NAVARIN, ENTIÈREMENT PÂQUES !

1. Faites revenir les morceaux de viande dans une cocotte avec un trait d'huile de tournesol.

2. Pelez et ciselez l'oignon. Ajoutez-le dans la cocotte et faites suer. Salez et poivrez.

3. Ajoutez la farine de riz et mélangez. Déglacez avec le vin blanc. Ajoutez le curry, le bouquet garni et les tomates pelées, puis versez 1 verre d'eau et laissez cuire 50 minutes à couvert.

4. Pendant ce temps, coupez les fanes de carottes et de navets pour n'en laisser que 1 ou 2 cm. Grattez et rincez les carottes et les navets. Éliminez la base sèche des asperges.

5. Faites cuire les légumes dans un grand volume d'eau bouillante salée en respectant le temps de cuisson de chaque légume : commencez par les carottes et les navets. Après 2 minutes de reprise de l'ébullition, ajoutez les pois gourmands, les petits pois et les asperges. Poursuivez la cuisson 5 minutes et arrêtez-la en plongeant tous les légumes dans un grand volume d'eau glacée.

6. Vérifiez l'assaisonnement du curry d'agneau et enlevez le bouquet garni.

7. Ajoutez les légumes dans la cocotte et laissez-les réchauffer, sans remuer. Servez aussitôt dans la cocotte.

QU'EST-CE QU'ON BOIT AVEC ?

Ce plat se marie bien avec un vin rouge sec, plutôt « jeune », tel qu'un vin du Languedoc comme le saint-chinian berlou ou le fronton rouge prisé des Toulousains ! Plus léger, issu d'un cépage de gamay, un vin de Touraine saura se faire apprécier de l'agneau.

Lundi

22

AVRIL

ANTI GASPI

Gâteau au chocolat DE PÂQUES

POUR CE LUNDI DE PÂQUES, TOUS EN CUISINE AUTOUR D'UN PRODUIT DE SAISON : LE CHOCOLAT ! CE SERA L'OCCASION DE DONNER UNE SECONDE VIE À VOS FRITURES EN CHOCOLAT... MAIS SI, IL EN RESTE !

Pour 8 personnes
Préparation : 25 min
Cuisson : 25 à 30 min

- 250 g de chocolat noir à 55 % de cacao minimum
- 250 g de beurre tempéré
- 150 g de sucre en poudre
- 4 gros œufs à température ambiante
- 70 g de farine tamisée
- 300 g de bonbons en chocolat ou friture de Pâques + une figurine de 5 cm de haut environ

Pour la glaçage brillant au chocolat

- 60 g de chocolat à 70 % de cacao minimum
- 80 g de sucre glace
- 40 g de beurre
- 50 g de lait

1. Préchauffez le four à 180 °C (th. 6).
2. Tapissez le fond d'un moule rond de 5 cm de hauteur et 26 cm de diamètre, de papier sulfurisé, puis beurrez-les bords du moule. Faites fondre le chocolat coupé en morceaux dans un récipient allant au bain-marie, puis laissez-le tiédir : il devra être à peine chaud au toucher.
3. Mettez le beurre et le sucre dans un bol, faites-les blanchir au fouet 4 minutes jusqu'à ce que la texture soit crémeuse. Ajoutez les œufs un à un, battez-les 1 minute à chaque fois. Incorporez le chocolat, puis ajoutez la farine et fouettez de nouveau pour rendre le mélange parfaitement homogène.
4. Versez la pâte dans le moule et enfournez pour 25 à 30 minutes.
5. Sortez le gâteau du four et laissez-le tiédir. Une fois refroidi, mettez le gâteau au réfrigérateur pour quelques minutes afin qu'il soit bien frais et plus facile à démouler.
6. Pendant ce temps, confectionnez le glaçage brillant au chocolat. Faites fondre au bain-marie tous les ingrédients et mélangez jusqu'à obtenir une belle texture brillante.
7. Renversez le gâteau sur un plat de service, retirez le papier sulfurisé et versez le glaçage sur toute la surface. Terminez en plantant les bonbons en chocolat de votre choix sur le glaçage et placez la plus grosse figurine au centre du décor !

Mardi
23
AVRIL

Pour 4 personnes
Préparation : 20 min
Cuisson : 40 min

PETITS FARCIS AUX RESTES *de curry d'agneau*

ANTI GASPI

IL VOUS RESTE DU NAVARIN AU CURRY DE DIMANCHE ? DES POMMES DE TERRE, DES CHAMPIGNONS ET HOP, DES FARCIS !

1. Préchauffez le four à 180 °C (th. 6).

2. Faites bouillir une casserole d'eau salée. Coupez les pommes de terre en deux et faites-les cuire 10 minutes à compter de la reprise de l'ébullition. Une fois cuites, évidez soigneusement une partie de la chair à l'aide d'une cuillère. Conservez la partie peau pour la farcir et taillez la chair récupérée en petits dés.

3. Lavez les champignons. Retirez les pieds et coupez-les en dés. Conservez les chapeaux pour les farcir. Pelez et hachez le demi-oignon.

4. Dans une poêle, versez un filet d'huile d'olive et faites revenir l'oignon avec les dés de pommes de terre et les pieds des champignons émincés. Hachez grossièrement le reste d'agneau au curry, ajoutez le zeste d'orange et versez le tout dans la poêle. Laissez cuire 10 minutes à couvert.

5. Pendant ce temps, mixez les pignons de pin avec les baies roses. Enlevez le zeste d'orange de la poêle, garnissez les légumes de farce et parsemez de chapelure de pignons.

6. Terminez la cuisson au four pendant 20 minutes, avec 1 cuillerée à soupe d'huile d'olive et 2 cuillerées à soupe d'eau.

7. Servez avec une salade de saison (roquette, mesclun ou jeunes pousses).

- ☐ 2 pommes de terre à chair ferme
- ☐ 4 champignons de Paris
- ☐ ½ oignon
- ☐ Le reste du curry d'agneau
- ☐ Le zeste de 1 orange prélevé avec un économe
- ☐ 2 cuil. à soupe de pignons de pin
- ☐ Quelques baies roses (poivre)
- ☐ Huile d'olive
- ☐ Sel et poivre

Cette recette marche aussi avec des restes de plats mijotés ou en sauce.

AGNEAU
restes de navarin d'agneau

BŒUF
restes d'un pot-au-feu

PORC
restes d'un petit salé

POULET
restes d'un poulet au curry

Et le zeste d'orange leur donnera du peps !

Mercredi

24

AVRIL

LES TROMPE-L'ŒIL FONT DE L'EFFET EN PEINTURE, MAIS VOUS ALLEZ VOIR, ÇA MARCHE AUSSI EN CUISINE. AVEC LA GUIMAUVE POUR DONNER L'ILLUSION DU GRAS, ON S'Y CROIRAIT !

SAUCISSON *AU CHOCOLAT*

Pour 6 personnes
Préparation : 20 min
Réfrigération : 2 h

- ☐ 200 g de chocolat noir
- ☐ 40 g d'huile de coco
- ☐ 1 œuf
- ☐ 20 g de petits-beurre
- ☐ 4 guimauves blanches (type chamallows)
- ☐ 2 cuil. à soupe de sucre glace

1. Dans une casserole au bain-marie, faites fondre l'huile de coco et le chocolat en morceaux tout en mélangeant pour lisser.

2. Laissez tiédir, ajoutez l'œuf battu et mélangez. Hachez grossièrement les petits-beurre et les guimauves en petits morceaux. Incorporez-les au mélange chocolaté.

3. Sur une feuille de papier film, déposez la pâte en un boudin de 5 à 6 cm de diamètre, refermez le film par-dessus et serrez l'ensemble en faisant rouler les extrémités.

4. Pour un aspect encore plus réaliste, nouez des bouts de ficelle alimentaire autour du boudin tous les 4 à 5 cm. Placez pour 2 heures au moins au réfrigérateur.

5. Ôtez les ficelles et le papier film, puis poudrez le saucisson de sucre glace et frottez pour enlever l'excédent. Pour parfaire l'illusion, servez-le sur une planche à découper !

À la place

Si vous avez encore des restes de friture ou de moulages en chocolat, utilisez-les à la place de la tablette de chocolat !

Pour 4 personnes
Préparation : 15 min
Réfrigération : 30 min
Cuisson : 35 à 40 min

- 1 pâte brisée (voir mon atelier « main à la pâte » page 362)
- 150 g de poitrine maigre fumée
- 700 g de fèves à écosser
- 3 oignons nouveaux (cébettes)
- 4 œufs
- 20 g de beurre
- 40 cl de crème liquide
- 1 pincée de noix de muscade
- Sel et poivre

MA QUICHE DE PRINTEMPS

1. Préchauffez le four à 200 °C (th. 7).
2. Abaissez la pâte en un disque de 4 mm d'épaisseur. Beurrez et farinez un moule à tarte, puis placez-y le disque de pâte en façonnant la bordure en ourlet. Réservez au réfrigérateur le temps de préparer les autres ingrédients.
3. Coupez la poitrine en lardons, disposez-les dans une casserole et couvrez-les largement d'eau froide. Laissez frémir 1 minute.
4. Une fois les lardons blanchis, passez-les sous un filet d'eau froide et épongez-les bien. Faites-les dorer dans une poêle avec la noix de beurre et égouttez-les sur du papier absorbant.
5. Écossez les fèves, faites-les blanchir 1 minute dans de l'eau bouillante salée, égouttez-les et pelez-les. Émincez les oignons nouveaux, bulbes et cives (le vert).
6. Répartissez les lardons, les fèves et l'oignon sur le fond de tarte.
7. Mélangez les œufs à la crème, salez, poivrez, ajoutez la noix de muscade. Versez cette préparation sur la garniture et enfournez pour 30 à 35 minutes.
8. Servez la quiche chaude, accompagnée d'une salade verte.

MIEUX *CUISINER*

Les fèves fraîches arrivent avec le printemps ! Vous les trouverez encore dans leurs cosses. Faites attention au moment de l'achat : 1 kg de fèves en cosses équivaut à un peu plus de 500 g de fèves écossées. Avant de les faire cuire dans l'eau, pensez à inciser les fèves en faisant une croix avec la pointe d'un couteau ; ainsi, vous enlèverez la fine pellicule plus facilement.

Vendredi
26
AVRIL

QUEL BONHEUR DE RETROUVER LES ASPERGES BLANCHES, DOUCES ET FONDANTES ! ICI, JE LES RECOUVRE D'UNE SAUCE MOUSSELINE EXPRESS ET INRATABLE !

VEGGIE

GRAND CLASSIQUE

ASPERGES BLANCHES
sauce mousseline

1. Cassez les tiges des asperges à 2 ou 3 cm de leur base. Épluchez-les à l'aide d'un économe. Faites-les cuire dans de l'eau salée en ébullition pendant 15 à 20 minutes (suivant la grosseur). Retirez les asperges à l'aide d'une écumoire. Épongez-les bien avec du papier absorbant et disposez-les dans un plat long. Réservez-les au chaud.

2. Faites fondre le beurre coupé en petits morceaux dans une petite casserole à feu très doux et sans remuer. Une petite mousse se forme à la surface : retirez-la à l'aide d'une cuillère et jetez-la. Versez délicatement le beurre ainsi clarifié dans un autre récipient, en laissant dans la casserole le dépôt qui se trouve au fond. Réservez au chaud.

3. Montez la crème fleurette pour qu'elle soit bien mousseuse.

4. Mettez les jaunes d'œufs, le jus de citron et 3 cuillerées à soupe d'eau dans un mixeur. Mixez en incorporant le beurre clarifié chaud. Salez, poivrez et incorporez délicatement la crème montée à cette préparation. Servez les asperges avec la sauce mousseline tiède et parsemez de quelques brins de cerfeuil pour décorer.

Pour 4 personnes
Préparation : 30 min
Cuisson : 20 à 25 min

- ☐ 16 asperges blanches
- ☐ Sel
- ☐ Quelques brins de cerfeuil pour le dressage

Pour la sauce mousseline express

- ☐ 150 g de beurre
- ☐ 5 cl de crème fleurette bien froide
- ☐ 3 jaunes d'œufs
- ☐ Le jus de ½ citron
- ☐ Sel fin et poivre blanc

MIEUX CONNAÎTRE

La sauce mousseline fait partie des classiques de notre cuisine. Il s'agit d'une sauce hollandaise à base de jaune d'œuf, d'eau, de poivre blanc, de beurre clarifié et d'un filet de jus de citron, enrichie de crème fouettée. Technique, mais académique !

Spaghettis aux langoustines ET CURRY

Pour 4 personnes
Préparation : 20 min
Cuisson : 30 min

Samedi
27
AVRIL

- 12 belles langoustines vivantes (taille : 10 à 15 au kilo)
- 400 g de spaghettis
- 1 cuil. à soupe de pâte de curry jaune (indien)
- Huile d'olive
- Quelques pluches d'aneth
- Sel et poivre

1. Coupez la tête et les pinces des langoustines, puis décortiquez-les en laissant la nageoire caudale attachée à la queue.

2. Versez dans une casserole les carapaces, les têtes et les pinces. Faites chauffer à sec en écrasant à l'aide d'une louche. Ajoutez la pâte de curry et couvrez le tout de 5 cl d'eau. Portez à ébullition et laissez cuire 15 minutes à frémissement. Filtrez la préparation à l'aide d'un chinois étamine.

3. Faites cuire les pâtes, comme indiqué sur le paquet.

4. Lorsque les pâtes sont presque cuites, faites chauffer une poêle avec un filet d'huile d'olive. Posez-y les queues de langoustines côté pattes et maintenez-les 1 minute afin qu'elles ne se replient pas sous l'action de la chaleur. Retournez-les et laissez cuire encore 30 secondes à 1 minute. Débarrassez-les dans un plat à couvert.

5. Versez le fumet de langoustine au curry dans la poêle, laissez réduire de moitié, puis ajoutez les pâtes égouttées. Mélangez.

6. Pour le dressage, disposez un rouleau de spaghettis au centre de chaque assiette, puis posez dessus 3 queues de langoustines rôties, décorez de quelques pluches d'aneth et dégustez aussitôt.

MIEUX *CUISINER*

Maintenant, vous savez faire un fumet de langoustines ! N'hésitez pas à reproduire cette technique avec des têtes et des arêtes de poisson pour une base de bouillon, de soupe ou pour cuire d'autres pâtes ! Pour conserver vos fumets, pensez au bac à glaçons du congélateur.

Dimanche

28

AVRIL

À FORCE DE FAIRE DU LÈCHE-VITRINES CHEZ LES PÂTISSIERS, J'AI EU ENVIE DE ME METTRE AU MILLE-FEUILLE ! SI VOUS SUIVEZ CETTE RECETTE PAS À PAS, ELLE FERA PARTIE DE VOS CLASSIQUES. MÊME PAS PEUR !

LE MILLE-FEUILLE

GRAND CLASSIQUE

Pour 4 à 6 personnes
Préparation : 30 min
Infusion : 10 min
Cuisson : 50 min à 1 h
Réfrigération : 1 h

- ☐ 500 g de pâte feuilletée du boulanger (ou 3 pâtes pur beurre prêtes à dérouler)
- ☐ 25 cl de crème fleurette bien froide
- ☐ 100 g de sucre glace

Pour la crème pâtissière (pour 1,2 kg)

- ☐ 1 l de lait
- ☐ 1 gousse de vanille
- ☐ 6 jaunes d'œufs
- ☐ 250 g de sucre en poudre
- ☐ 100 g de farine

1. Préchauffez le four à 200 °C (th. 6-7).

2. Étalez finement la pâte feuilletée à l'aide d'un rouleau à pâtisserie et coupez 3 rectangles de 24 x 9 cm. Piquez-les avec une fourchette et faites-les cuire un à un pendant 20 minutes sur une plaque recouverte de papier sulfurisé.

3. Pendant ce temps, préparez la crème pâtissière. Faites bouillir le lait dans une casserole avec la gousse de vanille fendue en deux. Laissez infuser 10 minutes hors du feu, puis ôtez la gousse.

4. Fouettez les jaunes d'œufs avec le sucre jusqu'à ce que le mélange blanchisse. Ajoutez la farine et mélangez bien. Versez le lait sur les jaunes d'œufs en deux fois, sans cesser de fouetter. Reversez ce mélange dans la casserole et laissez cuire à feu doux sans cesser de mélanger, jusqu'à épaississement. Laissez refroidir.

5. Montez la crème fleurette en chantilly. Mélangez la crème pâtissière délicatement, puis incorporez-la à la chantilly. Laissez raffermir 1 heure au réfrigérateur.

6. Sur le premier rectangle de pâte feuilletée, étalez une couche de crème pâtissière de 1,5 à 2 cm d'épaisseur. Déposez le deuxième rectangle de pâte feuilletée, puis renouvelez l'opération en terminant avec le rectangle de feuilletage le plus régulier. Appliquez le reste de crème pâtissière sur les côtés et lissez avec une spatule.

7. Coupez des parts régulières dans le mille-feuille à l'aide d'une scie à pain et poudrez chaque part de sucre glace.

8. Dégustez le jour même !

Lundi

29

AVRIL

SALADE MARAÎCHÈRE *de saison*

C'EST LE PRINTEMPS ! ON VEUT DU FRAIS ET DU CRU !

Pour 4 personnes
Préparation : 20 min

- 10 à 15 radis roses
- 2 carottes nouvelles
- 2 navets nouveaux
- 2 oignons nouveaux
- 2 à 3 poignées de pousses d'épinard
- 150 g de petits pois extra-fins écossés
- Huile de sésame
- Sel et poivre

Pour la sauce

- 200 g de yaourt grec
- 1 cuil. à café de menthe
- 1 cuil. à soupe de persil plat
- 1 cuil. à soupe de ciboulette
- 1 cuil. à café de jus de citron
- 1 cuil. à café de moutarde fine
- Sel et poivre

1. Lavez soigneusement les légumes sans les peler. Coupez les fanes, lavez-les et réservez-en quelques-unes.

2. Émincez les radis, les carottes, les navets et les oignons le plus finement possible à l'aide d'une mandoline ou d'un économe bien tranchant. Rassemblez-les avec les pousses d'épinard et les petits pois dans un saladier. Assaisonnez d'huile de sésame, de sel et de poivre. Laissez en attente, le temps de préparer la sauce.

3. Ciselez la menthe, le persil plat et la ciboulette. Mélangez tous les ingrédients de la sauce dans un bol.

4. Nappez de sauce le fond de 4 assiettes et répartissez-y les légumes joliment. Ajoutez quelques fanes pour décorer et dégustez !

MIEUX MANGER

Ne choisissez que des légumes bio, dans la mesure du possible. La culture bio vous permet de manger sainement, mais aussi de conserver la peau des beaux légumes nouveaux. Et quand on sait que dans la peau se logent, en grande partie, les vitamines, mais aussi les pesticides, y a pas photo !
Voir « mes conseils pour acheter bio » pages 160 et 161 !

VEGGIE

Mardi

30

AVRIL

Terrine de lapin à l'estragon

ON COMMENCE LA SEMAINE AVEC UNE RECETTE POUR PLUS TARD (UNE NUIT DE PAUSE), MAIS C'EST ÇA, AUSSI, L'ORGANISATION !

Pour 6 à 8 personnes
Préparation : 25 min
Cuisson : 1 h 20
Réfrigération : 1 nuit

- ☐ 1 lapin entier
- ☐ ½ pied de veau
- ☐ 1 tête d'ail
- ☐ 1 grosse carotte
- ☐ 1 oignon
- ☐ 3 clous de girofle
- ☐ 1 bouquet garni (1 feuille de laurier, 1 brin de thym, 1 brin de romarin, queues de persil)
- ☐ 20 cl de vin blanc sec
- ☐ 1 cuil. à café de poivre noir en grains
- ☐ 1 bouquet d'estragon
- ☐ Sel

1. Coupez la tête d'ail en deux, à l'horizontale. Pelez la carotte et coupez-la en rondelles. Pelez l'oignon et piquez dedans les clous de girofle.

2. Disposez le lapin dans une grande casserole. Ajoutez tous les ingrédients de la recette, sauf le bouquet d'estragon. Recouvrez le tout d'eau et portez à ébullition. Écumez et laissez cuire à frémissement 1 heure à couvert.

3. Débarrassez le lapin dans un plat et laissez réduire le bouillon de deux tiers.

4. Désossez le lapin en morceaux. Effeuillez le bouquet d'estragon et mélangez-le aux morceaux de lapin. Rectifiez l'assaisonnement et disposez les morceaux dans une terrine sans les presser entre eux. Versez le bouillon à hauteur des morceaux, puis laissez reposer la terrine de lapin une nuit au réfrigérateur.

5. Servez en tranches, accompagnées d'une salade verte.

Pourquoi le veau fait-il ici du pied au lapin ?

Il sert à gélifier et à assurer une texture homogène.

MAI
au marché

MES INCONTOURNABLES

1 L'ASPERGE

La saison de l'asperge est courte et c'est maintenant ! Verte, blanche, violette… et celle que j'ai découverte récemment, l'asperge pourpre, 100 % naturelle ! J'ai marié la blanche à la rhubarbe le 6 avril et j'ai glissé la verte dans une quiche sans pâte le 20.

2 LA RHUBARBE

Voilà un légume que j'adore, consommé comme un fruit ! J'en cultive chez moi dans les Vosges et, chaque année au mois de mai, c'est opération tarte à la rhubarbe comme celle que ma mère me faisait. Avec du sucre pour contraster avec sa belle acidité !

3 LES POMMES DE TERRE NOUVELLES

Elles sont plus tendres et légèrement plus sucrées que les pommes de terre de garde. Les plus connues sont celles qui nous viennent de l'île de Noirmoutier, un terrain sablonneux parfait pour ces petites patates. Surtout pas d'épluchage, frottez-les juste sous l'eau du robinet.

LES FRUITS ET LÉGUMES *DU MOIS*

CHEZ LE MARAÎCHER

Légumes :

- Petit pois
- Ail nouveau
- Artichaut poivrade
- Asperge
- Carotte
- Cerfeuil
- Chou-rave
- Cresson
- Échalote
- Épinard
- Fenouil
- Fève
- Frisée
- Laitue
- Navet
- Oignon
- Persil
- Pomme de terre nouvelle
- Pissenlit
- Radis
- Roquette

Fruits :

- Fraise
- Cerise
- Rhubarbe

MAIS AUSSI CHEZ LE POISSONNIER :
saint-pierre, maquereau, merlu, églefin, hareng, daurade grise, sardine, crevettes, lieu noir, tourteau

ET CÔTÉ FROMAGER :
neufchâtel, saint-marcellin, morbier, saint-nectaire, cantal, mozzarella, sainte-maure-de-touraine

EN MAI mes conseils pour

ACHETER BIO, LOCAL ET DE SAISON

Ce que j'achète, je le choisis sérieusement, donc bio, local et de saison pour « mieux manger toute l'année ». La saisonnalité des produits, c'est l'assurance de la diversité dans mon assiette et du respect de l'environnement ! Même chose pour le bio et le local !

Ce mois-ci, j'achète mieux :

- JE FAIS LE MARCHÉ.
- J'ACHÈTE DES PRODUITS BIO ET LOCAUX.
- JE M'APPROVISIONNE EN FONCTION DES SAISONS.

71 % des consommateurs préfèrent acheter des produits locaux, mais ils ne sont que 42 % à passer par les circuits courts pour faire leurs courses*.

*Selon une étude du cabinet Natural Marketing Institute.

1 JE PRIVILÉGIE LES CIRCUITS COURTS

Stop au carburant polluant utilisé pour le transport de fruits et légumes souvent cueillis alors qu'ils ne sont pas mûrs !

Les produits de saison achetés localement coûtent moins cher que ces mêmes produits achetés hors saison et venant de loin…

Faites un tour dans les AMAP, les fermes, sur les marchés de producteurs : vous encouragez la qualité, l'échange, et, en plus, c'est meilleur pour la santé !

2 J'ACHÈTE BIO

Les œufs de poule

(plus riches en nutriments et sans antibiotiques)

La viande

(elle aussi, sans antibiotiques, ni hormones, ni additifs)

Les fruits et légumes

Soyez particulièrement vigilant dans le choix des pommes, des agrumes (pour prélever un zeste de citron, achetez-le impérativement non traité !), du céleri, du raisin, des salades, des poires, des épinards et des fraises.

En achetant bio, vous pouvez cuisiner les fruits et légumes avec leur peau. Résultat : moins de déchets et du temps gagné !

Jeudi 5 mars : Bugnes aux agrumes

Samedi 8 juin : Maquereaux au four et légumes de printemps

Devenir cueilleur

La nature est une épicerie à ciel ouvert… et gratuite ! En été, les mûres sont à portée de main, les châtaignes arrivent avec l'automne, les champignons se répartissent le boulot sur l'année sans oublier les plantes, comme l'ortie, le pissenlit, l'ail des ours…

Du local et encore du local !

Si les produits bio sont jusqu'à 79 % plus chers que les fruits et légumes frais issus de l'agriculture conventionnelle, c'est à cause des « sur-marges » pratiquées par les distributeurs. En achetant local, vous sortez de ce schéma.*

* Étude de l'UFC-Que Choisir (août 2017).

3 JE CHOISIS DES PRODUITS DE SAISON

Suivez le meilleur des guides : la nature ! Elle nous procure ce dont nous avons besoin tout au long de l'année : des vitamines et des minéraux en hiver, et des aliments riches en eau et plus légers en été, des aliments remplis d'antioxydants au printemps pour faire la transition entre l'hiver et l'été…

Les fruits et légumes cueillis à maturité ont toutes leurs propriétés conservées et sont bien meilleurs pour notre santé.

Évitez les fossés de bords de route, qui peuvent être arrosés de pesticides, les buissons trop bas, à cause des déjections d'animaux, et passez chez le pharmacien montrer vos trouvailles si vous avez un doute.

Il existe des associations de cueilleurs dans la plupart des régions : parfait pour débuter !

Mercredi

01

MAI

C'EST LA FÊTE DU TRAVAIL, D'ACCORD, MAIS CE N'EST PAS UNE RAISON POUR FAIRE GRÈVE EN CUISINE ! CES LASAGNES DE SAISON ET VÉGÉTARIENNES VONT TELLEMENT TITILLER VOS SENS QUE VOUS N'AUREZ PAS L'IMPRESSION DE CUISINER.

LASAGNES *végétariennes*

Pour 4 personnes
Préparation : 20 min
Cuisson : 50 min

- 6 à 8 feuilles de lasagnes prêtes à cuire
- 500 g de champignons de Paris ou d'un mélange de champignons sauvages frais de saison (morilles, girolles, mousserons, pieds bleus…)
- 200 g de petits pois frais écossés
- 1 gousse d'ail
- 1 branche de thym
- 3 branches d'estragon
- ½ botte de persil plat
- 250 g de ricotta
- 1 œuf
- 250 g de mozzarella
- 100 g de parmesan râpé
- Huile d'olive
- Sel et poivre

VEGGIE

1. Préchauffez le four à 180 °C (th. 6).

2. Rincez les champignons et coupez-les grossièrement. Épluchez l'ail et hachez-le, ainsi que les herbes fraîches. Dans une poêle contenant un filet d'huile d'olive, faites revenir les champignons à feu vif pour qu'ils rendent leur eau de végétation. Ajoutez l'ail haché et la moitié des herbes.

3. Dans de l'eau bouillante salée, jetez les petits pois et faites-les cuire 3 minutes. Arrêtez la cuisson en les plongeant dans un saladier d'eau glacée pour qu'ils gardent leur couleur verte et leur croquant. Égouttez-les.

4. Mélangez la ricotta, le sel, le poivre, l'œuf, le reste des herbes et la moitié de la mozzarella coupée en petits cubes.

5. Étalez 3 cuillerées à soupe de cette ricotta aux herbes dans le fond d'un plat à gratin rectangulaire.

6. Trempez quelques secondes les feuilles de lasagne une à une dans de l'eau bouillante, puis égouttez-les et disposez-les dans le plat. Couvrez avec la moitié de la ricotta aux herbes, puis recouvrez de la moitié des champignons et des petits pois. Renouvelez l'opération et terminez par une couche de lasagnes. Disposez la mozzarella restante coupée en tranches, parsemez de parmesan râpé et enfournez pour 40 minutes. Dégustez bien chaud.

MIEUX S'ORGANISER

Quitte à cuisiner en ce jour férié, autant doubler les proportions et préparer un deuxième plat de lasagnes que vous congèlerez… Vous aurez ainsi une fête du Travail en cuisine quand vous en aurez envie !

TARTARE DE VEAU À L'ITALIENNE

DOUCE ET DÉLICATE, LA VIANDE DE VEAU SE MANGE AUSSI CRUE. SI VOUS N'AVEZ JAMAIS ESSAYÉ, C'EST L'OCCASION. ON PARIE QUE VOUS Y REVIENDREZ ?

Pour 4 personnes
Préparation : 20 min

- ☐ 600 g de veau haché très frais
- ☐ 6 gousses de fèves
- ☐ 4 cuil. à soupe rases de pesto
- ☐ 25 g de pignons de pin

Pour la vinaigrette à l'italienne

- ☐ 80 g de roquette
- ☐ Le jus de ¼ de citron
- ☐ 1 cuil. à soupe d'huile d'olive
- ☐ 15 g d'un bloc de parmesan

1. Mettez le veau haché dans un saladier. Écossez les fèves et ôtez leur deuxième peau. Ajoutez-les à la viande, incorporez le pesto, les pignons, et malaxez délicatement. Réservez au réfrigérateur.

2. Lavez la roquette et coupez-la grossièrement. Ajoutez le jus de citron et l'huile d'olive. Parsemez le parmesan détaillé à l'aide d'un couteau économe.

3. Dressez le tartare de veau en forme de cercle au centre des assiettes, à l'aide d'un emporte-pièce, et coiffez-le d'une poignée de roquette au parmesan.

MIEUX CONNAÎTRE

Après l'achat, l'ennemi juré de la viande, surtout si vous la mangez crue, c'est la rupture de la chaîne du froid ! Pensez à la placer dans la partie la plus froide de votre réfrigérateur et laissez-la dans son papier « boucherie », spécialement conçu pour optimiser sa conservation. Et n'oubliez jamais que les viandes hachées préparées par le boucher doivent être consommées dans les 12 heures qui suivent l'achat.

Vendredi

03

MAI

Pour 4 personnes
Préparation : 30 min
Cuisson : 25 à 30 min

- ☐ 4 filets de merlan de 300 g chacun
- ☐ 800 g de pommes de terre grenailles
- ☐ 100 g de noisettes en poudre
- ☐ ½ botte de thym
- ☐ 2 œufs
- ☐ 150 g de farine
- ☐ 100 g de chapelure panko (ou chapelure de pain)
- ☐ 1 l d'huile de friture
- ☐ 1 filet d'huile d'olive
- ☐ Fleur de sel et poivre du moulin
- ☐ 1 citron vert

MERLANS PANÉS AUX NOISETTES *et pommes de terre grenailles*

1. Lavez les pommes de terre et incisez-les en deux, sans les fendre complètement. Insérez un petit brin de thym dans chacune d'elles. Faites cuire au cuit-vapeur pendant 20 à 25 minutes ou 10 minutes à la Cocotte-Minute. Salez et versez un filet d'huile d'olive.

2. Dans 3 assiettes creuses, disposez les œufs battus avec du sel et du poivre, la farine, puis la chapelure mélangée avec la poudre de noisettes. Dans une sauteuse, faites chauffer 50 cl l'huile de friture (attention à ne pas faire fumer ; le test : jetez une pincée de chapelure dans l'huile, quand ça mousse, l'huile est à la bonne température).

3. Après avoir épongé les filets de poisson dans du papier absorbant, trempez chacun d'eux dans la farine, les œufs, puis la chapelure de noisettes. Plongez-les aussitôt dans l'huile de friture et faites cuire 2 minutes sur chaque face jusqu'à ce qu'ils soient dorés. Égouttez sur des feuilles de papier absorbant.

4. Assaisonnez les grenailles à la vapeur de thym avec de la fleur de sel et arrosez-les d'huile d'olive, puis ajoutez un filet de jus de citron sur les filets de poisson. Dégustez aussitôt.

POULET
COMME UN TAJINE

Samedi
04
MAI

VOILÀ UNE RECETTE TOUT-TERRAIN, FACILE, RAPIDE À FAIRE ET DÉLICIEUSE. POUR L'ACCOMPAGNEMENT DE SAISON, JE VOUS LAISSE CHOISIR DANS LES PAGES DE CE LIVRE.

Pour 4 personnes
Préparation : 15 min
Cuisson : 1 h

- 4 cuisses de poulet
- 1 citron confit
- 12 dattes
- 2 oignons
- 2 cuil. à soupe de miel
- 2 cuil. à soupe de ras el-hanout
- Huile d'olive
- Sel

1. Coupez la peau du citron en fines lanières. Retirez le noyau des dattes et coupez-les en quatre. Pelez les oignons et émincez-les.

2. Faites chauffer l'huile à feu vif dans une cocotte. Faites-y revenir les cuisses de poulet de tous les côtés, jusqu'à ce qu'elles soient bien dorées. Sortez-les de la cocotte. Baissez à feu moyen.

3. Faites suer les oignons jusqu'à ce qu'ils soient transparents. Mettez les dattes, le citron, le miel, le ras el-hanout, du sel et 20 cl d'eau dans la cocotte. Mélangez le tout. Ajoutez les cuisses de poulet. Fermez la cocotte.

4. Laissez cuire 40 minutes environ à petits bouillons.

MIEUX CONNAÎTRE

Le tajine est un plat conique en terre cuite qui résiste aux hautes températures. Comme la paella, la cassolette ou la raclette, c'est l'ustensile qui donne son nom au plat. Le contenant pour le contenu. On appelle ça un plat métonymique ! Pas toujours facile à placer dans un dîner, mais ça impressionne ! Ce plat emblématique de la cuisine du Maghreb est un ragoût, dans lequel les légumes et la viande cuisent à l'étouffée… Et ça marche aussi dans une cocotte comme ici !

Dimanche

05

MAI

CE DESSERT EST UN CONCENTRÉ DE DOUCEUR ET DE SOUVENIRS D'ENFANCE POUR BEAUCOUP D'ENTRE NOUS. VOICI MES DEUX VERSIONS POUR VARIER LES PLAISIRS.

GRAND CLASSIQUE

Charlotte
DES GRANDS JOURS

Pour 4 personnes
Préparation : 20 min
Réfrigération : 3 h

- ☐ 750 g de fraises
- ☐ 300 g de fromage blanc à 20 % de MG
- ☐ Le jus de 1 orange
- ☐ 4 feuilles de gélatine
- ☐ 3 blancs d'œufs
- ☐ 50 g de sucre
- ☐ 20 boudoirs

1. Rincez les fraises, essuyez-les et équeutez-les. Coupez la moitié des fraises en lamelles et mixez l'autre moitié. Faites chauffer le jus d'orange sans aller jusqu'à l'ébullition.

2. Hors du feu, mélangez les fraises mixées au jus. Réservez un peu de ce coulis pour y tremper les biscuits. Incorporez la gélatine dans la préparation encore chaude, puis mélangez jusqu'à ce qu'elle soit complètement dissoute. Laissez refroidir et ajoutez les deux tiers du fromage blanc.

3. Montez les blancs en neige en versant le sucre à la fin pour bien les serrer, puis incorporez-les délicatement au mélange précédent.

4. Trempez les boudoirs dans le coulis de fraises réservé. Dans un plat à charlotte ou une terrine, montez la charlotte en alternant boudoirs, mousse de fraises et lamelles de fraises. Mettez au réfrigérateur pour 3 heures au moins.

5. Démoulez et servez bien frais.

Charlotte SUR LE POUCE

EXPRESS

Pour 4 personnes
Préparation : 20 min

- ☐ 300 g de fraises
- ☐ 600 g de petit-suisse
- ☐ 30 cl de jus d'orange frais
- ☐ 90 g de sucre cristal
- ☐ 24 biscuits à la cuillère
- ☐ 50 g de pistaches crues nature

Matériel :

- ☐ 4 emporte-pièces de 5 à 6 cm de diamètre

1. Faites chauffer, sans le faire bouillir, le jus d'orange avec 60 g de sucre dans une petite casserole. Une fois le sucre dissoud, laissez refroidir.

2. Équeutez les fraises après les avoir rapidement lavées. Taillez les trois quarts d'entre elles en petits dés et le reste en fines tranches dans la hauteur.

3. Mélangez le petit-suisse bien égoutté avec les 30 g de sucre restants, puis incorporez-y les dés de fraises. Réservez au réfrigérateur.

4. Plongez très rapidement les biscuits dans le sirop d'orange, égouttez-les, puis disposez-les debout dans les emporte-pièces, face bombée contre les parois, et bien serrés les uns contre les autres. Garnissez le centre de la couronne de biscuits avec la préparation de petit-suisse aux fraises. Couvrez la préparation de pistaches concassées, ajoutez quelques tranches de fraises, ôtez les emporte-pièces et servez.

Lundi
06
MAI

Pour 4 personnes
Préparation : 25 min
Cuisson : 12 à 15 min

- 12 grosses asperges blanches
- 20 cm de tige de rhubarbe
- Sel

ALAIN PASSARD, LE CHEF CUISINIER QUI MURMURE À L'OREILLE DES LÉGUMES, AIME CONJUGUER LES PRODUITS DU POTAGER QUI POUSSENT AU MÊME MOMENT. J'AI SUIVI SES CONSEILS SUR LA RHUBARBE QUI RÉVEILLE L'ASPERGE BLANCHE. MERCI ALAIN !

ASPERGES BLANCHES À LA RHUBARBE

VEGGIE

Pour la sauce

- 2 cuil. à café de moutarde à l'ancienne
- 1 cuil. à café de shoyu (sauce soja japonaise)
- 2 cuil. à café d'huile de sésame

1. Pelez les asperges, ôtez leurs parties dures et faites-les cuire 12 à 15 minutes (suivant leur calibre) dans une eau salée en ébullition. Stoppez la cuisson dans de l'eau glacée et épongez-les aussitôt dans un torchon propre.

2. Effilez la rhubarbe et taillez-la en très petits dés.

3. Mélangez les ingrédients de la sauce (sans fouetter).

4. Présentez les asperges coupées en deux dans la longueur, arrosez-les de sauce, parsemez-les de brunoise de rhubarbe et dégustez-les aussitôt, encore tièdes.

AUJOURD'HUI, C'EST LA JOURNÉE INTERNATIONALE SANS RÉGIME.

Les régimes ? Je suis profondément contre. Attention, je ne parle pas des régimes santé prescrits par les médecins pour réguler le cholestérol, l'hypertension ou le diabète, mais des régimes amaigrissants. Ils sont faits pour nous culpabiliser et nous inciter à acheter toutes sortes de produits miracles… Si ça marchait, on le saurait depuis longtemps ! Ce livre, je l'ai imaginé exactement pour cette raison, pour que nous mangions équilibré chaque jour, sans jamais plus penser à un régime amaigrissant !
Suivez le guide !

Mardi
07
MAI

Thon aux légumes balsamique

1. Faites chauffer 2 poêles sur feu moyen avec un filet d'huile d'olive. Dans l'une, faites sauter les pois gourmands juste le temps de les attendrir, 3 à 5 minutes environ (ils doivent rester fermes). Assaisonnez-les de sel, de poivre et d'huile de sésame, hors du feu.

2. À la fin de la cuisson des pois gourmands, dans l'autre poêle, faites griller les pavés de thon 1 à 2 minutes de chaque côté.

3. Disposez les pois gourmands dans 4 assiettes et les pavés de thon par-dessus, salez et poivrez. Aussitôt, versez le vinaigre balsamique dans la poêle qui contenait le thon. Laissez réduire 1 à 2 minutes.

4. Rincez et hachez les oignons botte ainsi que le bouquet de basilic. Parsemez les pavés de thon d'oignon et de basilic, ajoutez un trait de vinaigre balsamique réduit et dégustez.

Pour 4 personnes
Préparation : 10 min
Cuisson : 15 min

- 4 pavés de thon de 180 g chacun, de 2 cm d'épaisseur*
- 2 oignons botte
- 1 bouquet de basilic
- 300 g de pois gourmands
- 10 cl de vinaigre balsamique
- Huile d'olive
- Huile de sésame
- Sel et poivre

*Choisissez un thon issue d'une pêche responsable chez votre poissonnier, lui aussi responsable.

MIEUX CHOISIR

LE GERMON

Peut peser jusqu'à 80 kg. Il se pêche dans les eaux tropicales et dans le golfe de Gascogne. Même s'il n'est pas menacé, les autorités veulent contrôler sa pêche en Méditerranée. La majorité de la production est destinée à la conserve. C'est dommage, car sa chair teintée de rose est délicieuse !
Essayez avec cette recette.

LE THON ROUGE

Vit dans les mers tempérées et subtropicales, mais 80 % des captures se font en Méditerranée. Après la très forte surexploitation au début des années 1990, la gestion des stocks et les contrôles ont permis une inversion de la courbe. Mieux vaut toutefois le consommer avec modération et privilégier le thon rouge de ligne.

Source : Magazine *Que choisir* et application *Planet Ocean* de la fondation GOOD PLANET

Mercredi

08

MAI

LES ENFANTS AIMENT LES NUGGETS. PROFITONS-EN POUR LEUR MONTRER À QUOI RESSEMBLENT DES NUGGETS DE POULET BIEN ÉLEVÉ !

Fait MAISON

NUGGETS *de poulet maison*

Pour 4 personnes
Préparation : 10 min
Cuisson : 8 à 10 min

- 400 g de blancs de poulet fermier ou Label Rouge
- ½ oignon doux
- 100 g de fromage frais à tartiner
- 4 brins de ciboulette ou de coriandre
- 1 cuil. à soupe de sauce Worcestershire
- 1 pincée de paprika
- Farine
- 1 œuf
- Chapelure
- Huile de tournesol ou de pépins de raisin
- Sel et poivre

1. Coupez le poulet en gros morceaux. Pelez le demi-oignon et coupez-le en cubes.

2. Dans le bol d'un robot, mixez ensemble les dés de poulet et d'oignon, les herbes fraîches, le fromage frais et les épices. Salez et poivrez. Avec cette préparation, confectionnez des boulettes de la taille d'une noix et aplatissez-les.

3. Passez-les dans la farine, puis dans l'œuf battu et enfin dans la chapelure.

4. Faites chauffer un généreux filet d'huile dans une poêle et disposez les nuggets de poulet. Laissez cuire à feu moyen 4 minutes sur chaque face, jusqu'à ce qu'ils aient une belle couleur dorée.

5. Servez aussitôt, avec une sauce minute à base de yaourt, de citron et d'herbes fraîches, ou encore avec une sauce tomate maison !

ÇA M'ÉNERVE !

Quand on sait ce que les industriels mettent dans les nuggets, on devrait interdire à nos enfants d'en manger ! Voilà ce qu'on peut lire sur l'étiquette des emballages : préparation à base de viande de poulet et de dinde traitée en salaison reconstituée = 60 %. Soit du gras, du cartilage, de la peau de poulet et un peu de chair broyés. Le tout enrichi de sucre et d'arômes pour que nos enfants y retournent. Et nous aussi par la même occasion ! Bien entendu, il s'agit de poulets élevés de façon intensive, nourris aux céréales et aux antibiotiques. Les nuggets des grandes surfaces et des fast-foods nous font manger de la viande qui ne serait pas commercialisée autrement. On mérite mieux, non ?

LINGUINE
ALLE VONGOLE

Jeudi
09
MAI

C'EST LA JOURNÉE DE L'EUROPE !
VOICI UN CLASSIQUE DE LA CUISINE ITALIENNE !
UN DE MES PLATS PRÉFÉRÉS. BIENTÔT LE VÔTRE ?

Pour 4 personnes
Préparation : 20 min
Cuisson : 20 min

- 400 g de linguine (ou autres pâtes sèches)
- 800 g de palourdes
- 2 gousses d'ail
- ½ botte de persil plat
- 20 cl de vin blanc sec
- 3 cuil. à soupe d'huile d'olive
- Gros sel
- Sel et poivre du moulin

1. Lavez soigneusement les palourdes sous l'eau froide et éliminez les coquilles ouvertes. Pelez, dégermez et hachez finement l'ail (ou écrasez-le avec un presse-ail). Hachez le persil.

2. Dans une grande poêle, faites revenir les palourdes dans 2 cuillerées à soupe d'huile d'olive pendant 1 minute. Ajoutez l'ail, remuez bien, puis ajoutez le vin blanc. Dès que les coquilles s'ouvrent, stoppez la cuisson, au bout de 3 à 4 minutes environ. Filtrez le jus des palourdes dans une fine passoire et portez-le à ébullition. Laissez réduire, puis ajoutez 1 cuillerée à soupe d'huile d'olive et émulsionnez le tout avec un fouet.

3. Faites cuire les linguine dans une eau bouillante salée (10 g de gros sel par litre d'eau) le temps indiqué sur le paquet. Dès qu'elles sont cuites *al dente*, égouttez-les et ajoutez-les dans la poêle avec les palourdes. Versez le jus réduit et faites revenir à feu doux pendant 1 minute. À la fin, ajoutez le persil haché et dégustez chaud.

MIEUX CONNAÎTRE

Les palourdes sont les coquillages officiels des pâtes alle vongole. Ça tombe bien, c'est la pleine saison. Vendues autour de 20 € le kg, achetez-les vivantes et bien fermées. Vous pouvez les remplacer par des coques ou des tellines. Même les Italiens le font !

Vendredi

10

MAI

VEGGIE

FALAFELS
AUX HERBES

TRÈS APPRÉCIÉS AU MOYEN-ORIENT, LES FALAFELS SONT DES BOULETTES DE POIS CHICHES AUX HERBES À TOMBER PAR TERRE. VOUS DEVRIEZ KIFFER !

Pour une vingtaine de falafels
Préparation : 30 min
Trempage : 24 h
Cuisson : 5 min

- ☐ 500 g de pois chiches secs
- ☐ 1 oignon
- ☐ 4 gousses d'ail
- ☐ 1 bouquet de coriandre
- ☐ 1 bouquet de persil plat
- ☐ 2 cuil. à café de cumin
- ☐ 1 cuil. à café de bicarbonate de soude
- ☐ 1 l d'huile de friture
- ☐ 1 yaourt grec
- ☐ Le jus de ½ citron
- ☐ Sel

1. La veille, placez les pois chiches dans de l'eau froide et laissez-les tremper 24 heures. Le lendemain, égouttez-les bien et laissez-les sécher sur des feuilles de papier absorbant. Ils doivent être totalement secs.

2. Placez les pois chiches dans le robot mixeur avec l'oignon coupé en morceaux, les gousses d'ail pelées et dégermées, les herbes effeuillées, le cumin, le bicarbonate et le sel. Mixez sans pour autant obtenir une purée.

3. Formez des boules en pressant bien, vous devez en obtenir 20 à 25 environ.

4. Faites chauffer l'huile dans une grande casserole ou dans une friteuse (à 180 °C environ), puis plongez-y les falafels le temps qu'ils soient bien dorés, soit 3 à 4 minutes.

5. Égouttez-les sur du papier absorbant et dégustez avec une sauce express à base de yaourt, de jus de citron et du reste d'herbes fraîches ciselées.

VARIANTE

Le goût n'est pas tout à fait le même, mais pour aller plus vite, vous pouvez utiliser des pois chiches en boîte. Égouttez-les et séchez-les bien sur un torchon propre avant de les mixer.

LES HERBES AROMATIQUES

LA CIBOULETTE

On en trouvait déjà au XIVe siècle en Europe, elle s'appelait « appétits » pour sa faculté à ouvrir celui-ci. Avec ses notes soufrées proches de l'ail et du poireau, la ciboulette apporte une belle touche finale à une tartine de chèvre frais ou une à salade de pommes de terre nouvelles !

LA CORIANDRE

Surnommée persil arabe ou chinois, la coriandre est une globe-trotteuse présente aussi bien dans les keftas du Maroc, dans les houmous du Levant que dans les soupes Phô vietnamiennes. Elle est parfaite dans une salade de carottes avec du citron. Avec son parfum unique, l'effet voyage est garanti. Comme la coriandre ne laisse pas indifférent, assurez-vous des goûts de vos invités !

L'ESTRAGON

Après avoir émigré jusqu'au Moyen-Orient, l'estragon fut rapporté en Europe au Moyen Âge par les croisés. Avec son petit goût citronné et anisé, il fait partie des fines herbes. Il donne l'accord parfait à un poulet ou à un lapin (voir recette de poulet à l'estragon de ma mère page 190) et joue un rôle primordial dans la sauce béarnaise. À essayer aussi avec une salade de tomates ou même une salade de fraises !

LE CERFEUIL

Originaire de Russie, le cerfeuil arrive chez nous au temps des Romains. Avec sa fraîcheur et son goût légèrement anisé, il relève les plats. Ajoutez des pluches de cerfeuil à la dernière minute sur un potage aux champignons (voir mon velouté de champignons page 97) et tentez le coup, dans des rillettes de sardines maison.

LA MENTHE

À l'inverse de la plupart des herbes aromatiques, la menthe prend ses racines en Europe pour se propager ensuite dans le monde entier. Plante vivace du potager, elle repousse tous les ans au même endroit. Les variétés sont nombreuses, comme la menthe poivrée ou la menthe réglisse. Certaines sont troublantes comme la menthe-chocolat ! On doit aux Anglais l'accord petits pois-menthe, et les Indiens ont la sauce raïta, mélange de yaourt à la menthe, pour accompagner l'agneau. Sur des fruits rôtis à la poêle, c'est le bouquet !

LE BASILIC

Connu en Inde et en Asie, le basilic arrive en Méditerranée au début du XVIe siècle. La greffe a très bien pris en Italie où il est devenu l'herbe la plus cuisinée: dans le pesto di Genovese, la célèbre tomate-mozza ou la pizza margarita. Pour surprendre, incorporez-le dans une salade de fruits d'été !

LE PERSIL PLAT

Les Grecs et les Romains le cultivaient au début de notre ère. Il remplace aujourd'hui le frisé, très à la mode dans les années 1970. Facile à cultiver et à conserver, on peut en mettre dans presque tous les plats ! Avec des pommes de terre sarladaises, dans un pesto, un velouté, sur des linguine alle vongole… Partout !

Samedi

11

MAI

Pour 4 personnes
Préparation : 25 min
Cuisson : 50 min

- ☐ 4 tranches de poitrine de veau maigre de 250 g chacune
- ☐ 8 petites carottes nouvelles
- ☐ 1 botte d'oignons nouveaux
- ☐ 1 botte de navets nouveaux
- ☐ 250 g de champignons de Paris
- ☐ 1 bouquet garni (céleri branche, thym, laurier, persil)
- ☐ 1 jaune d'œuf
- ☐ 100 g de crème fraîche épaisse
- ☐ Le jus de ½ citron
- ☐ Sel et poivre

POITRINE DE VEAU *aux légumes nouveaux*

UNE RECETTE DE SAISON PARFAITE POUR SE (RE)METTRE AUX FOURNEAUX LE WEEK-END. TOUT SE PASSE DANS LA COCOTTE !

1. Dans une cocotte, faites chauffer 3 litres d'eau salée avec le bouquet garni. Au premier frémissement, plongez la viande et laissez cuire 40 minutes sans faire bouillir, à découvert. Écumez au début de la cuisson.

2. Lavez et brossez les légumes. S'ils sont gros, coupez les champignons et les oignons nouveaux en deux dans la longueur.

3. Ajoutez tous les légumes dans la cocotte 15 à 20 minutes avant la fin de la cuisson de la viande. Salez et poivrez.

4. À la fin de la cuisson, débarrassez le contenu de la cocotte dans un plat de service. Réservez au chaud le temps de préparer la sauce.

5. Faites réduire le bouillon de cuisson à petits frémissements afin de concentrer les arômes. Mélangez le jaune d'œuf avec la crème et le jus de citron. Ajoutez-y quelques cuillerées à soupe de bouillon bien chaud, fouettez afin d'obtenir une sauce onctueuse, ajustez l'assaisonnement et versez dans une saucière.

6. Servez aussitôt avec le veau et les légumes.

MIEUX CONNAÎTRE

Les légumes nouveaux sont aussi appelés légumes primeurs, en raison de leur présence précoce sur les étals ! Les premiers sont les radis et les oignons blancs ou « oignons nouveaux ». La carotte fane, le navet violet et les pommes de terre nouvelles suivent. Leur chair tendre est légèrement sucrée et ils sont très faciles à cuisiner. Inutile de les éplucher, tant leur peau est fine. RDV d'ailleurs le 22 mai pour cuisiner carottes et pommes de terre nouvelles !

Mon mille-feuille AU CHOCOLAT

Pour 4 personnes
Préparation : 30 min
Réfrigération : 1 h
Cuisson : 1 h 10

Dimanche
12
MAI

LA PÂTISSERIE, C'EST DU PRÉCIS, MAIS CE N'EST PAS COMPLIQUÉ POUR AUTANT. LA PREUVE : VOICI UN DESSERT POUR JOUER AU PÂTISSIER DU DIMANCHE !

- 250 g de pâte feuilletée du boulanger (ou 2 pâtes pur beurre prêtes à dérouler)
- Cacao en poudre

Pour la mousse au chocolat

- 250 g de chocolat noir en tablette à 66 % de cacao minimum
- 20 g de beurre
- 4 œufs
- 1 cuil. à soupe bombée de sucre en poudre (25 g)

1. Préchauffez le four à 200 °C (th. 6-7).

2. Étendez finement la pâte feuilletée au rouleau et coupez 3 rectangles de 20 cm x 9 cm. Piquez-les à la fourchette et faites-les cuire un par un pendant 20 minutes sur une plaque recouverte d'une feuille de papier sulfurisé. Sortez-les du four et laissez-les refroidir.

3. Hachez le chocolat au couteau et faites-le fondre avec le beurre au bain-marie, à feu doux.

4. Séparez les blancs des jaunes d'œufs. Fouettez les jaunes avec la moitié de sucre jusqu'à ce qu'ils blanchissent et incorporez-les au chocolat fondu.

5. Fouettez les blancs d'œufs en neige en ajoutant le reste de sucre en deux fois.

6. À l'aide d'une spatule, incorporez délicatement le chocolat fondu aux blancs en neige, en deux ou trois fois, en soulevant la préparation.

7. Sur le premier rectangle de pâte feuilletée, étalez une couche de mousse de 1,5 à 2 cm d'épaisseur. Déposez le deuxième rectangle de pâte, puis de la mousse. Terminez par un dernier rectangle et appuyez légèrement – le côté du rectangle le plus régulier doit se trouver au-dessus. Déposez le reste de mousse au chocolat sur les côtés et lissez avec la spatule. Laissez raffermir au frais la mousse au chocolat du mille-feuille pendant 1 heure.

8. Coupez 4 parts régulières de mille-feuille à l'aide d'un couteau-scie, lissez de nouveau les côtés avec la spatule et saupoudrez de cacao.

Lundi

13

MAI

PIZZA VERDE

Pour 4 personnes
Préparation : 20 min
Cuisson : 8 à 10 min

- 1 pâton de 200 g de pâte à pizza ou à pain de votre boulanger
- 50 g de feuilles de basilic
- 100 g de pignons de pin
- 200 g de ricotta
- 20 cl d'huile d'olive
- 100 g de petits pois
- 100 g de pois gourmands
- 8 asperges vertes
- 8 radis roses
- Quelques feuilles de roquette
- Sel

VEGGIE

1. Préchauffez le four à 220 °C (th. 7).
2. Confectionnez le pesto : mixez le basilic, les pignons de pin et 100 g de ricotta. Montez la sauce avec l'huile d'olive.
3. Dans une grande casserole d'eau bouillante salée, faites cuire rapidement (entre 30 secondes et 1 minute) les légumes verts (petits pois, pois gourmands, asperges) pour les assouplir et enlever leur âpreté. Égouttez-les et réservez-les.
4. Étalez finement la pâte à pain pour obtenir un cercle de 32 cm de diamètre environ.
5. Tartinez la pâte de pesto, puis disposez les légumes. Déposez des petites touches de ricotta. Enfournez la pizza pour 8 à 10 minutes.
6. Lavez les radis et coupez-les à la mandoline en tranches très fines.
7. Sortez la pizza du four, versez un trait d'huile d'olive, puis disposez les lamelles de radis et les feuilles de roquette. Servez aussitôt.

VIVA ITALIA !

La tomate-mozza au basilic reprend les couleurs du drapeau italien. Vous pouvez faire la même chose avec un trio de pizzas : pizza blanche, juste nappée d'huile d'olive ; rouge, à la sauce tomate ; et verte, recouverte d'un pesto avant d'accueillir des légumes… verts. Un drapeau de pizzas !

TARTARE
DE MAQUEREAU
pomme verte et radis roses

COMPAGNON IDÉAL DES BARBECUES, LE MAQUEREAU FAIT AUSSI D'EXCELLENTS TARTARES. ACHETÉ BIEN FRAIS CHEZ VOTRE POISSONNIER, IL SE MARIE À LA PERFECTION AU CROQUANT DE LA POMME VERTE ET DU RADIS.

Pour 4 personnes
Préparation : 20 min
Cuisson : 30 s

- 600 g de filets de maquereau sans peau ni arêtes
- 1 pomme granny smith
- 5 radis roses
- 1 bouquet de cerfeuil
- 2 cm de gingembre frais
- Le jus de 1 citron
- Huile d'olive
- Fleur de sel
- Poivre noir du moulin
- 30 cl d'huile de tournesol

1. Taillez les filets de maquereau en petits dés. Rincez la pomme et taillez-la sans la peler. Rincez les radis roses et taillez-les en brunoise (très petits dés).

2. Ciselez la moitié du cerfeuil, pelez et hachez le gingembre frais. Rassemblez le tout dans un saladier, à l'exception du cerfeuil non ciselé.

3. Assaisonnez d'huile d'olive, de citron, de gingembre, de fleur de sel et de poivre. Réservez au réfrigérateur le temps de faire frire le reste du cerfeuil. Faites chauffer 30 cl d'huile de tournesol dans une petite sauteuse et jetez-y des petits bouquets de cerfeuil. Laissez-les frire 30 secondes et débarrassez-les sur du papier absorbant.

4. Moulez le tartare de maquereau au centre de 4 assiettes à l'aide d'un emporte-pièce. Ajoutez dessus un dôme de cerfeuil frit et servez avec du pain grillé.

Mercredi
15
MAI

BAVETTE
À LA CHINOISE

LA CUISINE DONNE AUSSI LE GOÛT DE LA CULTURE DES AUTRES. DÉMONSTRATION AVEC CETTE RECETTE AUX PARFUMS DE CHINE.

1. Faites chauffer une casserole d'eau pour les nouilles.

2. Pelez et ciselez les échalotes, et faites-les blondir dans une poêle avec un filet d'huile de tournesol.

3. Mettez les nouilles à cuire le temps indiqué sur l'emballage. Rafraîchissez-les sous un filet d'eau froide et égouttez-les.

4. Pelez et coupez les carottes en fins bâtonnets, et ajoutez-les dans la poêle, puis ajoutez les nouilles, les champignons noirs et les haricots mungo.

5. Coupez la bavette en aiguillettes. Déposez les graines de sésame dans une assiette et roulez-y les morceaux de viande.

6. Dans une seconde poêle chaude, saisissez les aiguillettes avec un peu d'huile de tournesol, 1 à 2 minutes de chaque côté.

7. Mélangez 4 cuillerées à soupe de sauce soja et 2 cuillerées à soupe d'huile de sésame.

8. Servez les aiguillettes de viande accompagnées des nouilles aux légumes et de la sauce soja-sésame et parsemées de feuilles de coriande.

Pour 4 personnes
Préparation : 15 min
Cuisson : 10 min

- ☐ 500 g de bavette
- ☐ 2 carottes
- ☐ 1 poignée de champignons noirs déshydratés
- ☐ 100 g de haricots mungo (pousses de soja)
- ☐ 200 g de nouilles de riz
- ☐ 2 échalotes
- ☐ 1 bouquet de coriandre
- ☐ 50 g de graines de sésame
- ☐ Sauce soja
- ☐ Huile de sésame
- ☐ Huile de tournesol ou de pépins de raisin

TOUR DU MONDE INITIATIQUE DU GOÛT AVEC DES RECETTES POUR LES ENFANTS :

BOULETTES SCANDINAVES p. 438

FISH AND CHIPS p. 94

NUGGETS DE POULET MAISON p. 170

PIZZA VERDE p. 176

SAMOSSAS DE CURRY p. 93

CHEESECAKE À LA FRAISE p. 117

Jeudi

16

MAI

SALADE
POIS & CÉRÉALE

Pour 4 personnes
Préparation : 30 min
Cuisson : 30 min

DES LÉGUMINEUSES, UNE CÉRÉALE, DES HERBES, C'EST L'ACCORD PARFAIT POUR UNE ENTRÉE OU UN PLAT UNIQUE ÉQUILIBRÉ.

- ❑ 250 g de petits pois frais
- ❑ 250 g de fèves fraîches
- ❑ 150 g de pois chiches cuits
- ❑ 250 g de boulgour
- ❑ ½ bouquet de menthe fraîche
- ❑ ½ bouquet de coriandre

VEGGIE

Pour la sauce

- ❑ 2 citrons verts (10 cl)
- ❑ 3 cuil. à soupe de sirop d'érable
- ❑ 1 cuil. à café de flocons de piment
- ❑ 4 cuil. à soupe d'huile de sésame
- ❑ 2 cuil. à soupe d'huile d'olive douce

1. Écossez les fèves et les petits pois. Portez un grand volume d'eau salée à ébullition dans une casserole et plongez-les dedans pendant 4 minutes. Sortez-les et rafraîchissez-les dans de l'eau glacée. Ôtez leur pellicule. Ébouillantez de la même manière les petits pois. Rincez et égouttez les pois chiches.

2. Faites cuire le boulgour dans une eau bouillante salée pendant 10 à 12 minutes. Égouttez-le, passez-le sous l'eau froide jusqu'à ce qu'il soit totalement refroidi, puis égouttez-le de nouveau.

3. Rincez et hachez les herbes fraîches.

4. Préparez la sauce. Mettez tous les ingrédients, sauf les huiles, dans une petite casserole et laissez réduire jusqu'à ce que la consistance épaississe légèrement. Laissez refroidir, puis ajoutez les huiles en mélangeant bien.

5. Mélangez le boulgour, les légumineuses et les herbes fraîches ciselées. En tout dernier, ajoutez la sauce. Mélangez de nouveau : c'est prêt !

MIEUX MANGER

Riz-haricots rouges, semoule-pois chiches… Pour remplacer les protéines animales par des protéines végétales, pour varier notre alimentation et manger équilibré par la même occasion, l'association céréales-légumineuses est une combinaison gagnante.

Vendredi

17

MAI

RECETTE *Végétale*

MA TARTE AUX FRAISES *crue et végétale*

VOUS AVEZ ÉTÉ NOMBREUX À APPRÉCIER LA TARTE VÉGANE DE L'ANNÉE DERNIÈRE. J'EN AI IMAGINÉ UNE AUTRE POUR LA COLLECTION PRINTEMPS-ÉTÉ 2019. SIMPLE ET CRUE !

Pour 4 personnes
Préparation : 15 min

Pour la pâte végane sans cuisson

- ❑ 40 amandes entières émondées
- ❑ 12 abricots secs
- ❑ 4 cuil. à soupe de purée d'amande ou de noisette
- ❑ 4 cuil. à soupe de sirop d'érable

Pour la crème crue végétale

- ❑ 60 g de dattes mejdool
- ❑ 60 g d'amandes entières émondées
- ❑ 2 cuil. à soupe d'huile de noisette
- ❑ 400 g de fraises gariguettes

Matériel :

- ❑ 4 emporte-pièces/cercles de 8 cm de diamètre et 1,5 cm de haut

1. Préparez la pâte. Dans un blender ou un mixeur, mettez les amandes entières, les abricots secs, la purée d'amande et le sirop d'érable. Mixez jusqu'à ce que les éléments soient bien incorporés et forment une sorte de pâte légèrement friable.

2. Posez les cercles sur une feuille de papier sulfurisé ou une assiette. Disposez la pâte sur le fond et l'intérieur des cercles, sur 3 mm d'épaisseur. Réservez au frais.

3. Mixez ensuite les dattes mejdool (si elles sont dures, faites-les tremper dans de l'eau pendant quelques instants), les amandes entières, l'huile de noisette et 9 cl d'eau jusqu'à obtenir une crème assez lisse.

4. Disposez cette crème sur le fond des tartelettes (au centre des cercles).

5. Rincez et équeutez les fraises, dressez-les debout, sur la crème. Passez la pointe d'un couteau pour décercler les tartelettes et dégustez aussitôt !

MIEUX *CONNAÎTRE*

Riche en calcium, en phosphore et en magnésium, la purée d'amande contient de bonnes graisses.
Vous en trouverez, de qualité, au rayon bio de votre magasin ou dans les boutiques bio.

Samedi

18

MAI

FILET D'AGNEAU RÔTI AUX ASPERGES

UNE VIANDE ET UN LÉGUME DE SAISON, ET DES INGRÉDIENTS DU PLACARD. C'EST PARTI POUR UNE RECETTE SIMPLE QUI CHANGE DE L'ORDINAIRE.

Pour 4 personnes
Préparation : 30 min
Cuisson : 25 à 30 min

- ☐ 800 g de filet d'agneau
- ☐ 250 g de parures de viande et d'os (pour faire un jus d'agneau*)
- ☐ 600 g d'asperges vertes
- ☐ 3 gousses d'ail
- ☐ Huile de tournesol ou de pépins de raisin
- ☐ Vinaigre de Xérès (pour faire un jus d'agneau*)
- ☐ Sel et poivre

1. Préchauffez le four à 160 °C (th. 5-6).

2. Dans une poêle allant au four, faites dorer les filets d'agneau dans un peu d'huile, sur toutes leurs faces. Salez, poivrez et terminez la cuisson au four, pendant 15 à 20 minutes. Laissez reposer la viande 5 minutes, porte du four ouverte, avant de la trancher.

3. Pendant la cuisson des filets d'agneau, coupez la partie dure des asperges et plongez-les dans de l'eau bouillante fortement salée (10 à 12 g de sel par litre d'eau) pendant 3 à 5 minutes environ suivant leur calibre.

4. Coupez les filets d'agneau en tranches de 2 à 3 cm d'épaisseur et disposez-les dans 4 assiettes avec les asperges et le jus d'agneau*. Dégustez aussitôt.

MIEUX S'ORGANISER

*Comment faire son jus d'agneau ?

1. Faites dorer les parures et les os coupés en petits morceaux dans un peu d'huile sur feu vif jusqu'à ce que les morceaux de viande attachent au fond de la casserole.

2. Dégraissez la casserole et remettez-la sur le feu. Ajoutez les gousses d'ail entières écrasées et un trait de vinaigre de Xérès, laissez réduire, puis versez 50 cl d'eau froide et laissez cuire 30 minutes sur feu moyen afin d'obtenir un jus concentré.

3. Passez la préparation au chinois et réservez le jus dans une petite casserole. Vous pouvez le congeler dans le bac à glaçons pour une prochaine fois.

AÏOLI de morue fraîche

UN CABILLAUD TRANSFORMÉ EN MORUE EXPRESS ET UN BEAU LÉGUME VERT DE SAISON… VOILÀ UN PLAT QUI ENDIMANCHERA VOTRE REPAS !

Pour 4 personnes
Préparation : 25 min
Cuisson : 10 à 15 min

- 4 pavés de dos de cabillaud de 180 g (sans peau)
- 300 g de gros sel
- 2 feuilles de laurier
- 10 g de poivre noir
- 600 g de fèves écossées (1,5 kg avec cosses environ)
- 1 botte d'oignons nouveaux

Pour l'aïoli

- 4 gousses d'ail frais
- 1 jaune d'œuf
- 2 cuil. à café de jus de citron
- 15 à 20 cl d'huile d'olive
- 1 pincée de sel fin

1. Étalez la moitié du gros sel dans le fond d'un plat creux. Posez-y les dos de cabillaud et recouvrez-les du reste de gros sel. Réservez au réfrigérateur.

2. Écossez les fèves, puis faites-les cuire dans de l'eau bouillante salée pendant 5 minutes à partir de la reprise de l'ébullition. Pelez-les.

3. Préparez l'aïoli. Hachez l'ail le plus finement possible. À l'aide d'un pilon et d'un mortier, réduisez-le en purée avec la pincée de sel fin. Transférez la purée d'ail dans un saladier. Ajoutez le jaune d'œuf, le jus de citron, et mélangez. Lorsque le tout est mêlé, versez l'huile d'olive en fin filet tout en continuant à mélanger. Une fois que l'aïoli est bien ferme, filmez-le et réservez-le au réfrigérateur.

4. Faites chauffer 4 litres d'eau dans une sauteuse avec le laurier et les grains de poivre, et maintenez-la à la limite de l'ébullition. Passez rapidement les dos de cabillaud (devenu morue fraîche) sous un filet d'eau froide afin de les débarrasser du gros sel. Plongez-les dans l'eau aromatisée 4 à 6 minutes suivant leur épaisseur.

5. Détendez l'aïoli avec quelques cuillerées à soupe d'eau de cuisson. Répartissez les fèves dans 4 assiettes creuses, nappez-les d'aïoli, ajoutez la morue fraîche et dégustez-la aussitôt, parsemée d'oignons nouveaux émincés.

MON TRUC *en plus*

N'hésitez pas à faire le plein de fèves, non seulement parce qu'il y a de la perte à l'écossage, mais aussi parce qu'on en aura besoin pour faire une quiche ce lundi.

Lundi

20

MAI

AVEC LE RESTE DES ASPERGES ET DES FÈVES DE CE WEEK-END, JE VOUS PROPOSE D'ESSAYER MA RECETTE DE QUICHE SANS PÂTE. ULTRA FACILE ET ULTRA BONNE !

Quiche sans pâte
AUX LÉGUMES VERTS

VEGGIE

Pour 4 personnes
Préparation : 30 min
Cuisson : 35 à 40 min

- ½ botte d'asperges vertes
- 300 g de fèves pelées fraîches
- 4 œufs
- 300 g de chèvre frais
- ½ botte de menthe
- Sel et poivre du moulin

1. Rincez les asperges, coupez la base filandreuse et pelez-les. Faites-les cuire dans une eau bouillante salée pendant 5 minutes. Égouttez-les, puis refroidissez immédiatement dans un bain d'eau glacée.

2. Faites également cuire les fèves dans une eau bouillante salée pendant 5 minutes. Égouttez-les et rafraîchissez-les dans un bain d'eau glacée. Pelez-les.

3. Préchauffez le four à 200 °C (th. 6-7). Recouvrez le fond d'un moule à tarte de papier sulfurisé humidifié.

4. Mélangez au fouet les œufs, le chèvre frais et la menthe ciselée. Salez légèrement et poivrez.

5. Répartissez les fèves dans le fond du moule, versez par-dessus la préparation à base de chèvre, puis disposez dessus les asperges en étoiles. Enfournez pour 25 à 30 minutes. Laissez refroidir, démoulez, coupez en parts et dégustez tiède ou froid.

GRATIN DE BŒUF *et quinoa à la mexicaine*

- 600 g de bœuf haché
- 200 g de quinoa
- 1 oignon rouge
- 1 petite boîte de maïs (285 g)
- 1 boîte de tomates concassées pelées
- ½ botte de coriandre
- 2 cuil. à soupe d'épices mexicaines (voir l'astuce ci-dessous)
- 150 g de cheddar râpé
- Huile d'olive
- Sel et poivre

Mardi
21
MAI

Pour 4 personnes
Préparation : 20 min
Cuisson : 30 min

1. Préchauffez le four à 200 °C (th. 6-7).

2. Rincez le quinoa et portez à frémissement une casserole contenant un demi-litre d'eau salée. Jetez-y le quinoa et faites-le cuire 15 minutes.

3. Pendant ce temps, pelez et hachez l'oignon, et faites-le revenir dans une grande sauteuse avec un filet d'huile d'olive. Dès qu'il blondit, ajoutez la viande hachée.

4. Quand le bœuf commence à cuire, ajoutez les grains de maïs égouttés, les tomates concassées et la coriandre effeuillée.

5. Égouttez le quinoa et mettez-le dans la sauteuse avec la viande. Salez, poivrez et ajoutez les épices mexicaines. Mélangez bien et coupez le feu.

6. Dans un plat à gratin allant au four, versez le mélange de bœuf au quinoa et parsemez de cheddar râpé. Enfournez pour 10 minutes : le fromage doit être fondu. Dégustez dès la sortie du four !

MON ASTUCE

POUR UN MÉLANGE D'ÉPICES MEXICAINES MAISON, JE MARIE :

- 2 cuil. à soupe de poudre de piment rouge
- 1 cuil. à soupe de paprika
- 1 cuil. à soupe d'origan séché
- ½ cuil. à soupe d'ail en poudre
- ½ cuil. à soupe de cumin en poudre
- 1 cuil. à soupe de graines de sésame

Ce mélange se conserve 3 mois dans un petit bocal et vient parfaitement assaisonner un guacamole, des tomates au four, une viande ou un poisson grillé.

Mercredi

22

MAI

Salade de pommes de terre nouvelles
ET CAROTTES MULTICOLORES

RECETTE *Végétale*

C'EST LA JOURNÉE MONDIALE DE LA BIODIVERSITÉ ! RESTONS CONNECTÉS... À LA VARIÉTÉ ET À LA RICHESSE DES GOÛTS DE LA NATURE.

Pour 4 personnes
Préparation : 10 min
Cuisson : 16 min

- ☐ 800 g de pommes de terre nouvelles
- ☐ 1 botte de carottes multicolores primeurs avec leurs fanes
- ☐ 1 cuil. à soupe de graines de coriandre
- ☐ 1 cuil. à soupe de graines de cumin
- ☐ 4 cuil. à soupe d'huile d'olive
- ☐ 1 gousse d'ail
- ☐ 1 pincée de piment d'Espelette
- ☐ 6 ou 7 tiges de ciboulette
- ☐ ½ bouquet de menthe
- ☐ Le jus de 1 citron
- ☐ Fleur de sel et poivre du moulin

1. Lavez les pommes de terre nouvelles et coupez-les en deux dans la longueur. Pelez les carottes nouvelles ou brossez-les et laissez 1 à 2 cm de fanes. Rincez et réservez le reste des fanes.

2. Dans une poêle, toastez à sec les graines de coriandre et de cumin jusqu'à ce qu'elles libèrent leurs arômes. Mélangez-les à l'huile d'olive.

3. Dans un plat allant au four, disposez les pommes de terre et les carottes, ajoutez l'huile d'olive aux graines de coriandre et de cumin, la gousse d'ail écrasée et le piment d'Espelette. Enfournez pour 15 minutes.

4. Pendant ce temps, ciselez une poignée de fanes de carottes, la ciboulette et la menthe.

5. Laissez tiédir les carottes et les pommes de terre nouvelles, ajoutez les herbes fraîches et pressez le jus du citron. Mélangez bien avant de déguster.

ÇA M'ÉNERVE !

Stop à l'uniformisation et à la standardisation du goût avec des variétés de légumes restreintes pour assurer le calibrage et de bonnes conditions de transport ! Redécouvrons les semences de variétés anciennes dans nos potagers, encourageons nos maraîchers à cultiver ces variétés trop souvent méconnues. Ce serait triste qu'on mange tous la même chose. Préservons la biodiversité !

Mon astuce

Le fait de rôtir ces jeunes légumes va sublimer leur goût, et ils n'en seront que meilleurs !

Jeudi
23
MAI

RISOTTO AUX HERBES

UN RISOTTO EN RENTRANT DU BOULOT ! BIEN SÛR, QUE C'EST POSSIBLE. AVEC UN POIL D'ORGANISATION, ÇA DEVIENT MÊME FACILE !

Pour 4 personnes
Préparation : 10 min
Cuisson : 30 à 40 min

- 300 g de riz arborio
- 2 cubes de bouillon de légumes bio
- 1 bouquet de persil plat
- 2 poignées de roquette
- Quelques feuilles de basilic
- ½ bouquet de ciboulette
- 1 oignon
- 1 verre de vin blanc (20 cl)
- 100 g de beurre
- 1 cuil. à soupe de mascarpone
- 60 g de parmesan
- 1 citron
- Huile d'olive

VEGGIE

MIEUX CONNAÎTRE

S'il est bien une région italienne emblématique du risotto, c'est la Lombardie, précisément la plaine du Pô. C'est là que le riz à grains longs et bombés est cultivé. Ses variétés académiques sont le riz arborio et le riz carnaroli. Riche en amidon et non lavé, le riz à risotto absorbe le bouillon à merveille.

1. Mettez les cubes de bouillon de légumes à fondre dans 2 litres d'eau, portez à ébullition, puis coupez le feu.

2. Rincez et ciselez le persil, la roquette, le basilic et la ciboulette.

3. Pelez et ciselez l'oignon. Faites-le revenir dans un filet d'huile d'olive, sans le laisser colorer. Ajoutez le riz et laissez nacrer légèrement, en mélangeant à l'aide d'une cuillère en bois.

4. Versez le verre de vin blanc et continuez de mélanger jusqu'à ce que l'alcool se soit évaporé. Ajoutez ensuite une louche de bouillon de légumes et laissez réduire en mélangeant sans arrêt : lorsque le bouillon est absorbé, ajoutez de nouveau une louche, et ainsi de suite.

5. Au bout de 17 minutes de cuisson, ajoutez le beurre coupé en morceaux, le mascarpone et le parmesan râpé. Incorporez le tout et laissez 1 minute sur le feu.

6. Assaisonnez les herbes fraîches d'un filet d'huile d'olive et de quelques gouttes de jus de citron.

7. Dressez le risotto dans des assiettes creuses et parsemez du mélange d'herbes. Dégustez aussitôt !

Reportez-vous au 10 mai pour en savoir plus sur les herbes !

Vendredi

24

MAI

TARTE
RHUBARBE-CERISE

C'EST LE TEMPS DES PREMIÈRES CERISES. ELLES SONT DÉLICIEUSES À CROQUER, J'EN AI GLISSÉ QUELQUES-UNES DANS CETTE TARTE POUR AMADOUER LA BELLE ACIDITÉ DE DAME RHUBARBE.

Pour 6 à 8 personnes
Préparation : 30 min
Cuisson : 40 min
Macération-repos : 1 h

Pour la pâte à tarte sablée
Voir recette page 362

Pour la garniture
- ☐ 800 g de rhubarbe
- ☐ 270 g de sucre en poudre
- ☐ 3 œufs
- ☐ 30 cl de crème liquide
- ☐ 150 g de cerises dénoyautées

1. Épluchez la rhubarbe et coupez-la en tronçons de 2 cm. Mettez-la dans un saladier avec 150 g de sucre et laissez macérer 1 heure. Égouttez ensuite dans une passoire.

2. Préchauffez le four à 220 °C (th. 7).

3. Fouettez les 120 g de sucre en poudre restants avec les œufs et la crème liquide.

4. Étalez la pâte dans un moule. Répartissez la rhubarbe bien égouttée et les cerises, puis versez par-dessus le mélange à base d'œufs.

5. Enfournez pour 10 minutes, puis baissez à 180 °C (th. 6) et poursuivez la cuisson 30 minutes. Laissez refroidir avant de déguster.

ACCORDS DE CERISES

EN VERSION SUCRÉE...

Cerise et amande :

La cerise et l'amande ont le goût en commun ! C'est à partir de cerises encore vertes, très acides, que l'on obtient le marasquin, une liqueur à l'enivrante saveur de pâte d'amande.

Cerise et chocolat :

Un duo gagnant. Avec sa saveur de fruit à coque, la cerise est une partenaire naturelle du chocolat. Cherchez-la dans la forêt-noire, ce dessert germanique chocolaté et parfumé au kirsch : c'est la cerise sur le gâteau !

Cerise et vanille :

Le parfum d'une bonne vanille va de pair avec la saveur de la cerise. Relookez votre clafoutis en incorporant des graines de vanille dans la pâte. La vanille va jouer le rôle d'exhausteur de goût sans la camoufler.

ET EN VERSION SALÉE...

Cerise et fromage de chèvre :

Les cerises gorgées de sucre se marient très bien avec le fromage de chèvre frais, car ils ont en commun un petit goût herbacé.

Cerise et magret :

Si vous avez la chance d'avoir des cerises aigres ou même des bigarreaux, ils viendront équilibrer la chair juteuse de ce beau morceau de canard.

Cerise et langoustine :

En petite quantité et taillée finement, la cerise joue le rôle de condiment dans un tartare (voir recette page 233) ou un ceviche de poisson.

QUAND J'AI INVITÉ LE CHEF TOULOUSAIN YANNICK DELPECH À UN TOURNAGE SUR LA PRESQU'ÎLE DE GIENS, IL A EU LA BONNE IDÉE DE DÉGAINER CETTE TARTINE, IDÉALE POUR L'APÉRO OU EN ENTRÉE. BELLE INSPIRATION. BRAVO YANNICK !

TARTINE DE BROUSSE
AUX ANCHOIS FRAIS À LA POUTARGUE

EXPRESS

Pour 4 personnes
Préparation : 5 min

- ☐ 4 tranches de pain de campagne
- ☐ 300 g de brousse de chèvre
- ☐ 15 à 20 anchois frais en filets
- ☐ 50 g de poutargue
- ☐ Quelques radis
- ☐ Huile d'olive
- ☐ Fleur de sel et poivre

1. Faites griller les tranches de pain. Tartinez-les généreusement de brousse. Disposez les filets d'anchois, salez légèrement et poivrez.

2. Ajoutez quelques copeaux de poutargue et de radis, un filet d'huile d'olive et dégustez aussitôt.

MIEUX CONNAÎTRE

Élaborée à base d'œufs de mulet séchés, la poutargue est une merveille maritime. C'est un peu la truffe de la mer. La vraie, encore fabriquée à Martigues (Bouches-du-Rhône), est toujours faite dans les règles de l'art. Inutile d'en mettre une tonne car elle est parfumée. Ça fait passer la pilule de son prix élevé ! Vous la trouverez dans les épiceries fines.

Dimanche
26
MAI

C'EST LA FÊTE DES MÈRES !
VOICI L'UNE DE MES RECETTES PRÉFÉRÉES, PRÉPARÉE PAR LA MIENNE. ELLE EST MÊME VENUE LA FAIRE DANS MON ÉMISSION « PETITS PLATS EN ÉQUILIBRE ». BONNE FÊTE, MAMAN !

FRICASSÉE DE POULET
à l'estragon de ma mère

Pour 6 à 8 personnes
Préparation : 10 min
Cuisson : 1 h

- ☐ 4 cuisses de poulet coupées en deux
- ☐ 2 cuil. à soupe d'huile de tournesol
- ☐ 50 g de beurre
- ☐ 1 oignon jaune
- ☐ 1 bouquet d'estragon
- ☐ Sel et poivre

1. Dans une cocotte plate, faites revenir sur feu vif les morceaux de poulet côté peau dans un mélange d'huile de tournesol et de beurre. Assaisonnez.
2. Pelez l'oignon et coupez-le en quartiers. Ajoutez-les aux morceaux de poulet.
3. Une fois les morceaux bien dorés, versez 1 verre d'eau, puis ajoutez les brins d'estragon. Laissez cuire 1 heure à couvert sur feu moyen.
4. Servez accompagné de riz blanc.

Qu'est-ce qu'on boit avec ?

Pour ne pas faire d'erreur avec une chair blanche, choisissez un bon vin blanc : un montlouis de Touraine, un chablis de Bourgogne ou un riesling d'Alsace feront du bien et donneront de belles couleurs aux joues des mamans !

Lundi

27

MAI

Pour 4 personnes
Préparation : 30 min
Cuisson : 8 à 10 min

- ▢ 2 carottes nouvelles
- ▢ 2 navets nouveaux
- ▢ 8 à 12 asperges fines
- ▢ 1 poignée de pois mange-tout
- ▢ 10 à 12 radis rouges
- ▢ 2 oignons nouveaux
- ▢ 2 pommes de terre nouvelles

Pour la sauce

- ▢ 1 jaune d'œuf
- ▢ 1 cuil. à café de moutarde fine forte
- ▢ 1 gousse d'ail
- ▢ 1 cuil. à café de jus de citron
- ▢ 10 cl d'huile de tournesol
- ▢ 1 yaourt nature
- ▢ Sel et poivre

VEGGIE

MA MACÉDOINE MAISON

OUBLIEZ LES MAUVAIS SOUVENIRS DE MACÉDOINE EN CONSERVE DE CERTAINES CANTINES ET REDÉCOUVREZ LES PLAISIRS DE CES LÉGUMES JUSTES CUITS ET ENROBÉS D'UNE MAYO MAISON. RIEN À VOIR !

1. Lavez, brossez et taillez en petites bouchées tous les légumes.

2. Faites-les cuire séparément dans de l'eau salée en ébullition (comptez 2 à 4 minutes de cuisson suivant le type de légume et le calibre). Égouttez-les bien à chaque fois.

3. Pressez l'ail dans un bol, ajoutez le jaune d'œuf, la moutarde, le jus de citron, un peu de sel fin, un peu de poivre moulu, et commencez à mélanger en versant peu à peu l'huile en filet. Lorsque la mayonnaise est bien ferme, détendez-la avec 1 ou 2 cuillerées à soupe de yaourt.

4. Rectifiez l'assaisonnement, puis mélangez la sauce à la macédoine de légumes.

5. Dégustez à température ambiante.

CRUMBLE DE POISSON AUX COURGETTES

FAIRE MANGER DU POISSON AUX ENFANTS ET À CERTAINS ADULTES N'EST PAS TOUJOURS FACILE. AVEC UN POISSON BON MARCHÉ TEL QUE LE TACAUD ET LES PREMIÈRES COURGETTES CULTIVÉES SOUS SERRE, VOUS ÊTES PARÉ POUR UN BON CRUMBLE SALÉ.

Pour 4 personnes
Préparation : 25 min
Cuisson : 30 min

- ▢ 400 g de filets de tacaud (sans arêtes ni peau)
- ▢ 2 courgettes moyennes
- ▢ 1 oignon
- ▢ 50 cl de bouillon de légumes
- ▢ 2 cuil. à soupe d'huile d'olive
- ▢ Sel et poivre du moulin

Pour la pâte à crumble

- ▢ 50 g de farine
- ▢ 50 g de poudre de noisette
- ▢ 50 g de beurre demi-sel à température

1. Préchauffez le four à 200 °C (th. 6-7).

2. Préparez le crumble : mélangez la farine avec la poudre de noisette dans un saladier, ajoutez le beurre coupé en dés. Mélangez délicatement l'ensemble du bout des doigts, de sorte que tous les morceaux de beurre soient enrobés de farine. Disposez la pâte à crumble sur une plaque de four recouverte de papier sulfurisé et enfournez pour 12 à 15 minutes, puis laissez refroidir.

3. Pendant ce temps, pelez et râpez les courgettes. Pelez et émincez ensuite l'oignon, puis faites-le revenir dans une poêle avec l'huile d'olive. Ajoutez les courgettes et poursuivez la cuisson 6 à 8 minutes environ.

4. Faites cuire le tacaud 5 minutes dans le bouillon de légumes à petits frémissements. Égouttez-le, émiettez-le grossièrement et mélangez avec les courgettes. Salez et poivrez. Répartissez la préparation dans des assiettes creuses et parsemez de crumble émietté. Dégustez chaud.

MIEUX S'ORGANISER

Pour faire bonne impression à la fête des voisins, qui approche, faites donc des pickles. À déguster tous ensemble, par exemple avec une assiette de charcuterie, ou à offrir à chacun en bocaux. La recette est à la page de jeudi.

Mercredi

29

MAI

GÂTEAU AU FROMAGE **FRAIS**
COULIS DE FRAISES

Pour 4 personnes
Préparation : 10 min
Cuisson : 50 min à 1 h
Réfrigération : 3 à 4 h

- ☐ 350 g de fromage de chèvre frais
- ☐ 200 g de fromage blanc
- ☐ 100 g de sucre en poudre
- ☐ Le zeste de 1 citron vert
- ☐ 3 œufs

Pour le coulis de fraises

- ☐ 250 g de fraises du moment
- ☐ 1 cuil. à soupe de jus de citron vert
- ☐ 1 cuil. à soupe de sucre glace
- ☐ Quelques gouttes de vinaigre balsamique (facultatif)

PAS D'USTENSILE COUPANT ICI, JUSTE UNE PRÉPARATION QU'IL SUFFIT DE MÉLANGER. C'EST LE DESSERT IDÉAL POUR FAIRE PARTICIPER LES ENFANTS. FRAIS COMME LA FRAISE !

1. Préchauffez le four à 140 °C (th. 4-5). Détendez le fromage de chèvre avec le fromage blanc.

2. Fouettez les œufs avec le sucre. Lorsque le mélange est mousseux et crémeux, ajoutez les deux fromages et le zeste de citron. Mélangez vivement au fouet.

3. Versez la préparation dans un moule légèrement beurré et enfournez pour 50 minutes à 1 heure.

4. Laissez refroidir, puis mettez au réfrigérateur pour 3 à 4 heures.

5. Pour réaliser le coulis de fraises, mixez finement tous les ingrédients. Dégustez le gâteau bien frais avec le coulis.

PICKLES DE LÉGUMES *de saison*

EXPRESS

Jeudi **30** MAI

EN CE JOUR FÉRIÉ, SI VOUS NE TRAVAILLEZ PAS, PRÉPAREZ DES PICKLES POUR LA FÊTE DES VOISINS DEMAIN. PLUS ORIGINAL ET MEILLEUR QUE DES GÂTEAUX APÉRO, CES PETITS LÉGUMES VINAIGRÉS ACCOMPAGNENT LES CHARCUTERIES, VIANDES ET SALADES COMPLÈTES. QUAND ILS EN CROQUERONT, VOS VOISINS PENSERONT À VOUS !

Pour 4 bocaux hermétiques de 500 ml chacun
Préparation : 15 min
Réfrigération : 3 jours

- 1 chou-fleur
- 4 carottes nouvelles
- 1 botte de radis roses
- 2 bottes d'oignons nouveaux
- ½ betterave crue (facultatif)
- 750 ml de vinaigre de vin blanc ou de riz
- 250 g de sucre en poudre
- 4 branches de thym
- 4 feuilles de laurier
- 4 cuil. à café de baies roses
- 1 cuil. à café de sel fin

1. Pelez les légumes, détaillez les bouquets du chou-fleur, coupez les carottes en bâtonnets, puis les radis roses et les oignons nouveaux en deux dans la longueur.

2. Dans une grande casserole, portez à ébullition le vinaigre, 75 cl d'eau, le sucre, le sel fin et, si vous souhaitez colorer les pickles, la demi-betterave crue.

3. Placez les légumes dans les bocaux (séparés ou mélangés, comme vous voulez !), puis versez dessus le bouillon de pickles et ajoutez les aromatiques. Laissez refroidir à température ambiante, puis fermez hermétiquement les bocaux.

4. Réservez au frais pendant 3 jours au moins avant de déguster.

Vendredi

31

MAI

EXPRESS

CARRÉ D'AGNEAU RÔTI AU THYM FRAIS

UNE RECETTE DE SAISON CHIC ET EXPRESS ? MOINS D'UNE DEMI-HEURE EN CUISINE POUR RÉGALER VOS INVITÉS. ELLE EST PAS BELLE, LA VIE ? ET SI VOUS INVITIEZ VOS VOISINS ?

1. Préchauffez le four à 180 °C (th. 6). Faites rôtir les carrés d'agneau dans un sautoir avec un peu d'huile d'olive. Salez-les et poivrez-les, puis couvrez-les de thym et enfournez pour 15 minutes de cuisson à couvert.

2. Préparez la sauce. Pelez et hachez l'ail, l'échalote et le céleri branche. Mélangez-les au yaourt, ajoutez l'huile d'olive, salez et poivrez.

3. Retirez les carrés d'agneau et le thym du sautoir. Versez-y la préparation au yaourt. Mélangez-la aux sucs de cuisson et répartissez la sauce dans le fond de 4 assiettes creuses. Disposez les carrés d'agneau et quelques légumes au vinaigre. Dégustez aussitôt.

Pour 4 personnes
Préparation : 5 min
Cuisson : 15 min

- ❑ 4 carrés d'agneau de 3 côtes premières (manchonnés et détalonnés)
- ❑ 1 gros bouquet de thym frais
- ❑ Huile d'olive
- ❑ Quelques légumes mélangés au vinaigre (voir pickles de légumes page précédente)
- ❑ Sel et poivre

Pour la sauce

- ❑ 150 g de yaourt de lait de chèvre
- ❑ 2 à 3 gousses d'ail frais
- ❑ 1 échalote
- ❑ 1 branche de cœur de céleri
- ❑ 5 cl d'huile d'olive
- ❑ Sel et poivre

MIEUX MANGER

Riche en fibres et en protéines, la fève est le légume de saison idéal pour accompagner l'agneau. Si vous avez un peu de temps, ça vaut le coup d'écosser ! Laissez-les cuire 3 minutes dans de l'eau bouillante salée avant de retirer la petite peau, et il vous suffira juste de les assaisonner d'huile d'olive avant de servir.

JUIN
au marché

MES INCONTOURNABLES

1 LE MELON

Le plus consommé en France est le melon charentais. Cette variété se plaît aussi bien dans le Sud-Ouest que dans le Centre ou dans le Sud-Est. À parfaite maturité, le pédoncule du melon se décolle de lui-même, choisissez-le donc avec une cicatrice au niveau de son « pécou », comme on dit !

2 LA CERISE

C'est le temps des cerises ! Surtout, ne les mettez pas au réfrigérateur, elles s'imprégneraient de l'odeur des autres aliments et ce serait bien dommage. J'en glisse un peu partout ce mois-ci : sur une brioche façon pain perdu (dimanche 2 juin) ou sur une pizza sucrée (samedi 22 juin). Autant de rendez-vous de saison inratables.

3 LA SARDINE

Elle fait partie de la belle famille des poissons bleus, comme le maquereau, le hareng ou l'anchois. Elle regorge de protéines et d'oméga 3, le tout pour un petit prix ! J'en cuisine des toutes fraîches, à étaler sur une focaccia (mardi 25 juin) pour un avant-goût des grandes vacances !

LES FRUITS ET LÉGUMES *DU MOIS*

CHEZ LE MARAÎCHER

Légumes :

- Aubergine
- Artichaut
- Asperge
- Blette
- Carotte
- Concombre
- Courgette
- Échalote
- Épinard
- Estragon
- Fenouil
- Fève
- Petit pois
- Poivron

Fruits :

- Abricot
- Cerise
- Fraise
- Cassis
- Groseille
- Melon
- Rhubarbe

MAIS AUSSI CHEZ LE POISSONNIER :

brochet, daurade, merlan, maquereau sardine, sole, coques, palourdes, langoustines, lieu jaune, lieu noir

ET CÔTÉ FROMAGER :

bleu d'Auvergne, ricotta, pouligny-saint-pierre, reblochon, feta, pont-l'évêque

EN JUIN
mes conseils pour
DIRE STOP AU GASPI

Impossible de continuer à jeter… quand on peut (presque) tout manger ! Pour arrêter de gaspiller, je vous le dis, c'est simple : achetons moins et cuisinons mieux !

Ce mois-ci, stop au gaspi !

- JE FAIS UNE LISTE DE COURSES POUR ACHETER UNIQUEMENT CE DONT J'AI BESOIN.
- JE STOCKE CORRECTEMENT MES INGRÉDIENTS.
- JE CUISINE MALIN, EN ESSAYANT DE NE RIEN JETER OU PRESQUE.
- JE CONGÈLE LE SURPLUS DES PLATS QUE J'AI CUISINÉS.
- AU RESTAURANT, J'EMPORTE CE QUE JE N'AI PAS PU MANGER. DEPUIS MAI 2018, C'EST LÉGAL !

1 J'ACHÈTE CE DONT J'AI BESOIN, NI PLUS NI MOINS !

Faites vos courses en privilégiant les produits frais et sur la base d'une liste de produits en fonction des menus prévus, pour n'acheter que l'indispensable ! En bref, achetons moins, mais de meilleure qualité.

2 JE RESPECTE LES MEILLEURES CONDITIONS DE CONSERVATION POSSIBLES

Pensez à ranger les aliments régulièrement (bocaux et boîtes hermétiques).

Mon astuce : l'organisation du réfrigérateur en fonction des dates de péremption. Pensez d'ailleurs à vérifier ces dates, qui sont souvent, par précaution, bien antérieures à celles auxquelles on peut encore consommer !

Un yaourt peut être mangé dans les 3 semaines qui suivent sa date limite de consommation.

Un paquet de riz est éternel… ou presque !

3 JE CUISINE MALIN

Vous connaissez l'adage « rien ne se perd, tout se transforme », alors ne gaspillez plus, recyclez !

- Pensez aux fanes de carottes, de navets, aux carcasses, aux os et aux arêtes de poisson pour en faire des bouillons ou des fumets, qui sont encore meilleurs faits maison !

- Cuisinez les blancs ou les jaunes d'œufs restants pour en faire des meringues, des crèmes, etc.

- Congelez les surplus pour les manger le lendemain ou… bien plus tard.

CES CHIFFRES* QUI FONT FROID DANS LE DOS…

10 millions de tonnes d'aliments consommables partent chaque année à la poubelle en France (l'équivalent de 18 milliards de repas jetés à la poubelle !). Chaque Français jette 29 kg de nourriture par an. Dans le monde, 41,2 tonnes sont jetées chaque seconde.

* Source : *Le Monde*, 7 juin 2018 (données de l'ADEME, Commission européenne, FAO).

CES CHIFFRES QUI RASSURENT…

3 750 € d'amende : c'est ce que risquent de payer les grandes surfaces (plus de 400 m^2) qui javellisent les produits consommables au lieu d'en faire don aux associations (depuis la loi Garot de février 2016).

65 % des Français* aimeraient adopter de meilleures pratiques pour éviter le gaspillage alimentaire.

* Source : étude menée par OpinionWay pour le compte de Foodsaver.

QUELQUES RECETTES POUR DIRE STOP AU GASPI !

Samedi 9 mars :

Samossas aux restes de curry

Jeudi 6 juin :

Pâtes au vert de poireau

Lundi 8 juillet :

Ma pizza antigaspi

Samedi

01

JUIN

LA BASSE CÔTE EST AUSSI MÉCONNUE QU'ÉCONOMIQUE, IL EST TEMPS DE FAIRE REMONTER SA COTE. AVEC SON AIR D'ENTRECÔTE, ELLE SE LAISSE RELEVER PAR LA SALICORNE RÉCOLTÉE EN CE MOMENT SUR NOS CÔTES MARITIMES !

WOK DE BŒUF *à la salicorne*

Pour 4 personnes
Préparation : 15 min
Cuisson : 8 min

EXPRESS

- 500 g de basse côte
- 500 g de salicorne fraîche
- 4 gousses d'ail nouveau
- 4 cébettes
- Huile d'olive
- Poivre noir du moulin
- Fleur de sel

1. Tranchez la viande en fines lamelles et mélangez-la à 10 cl d'huile d'olive avec les gousses d'ail entières et les cébettes émincées. Poivrez et laissez mariner le temps de trier et de laver la salicorne.

2. Faites chauffer un wok (ou une poêle) sur feu fort. Lorsqu'il est chaud, versez les lamelles de viande égouttées, sans oublier l'ail et les cébettes. Faites sauter les ingrédients 2 à 4 minutes, puis ajoutez la salicorne et faites cuire rapidement le tout pendant 3 minutes.

3. Ajoutez une pincée de fleur de sel et dégustez !

MIEUX CONNAÎTRE

La salicorne n'est pas une algue, mais une plante marine de la même famille que l'épinard et le chénopode (épinard sauvage). On la cueille dès le mois de juin sur les côtes de l'Atlantique, de la Manche et même dans les marais salants. Fraîche ou en bocal, avec un petit goût iodé, elle se cuisine comme les haricots verts. Son croquant lui vaut le surnom de « cornichon marin ». N'hésitez pas à l'utiliser crue et à mettre ses pointes tendres et vertes dans une salade.

ANTI GASPI

Dimanche
02
JUIN

BRIOCHE PERDUE
À LA CERISE

VOILÀ LE GENRE DE DESSERT QUE J'AIME FAIRE QUAND JE SUIS À COURT D'IDÉES. CETTE BRIOCHE EST AUSSI FACILE À PRÉPARER QUE RÉCONFORTANTE, ET VOS INVITÉS DU DIMANCHE N'Y VERRONT QUE DU FEU !

Pour 4 personnes
Préparation : 10 min
Cuisson : 7 à 8 min

- 1 brioche pur beurre de la veille coupée en tranches de 2 cm d'épaisseur
- 300 g de cerises bigarreaux
- 60 g de sucre en poudre
- 2 œufs
- 50 cl de lait entier
- 50 g de beurre
- 4 cl de kirsch
- 1 poignée de pistaches non salées

1. Dénoyautez les cerises. Préparez le « lait de poule » : dans un saladier, cassez les œufs, ajoutez 50 g de sucre en poudre et battez l'ensemble en ajoutant progressivement le lait.

2. Dans une poêle large, faites fondre le beurre et les 10 g de sucre restants. Trempez les tranches de brioche dans le lait de poule pour qu'elles en soient bien imbibées de chaque côté.

3. Disposez-les dans la poêle sur le mélange beurre/sucre et faites caraméliser de chaque côté pendant 2 à 3 minutes.

4. Ajoutez les cerises et passez sur feu vif. Lorsque les cerises et la brioche sont très chaudes, retirez la poêle du feu, versez le kirsch en une seule fois et flambez (en inclinant légèrement la poêle sur la flamme du gaz et en la reposant sur le feu immédiatement). Lorsque la flamme s'éteint d'elle-même, c'est prêt !

5. Disposez une tranche de brioche et quelques cerises flambées dans chaque assiette, et parsemez de pistaches concassées.

MIEUX CONNAÎTRE

On classe les cerises en deux principales familles : les cerises douces, dont les bigarreaux à croquer (90 % de la production française), mais aussi la merise, utilisée pour la fabrication du kirsch, ou encore la guigne, utilisée pour les confitures. L'autre famille comporte les cerises aigres, très parfumées. La variété la plus cultivée en France est la montmorency. Elle est idéale pour être conservée dans une eau-de-vie, et j'aime aussi la mettre dans un clafoutis. Essayez !

Lundi

03

JUIN

POIREAUX
EN ESCABÈCHE

Pour 4 personnes
Préparation : 15 min
Cuisson : 10 à 15 min

- ☐ 8 poireaux primeurs
- ☐ 2 pincées de piment de Cayenne
- ☐ Sel

Pour l'escabèche

- ☐ 2 gousses d'ail
- ☐ 1 oignon
- ☐ 3 brins de thym frais
- ☐ 1 feuille de laurier
- ☐ 1 petite branche de romarin
- ☐ 25 cl de vin blanc sec
- ☐ 10 cl de vinaigre de vin blanc
- ☐ 5 cl d'huile d'olive
- ☐ 2 cuil. à café de graines de coriandre
- ☐ 1 cuil. à café de grains de poivre noir

VEGGIE

**TOUT EST BON DANS LE POIREAU !
N'HÉSITEZ PAS À RECYCLER SES PETITES RACINES EN LES PASSANT À LA FRITEUSE ! POUR CE QUI EST DU VERT, ON L'UTILISERA JEUDI* !**

1. Parez les poireaux : ôtez les radicelles et le vert, et réservez-les pour une autre utilisation*. Laissez le reste des poireaux entier.

2. Faites-les cuire 5 minutes dans une eau salée en ébullition, puis plongez-les 1 minute dans l'eau glacée. Égouttez-les soigneusement.

3. Préparez l'escabèche : versez tous les liquides dans une casserole et portez à ébullition 3 minutes. Pelez et émincez l'ail et l'oignon, puis ajoutez-les aux liquides avec les aromates. Laissez à ébullition encore 3 minutes, puis faites tiédir.

4. Disposez les poireaux dans 4 assiettes creuses et arrosez-les d'escabèche. Dégustez sur des tranches de pain grillées.

MIEUX CUISINER

L'escabèche est une marinade chaude corsée, destinée à cuire instantanément et à conserver les aliments. Ce mode de préparation, originaire d'Espagne, s'applique essentiellement aux petits poissons. L'huile et le vinaigre forment le couple de base. Viennent s'ajouter ensuite l'ail, l'oignon, les herbes et le piment.

MA POÊLÉE DE SUPIONS, ASPERGES ET CHORIZO

Mardi
04
JUIN

EXPRESS

1. Lavez et coupez la base sèche des tiges d'asperges, sans les peler. Faites-les cuire 3 à 5 minutes dans de l'eau bouillante salée. Stoppez la cuisson en les plongeant 30 secondes dans de l'eau glacée. Égouttez-les, puis taillez-les en biseau.
2. Coupez le chorizo en bâtonnets.
3. Taillez les supions en petites bouchées et faites-les sauter 2 à 3 minutes dans une poêle très chaude avec un peu d'huile d'olive. Ils doivent être juste grillés. Déglacez avec un filet de jus de citron. Salez, poivrez et ajoutez les asperges et le chorizo. Faites sauter le tout pendant 30 secondes et dégustez aussitôt.

Pour 4 personnes
Préparation : 10 min
Cuisson : 5 à 10 min

- ❑ 350 g de supions frais vidés et lavés
- ❑ 12 à 20 asperges vertes, suivant le calibre (3 à 5 par personne)
- ❑ 10 tranches fines de chorizo
- ❑ Huile d'olive
- ❑ Citron
- ❑ Sel et poivre

MON TRUC *en plus*

Si vous ne trouvez pas de supions (ou encornets, calamars ou chipirons qui désignent tous la même chose !), vous pouvez les remplacer par de petites seiches.

Mercredi

05

JUIN

CÔTELETTES DE VEAU
à la milanaise

POUR MONTRER À VOTRE ADO QU'IL Y A AUTRE CHOSE QUE LE KEBAB DANS LA VIE, DÉGAINEZ CETTE RECETTE ! J'AI ESSAYÉ, ÇA MARCHE !

Pour 4 personnes
Préparation : 10 min
Réfrigération : 30 min
Cuisson : 6 à 8 min

- 4 côtelettes de veau
- 5 branches de persil plat
- 1 citron
- 2 œufs
- 60 g de chapelure fine
- 3 cuil. à soupe de parmesan fraîchement râpé
- 60 g de beurre
- 1 cuil. à soupe d'huile de tournesol ou de pépins de raisin
- Sel et poivre

1. Équeutez et hachez le persil. Coupez le citron en quartiers.

2. Battez légèrement les œufs avec du sel et du poivre, et versez-les dans une assiette creuse.

3. Mélangez la chapelure et le parmesan dans une autre assiette.

4. Roulez les côtelettes de veau dans les œufs battus, laissez s'écouler l'excédent, puis passez-les dans la chapelure en appuyant fortement sur chaque face. Posez-les dans un plat et réservez 30 minutes au réfrigérateur.

5. Faites chauffer le beurre et l'huile dans une grande poêle. Dès que le beurre cesse de mousser, ajoutez les côtelettes et faites-les cuire 3 à 4 minutes par face, jusqu'à ce que la panure soit bien dorée.

6. Servez aussitôt avec les quartiers de citron et le persil.

À LA PLACE

La recette marche aussi avec une simple escalope de dinde, alors ne vous privez pas d'une bonne milanaise !

Jeudi
06
JUIN

Pâtes au vert DE POIREAU

ANTI GASPI

VOUS LE SAVEZ, J'AIME QUE LA CUISINE SOIT AUSSI BONNE QUE FACILE. CETTE RECETTE, QUE JE FAIS SOUVENT À LA MAISON, NE DIRA PAS LE CONTRAIRE !

Pour 4 personnes
Préparation : 15 min
Cuisson : 15 min

- Le vert de 8 poireaux primeurs
- 1 poignée de cerneaux de noix
- 1 gousse d'ail
- 20 cl de crème fraîche liquide
- 400 g de linguine ou de tagliatelles
- Huile d'olive
- Sel et poivre du moulin

1. Dans une grande casserole d'eau bouillante salée, faites blanchir les verts de poireaux émincés pendant 5 minutes.

2. Lorsqu'ils sont souples, égouttez-les et passez-les au blender avec les cerneaux de noix, l'ail pelé et haché, et la crème fraîche. Ajoutez de l'huile d'olive jusqu'à ce que la consistance soit assez fluide pour napper les pâtes. Réservez au chaud.

3. Faites cuire les pâtes comme indiqué sur le paquet, égouttez-les et ajoutez la sauce express aux verts de poireaux. Rectifiez l'assaisonnement et dégustez aussitôt !

VEGGIE

Vendredi

07

JUIN

CHOUQUETTES À LA CRÈME DE FRAMBOISES

ET SI CETTE RECETTE ÉTAIT L'OCCASION DE FAIRE UNE PÂTE À CHOUX MAISON ? PROMIS, EN LA SUIVANT À LA LETTRE, C'EST FACILE. JE VOUS ENTENDS DÉJÀ DIRE : « C'EST MOI QUI L'AI FAITE ! »

Pour 30 chouquettes environ
Préparation : 20 min
Cuisson : 20 à 25 min

- 6 cl de lait
- 3 œufs
- 50 g de beurre
- 1 cuil. à café de sucre en poudre
- 2 pincées de sel fin
- 70 g de farine
- Sucre en grains ou perlé

Pour la crème de framboises

- 200 g de crème fraîche épaisse ou de fromage blanc entier
- 50 g de confiture de framboises

1. Préchauffez le four à 200 °C (th. 6-7).

2. Versez le lait, 6 cl d'eau, le beurre, le sucre en poudre et le sel dans une casserole. Portez à ébullition sur feu doux. Hors du feu, ajoutez la farine en une seule fois.

3. Mélangez vivement à la spatule jusqu'à obtenir une pâte, puis replacez la casserole sur feu doux pendant 1 minute en mélangeant constamment jusqu'à ce que la boule de pâte ne colle plus aux parois de la casserole.

4. Transférez dans un saladier et laissez refroidir 1 minute avant d'incorporer les œufs battus. Battez énergiquement avec une cuillère en bois. Disposez, à l'aide d'une petite cuillère ou, mieux, d'une poche à douille, de petits tas de cette préparation sur une plaque en tôle en veillant bien à les espacer de quelques centimètres. Parsemez les choux de grains de sucre.

5. Enfournez pour 15 à 20 minutes en surveillant la cuisson, mais sans ouvrir le four pour ne pas faire retomber les chouquettes. Laissez refroidir.

6. Pendant ce temps, mélangez la crème fraîche à la confiture de framboises.

7. Lorsque les chouquettes sont froides, trouez la partie plate et garnissez de crème de framboises à l'aide d'une poche à douille. Sinon coupez-les en deux à l'horizontale et disposez 1 cuillerée à café de crème de framboises.

ENTRE *nous*...

Si vous avez la flemme ou si vous êtes très pressé, faites ce dessert avec les chouquettes de votre boulanger ! Ne me dites pas qu'il n'en a pas !

Pour 4 personnes
Préparation : 20 min
Cuisson : 15 min

- 4 maquereaux (vidés) de 350 g chacun environ
- 200 g de jeunes carottes
- 200 g d'asperges vertes
- 4 artichauts poivrade
- 200 g de pois gourmands
- 200 g de jeunes fèves écossées (500 g de cosses de fèves)
- 1 poignée de pousses d'épinard
- 1 bouquet d'estragon
- Huile d'olive
- Vinaigre de vin blanc
- 1 citron
- Fleur de sel
- Sel et poivre

MAQUEREAUX *AU FOUR ET LÉGUMES* DE PRINTEMPS

1. Émincez très finement à la mandoline les carottes et les asperges dans la longueur. Effeuillez les artichauts, puis émincez-les, ainsi que les pois gourmands.

2. Faites cuire les fèves 3 minutes dans une casserole d'eau bouillante salée. Plongez-les ensuite dans un grand volume d'eau glacée (pour qu'elles conservent leur belle couleur verte). Ôtez leur pellicule.

3. Rassemblez les carottes, les asperges, les pois gourmands et les artichauts dans un saladier avec les fèves, les pousses d'épinard équeutées et l'estragon effeuillé. Assaisonnez le tout de 6 cuillerées à soupe d'huile d'olive, 2 cuillerées à soupe de jus de citron et 2 cuillerées à soupe de vinaigre. Salez, poivrez, mélangez et laissez en attente le temps de faire cuire les maquereaux.

4. Préchauffez le four sur le mode gril.

5. Faites 2 à 3 incisions sur le corps des maquereaux et huilez-les. Posez-les sur une plaque de four tapissée de papier sulfurisé. Enfournez à mi-hauteur sous le gril bien rouge et comptez 5 minutes de cuisson par côté.

6. Salez-les à la fleur de sel et dégustez aussitôt avec les légumes en vinaigrette.

POUR LA JOURNÉE MONDIALE DES OCÉANS, JE VOUS INVITE À CUISINER UN POISSON DE PÊCHE DURABLE. ENTENDEZ PAR LÀ QU'IL N'EST PAS EN VOIE DE DISPARITION ET QUE LES STOCKS SE RENOUVELLENT DE FAÇON SUFFISANTE POUR NOUS NOURRIR ET PRÉSERVER L'ESPÈCE.

KIT POUR CONSOMMER DU POISSON DURABLEMENT

1. Faites-vous guider

La Fondation GOOD PLANET est à l'origine d'une application pour smartphone, Planet Ocean, qui vous informera sur les espèces durables dont les stocks ne sont pas en danger.

2. Parlez avec votre poissonnier

Il vous dira que les poissons ont une saison, et surtout ceux qui ne sont pas menacés par la surpêche.

3. Fiez-vous aux labels

MSC (Marine Stewardship Council). **Artysanal** met en avant les pratiques durables de la seule pêche artisanale. **Pêche durable** a été lancé par l'office public FranceAgriMer en 2017 pour valoriser les produits de la pêche française répondant aux exigences du développement durable.

VOICI UNE RECETTE BON MARCHÉ INSPIRÉE PAR LE GRAND CHEF ESPAGNOL FERRAN ADRIÀ. IL SERT CE PLAT À SON PERSONNEL AVANT LE SERVICE. RIEN À VOIR AVEC SA CUISINE MOLÉCULAIRE !

COLLIER D'AGNEAU MOUTARDE ET MENTHE

1. Préchauffez le four à 180 °C (th. 6).
2. Dans un bol, mélangez la moutarde, la sauce Worcestershire, le cube de bouillon émietté, 20 cl d'eau et la moitié de la menthe hachée.
3. Dans une cocotte allant au four, faites colorer les tranches de collier d'agneau avec un filet d'huile. Dégraissez la cocotte si nécessaire, salez et poivrez légèrement la viande.
4. Couvrez l'agneau de sauce à la menthe, ajoutez les gousses d'ail entières et enfournez pour 2 h 30 à couvert. Ajoutez un peu d'eau en cours de cuisson si nécessaire.
5. Laissez reposer la viande 30 minutes dans le four éteint. Au moment de passer à table, parsemez du reste de menthe et dégustez avec des carottes au miel.

Pour 4 personnes
Préparation : 15 min
Cuisson : 2 h 30
Repos : 30 min

- 1,6 kg de collier d'agneau coupé en tranches de 2 cm d'épaisseur
- 3 cuil. à soupe de moutarde à l'ancienne
- 1 gros bouquet de menthe fraîche
- 3 cuil. à soupe de sauce Worcestershire
- 1 cube de bouillon de poule
- 6 gousses d'ail en chemise
- Huile de tournesol ou de pépins de raisin
- Sel et poivre

Considéré comme l'un des plus grands chefs du monde, Ferran Adrià fait partie des génies de la cuisine. Je n'ai pas eu la chance de goûter ses plats, dans son restaurant El Bulli de la Costa Brava espagnole. Ceux que j'ai rencontrés et qui ont dégusté sa cuisine moléculaire parlent tous d'une expérience de goût unique. Rattrapons-nous avec ce plat traditionnel et parfumé pour toucher au génie du maître !

Lundi
10
JUIN

Mes spaghettis DE COURGETTE À LA SAUCISSE

UNE RECETTE SIMPLE ET TRÈS EFFICACE POUR FAIRE MANGER DES LÉGUMES AUX ENFANTS… ET AUX ADULTES !

Pour 4 personnes
Préparation : 20 min
Cuisson : 30 min

- 350 g de tomates cerises
- 2 courgettes jaunes
- 400 g de chair à saucisse
- 50 g de jambon cru (haché), type Bayonne
- 1 gousse d'ail
- 1 échalote
- ½ bouquet de persil plat
- 1 piment rouge
- Quelques gouttes de jus de citron
- Huile d'olive
- Sel et poivre

1. Pelez et hachez l'ail et l'échalote. Rincez et hachez le persil. Taillez finement le jambon cru et le piment rouge.

2. Faites chauffer un wok ou une poêle avec un filet d'huile d'olive. Ajoutez la chair à saucisse, l'ail et l'échalote, et faites roussir le tout.

3. Ajoutez ensuite le jambon cru et le piment, mélangez et versez 20 cl d'eau. Salez et poivrez. Laissez mijoter 20 à 25 minutes. Coupez les tomates cerises en quartiers et salez-les.

4. Lavez les courgettes et taillez-les en longs spaghettis à l'aide d'une mandoline équipée d'une lame à julienne.

5. Assaisonnez les spaghettis de courgette d'huile d'olive, de citron, de sel et de poivre. Posez-les en forme de nid au centre des assiettes.

6. Ajoutez les tomates dans le wok avec la viande et laissez-les juste retomber 5 minutes. Disposez la sauce au centre des nids de spaghettis de courgette et servez aussitôt.

ENTRE *nous*…

Bien que je sois un défenseur militant d'une cuisine simple de saison, vous avez remarqué que j'utilise des tomates cerises avant l'arrivée des vraies tomates. Pourquoi cette entorse à mes principes ? Elles sont cultivées sous serre, et leur variété et leur goût se rapprochent le plus des tomates cultivées en pleine terre et récoltées en juillet. Exceptionnellement, on a le droit !

ASTUCE

Il existe même des appareils bon marché pour faire des spaghettis de légumes. Si vous avez des enfants, n'hésitez pas !

Mardi

11

JUIN

SOUPE GLACÉE À L'OSEILLE
et au fromage de chèvre frais

VEGGIE

DE LA FRAÎCHEUR ET UNE POINTE D'ACIDITÉ POUR CUISINER AUX BEAUX JOURS !

1. Lavez et équeutez les feuilles d'oseille. Dans une casserole, faites-les retomber dans un peu d'huile d'olive. Ajoutez le bouillon de légumes et laissez cuire 10 à 15 minutes à découvert. Salez et poivrez. Hors du feu, ajoutez 60 g de fromage de chèvre émietté et mixez finement la préparation. Laissez refroidir avant de réserver 1 heure au réfrigérateur.

2. Mélangez, puis répartissez dans 4 assiettes creuses.

3. Parsemez la soupe glacée du reste de chèvre émietté et de menthe ciselée, et arrosez d'un filet d'huile d'olive avant de déguster.

L'huile d'olive est ici utilisée en condiment, sans cuisson. Ça vaut la peine d'en avoir une bonne !

Pour 4 personnes
Préparation : 25 min
Réfrigération : 1 h

- 500 g d'oseille
- 100 g de fromage de chèvre frais
- 1 l de bouillon de légumes
- 8 feuilles de menthe fraîche
- Huile d'olive
- Sel et poivre

COMMENT TROUVER
DE LA TRÈS BONNE HUILE D'OLIVE ?

1ER CRITÈRE : L'EXTRACTION À FROID

L'appellation « huile d'olive première pression à froid » est réservée aux artisans qui produisent une huile d'olive conforme à la fabrication traditionnelle, avec écrasement des olives sur une meule de pierre. Lorsqu'on parle de deuxième, voire de troisième pression, il s'agit d'une huile pressée à chaud qui n'est pas destinée directement aux consommateurs mais aux industriels et qui a perdu tous ses nutriments en ayant été chauffée.

2E CRITÈRE : L'ORIGINE

Les AOC (appellations d'origine contrôlée) garantissent la production, la transformation et l'élaboration dans une aire géographique déterminée avec un savoir-faire reconnu et constaté. En France, l'AOC de Nyons est la plus ancienne des huiles d'olive labélisées. L'AOC de la vallée des Baux-de-Provence est aussi une valeur sûre. J'ai toujours dans mon placard une huile d'olive vierge extra du moulin Castelas dans Les Baux-de-Provence. Très aromatique avec une pointe d'amertume et un petit goût poivré, elle est tellement intense que ce n'est pas la peine d'en mettre beaucoup. Vendue autour de 25 € le litre, elle les vaut par son goût !

Mercredi
12
JUIN

LA PREUVE, ENCORE UNE FOIS, QUE LES CHOSES LES PLUS SIMPLES SONT LES MEILLEURES !

CLAFOUTIS DU FROMAGER

Pour 4 personnes
Préparation : 10 min
Cuisson : 25 min

1. Préchauffez le four à 180 °C (th. 6).

2. Fouettez le fromage de chèvre frais avec le sucre jusqu'à obtenir un mélange lisse. Incorporez la crème liquide, puis les œufs un à un.

3. Beurrez et sucrez les plats creux.

4. Équeutez les fraises et disposez-les debout dans les plats. Versez la préparation sans couvrir les fraises et enfournez pour 25 minutes environ (la surface doit être bien dorée). Laissez tiédir avant de déguster.

- 250 g de fraises (gariguettes, ciflorettes)
- 200 g de fromage de chèvre frais
- 100 g de sucre en poudre
- 20 cl de crème liquide entière
- 3 œufs
- Beurre et sucre pour les moules

Matériel :
- 4 plats creux individuels allant au four

MIEUX CONNAÎTRE

Pourquoi prendre du chèvre frais ? Un fromage de chèvre frais est un fromage qui n'a pas été affiné. Son goût est moins prononcé que celui des fromages cendrés comme le sainte-maure de Touraine ou des fromages bien faits comme le pélardon languedocien. Les chèvres frais sont légèrement salés et vont rehausser le sucre des fraises. Mêêê !

Poulpe et pommes de terre
TOUT EN RONDELLES

Jeudi
13
JUIN

Pour 4 personnes
Préparation : 20 min
Cuisson : 30 à 35 min

- 400 g de gros tentacules de poulpe frais
- 8 petites pommes de terre rattes
- 50 g de petits pois
- Gros sel

Pour la sauce

- 2 filets d'anchois à l'huile
- 1 petite gousse d'ail
- 10 cl d'huile d'olive
- Fleur de sel et poivre du moulin

JE SAIS QUE LA CUISINE DU POULPE EN INQUIÈTE CERTAINS, ALORS QUE C'EST JUSTE UNE QUESTION DE CUISSON. EN SUIVANT CETTE RECETTE, VOUS AUREZ ENVIE DE CONVOQUER LE POULPE DANS VOS MENUS !

1. Frottez les tentacules au gros sel afin de retirer leur viscosité et les saletés nichées dans les ventouses. Rincez-les et attendrissez-les en les tapant avec un rouleau à pâtisserie. Dans une casserole d'eau bouillante salée, faites cuire les petits pois pendant 2 minutes, puis plongez-les dans une eau glacée pendant 30 secondes et égouttez.

2. Faites cuire les tentacules 10 à 15 minutes et les pommes de terre 20 minutes à la vapeur. Sortez les tentacules et enveloppez-les de papier film. Laissez refroidir le temps de terminer la recette.

3. Coupez les pommes de terre en rondelles. Émincez en fines tranches les tentacules de poulpe.

4. Mixez tous les ingrédients de la sauce.

5. Disposez un lit de pommes de terre dans 4 assiettes, couvrez-le de tranches de poulpe, parsemez de petits pois et arrosez le tout de sauce. Assaisonnez et dégustez.

Vendredi

14

JUIN

Carpaccio de veau olives et anchois

SANS CUISSON

JE ME SUIS INSPIRÉ DU VITTELO TONNATO ITALIEN, UNE RECETTE TERRE-MER DANS LAQUELLE DE FINES TRANCHES DE VEAU CUITES SONT RECOUVERTES D'UNE MAYONNAISE DE THON ET D'ANCHOIS, PARFUMÉE AUX CÂPRES. HEUREUX CELUI QUI DÉCOUVRIT L'ALLIANCE VEAU-ANCHOIS ! À TESTER ABSOLUMENT !

Pour 4 personnes
Préparation : 10 min

- 4 grandes tranches de noix de veau coupées très finement (par le boucher)
- 50 g d'olives noires dénoyautées
- 1 à 2 gousses d'ail frais
- 4 à 6 filets d'anchois frais
- Huile d'olive
- 1 citron
- Fleur de sel et poivre du moulin
- Quelques pousses d'épinard

1. Concassez les olives, l'ail et les filets d'anchois, puis pilez-les dans un mortier en incorporant l'huile d'olive. Salez et poivrez.

2. Disposez les fines tranches de veau dans 4 assiettes plates et ajoutez quelques pousses d'épinard. Salez, poivrez, puis arrosez le tout de sauce aux olives et aux anchois et de quelques gouttes de jus de citron.

À LA PLACE

VOICI DEUX AUTRES IDÉES D'ASSAISONNEMENT POUR TWISTER VOS CARPACCIOS !

Une version thaïe

1. Pelez et hachez 1 cm de gingembre frais avec 1 tige de citronnelle émincée très finement et mettez-les dans un bol.

2. Ajoutez 1 cuillerée à café de sucre roux, 2 cuillerées à soupe de nuoc-mâm et 1 cuillerée à soupe de sauce soja.

3. Pressez sur ce mélange le jus de ½ citron vert.

4. Disposez les tranches de veau sur 4 assiettes, arrosez délicatement de sauce thaïe et coiffez de feuilles de coriandre émincées.

Une version orientale

1. Dans un petit bol, mélangez 5 cl d'huile d'argan (ou d'olive), 1 cuillerée à café de cumin en poudre, le jus de ½ orange et une pincée de sel fin.

2. Pelez 2 carottes et prélevez des tagliatelles de carotte à l'aide d'un rasoir à légumes.

3. Disposez les tranches de veau sur 4 assiettes, arrosez délicatement de jus d'orange parfumé et dressez dessus les tagliatelles de carottes crues huilées.

4. Terminez par quelques feuilles de menthe hachées.

PLUS SUBTIL ET PLUS DOUX QUE L'AIL SEC, L'AIL NOUVEAU EST AUSSI PLUS DIGESTE. C'EST SA SAISON ! AVEC UN BON POULET FERMIER QUI VOUS FERA MASTIQUER COMME IL FAUT, VOUS ALLEZ ADORER CE PLAT SAIN ET DÉLICIEUX. N'OUBLIEZ PAS QUE LA MASTICATION EST LE DÉBUT DE LA DIGESTION ! AVEC L'AIL FRAIS QUI STIMULE L'ESTOMAC, VOUS VOILÀ PARÉ !

Samedi
15
JUIN

Pour 6 personnes
Préparation : 20 min
Cuisson : 1 h 30

Cocotte lutée
DE POULET À L'AIL

- 1 poulet fermier prêt à cuire de 1,8 à 2 kg
- 6 têtes d'ail nouveau entières
- 15 g de beurre
- Huile d'olive
- 5 cuil. à soupe de vin blanc
- 150 g de farine + 1 cuil. à café
- 3 brins d'estragon
- 1 brin de romarin
- Sel et poivre du moulin

1. Préchauffez le four à 180 °C (th. 6).

2. Séparez 3 des têtes d'ail en gousses et épluchez-les. Rincez les têtes d'ail restantes et laissez-les telles quelles.

3. Faites chauffer le beurre et 1 cuillerée à soupe d'huile d'olive dans une cocotte allant au four, juste assez grande pour contenir le poulet et l'ail. Ajoutez le poulet et faites-le dorer sur toutes les faces, sur feu moyen, pendant 10 minutes.

4. Saupoudrez 1 cuillerée à café de farine et laissez cuire 1 minute.

5. Ajoutez le vin blanc, les têtes d'ail entières et les gousses pelées, l'estragon et le romarin. Arrosez d'un filet d'huile d'olive, salez et poivrez.

LUTER UNE COCOTTE

ÉTAPE 1

Mélangez 150 g de farine avec 10 cl d'eau environ pour faire une pâte ferme.

ÉTAPE 2

Roulez en un long boudin et pressez celui-ci sur le pourtour de la cocotte avant d'y poser le couvercle en appuyant. Repliez la pâte afin de fermer hermétiquement la cocotte. Enfournez pour 1 heure 30 de cuisson.

ÉTAPE 3

Pour servir, retirez le couvercle pour casser la pâte. Posez le poulet dans un plat de service, entourez-le d'ail et de petits légumes. Arrosez le tout de jus de cuisson et servez.

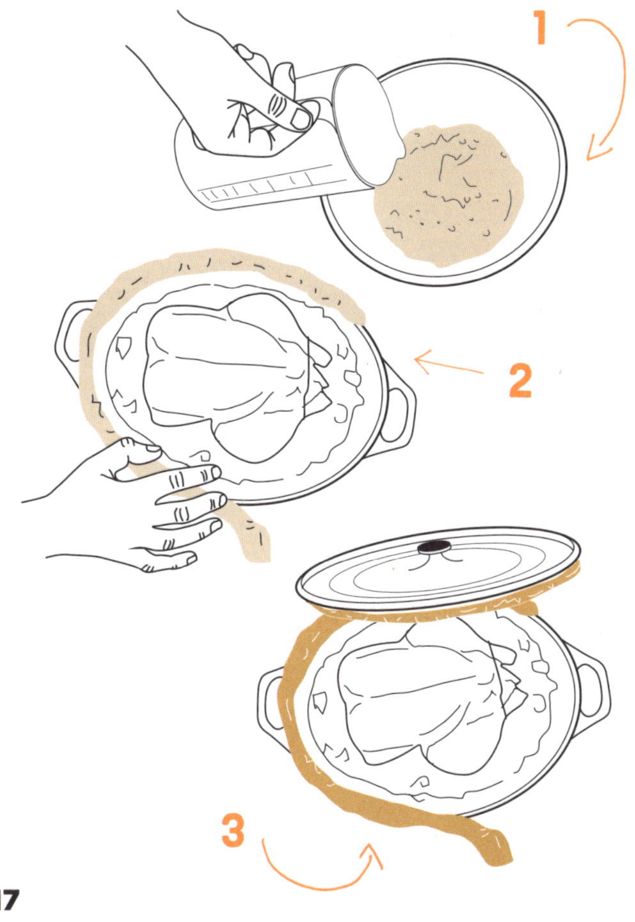

Dimanche

16

JUIN

C'EST LA FÊTE DES PÈRES !

Ma tarte au café noir ET CHOCOLAT BLANC

UN VRAI DESSERT À FAIRE AVEC LES ENFANTS POUR LA FÊTE DES PÈRES !

Pour 4 à 6 personnes (pour un moule de 20 à 22 cm de diamètre)
Préparation : 40 min
Cuisson : 20 min
Réfrigération : 5 h 30

- 1 pâte sablée (voir mon atelier « main à la pâte » page 363)
- 200 g de chocolat blanc
- 1 cuil. à café de café lyophilisé
- 12 cl de crème fraîche liquide
- 1 cuil. à soupe de cacao amer en poudre pour la décoration

1. Préchauffez le four à 180 °C (th. 6).

2. Étalez la pâte sablée à l'aide d'un rouleau pâtissier sur un plan de travail légèrement fariné, déposez la pâte dans un moule et piquez-la avec une fourchette. Couvrez-la de papier sulfurisé et répartissez des haricots secs sur toute la surface. Placez-la au réfrigérateur pour 30 minutes, puis faites cuire le fond de tarte 20 minutes au four et laissez refroidir.

3. Délayez le café soluble dans la crème fraîche liquide. Faites fondre à feu doux le chocolat blanc dans la crème au café. Lorsque le chocolat est bien fondu, versez sur le fond de tarte précuit. Laissez figer à température ambiante, puis placez au réfrigérateur pour 5 heures.

4. Avant de servir, saupoudrez de cacao en poudre en le tamisant à travers une petite passoire.

Qu'est-ce qu'on boit avec ?

Un bon café, pardi !

Plus équilibré et plus délicat que le robusta, l'arabica est la crème de la crème des cafés pour accompagner ce dessert !

LE CAFÉ ARABICA !

Voici des idées d'origines pour accompagner ce dessert ou l'offrir à papa !

Le Brésil est le plus grand producteur au monde de café arabica.

L'Éthiopie est le berceau du café arabica. Dans le sud-ouest du pays, à proximité du Soudan, on y cultive un café vert très chocolaté aux arômes de frangipane.

Le Salvador est connu pour sa variété de café appelée bourbon rouge. En bouche, ce café est très fruité et rappelle la framboise ou la fraise.

Le Panama est connu pour son arabica appelé geisha, en raison de ses notes florales de jasmin et de thé. Un café d'exception à offrir aux papas connaisseurs !

Lundi

17

JUIN

CETTE SALADE EST IDÉALE POUR REPRENDRE LA SEMAINE EN DOUCEUR CÔTÉ CUISINE !

VEGGIE

SALADE D'ÉPINARDS *et tomates confites*

EXPRESS

1. Lavez soigneusement les pousses d'épinard, les radis ainsi que leurs plus belles fanes.

2. Concassez les pistaches. Ciselez les feuilles de menthe. Égouttez les tomates confites.

3. Rassemblez tous les ingrédients dans un saladier avec les radis émincés et la coriandre effeuillée. Assaisonnez le tout de fleur de sel, de poivre et d'un filet d'huile d'olive. Mélangez. Disposez la salade au centre de 4 assiettes, ajoutez un filet de vinaigre balsamique ou dégustez sur des tranches de pain grillées et tartinées de fromage de chèvre frais.

Pour 4 personnes
Préparation : 15 min

- ▢ 4 poignées de pousses d'épinard
- ▢ 150 g de tomates confites à l'huile d'olive
- ▢ 4 cuil. à soupe de pistaches décortiquées non salées
- ▢ 20 radis roses avec fanes
- ▢ 1 petit bouquet de coriandre
- ▢ 4 tiges de menthe fraîche
- ▢ 1 à 2 cuil. à café de graines de cumin
- ▢ Huile d'olive
- ▢ Vinaigre balsamique authentique
- ▢ Fleur de sel et poivre concassé
- ▢ Pain et fromage de chèvre frais pour servir

MON TRUC *en plus*

En ajoutant des pois chiches et du boulgour, vous ferez de cette salade un plat unique complet.

RAVIOLES DU ROYANS

AU BOUILLON DE POULE

C'EST AUSSI POSSIBLE DE MIEUX MANGER AVEC DES INGRÉDIENTS DÉJÀ (BIEN) PRÉPARÉS ! C'EST LE CAS DE CES RAVIOLES DE ROYANS.

EXPRESS

Pour 4 personnes
Préparation : 10 min
Congélation : 30 min
Cuisson : 1 min

- 4 plaques de ravioles fraîches de Royans
- 1 l de bouillon de poule
- 1 petit bouquet de persil plat
- Sel et poivre

1. Mettez les plaques de ravioles séparément 30 minutes dans le congélateur afin qu'elles se détachent plus facilement les unes des autres.

2. Faites chauffer le bouillon de poule avec les trois quarts du persil effeuillé.

3. Détachez les ravioles et plongez-les 1 minute dans une eau salée en ébullition, le temps qu'elles remontent à la surface.

4. Répartissez-les dans 4 assiettes creuses chaudes. Ajoutez 1 à 2 louches de bouillon de poule, les feuilles de persil restantes fraîchement ciselées, poivrez et dégustez aussitôt.

MIEUX CONNAÎTRE

Les ravioles du Dauphiné se distinguent par une farce composée de fromage frais, de persil et de comté râpé. Elles bénéficent d'une IGP (indication géographique protégée). Attachées au Royans, une ancienne province française à cheval sur l'Isère et la Drôme, elles sont vendues sous le nom de ravioles du Royans. Transformées essentiellement du côté de Romans-sur-Isère, vous les trouverez aussi sous le nom de ravioles de Romans.

Mercredi

19

JUIN

GOUGÈRES *MIMOLETTE* ET CUMIN

- 150 g de mimolette
- 80 g de beurre
- 150 g de farine
- 4 œufs
- 1 cuil. à café de graines de cumin
- 1 cuil. à café de sel

Pour 30 gougères environ
Préparation : 20 min
Cuisson : 15 à 20 min

UNE SPÉCIALITÉ BOURGUIGNONNE, UN FROMAGE D'ORIGINE HOLLANDAISE, UNE ÉPICE DU PROCHE-ORIENT : QUAND LA CUISINE DÉPASSE LES FRONTIÈRES, ÇA A DU BON !

1. Préchauffez le four à 200 °C (th. 6-7).

2. Portez à ébullition 25 cl d'eau avec le beurre coupé en morceaux et le sel fin. Hors du feu, versez la farine en une seule fois et mélangez vivement avec une spatule en bois. Faites dessécher la préparation sur le feu en fouettant toujours avec la spatule en bois. Lorsque la pâte se décolle de la paroi de la casserole et forme une boule, transférez-la dans un saladier et laissez-la refroidir.

3. Pendant ce temps, râpez la mimolette, cassez les œufs et battez-les en omelette. Incorporez-les en mélangeant bien, toujours à l'aide de la spatule en bois.

4. Une fois la préparation bien homogène, incorporez la mimolette râpée et le cumin.

5. À l'aide d'une cuillère en Inox (ou d'une poche à douille), déposez des petits tas de pâte bien espacés sur une feuille de papier sulfurisé posée sur une plaque allant au four.

6. Enfournez pour 20 minutes environ, sans ouvrir le four pendant la cuisson pour ne pas faire retomber les gougères.

7. Dégustez les gougères tièdes, en apéritif.

HISTOIRE DE FRANCE

Les gougères sont bourguignonnes, c'est une certitude ! Ces petits choux au fromage sont toujours servis tièdes pour accompagner les dégustations de vins de la région. Fromage préféré du général de Gaulle, la mimolette fait partie des fromages de Hollande (pas l'ancien président, le pays), mais on la fabrique aussi en France depuis la guerre, au XVIIe siècle, contre les Pays-Bas. Ce fromage orange est une pâte pressée non cuite, au lait de vache, dont le nom découle de « mi-mou et mi-dur ». Aucune allusion aux personnalités des chefs d'État mentionnés ci-dessus !

Pour 4 personnes
Préparation : 15 min
Cuisson : 10 min

- 1 botte d'oignons nouveaux
- 600 g de fèves fraîches écossées (1,5 kg de cosses de fèves)
- 600 g de petits pois écossés (1,5 kg de cosses de petits pois)
- 10 tomates cerises

Pour la sauce à l'estragon

- 1 bouquet d'estragon
- 5 feuilles de menthe
- 1 cuil. à soupe de câpres
- ½ gousse d'ail
- 1 cuil. à café de moutarde forte
- Le jus de ½ citron
- 6 à 8 cl d'huile d'olive
- Fleur de sel

Jeudi
20
JUIN

VEGGIE

OIGNONS NOUVEAUX *aux fèves et petits pois* SAUCE ESTRAGON

VOICI UNE VRAIE SALADE DE PRINTEMPS. FRAÎCHE, VITAMINÉE, CROQUANTE… QUEL BONHEUR DE PRIVILÉGIER LES PRODUITS DE SAISON EN CUISINE !

1. Lavez, pelez et coupez la tige des oignons en laissant 5 cm de vert. Rincez et coupez en quartiers les tomates cerises.

2. Faites blanchir les fèves, les petits pois et les oignons les uns après les autres pendant 1 minute dans une eau salée en ébullition. Refroidissez-les tous et égouttez-les. Pelez les fèves.

3. Faites chauffer une poêle avec un filet d'huile d'olive et faites-y griller les oignons entiers (coupez-les en deux dans la longueur s'ils sont gros) sur un feu moyen. Une fois les oignons cuits, répartissez-les dans 4 assiettes. Ajoutez les fèves, les petits pois et les quartiers de tomates cerises. Parsemez-les de fleur de sel et d'un filet d'huile d'olive.

4. Préparez la sauce. Lavez et hachez l'estragon et les feuilles de menthe. Rincez les câpres et égouttez-les, puis pelez l'ail. Pilez ces ingrédients et ajoutez la moutarde, le jus de citron et l'huile d'olive. Mélangez cette préparation aux petits légumes juste avant de déguster.

Vendredi

21

JUIN

C'EST LE 1ER JOUR DE L'ÉTÉ ET LA FÊTE DE LA MUSIQUE.

ET SI ON SE FAISAIT UN BŒUF ENTRE AMIS ?

BASSE CÔTE AU BBQ ET POMMES DE TERRE TAPÉES

1. Sortez la basse côte de bœuf du réfrigérateur 30 minutes avant la cuisson.

2. Préchauffez le four à 220 °C (th.7).

3. Lavez les pommes de terre, brossez-les et plongez-les dans une casserole d'eau froide salée. Portez à ébullition et laissez cuire (selon la taille des pommes de terre) de 15 à 20 minutes. Surveillez la cuisson en piquant avec la pointe d'un couteau, elles doivent être bien tendres.

4. Égouttez les pommes de terre, puis étalez-les sur un torchon propre. Laissez-les refroidir quelques minutes, puis, à l'aide d'un coin du torchon, aplatissez d'un coup de paume de la main chaque pomme de terre. À l'aide d'une spatule, transférez les pommes de terre sur une plaque recouverte de papier sulfurisé. Assaisonnez avec un peu de piment d'Espelette, les brins de thym, l'ail en chemise écrasé, de la fleur de sel et du poivre. Arrosez d'huile d'olive et enfournez pour 15 à 20 minutes jusqu'à ce que les pommes de terre soient légèrement dorées. Réservez au chaud.

5. Pendant ce temps, enduisez la basse côte d'huile d'arachide et déposez-la dans une poêle-gril (ou sur le gril d'un barbecue). Faites griller à feu vif 4 minutes environ. Retournez la basse côte et faites dorer la deuxième face 4 minutes. Salez et poivrez en fin de cuisson. Enveloppez la basse côte dans une feuille de papier sulfurisé et laissez-la reposer 10 minutes avant de la découper. Dégustez-la chaude, accompagnée des pommes de terre tapées et des cives d'oignons nouveaux émincés.

QU'EST-CE QU'ON BOIT AVEC ?

UN ROSÉ

L'accord rosé/grillades permet de faire ressortir les notes épicées du vin. Elles seront bien présentes avec un côtes-de-provence charpenté ou un coteaux-varois-en-provence.

UN ROUGE

Cette basse côte de bœuf au barbecue sera bien accompagnée d'un vin rouge sec « jeune » ou « vieux », comme un bon Cahors, un saint-émilion ou un saint-julien.

ET POURQUOI PAS UNE BIÈRE ?

Les bières brunes de type stouts, comme la Guinness, donneront un accord ton sur ton avec le goût braisé de la viande au barbecue. Pas mal !

Pour 4 personnes
Préparation : 20 min
Cuisson : 40 à 50 min
Repos : 10 min

- ☐ 600 g de basse côte de bœuf
- ☐ 1 kg de pommes de terre de l'île de Ré ou autres pommes de terre nouvelles
- ☐ 4 gousses d'ail en chemise
- ☐ 1 à 2 cuil. à café de piment d'Espelette
- ☐ 2 brins de thym
- ☐ 3 à 4 cuil. à soupe d'huile d'olive
- ☐ 2 cl d'huile d'arachide
- ☐ Fleur de sel et poivre
- ☐ 2 oignons nouveaux (cébettes)

Samedi
22
JUIN

PIZZA
AUX FRUITS ROUGES

**LES ENFANTS, C'EST L'HEURE DU GOÛTER !
ET SI ON SE FAISAIT UNE PIZZA... SUCRÉE ?
C'EST SIMPLE ET ÇA AMUSE TOUT LE MONDE !**

Pour 4 personnes
Préparation : 15 min
Cuisson : 10 min

- ▢ 1 pâton de 200 g de pâte à pizza du boulanger
- ▢ 200 g de fraises
- ▢ 200 g de cerises
- ▢ 100 g de groseilles
- ▢ 100 g de framboises
- ▢ 25 g de sucre en poudre
- ▢ 100 g de chocolat blanc en tablette

1. Lavez, équeutez et dénoyautez les fruits. Mixez 200 g de fruits, les plus abîmés, avec le sucre et faites-les cuire 10 minutes sur feu moyen. Laissez refroidir.

2. Préchauffez le four à 240 °C (th. 8).

3. Abaissez la pâte à pizza sur 30 cm de diamètre environ. Posez-la sur une plaque allant au four tapissée de papier sulfurisé et tartinez la pâte à pizza de confiture de fruits jusqu'à 1 cm du bord.

4. Enfournez pour 10 minutes.

5. Dès la sortie du four, râpez du chocolat blanc sur la pizza. Répartissez dessus les fruits restants (entiers ou coupés en deux) et râpez de nouveau quelques copeaux de chocolat blanc pour décorer.

6. Laissez tiédir avant de déguster en parts.

Crevettes chorizo COURGETTES mangues

EXPRESS

Dimanche **23** JUIN

JE LE SAIS... VOUS AIMEZ AUSSI QUE LA CUISINE SOIT FACILE ET BLUFFANTE. À VOUS DE JOUER !

Pour 4 personnes
Préparation : 10 min
Cuisson : 6 min

- 20 belles crevettes bio décortiquées surgelées
- 1 petite mangue mûre, mais ferme
- 5 petites courgettes
- 1 cuil. à soupe d'huile d'olive
- 16 rondelles fines de chorizo fort
- 1 cuil. à soupe de feuilles de persil plat
- Sel et sel au piment d'Espelette

1. Laissez décongeler les crevettes. Si nécessaire, plongez-les quelques instants dans de l'eau chaude, sans les laisser cuire !

2. Une fois les crevettes décongelées, incisez-les légèrement sur le dos.

3. Pelez la mangue et coupez des tranches de 3 mm d'épaisseur de chaque côté du noyau. Taillez les tranches en fins bâtonnets et réservez au frais. Coupez les courgettes en fins bâtonnets après en avoir ôté les extrémités en procédant comme pour la mangue.

4. Dans une poêle contenant un filet d'huile d'olive, faites sauter le chorizo et la julienne de courgette pendant 2 minutes à feu vif. Débarrassez le tout sur un plat.

5. Dans la même poêle, faites sauter les queues de crevettes à feu très vif pendant 3 minutes. Salez et ajoutez un peu de sel au piment d'Espelette.

6. Ajoutez les courgettes et le chorizo pour les réchauffer 1 minute.

7. Hors du feu, incorporez la mangue au mélange cuit, parsemez de feuilles de persil, remuez et dressez en dôme sur chaque assiette.

À la place

Bien entendu, rien ne vous empêche de choisir des crevettes roses fraîchement achetées chez le poissonnier. Comme pour les crevettes surgelées, privilégiez les bios. Elles sont mieux nourries et vous le rendront bien !

Lundi

24

JUIN

RECETTE *Végétale*

Ma salade de fèves À L'ORIENTALE

J'ADORE LES FÈVES ET LA CUISINE MÉDITERRANÉENNE. DANS CETTE RECETTE, J'AI SIMPLEMENT MARIÉ MES DEUX AMOURS. ON M'APPELLE L'ORIENTAL, CAR JE SUIS SENTIMENTAL. ZAÏE, ZAÏE ZAÏE !

Pour 4 personnes
Préparation : 10 min
Cuisson : 3 min
Infusion : 10 min

- 400 g de fèves écossées (1 kg de cosses de fèves)
- 1 botte d'oignons nouveaux
- Quelques radis roses
- 5 cuil. à soupe d'huile d'olive
- Le jus de 1 citron
- 1 cuil. à soupe de cumin
- ½ cuil. à café de piment
- ½ botte de coriandre fraîche
- 20 g de cacahuètes
- Sel et poivre

1. Mettez les fèves à cuire 3 minutes dans une grande casserole d'eau bouillante salée. Plongez-les ensuite dans un grand volume d'eau glacée (pour qu'elles conservent leur belle couleur verte). Ôtez leur pellicule.

2. Lavez les oignons nouveaux et supprimez un peu du vert avant de les émincer. Lavez et coupez en quatre les radis roses.

3. Dans un saladier, mélangez l'huile d'olive, le jus de citron, les épices, le sel et le poivre. Laissez infuser 10 minutes, puis ajoutez les rondelles d'oignons, les fèves, les radis, la coriandre ciselée et les cacahuètes grossièrement hachées. Mélangez et dégustez immédiatement.

MIEUX MANGER

La fève fraîche est disponible sur les marchés jusqu'au mois d'août. On la retrouve toute l'année, mais en version sèche, comme les haricots. Une fois séchées, les fèves deviennent beaucoup plus caloriques : comptez 340 calories pour 100 g de fèves sèches, contre 60 calories pour 100 g de fraîches.

FOCACCIA ANCHOIS FRAIS ET OIGNONS ROUGES

Mardi **25** JUIN

ET LA FOCACCIA REMPLAÇA LA PÂTE À PIZZA !

Pour 4 personnes
Préparation : 40 min
Cuisson : 40 à 50 min

- 1 focaccia ou 1 fougasse nature de 25 × 15 cm environ
- 350 g d'anchois frais ou de petites sardines
- 2 oignons rouges
- 1 cuil. à soupe de sucre
- 15 cl de vin rouge de Provence
- Huile d'olive
- Fleur de sel
- Poivre noir du moulin

1. Émincez finement les oignons et faites-les compoter dans une casserole avec le vin et le sucre sur feu doux, jusqu'à ce qu'ils soient confits (comptez 30 à 40 minutes de cuisson). Ajoutez un peu d'eau si nécessaire.

2. Préchauffez le four à 120 °C (th. 4).

3. Levez les filets d'anchois : détachez la tête des filets en tirant vers la queue afin de retirer d'un seul coup l'arête centrale. Déposez les filets sur 1 assiette et parsemez de fleur de sel et de poivre du moulin.

4. Répartissez les oignons confits sur la focaccia et enfournez pour 10 minutes.

5. Coupez-la en 4 portions, ajoutez les filets des poissons, un trait d'huile d'olive et dégustez aussitôt.

MIEUX CONNAÎTRE

Avec sa croûte molle et sa mie épaisse, la focaccia est la cousine italienne de la fougasse provençale.
Elle ressemble, à s'y méprendre, à une pâte à pizza. Si nous avons la fameuse baguette de pain pour nos sandwichs, les Italiens ont leur focaccia pour casser la croûte. Nature, au romarin ou aux olives et tomates cerises, la focaccia ne demande qu'à être garnie !

MÉCONNU, OUBLIÉ, LE MILLET EST UNE CÉRÉALE CUISINÉE EN AFRIQUE DEPUIS DES MILLÉNAIRES. EN FRANCE, LA VENDÉE EN ÉTAIT LE FOURNISSEUR OFFICIEL JUSQU'À L'ENTRE-DEUX-GUERRES. DE JEUNES AGRICULTEURS SE REMETTENT À LE CULTIVER. J'EN AI PROFITÉ POUR LE CUISINER COMME UN RISOTTO. NOURRISSANT ET SANS GLUTEN !

CÉRÉALES :
les seconds rôles

L'ÉPEAUTRE

L'épeautre est une variété ancienne de blé. C'est ce qui lui a donné le surnom de « blé des Gaulois ». Recouvert d'une enveloppe, l'épeautre doit être décortiqué pour être mangeable et digeste ! Deux variétés sont vendues en France : le petit épeautre et le grand épeautre. Même si son rendement est moindre, le petit épeautre, aussi appelé engrain, est apprécié pour son goût rustique et délicat.

On le cultive à nouveau en Haute-Provence et il possède une IGP. Le grand épeautre, plus proche du blé, sert essentiellement à fabriquer des farines.

En cuisine ?

Riche en magnésium, zinc et fer, le petit épeautre se cuisine comme le riz. Digeste et nourrissant, il se combine bien avec une légumineuse comme le pois chiche pour réaliser des salades de saison équilibrées. En Provence, on en faisait un *brigadéu*, une sorte de purée qui mêle petit épeautre et farine de pois chiches assouplie avec de l'eau bouillante.

L'ORGE PERLÉ

C'est l'orge dont on a retiré l'enveloppe, le son, trop fibreuse pour être consommée. Le polissage de la graine donne un grain rond comme une perle, d'où son nom d'orge perlé. Cette céréale est une source de fibres et de minéraux plus digeste que le blé.

En cuisine ?

Il se cuisine comme du riz et peut accompagner une viande ou un plat de légumes rôtis. Tentez le taboulé à l'orge perlé pour donner une autre dimension à vos salades d'été.

RISOTTO DE MILLET AUX LÉGUMES

Pour 4 personnes
Préparation : 10 min
Cuisson : 30 à 35 min

- ☐ 350 g de millet
- ☐ ½ oignon
- ☐ 60 g de beurre
- ☐ 10 cl de vin blanc sec
- ☐ 2 l de bouillon de légumes maison chaud
- ☐ 50 g de parmesan
- ☐ 1 yaourt nature
- ☐ 50 g de fèves écossées (150 g de cosses de fèves)
- ☐ 50 g de petits pois écossés (150 g de cosses de petits pois)
- ☐ 50 g de pois gourmands
- ☐ Sel et poivre

1. Mettez les fèves à cuire 3 minutes dans une grande casserole d'eau bouillante salée. Plongez-les ensuite dans un grand volume d'eau glacée (pour qu'elles conservent leur belle couleur verte). Ôtez leur pellicule.

2. Écossez les petits pois.

3. Pelez et ciselez le demi-oignon. Dans une casserole, faites fondre la moitié du beurre avec l'oignon sans laisser colorer. Ajoutez les légumes et faites-les cuire sur feu doux pendant 3 à 5 minutes. Débarrassez-les dans un plat et réservez au chaud.

4. Versez le millet dans la casserole et faites-le rouler 2 minutes dans le beurre. Ajoutez le vin blanc et remuez jusqu'à ce que le millet l'ait absorbé. Versez 2 à 3 louches de bouillon chaud et remuez sans cesse jusqu'à ce qu'il soit totalement absorbé. Répétez l'opération. Lorsque le millet est cuit (au bout de 20 à 25 minutes), mais encore un peu ferme, ajoutez hors du feu le reste du beurre, le parmesan et le yaourt. Posez un couvercle sur la casserole, laissez fondre 5 minutes, salez, poivrez, puis mélangez. Servez le millet bien crémeux dans 4 assiettes creuses, répartissez-y les petits légumes et dégustez aussitôt.

Jeudi

27

JUIN

Pour 4 personnes
Préparation : 10 min
Cuisson : 10 à 20 min

- 4 à 6 pêches jaunes mûres mais fermes
- 4 à 6 brins de romarin frais
- 4 cuil. à soupe de miel d'oranger
- 1 noix de beurre pour le plat

Pour la garniture

- 200 g de ricotta
- 150 g de mascarpone
- 2 cuil. à soupe de sucre glace

PÊCHES RÔTIES AU ROMARIN

EXPRESS

ET UN DESSERT DE SAISON FACILE ET RAPIDE POUR TOUT LE MONDE ! UN !

1. Préchauffez le four à 180 °C (th. 6).

2. Coupez les pêches en deux et retirez le noyau. Beurrez un plat allant au four et posez les oreillons de pêches dans le fond, face coupée vers le haut. Piquez un brin de romarin dans chaque oreillon, versez le miel d'oranger et enfournez pour 10 à 20 minutes de cuisson suivant la maturité des pêches.

3. Pendant ce temps, fouettez le mascarpone et la ricotta avec le sucre glace.

4. Posez les oreillons encore chauds dans des assiettes, puis retirez le romarin. Garnissez les oreillons de crème de fromage à l'aide d'une poche à douille dentelée ou d'une cuillère. Arrosez le tout de jus de cuisson. Décorez d'un brin de romarin et servez chaud.

ENTRE *nous...*

Comme moi, il vous arrive de pester contre les pêches dures comme du bois, car les commerçants ont favorisé le transport et le calibre au détriment du goût. Plutôt que d'attendre une maturité qui ne viendra pas, utilisez-les dans ce dessert, qui leur permettra de finir mieux qu'elles n'ont commencé !

JE SAIS QUE CET ACCORD PEUT VOUS SURPRENDRE, MAIS VOUS ALLEZ VOIR QUE C'EST JUSTE UNE QUESTION DE DOSAGE, COMME BIEN SOUVENT.

Vendredi
28
JUIN

MON TARTARE *de langoustines* ET CERISES

Pour 4 à 6 personnes
Préparation : 25 min
Réfrigération : 15 min

- ❑ 18 langoustines crues
- ❑ 6 cerises dénoyautées
- ❑ 1 citron vert
- ❑ 2 cuil. à soupe d'huile de pistache
- ❑ 2 cuil. à soupe de crème fraîche épaisse
- ❑ 3 cuil. à soupe de ricotta
- ❑ ½ bouquet d'aneth
- ❑ 1 cuil. à soupe de pistaches mondées non salées
- ❑ Fleur de sel
- ❑ Poivre du moulin

1. Coupez les cerises en très petits cubes.

2. Retirez la tête des langoustines et décortiquez les queues. Incisez-les le long du dos et retirez le boyau noir. Coupez-les en cubes et déposez-les avec les cerises dans un saladier. Pressez par-dessus le jus du citron vert et versez l'huile de pistache. Assaisonnez de fleur de sel et de poivre. Mélangez et placez au frais pour 15 minutes.

3. Dans un bol, mélangez la crème fraîche avec la ricotta et l'aneth ciselé. Salez et poivrez. Versez dans une poche munie d'une douille cannelée.

4. Garnissez des verres à tapas de tartare de langoustine, puis d'une pointe de mousse à la ricotta. Saupoudrez de pistaches concassées et dégustez frais.

MIEUX *CONNAÎTRE*

La langoustine n'est pas une petite langouste ! En revanche, elle est apparentée au homard et ça se sent dans leur saveur commune, légèrement corsée. Les langoustines sont classées par taille de 1 à 4, selon le nombre de crustacés contenus dans 1 kg. Plus le chiffre est petit, plus la langoustine est grosse ! Exception : les langoustines les plus grosses (moins de 10 pièces par kg), qui sont les plus recherchées, ne portent pas de numéro, mais sont dites « royales ».

Samedi
29
JUIN

EXPRESS

CÔTES D'AGNEAU,
SAUCE AU YAOURT À LA MENTHE

LE BON GOÛT DE L'AGNEAU, L'ONCTUOSITÉ ET L'ACIDITÉ DU YAOURT À LA GRECQUE : VOILÀ UN BEAU POINT DE DÉPART POUR UNE GRILLADE DE SAISON RAFRAÎCHIE PAR LA MENTHE, L'AIL ET LE CITRON DE CETTE SAUCE MAISON !

1. Pelez les gousses d'ail et écrasez-les. Coupez les feuilles de menthe en fines lanières. Dans un bol, mélangez les yaourts avec la menthe, le jus de citron et l'ail. Gardez quelques lanières de menthe pour la décoration. Salez et poivrez la sauce à votre goût.

2. Salez les côtes d'agneau des deux côtés. Faites chauffer l'huile à feu vif dans une poêle ou sur un gril en fonte. Quand l'huile est bien chaude, faites cuire les côtes d'agneau 3 minutes environ par côté, jusqu'à ce qu'elles soient bien dorées et croustillantes. Disposez les côtes sur les assiettes et poivrez-les. Décorez de lanières de menthe et servez avec la sauce.

Pour 4 personnes
Préparation : 10 min
Cuisson : 6 min

- ☐ 8 côtes d'agneau
- ☐ 2 yaourts à la grecque
- ☐ ½ botte de menthe
- ☐ 2 gousses d'ail
- ☐ 1 cuil. à soupe de jus de citron
- ☐ 2 cuil. à soupe d'huile d'olive
- ☐ Sel et poivre

LA CUISSON EN CROÛTE DE SEL PEUT INTIMIDER ALORS QU'ELLE EST D'UNE SIMPLICITÉ CONFONDANTE. EN SUIVANT CETTE RECETTE À LA LETTRE, VOUS ALLEZ ÊTRE EMBALLÉ PAR LE FONDANT DU BAR. CASSEZ BIEN LA CROÛTE !

Dimanche
30
JUIN

Bar en croûte de sel AUX AGRUMES

Pour 4 personnes
Préparation : 20 min
Cuisson : 20 min
Repos : 10 min

GRAND CLASSIQUE

- 1 bar de ligne de 2 kg environ (vidé, sans ouïes, non écaillé) ou 2 plus petits
- 1 orange non traitée
- 1 citron non traité
- 2,5 kg de gros sel de Guérande ou de mer
- 3 blancs d'œufs
- 3 brins de thym effeuillés + 2 brins entiers
- 2 brins d'aneth

1. Préchauffez le four à 180 °C (th. 6).

2. Prélevez le zeste du citron et de l'orange à l'aide d'une râpe. Dans un récipient, mélangez le gros sel avec les zestes, les blancs d'œufs et les feuilles de 3 brins de thym, jusqu'à obtenir une préparation sableuse et humide.

3. Sur une plaque tapissée de papier sulfurisé, disposez un lit de gros sel d'une épaisseur de 1 cm environ et tassez bien avec les mains. Garnissez le ventre du poisson de 2 brins de thym et d'aneth. Déposez le bar sur le lit de gros sel et recouvrez-le du reste de sel aromatisé ; le poisson doit être intégralement recouvert. Tassez la surface du sel afin d'obtenir une forme homogène.

4. Enfournez pour 20 minutes : le sel doit légèrement se colorer.

5. Sortez le bar du four et laissez reposer 10 minutes avant d'ôter la croûte de sel. Retirez la peau du poisson et coupez-le en morceaux. Dégustez chaud, accompagné d'un riz pilaf safrané.

JUILLET

au marché

MES INCONTOURNABLES

1 LA TOMATE

Avec la tomate, rien ne sert de courir, il faut partir à point. En juillet, on entre dans sa pleine saison. Choisissez-les charnues, un peu molles, pleines de goût, cultivées en pleine terre et chauffées au soleil. Chaque année, en ce mois de l'année, je retrouve le vrai goût de la tomate (voir Ma salade de tomates, le 1er juillet, ou Ma chachouka aux œufs, le 24 juillet).

2 LES HARICOTS VERTS

C'est le début des haricots ! Riches en fibres, les haricots verts frais ont fière allure, d'une couleur plus prononcée que leurs confrères en bocaux, disponibles toute l'année. Pour la cuisson, c'est simple : 15 minutes dans de l'eau bouillante salée, comme on prépare des pâtes *al dente*, et ils seront encore croquants sous la dent.

3 LA DAURADE GRISE

Dans la famille des daurades, je demande la grise. Moins chère que sa cousine royale, elle est la plus courante en été. Choisissez-la pêchée en pleine mer et, pour être sûr de sa fraîcheur, regardez ses ouïes : elles doivent être bien rouges. L'œil vif et bombé, le corps ferme et les écailles brillantes sont d'autres signes de fraîcheur.

LES FRUITS ET LÉGUMES *DU MOIS*

MAIS AUSSI CHEZ LE POISSONNIER :

thon blanc, lieu jaune, langoustines, daurade grise, églefin, maquereau, sardine, rouget, homard, tacaud

CHEZ LE MARAÎCHER

Légumes :

- Ail
- Aneth
- Artichaut
- Aubergine
- Basilic
- Blette
- Ciboulette
- Concombre
- Coriandre
- Cornichon
- Courgette
- Échalote
- Épinard
- Estragon
- Fenouil
- Fève
- Haricot vert
- Laitue
- Laurier
- Menthe
- Origan
- Oseille
- Persil
- Petit pois
- Poivron
- Pomme de terre
- Radis
- Romarin
- Salade
- Thym
- Tomate

Fruits :

- Abricot
- Brugnon
- Cassis
- Cerise
- Framboise
- Groseille
- Melon
- Mûre
- Myrtille
- Nectarine
- Pastèque
- Pêche

ET CÔTÉ FROMAGER :

saint-nectaire, emmental, beaufort d'été, tomme de Savoie, mimolette, rocamadour

EN JUILLET mes conseils pour

RANGER LES USTENSILES UTILES

Mon secret pour gagner du temps et retrouver le plaisir de cuisiner : un plan de travail dégagé et des placards bien ordonnés !

Ce mois-ci, je commence à ranger !

- JE FAIS LE TRI PARMI MES USTENSILES, LE PETIT ÉLECTROMÉNAGER ET LA VAISSELLE.
- JE RANGE LES ALIMENTS DE FAÇON LOGIQUE.
- JE JETTE LES PRODUITS PÉRIMÉS ET LES USTENSILES ABÎMÉS.

Des ustensiles gadgets : je ne m'en suis pas servi depuis plus d'un an ? Je vends, je donne et je gagne de la place !

1 J'ORGANISE MA CUISINE DE FAÇON PRATIQUE ET FONCTIONNELLE.

Je me sépare des ustensiles inutiles et je range dans les placards du haut ceux que je n'utilise que très rarement. Je garde au contraire le matériel et la vaisselle indispensables à portée de main et je les entretiens !

Un couteau de cuisine : mon allié pour « mieux manger » parce qu'avec un beau couteau bien aiguisé, j'ai tout de suite plus envie de m'attaquer à la cuisine !

2 LES 20 USTENSILES INDISPENSABLES

- Une sauteuse ou un sautoir (la première a des bords évasés, le second a des bords droits) en acier inoxydable.

- Deux poêles en Inox, une grande et une petite, pour les cuissons à forte température comme les grillades.

- Une poêle à revêtement antiadhésif (en acier inoxydable ou en aluminium à fond épais). Attention : à la moindre griffure, il faut la jeter, car il y a un risque de toxicité.

- Des casseroles en acier inoxydable (une petite, une moyenne, une grande).

- Une cocotte en fonte.

- Une passoire fine.

- De bons couteaux, bien affûtés et qui coupent bien : un couteau d'office (lame de 7 à 11 cm), un couteau émინceur (lame épaisse, de 18 à 22 cm), un couteau à désosser (lame rigide de 14 à 18 cm), une fourchette « diapason » pour retourner les pièces à piquer type poulet, entrecôte…

- Un rasoir économe ou une mandoline : soyez prudent, elle est délicate et dangereuse à manier !

- Un plat à gratin.

- Un fouet.

- Un rouleau à pâtisserie.

- Une maryse.

- Une pince à viande.

- Une cuillère en bois.

- Une louche.

- Un moulin à légumes ou un presse-purée.

- Un bassin hémisphérique ou « cul-de-poule », ou un saladier profond.

- Un moule à cake.

- Un moule à tarte.

- Un moule à gâteau à bords hauts (ou moule à manqué).

Plus de 2/3 des Français n'utilisent que la moitié ou moins de leur batterie de cuisine.

93 % des Français confient que s'ils se débarrassaient de tous ces accessoires inutilisés, ils pourraient gagner jusqu'à trois placards dans leur cuisine.

Source : étude réalisée par Deliveroo en 2017.

DÉTOURNEMENT D'USTENSILES

- Mousse au chocolat : ajoutez dessus des copeaux de chocolat faits à l'économe (voir mes recettes de mousse au chocolat du dimanche 24 novembre).
- Faites vos terrines dans un moule à cake (voir ma recette de terrine de poisson et poireau du vendredi 13 décembre).
- Servez-vous de l'appareil à raclette pour faire une crêpes party en remplaçant la poêle par les poêlons de l'appareil !

Lundi

01

JUILLET

VEGGIE

VOILÀ LES PREMIÈRES TOMATES ! LES VRAIES DU JARDIN OU CULTIVÉES EN PLEINE TERRE CHEZ VOTRE MARAÎCHER. RIEN À VOIR AVEC CELLES QUI POUSSENT HORS-SOL, DURES ET SANS GOÛT. ÇA VALAIT LE GOÛT D'ATTENDRE POUR EN FAIRE UNE SALADE !

MA SALADE *de tomates*

Pour 4 personnes
Préparation : 15 min

EXPRESS

- 1 kg de tomates anciennes mûres, à température ambiante, de différentes couleurs
- 4 tranches de pain au levain de 1 à 2 cm d'épaisseur
- 1 gousse d'ail
- 1 douzaine de feuilles de basilic
- 1 noix de beurre
- Huile d'olive
- Fleur de sel

Pour la vinaigrette

- 1 cuil. à soupe de vinaigre de vin
- 4 cuil. à soupe d'une très bonne huile d'olive
- 1 cuil. à café de moutarde douce
- Sel et poivre

1. Dans un bol, mélangez les ingrédients de la vinaigrette et émulsionnez avec une fourchette.

2. Coupez les tranches de pain au levain en cubes de 2 cm de côté environ. Dans une poêle, faites chauffer l'huile d'olive, le beurre et la gousse d'ail simplement écrasée avec le plat d'un couteau. Faites dorer les croûtons dans la poêle en surveillant bien et en mélangeant régulièrement.

3. Ôtez le pédoncule des tomates, coupez-les en quartiers et répartissez-les dans 4 assiettes. Répartissez les croûtons de pain, puis arrosez de vinaigrette, puis terminez par une pincée de fleur de sel et quelques feuilles de basilic déchirées à la main.

ENTRE *nous*

Une bonne tomate doit être mûre, c'est-à-dire molle. Ne la mettez pas au réfrigérateur. La tomate aime être à température ambiante jusqu'à 30°C. Ça laisse de la marge !

Astuce

Comme le grand Joël Robuchon, amusez-vous à sublimer votre salade de tomates avec une râpée de gingembre frais dans la vinaigrette.

Mardi
02
JUILLET

PAVÉ DE LIEU JAUNE
RÔTI AU FENOUIL

AVEC SON PETIT GOÛT FRAIS ET ANISÉ, LE FENOUIL EST UN BON CAMARADE DE SAISON. ENTRE CE POISSON À CHAIR BLANCHE ET LA SAUCE AU PASTIS, C'EST L'ENTENTE PARFAITE. VIVE L'ÉTÉ !

Pour 4 personnes
Préparation : 15 min
Cuisson : 15 min

- ☐ 4 pavés de lieu jaune avec la peau de 180 g chacun
- ☐ 2 bulbes de fenouil
- ☐ 1 citron jaune
- ☐ Huile d'olive
- ☐ Fleur de sel et poivre

Pour la sauce au pastis

- ☐ 5 cl de pastis
- ☐ 1 échalote
- ☐ 40 g de beurre
- ☐ 10 cl de vin blanc sec
- ☐ 20 cl de crème liquide
- ☐ Sel et poivre

1. Préchauffez le four à 150 °C (th. 5).

2. Émincez finement le fenouil à l'aide d'une mandoline. Assaisonnez-le de sel, de poivre, de jus de citron et d'une cuillerée à soupe d'huile d'olive.

3. Posez 4 tas de fenouil émincé sur une plaque allant au four recouverte de papier sulfurisé. Déposez par-dessus les pavés de lieu (peau au-dessus), parsemez de fleur de sel et enfournez pour 15 minutes.

4. Pendant ce temps, préparez la sauce au pastis : pelez et ciselez l'échalote. Coupez le beurre en morceaux. Faites réduire le vin blanc avec l'échalote aux deux tiers. Incorporez le beurre au fouet, puis ajoutez la crème. Laissez chauffer, ajoutez le pastis, salez et poivrez.

5. Une fois le poisson cuit, glissez une spatule fine et large sous le fenouil, soulevez l'ensemble et posez dans les assiettes. Servez arrosé de sauce au pastis.

ASTUCE *antigaspi*

Ne jetez pas les pluches du fenouil. Elles sont parfaites pour parfumer une sauce tomate, un carpaccio de poisson, ou pour réaliser un beurre de fenouil, qui accompagnera un poisson ou du veau.

Mercredi

03

JUILLET

À TABLE OU EN PIQUE-NIQUE, VOICI MA VERSION TAPAS DU CLUB SANDWICH. PRÊT EN MOINS DE 30 MINUTES, CUISSON COMPRISE. ***OLÉ !***

Club omelette

Pour 4 personnes
Préparation : 10 min
Cuisson : 20 min

- 8 tranches de pain de mie
- 4 œufs
- 2 pommes de terre de taille moyenne
- 1 gros oignon
- 2 tomates
- 4 branches de persil
- 200 g de chorizo
- 4 feuilles de salade type batavia
- 150 g de poivrons piquillos cuits en bocal
- Huile d'arachide
- Vinaigre de Xérès
- Sel et poivre

Matériel :

- 8 petites piques en bois ou piques à brochettes

1. Épluchez les pommes de terre et coupez-les en petits dés, puis faites-les revenir dans une poêle avec un filet d'huile d'arachide.

2. Pendant ce temps, pelez et hachez l'oignon, puis ajoutez-le aux pommes de terre et faites-les fondre ensemble sans les laisser colorer.

3. Coupez les tomates en gros dés et ajoutez-les aux légumes précédents.

4. Rincez et hachez le persil. Dans un saladier, battez les œufs, ajoutez le persil, assaisonnez et versez sur les pommes de terre, comme pour une omelette. Faites griller le pain (au grille-pain ou au four) et coupez le chorizo en tranches.

5. Dès que l'omelette est cuite, débarrassez-la dans un plat et divisez-la en 4 portions.

6. Disposez sur chaque assiette une tranche de pain de mie, une feuille de salade assaisonnée d'un peu d'huile et de vinaigre de Xérès, l'omelette espagnole bien chaude, des poivrons piquillos, des tranches de chorizo, et terminez par une tranche de pain de mie grillée.

7. Coupez les sandwichs en deux triangles et faites-les tenir avec des piques en bois. Dégustez-les chauds !

ENTRE *nous*

Pour vous sentir encore plus en été, dégustez ce « sandwichomelette » avec la première salade de tomates. Celle de lundi !

RAFRAÎCHISSANT ET NOURRISSANT, LE MILK-SHAKE A TOUT BON POUR UN GOÛTER OU FINIR UN REPAS D'ÉTÉ.

EXPRESS

Jeudi
04
JUILLET

MILK-SHAKE FRAISE *citron vert*

Pour 4 personnes
Préparation : 10 min

- ☐ 60 cl de lait demi-écrémé (bien froid)
- ☐ 1 vingtaine de fraises
- ☐ 1 citron vert
- ☐ 1 cm de gingembre frais
- ☐ 4 boules de glace vanille

Pour le décor (facultatif)

- ☐ 2 cuil. à soupe de sirop de fraise
- ☐ 4 cuil. à soupe de sucre en poudre

1. Lavez, équeutez et coupez les fraises. Pelez le gingembre et hachez-le à l'aide d'un presse-ail. Pressez le jus du citron vert.

2. Mettez les fraises dans le bol d'un blender, ajoutez le lait, le jus de citron et le gingembre. Mixez fortement jusqu'à obtenir une préparation mousseuse. Ajoutez la glace vanille et mixez de nouveau.

3. Pour décorer les verres à milk-shake, mélangez le sucre et le sirop de fraise. Trempez et tournez le bord de 4 grands verres dans le mélange, un par un.

4. Versez le milk-shake dans les verres givrés et dégustez bien froid, à la paille.

ENTRE *nous*

Considéré comme un aliment yang, dans la cuisine asiatique, pour ses vertus tonifiantes et antiseptiques, le gingembre est l'une de mes épices préférées. J'en mets partout ! Tournez les pages, vous verrez…

3 janvier :
Brandade de merlan à la patate douce
5 avril :
Boulettes de bœuf, taboulé vert
22 août :
Carpaccio de bœuf, champignons et figues
11 octobre :
Compote de poires aux amandes

Vendredi

05

JUILLET

POIVRON FARCI À LA BRANDADE

LA BRANDADE N'EST PAS QU'UN SIMPLE PLAT. C'EST UNE BASE IDÉALE POUR CUISINER D'AUTRES RECETTES. LA PREUVE !

Pour 4 personnes
Préparation : 10 min
Cuisson : 35 à 40 min
Dessalage : 24 h

- 4 beaux poivrons
- 500 g de morue
- 500 g de pommes de terre
- 20 cl de lait
- 3 gousses d'ail
- 10 cl d'huile d'olive

Pour le pesto de persil

- 1 botte de persil
- 20 g de pignons de pin
- 20 g de parmesan râpé
- 2 cuil. à soupe d'huile d'olive
- Sel et poivre

1. La veille, mettez la morue à dessaler pendant 24 heures dans un grand saladier d'eau froide en changeant l'eau régulièrement.

2. Le jour même, mettez les pommes de terre pelées et coupées en morceaux à cuire dans une casserole d'eau froide pendant 15 à 20 minutes.

3. Pendant ce temps, rincez les poivrons et plongez-les 5 minutes dans de l'eau bouillante. Passez-les sous l'eau froide, puis coupez leur extrémité pour supprimer le pédoncule et les graines. Égouttez-les.

4. Faites chauffer une casserole d'eau et mettez la morue à pocher 8 minutes en écumant au fur et à mesure. Émiettez-la en ôtant les arêtes.

5. Égouttez les pommes de terre. Dans un saladier, écrasez-les avec un presse-purée tout en incorporant le lait.

6. Mélangez la purée, la morue, l'ail écrasé et l'huile d'olive. Goûtez et rectifiez l'assaisonnement si nécessaire.

7. Préchauffez le four à 160 °C (th. 5-6). Remplissez délicatement les poivrons de brandade de morue, puis arrosez-les d'un filet d'huile d'olive et enfournez-les pour 10 minutes afin qu'ils soient chauds.

8. Pendant ce temps, préparez le pesto de persil : mixez ensemble les ingrédients.

9. Servez les poivrons farcis de morue avec le pesto de persil.

POUR MIEUX MANGER ET VARIER LES PLAISIRS, IL NE FAUT PAS JOUER AVEC LA NOURRITURE. DÉMONSTRATION AVEC LA VITELOTTE, CETTE POMME DE TERRE À PEAU NOIRE CACHE UNE BELLE CHAIR VIOLETTE QUI NE DEMANDE QU'À ÊTRE RELEVÉE PAR CETTE CRÈME « CIBOULETTÉE » !

Samedi
06
JUILLET

Pour 4 personnes
Préparation : 10 min
Cuisson : 45 min
Réfrigération : 30 min

VITELOTTES EN CROÛTE DE SEL ET CRÈME DE CIBOULETTE

- 8 pommes de terre vitelottes
- 1 blanc d'œuf
- 4 cuil. à soupe de gros sel

Pour la crème de ciboulette

- 1 bouquet de ciboulette
- 250 g de crème fraîche épaisse
- 1 échalote
- 1 cuil. à café de vinaigre de vin rouge
- 2 à 3 pincées de piment d'Espelette
- Sel et poivre

1. Préchauffez le four à 180 °C (th. 6).

2. Lavez et séchez les vitelottes. Fouettez légèrement le blanc d'œuf et badigeonnez-en les pommes de terre. Roulez-les dans un plat rempli de gros sel, posez-les dans un plat allant au four sans qu'elles se touchent et enfournez pour 45 minutes environ, jusqu'à ce que la lame d'un couteau pénètre dans chaque pomme de terre sans résistance.

3. Pendant ce temps, pelez l'échalote et ciselez-la, ainsi que la ciboulette. Mélangez tous les ingrédients de la crème de ciboulette à l'exception du piment d'Espelette. Réservez au réfrigérateur 30 minutes, le temps que la crème s'imprègne des arômes.

4. Débarrassez les pommes de terre du gros sel et répartissez-les dans 4 assiettes. Faites une grosse incision dans chacune, dans la longueur, et ouvrez-les légèrement afin d'y glisser la crème. Saupoudrez de piment d'Espelette et servez aussitôt.

Mon conseil

Ce plat accompagne à merveille une pièce de viande grillée au barbecue, comme la côte de bœuf du dimanche 7 juillet (voir page suivante)

Dimanche
07
JUILLET

GRAND CLASSIQUE

ATELIER
CÔTE DE BŒUF

1. Sortez la côte de bœuf du réfrigérateur 1 h 30 avant de la cuisiner pour lui éviter un choc thermique qui la rendrait moins tendre !

2. Préchauffez le four à 200 °C (th. 6-7).

3. Déposez la côte de bœuf dans une poêle à feu vif avec le beurre et l'huile de tournesol. Saisissez-la 2 à 3 minutes sur chaque face afin d'obtenir une croûte dorée.

4. Déposez la côte de bœuf dorée dans un plat et enfournez-la pour 10 minutes.

5. Sortez la côte de bœuf du four et laissez-la reposer quelques minutes sur une grille, recouverte de papier sulfurisé, avant de trancher. Salez et poivrez.

Pour 4 personnes
Préparation : 5 min
Repos : 15 min
Cuisson : 20 min

- ☐ 1 côte de bœuf charolais (900 g à 1 kg)
- ☐ 50 g de beurre
- ☐ 1 cuil. à soupe d'huile de tournesol
- ☐ 1 cuil. à soupe de fleur de sel
- ☐ Poivre

Ma variante

Vous pouvez aussi cuisiner la côte de bœuf entièrement à la poêle. Dans ce cas, faites la saisir 3 minutes sur chaque face à feu vif, puis, à feu moyen, poursuivez la cuisson 15 à 20 minutes selon l'épaisseur, en la retournant régulièrement.
Même chose au barbecue !

ROUGE SUR VIANDE ROUGE, RIEN NE BOUGE !

Pour tenir la route face à une côte de bœuf juteuse, saignante et bien saisie, il faut du répondant. Un vin rouge tanique du Bordelais, tel qu'un saint-émilion, sera parfait. Un vin rouge du Languedoc (terrasse-du-larzac, pic-saint-loup) puissant et solaire apportera de la fraîcheur à madame Côte de bœuf. Un bandol rouge tanique et costaud lui fera aussi du bien !

Lundi

08

JUILLET

VEGGIE

ANTI GASPI

MA PIZZA ANTIGASPI

RIEN NE SE PERD, TOUT SE TRANSFORME ! ET LE PAIN RASSIS SE TRANSFORMA EN PÂTE À PIZZA !

Pour 4 personnes
Préparation : 15 min
Cuisson : 20 min

- ❑ 300 g de pain rassis
- ❑ 4 cuil. à soupe d'huile d'olive
- ❑ 3 branches de basilic
- ❑ ½ cuil. à café de sel
- ❑ 2 tomates
- ❑ 3 petits poivrons : rouge, vert et jaune
- ❑ 1 boîte d'anchois roulés à l'huile aux câpres
- ❑ 125 g de billes de mozzarella
- ❑ 1 petite poignée de roquette

1. Préchauffez le four à 170 °C (th. 5-6).

2. Hachez le basilic et coupez le pain en morceaux. Dans un saladier, mouillez le pain avec 30 cl d'eau, versez 2 cuillerées à soupe d'huile d'olive, ajoutez le basilic et salez.

3. Tapissez le fond d'un moule à manqué de pâte de pain et aplatissez-la jusqu'aux bords.

4. Coupez les tomates en morceaux et mixez-les pour en faire un coulis, puis étalez ce coulis sur la pâte de pain.

5. À l'aide d'une mandoline, tranchez les poivrons en fines lanières, puis recouvrez-en le coulis. Versez dessus les 2 cuillerées d'huile d'olive restantes. Répartissez les anchois et les billes de mozzarella.

6. Enfournez la pizza pour 20 minutes environ, selon votre four (il faut que la pâte soit croustillante).

7. À la sortie du four, coupez grossièrement la roquette et parsemez-en la pizza.

LA BOÎTE DE SARDINES À LA TOMATE DE MES JEUNES ÉTÉS AU CAMPING M'A INSPIRÉ POUR CETTE VERSION FRAÎCHE SAISIE À LA PLANCHA !

Pour 4 personnes
Préparation : 15 min
Cuisson : 5 min

Mardi
09
JUILLET

PLANCHA DE SARDINES À LA TOMATE

- 16 à 20 petites sardines
- 4 grosses tomates
- 1 cœur de céleri branche
- 2 gousses d'ail
- 1 bouquet de persil plat
- 4 oignons nouveaux
- Huile d'olive
- Sel et poivre
- Pain

1. Écaillez, videz et coupez la tête des sardines (si elles sont très petites, il n'est pas nécessaire de les vider, brossez-les simplement dans l'eau pour enlever les écailles).

2. Concassez les tomates et le céleri. Pelez l'ail et hachez-le. Hachez le persil et les oignons nouveaux.

3. Faites cuire les sardines 1 à 2 minutes par face sur une partie de la plancha huilée, et faites chauffer les légumes sur l'autre partie, en même temps. Assaisonnez les sardines et les légumes de sel et de poivre.

4. Disposez 4 à 5 petites sardines alignées sur un lit de tomates, ajoutez un filet d'huile d'olive et dégustez aussitôt avec des tranches de pain grillé.

EXPRESS

MIEUX *CHOISIR*

Comme pour tous les poissons, le corps de la sardine doit être ferme et ses écailles luisantes. Ses ouïes doivent être roses. Évitez celles qui ont des taches de sang : elles ont été abîmées et se conserveront moins bien. La sardine reste un poisson fragile qu'il vaut mieux consommer dans les 24 heures suivant l'achat.

Essayez-les en version crue !

Avec des sardines bien fraîches, amusez-vous à les arroser d'une marinade express composée d'huile d'olive, de jus de citron, d'un peu de piment et de ciboulette. Laissez reposer 1 heure au froid et servez-les avec une salade de tomates.

Mercredi

10

JUILLET

TIRAMISU GLACÉ À LA CERISE

1. Lavez, essuyez, équeutez et dénoyautez les cerises. Poêlez-les avec le miel pendant 15 minutes à feu moyen.

2. Pendant ce temps, séparez les blancs d'œufs des jaunes. Faites blanchir les jaunes en les battant avec le sucre. Fouettez le mascarpone pour le rendre crémeux et ajoutez-le, puis versez le kirsch et mélangez bien (l'alcool évitera que la glace devienne trop dure au congélateur).

3. Montez les blancs en neige très ferme. Incorporez-les délicatement à la crème de mascarpone en aérant bien la masse.

4. Dans des verrines, disposez un lit de spéculoos grossièrement écrasés, recouvrez de cerises avec leur jus de cuisson, puis de mousse au mascarpone. Lissez la surface à l'aide d'une spatule, puis laissez reposer au congélateur pendant 4 heures.

5. Sortez les verrines et mettez-les 15 minutes au réfrigérateur avant dégustation. Juste avant de servir, saupoudrez le dessus de copeaux de chocolat blanc prélevés sur la tablette à l'aide d'un économe

À LA PLACE

Si vous avez des enfants à table, remplacez le kirsch par un sirop de cerise ou de grenadine !

Pour 4 personnes
Préparation : 25 min
Cuisson : 15 min
Congélation : 4 h
Réfrigération : 15 min

- 600 g de cerises
- 1 cuil. à soupe de miel
- 3 œufs
- 100 g de sucre
- 250 g de mascarpone
- 2 cuil. à soupe de kirsch
- 100 g de spéculoos
- 40 g de chocolat blanc en tablette

L'ÉTÉ EST PROPICE AUX GRANDES TABLÉES ET AUX PIQUE-NIQUES. VOICI UNE RECETTE ESTIVALE POUR RECEVOIR OU SE FAIRE PLAISIR AVEC DES PRODUITS DE SAISON, MAIS AUSSI AVEC DU FOIE GRAS. À DÉGAINER TOUT L'ÉTÉ !

SALADE
LANDAISE D'ÉTÉ

Pour 4 personnes
Préparation : 15 min

- 400 g de haricots verts extra-fins
- 1 pêche mûre
- 200 g de foie gras de canard mi-cuit
- Fleur de sel
- Poivre du moulin

Pour la vinaigrette

- 2 cuil. à soupe d'huile d'olive
- ½ cuil. à soupe de vinaigre de Xérès

1. Lavez et équeutez les haricots verts. Plongez-les dans une casserole d'eau bouillante salée pendant 6 minutes, puis 5 minutes dans de l'eau glacée. Égouttez et réservez.

2. Pelez la pêche, enlevez le noyau et coupez-la en lamelles.

3. Coupez de fines tranches de foie gras et réservez au frais sur une assiette.

4. Mélangez en battant à la fourchette les ingrédients de la vinaigrette.

5. Dans un saladier, mettez les haricots verts et la pêche, ajoutez la vinaigrette, remuez, puis disposez parcimonieusement les fines tranches de foie gras.

6. Saupoudrez d'une pincée de fleur de sel et d'un tour de moulin à poivre. C'est prêt !

À LA PLACE

Ça marche aussi sans foie gras, tout simplement !

Vendredi

12

JUILLET

Onglet de veau et courgette à la plancha

Pour 4 personnes
Préparation : 15 min
Cuisson : 10 min

- ☐ 4 onglets de veau de 180 g chacun
- ☐ 2 à 3 échalotes
- ☐ 3 courgettes
- ☐ 1 bouquet de ciboulette
- ☐ 4 cuil. à soupe d'huile d'olive
- ☐ 2 cuil. à soupe de vinaigre balsamique blanc
- ☐ Sel et poivre

1. Épluchez, puis émincez les échalotes.

2. Chauffez la plancha légèrement huilée et faites griller les onglets sur toutes les faces. Salez, poivrez, ajoutez les échalotes et faites rôtir le tout 3 à 5 minutes.

3. Pelez les courgettes, coupez-les en rondelles et faites-les sauter sur la plancha à côté des onglets.

4. Pendant ce temps, mélangez l'huile d'olive au vinaigre balsamique et ajoutez-y la ciboulette ciselée.

5. Servez les onglets accompagnés des échalotes et des courgettes sautées à la plancha, le tout arrosé de vinaigrette à la ciboulette.

MIEUX CONNAÎTRE

Le balsamique blanc n'est pas vraiment un vinaigre, faute de pouvoir atteindre les 6° d'alcool acétique : il en compte 5,5 ! À la différence du balsamique traditionnel, il n'a pas subi de vieillissement. Il est fabriqué à partir de moût de raisin pinot blanc de l'année. Aromatique et tonique, il est vif !

FRAMBOISES ET GRANITÉ *citron-basilic*

SANS CUISSON

Samedi
13
JUILLET

Pour 4 personnes
Préparation : 10 min
Congélation : 6 h

- **125 g de framboises fraîches**
- **2 citrons jaunes non traités (ou 1 citron vert + 1 citron jaune)**
- **80 g de sucre**
- **½ bouquet de basilic**

PAS BESOIN DE SORBETIÈRE OU DE TURBINE À GLACE POUR SE FAIRE UN DESSERT GLACÉ ! DÉMONSTRATION AVEC CE GRANITÉ LÉGER ET ULTRA RAFRAÎCHISSANT.

1. Râpez le zeste des citrons et pressez-en le jus. Faites bouillir 20 cl d'eau avec le sucre, le jus et le zeste des citrons. Ciselez finement le basilic frais sauf quelques feuilles pour le décor. Laissez refroidir le sirop de citron, puis ajoutez le basilic ciselé, versez dans un plat large et à bords bas, et placez au congélateur pour 6 heures. Toutes les 2 heures, grattez la surface avec une fourchette pour former le granité.

2. Lorsque le granité est bien pris, versez dans des verres ou des verrines en alternant 1 cuillerée à soupe de granité et quelques framboises entières. Servez très froid, décoré d'une feuille de basilic. Dégustez sans attendre !

Dimanche

14

JUILLET

Ma salade made in France

COCORICO ! POUR CÉLÉBRER LA FÊTE NATIONALE, JE VOUS AI PRÉPARÉ UNE SALADE MADE IN FRANCE ! LA MÊME QUE J'AI FAITE POUR ENCOURAGER LES BLEUS L'ANNÉE DERNIÈRE !

Pour 4 personnes
Préparation : 10 min
Cuisson : 30 à 40 min

- ☐ 400 g de petit épeautre de Haute-Provence IGP
- ☐ 150 g de bleu d'Auvergne (ou de roquefort, fourme d'Ambert, bleu des Causses…)
- ☐ 1 vingtaine de cerises type burlat ou summit
- ☐ 50 g de pousses d'épinard
- ☐ 50 g de noix de Grenoble ou du Périgord
- ☐ 1 citron non traité
- ☐ ½ bouquet de persil plat
- ☐ ½ bouquet de cerfeuil
- ☐ 2 cuil. à soupe d'huile de noisette

Pour la vinaigrette

- ☐ 2 cuil. à soupe d'huile d'olive
- ☐ 1 cuil. à café de vinaigre de cidre
- ☐ 1 cuil. à café de miel
- ☐ Sel et poivre

1. Rincez le petit épeautre. Dans une grande casserole contenant 2 litres d'eau bouillante salée, faites-le cuire pendant 30 minutes environ : il doit être cuit, mais rester croquant. Rafraîchissez-le sous un filet d'eau froide, puis égouttez-le. Dans un saladier, mélangez-le à l'huile de noisette et réservez au frais.

2. Pendant la cuisson du petit épeautre, coupez les cerises en deux et dénoyautez-les.

3. Rincez les pousses d'épinard. Coupez le fromage persillé en petits cubes. Concassez grossièrement les noix. Râpez finement le zeste du citron et prélevez son jus. Effeuillez le persil et le cerfeuil, puis ciselez-les.

4. Lorsque le petit épeautre a refroidi, ajoutez-y tous les autres ingrédients sauf le zeste de citron.

5. Mélangez les ingrédients de la vinaigrette et incorporez-la à la salade de petit épeautre. Servez dans des bols (ou des coupes) et décorez de zeste de citron.

PETIT ÉPEAUTRE DE HAUTE-PROVENCE,
une céréale ancienne remise à l'honneur dans la région !
NOIX DE GRENOBLE OU DU PÉRIGORD,
à vous de choisir !
BLEU D'AUVERGNE,
roquefort, fourme d'Ambert, bleu des Causses, allez les Bleus !

Lundi

15

JUILLET

Mon crumble DE TOMATE

VEGGIE

LE CRUMBLE, ÇA MARCHE AUSSI EN VERSION SALÉE !

Pour 4 personnes
Préparation : 20 min
Cuisson : 1 h

- ☐ 2 kg de tomates bien mûres
- ☐ 2 cuil. à soupe de sucre
- ☐ 100 g de farine
- ☐ 100 g de beurre salé
- ☐ 75 g de chapelure
- ☐ 1 branche de romarin
- ☐ 4 branches de thym citron
- ☐ 75 g de parmesan râpé
- ☐ 1 gousse d'ail
- ☐ Huile d'olive
- ☐ Sel et poivre

1. Préchauffez le four à 150 °C (th. 5).

2. Rincez les tomates et mondez-les (voir ci-dessous).

3. Coupez les tomates en 4 et disposez les quartiers dans un plat. Saupoudrez avec le sucre, arrosez d'un peu d'huile d'olive, salez, poivrez et enfournez pour faire confire (45 à 50 minutes environ).

4. Préparez le crumble dans un saladier en mélangeant du bout des doigts la farine, le beurre coupé en cubes, la chapelure, le romarin et le thym effeuillés, le parmesan râpé, la gousse d'ail pelée et hachée, et un peu de poivre.

5. Montez la température du four à 180 °C (th. 6). Recouvrez de crumble les tomates confites et enfournez pour 15 minutes.

LE STRIP-TEASE DE LA TOMATE !

Monder une tomate consiste à retirer la peau pour profiter de sa chair. Pour cela, faites deux petites incisions en croix sur les fesses de la tomate à l'opposé du pédoncule, plongez-les 30 secondes dans de l'eau bouillante, puis transférez-les dans un bol d'eau froide pour les rafraîchir. Tirez la peau en partant de l'incision : elle se détache facilement !

PLUTÔT QU'UN SANDWICH TRIANGLE, OPTEZ POUR CE CAKE MAISON ! FACILE À TRANSPORTER ET NOURRISSANT, LE CAKE EST LE MEILLEUR AMI DU VACANCIER PIQUE-NIQUEUR.

Pour 6 personnes
Préparation : 15 min
Cuisson : 40 min

Mardi
16
JUILLET

Cake de plage au thon, olives et poivrons

1. Préchauffez le four à 210 °C (th. 7).

2. Égouttez le thon. Rincez, épépinez et coupez les poivrons en petits dés. Coupez les olives en rondelles.

3. Dans un saladier, mélangez la farine et la levure, et formez un puits. Cassez-y les œufs et incorporez progressivement le lait et l'huile.

4. Ajoutez enfin les miettes de thon, les dés de poivron, l'emmental râpé, les olives et la ciboulette ciselée. Salez et poivrez.

5. Beurrez, puis farinez légèrement un moule à cake et enfournez pour 40 minutes de cuisson. Laissez refroidir quelques instants à la sortie du four, démoulez et emportez !

- ☐ 150 g de thon au naturel issu de la pêche raisonnée
- ☐ 2 poivrons
- ☐ 70 g d'olives vertes ou noires dénoyautées
- ☐ 100 g de farine
- ☐ ½ sachet de levure chimique
- ☐ 3 œufs
- ☐ 10 cl de lait
- ☐ 10 cl d'huile
- ☐ 100 g d'emmental râpé
- ☐ 2 branches de ciboulette
- ☐ 1 noix de beurre pour le moule
- ☐ Sel et poivre

Mercredi

17

JUILLET

SALADE

de courgettes grillées

1. Préchauffez le barbecue ou la plancha sur une intensité entre moyenne et élevée.

2. Lavez les courgettes, taillez-les extrémités et pelez-les en laissant une lanière sur deux. Coupez-les en tronçons de 3 cm environ.

3. Dans un récipient, mélangez les courgettes, l'huile d'olive, salez et poivrez. Déposez les courgettes « debout » sur le barbecue ou la plancha, et faites-les griller 3 à 4 minutes, puis retournez-les avec une pince et recommencez : les courgettes doivent rester croquantes. Transférez-les dans un saladier et assaisonnez aussitôt de vinaigre balsamique.

4. Si vous optez pour la plancha, faites dorer les pignons de pin 1 minute en les remuant de temps en temps.

5. Dressez les tronçons de courgettes à la verticale sur une assiette, émiettez la feta par dessus, les pignons de pin et la menthe effeuillée et ciselée. Râpez quelques zestes du citron, arrosez d'un filet d'huile d'olive et dégustez aussitôt. Parfait avec un rosé !

Pour 4 personnes
Préparation : 10 min
Cuisson : 6 à 7 min

- ▢ 6 courgettes
- ▢ 200 g de feta grecque AOP
- ▢ 30 g de pignons de pin
- ▢ ½ bouquet de menthe
- ▢ 5 cuil. à soupe d'huile d'olive
- ▢ 2 cuil. à soupe d'un bon vinaigre balsamique
- ▢ 1 citron non traité
- ▢ Sel et poivre

L'ÉTÉ

en mode rosé

PROVENCE, LANGUEDOC, CORSE

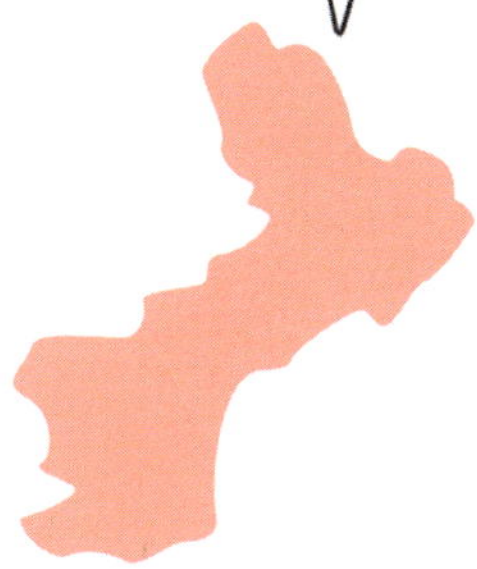

Rosé, que j'aime ta couleur...

Les rosés de Provence sont les plus connus et les plus consommés. Ils marchent sur 3 pieds de vigne de cépage différents : le grenache pour l'ampleur et le gras, la syrah pour le fruité, et le cinsault pour la délicatesse. La Provence a su imposer un style de rosés pâles d'une grande fraîcheur. C'est d'ailleurs la seule région à proposer des grands crus en rosé !

- Bandol
- Les Baux-de-Provence
- Cassis
- Coteaux d'Aix-en-Provence
- Coteaux Varois-en-Provence
- Côtes de Provence

En Languedoc-Roussillon, le rosé représente 19 % de la production régionale et 38 % de la production française. Les principaux sont les mêmes qu'en Provence. Ne passez pas à côté de l'IGP de Camargue, dont les rosés sont obtenus à partir de vignes enfouies dans des zones sableuses.

- Cabardès
- Corbières
- Faugères
- Languedoc
- Malepère
- Minervois
- Côtes du Roussillon
- Collioure

À boire à l'ombre !

La Corse s'est mise au rosé depuis longtemps et aux bons depuis peu. Comme en Provence, les vignerons ont levé le pied sur le soufre pour produire des vins vifs et aromatiques. L'île de Beauté valorise ses cépages autochtones. Le nielluccio, cépage rouge de Patriomonio, donne un beau rosé vif aux arômes de framboise et de groseille. Le sciaccarellu, cépage d'Ajaccio, donne des rosés plus clairs, fruités et légèrement épicés.

- Ajaccio
- Patrimonio
- Corse ou vin de Corse
- IGP Île de Beauté (seule IGP de l'île)

Jeudi
18
JUILLET

FONDANT *AU CHOCOLAT* et coulis de framboises

Pour 4 personnes
Préparation : 20 min
Réfrigération : 4 h

PAS LA PEINE DE CHERCHER MIDI À QUATORZE HEURES POUR TROUVER L'ACCORD PARFAIT DANS UN DESSERT. LE MARIAGE DU CHOCOLAT ET DE LA FRAMBOISE EST UNE VALEUR SÛRE !

- ☐ 300 g de chocolat noir
- ☐ 70 g de beurre demi-sel
- ☐ 50 cl de crème liquide bien froide
- ☐ 250 g de framboises fraîches ou surgelées
- ☐ 50 g de sucre glace

1. Faites fondre le chocolat avec le beurre demi-sel dans une casserole au bain-marie sur feu doux. Mélangez et laissez tiédir.

2. Fouettez la crème liquide tout juste sortie du réfrigérateur jusqu'à ce qu'elle devienne très ferme. Incorporez-la délicatement, en plusieurs fois, au chocolat fondu.

3. Tapissez un moule à cake de papier film. Versez-y la crème au chocolat. Recouvrez de papier film.

4. Mettez le fondant au réfrigérateur pour 4 heures au moins.

5. Mixez les framboises avec le sucre glace pour en faire un coulis.

6. Démoulez le fondant et servez-le en tranches, accompagné de coulis de framboises.

Pour 4 personnes
Préparation : 30 min
Repos : 30 min
Cuisson : 20 min

COUSCOUS SEC AU SARRASIN
légumes et saucisses grillés

- 300 g de sarrasin décortiqué
- 1 petit chou-fleur
- 4 petites carottes
- 4 petites courgettes
- 12 saucisses à griller
- 50 g de beurre demi-sel
- Quelques tiges de menthe
- Sel et poivre

1. Rincez le sarrasin sous un filet d'eau froide, puis mettez-le dans un saladier et couvrez-le de 2 cm d'eau tiède. Réservez 30 minutes.

2. Pendant ce temps, préparez les légumes : détachez le chou-fleur en bouquets et pelez les carottes. Coupez les courgettes en tronçons de 3 cm environ après avoir ôté les extrémités.

3. Faites bouillir un grand volume d'eau salée dans le bas d'un couscoussier ou dans une casserole sur laquelle vous aurez posé une passoire et plongez-y les légumes pour les cuire partiellement (2 à 4 minutes environ).

4. Répartissez le sarrasin dans le panier du couscoussier (ou dans la passoire posée sur une casserole avec un fond d'eau) et faites-le cuire 10 minutes environ à découvert (les grains doivent rester fermes sous la dent). Lorsqu'il est parfaitement cuit, versez le sarrasin dans un saladier et enrobez-le du beurre demi-sel coupé en morceaux.

5. Gardez-le au chaud le temps de faire griller sur le gril du barbecue les saucisses et les légumes précuits.

6. Servez le couscous de sarrasin dans un grand plat, entouré des légumes et saucisses grillés, parsemé de menthe ciselée.

MIEUX CONNAÎTRE

Prenez-en de la graine… de sarrasin !
Le sarrasin existe sous différentes formes : entier ou bien moulu pour faire des galettes ou des pâtes telles que les sobas japonaises (nouilles de couleur brune). Grillé, il se fait appeler kasha. Top pour donner des forces et de la matière à une salade verte ! Concassé, c'est le gruau qui fait de beaux mueslis pour le petit déjeuner… Même si on l'appelle blé noir, le sarrasin n'est pas une céréale, et il ne contient pas de gluten !

Samedi

20

JUILLET

TOUT EST BON DANS LE COCHON ! AVEC CES MORCEAUX DE CHOIX, VOUS AUREZ AFFAIRE À DU TRÈS BON !

Pour 4 personnes
Préparation : 20 min
Cuisson : 15 à 20 min

- 800 g de filet mignon de porc
- 8 fines tranches de jambon serrano
- 8 feuilles de sauge
- 1 aubergine
- 1 courgette
- 1 oignon
- 1 poivron rouge
- 1 gousse d'ail
- 4 petites tomates bien mûres
- 1 piment doux
- 1 bouquet garni (1 feuille de laurier, 1 brin de thym, 1 brin de romarin)
- 1 cuil. à soupe de vinaigre de Xerès
- ½ cuil. à café de sucre
- Sel et poivre
- Huile d'olive

1. Préchauffez le four à 220 °C (th. 7-8).

2. Détaillez le filet mignon en 4 parts de 200 g chacune. Salez légèrement et poivrez bien.

3. Déposez à plat les tranches de jambon, côte à côte, et posez une feuille de sauge sur chacune d'elles. Posez une portion de filet mignon sur le jambon et la sauge, puis enveloppez-la. Serrez bien et ficelez.

4. Saisissez les filets mignons dans une cocotte avec un filet d'huile d'olive. Faites-les colorer rapidement sur toutes les faces, puis enfournez pour 10 à 12 minutes à couvert.

5. Pendant ce temps, rincez et hachez grossièrement tous les légumes, sans oublier l'ail et le piment.

6. Faites chauffer une poêle avec 1 cuillerée à soupe d'huile d'olive et saisissez les légumes 5 à 6 minutes. Versez le vinaigre et le sucre. Prolongez la cuisson encore 1 minute à feu vif. Salez, poivrez et ajoutez le bouquet garni. Couvrez et coupez le feu.

7. Sortez la cocotte du four, retirez les petits rôtis de porc et tranchez chaque filet mignon en 3 tronçons biseautés. Déposez une grosse cuillerée de compotée de légumes au centre des assiettes et la viande par-dessus.

8. Dégustez aussitôt !

- 1 kg de grosses pommes de terre bintje
- 1 l de graisse de bœuf
- Sel fin

Pour 4 personnes
Préparation : 10 min
Cuisson : 10 min

FRITES BELGES

EN CE JOUR DE FÊTE NATIONALE BELGE, LOIN DE MOI L'IDÉE DE RELANCER LE DÉBAT SUR LA PATERNITÉ DE LA FRITE. VOICI LA VÉRITABLE FAÇON DE FAIRE DE NOS AMIS DU PLAT PAYS. DES FRITES, DES FRITES, DES FRITES !

LES 3 COMMANDEMENTS DE LA FRITE BELGE, UNE FOIS !

1 . La pomme de terre bintje, tu prendras.

Sa chair farineuse tient si bien en friture qu'on surnomme cette variété « la reine de la frite ». Pelez les pommes de terre et mettez-les à tremper dans de l'eau tiède. Rincez-les soigneusement. Taillez-les en lamelles de 1 cm d'épaisseur dans la longueur, puis taillez dans ces lamelles des bâtonnets de 1 cm de large. Rincez bien les frites sous un filet d'eau froide pour éliminer l'amidon. Égouttez-les et séchez-les.

2 . De la graisse de bœuf, tu utiliseras.

C'est à elle que l'on doit ce goût légèrement confit. Faites chauffer la graisse de bœuf à 150 °C dans une friteuse ou dans une casserole (la température est importante, car le bain de cuisson ne doit pas être trop chaud). Plongez les frites dans l'huile en les remuant de temps en temps (attention aux éclaboussures). Elles ne doivent pas colorer, mais elles doivent être assez molles une fois sorties de l'huile (comptez 5 à 7 minutes). Égouttez-les sur du papier absorbant. Ce premier bain peut être fait à l'avance.

3 . Dans deux bains, tu la plongeras.

La méthode belge est stricte : un premier bain de friture est nécessaire à 150 °C environ. Les frites doivent ensuite reposer. Puis replongez les frites dans un deuxième bain à 180 °C. Dès qu'elles blondissent, sortez-les. Égouttez-les sur du papier absorbant, salez immédiatement et généreusement. Dégustez avec les doigts !

Lundi

22

JUILLET

Risotto aux petits pois frais, HARICOTS COCO ET CHORIZO

VEGGIE

C'EST LA FIN DES PETITS POIS, MANGEZ LES DERNIERS AVANT L'ANNÉE PROCHAINE !

Pour 4 personnes
Préparation : 10 min
Cuisson : 20 min

- 200 g de petits pois en cosses
- 200 g de haricots coco
- 2 cubes de bouillon de légumes bio
- 1 oignon
- 300 g de riz arborio
- 1 verre de vin blanc sec (20 cl)
- 100 g de beurre
- 1 cuil. à soupe de mascarpone
- 60 g de parmesan
- 12 fines tranches de chorizo
- Huile d'olive

1. Écossez les petits pois et taillez les haricots coco en biseau. Mettez les cubes de bouillon de légumes à fondre dans 2 litres d'eau, portez à ébullition et maintenez très chaud.

2. Pelez et ciselez l'oignon. Faites-le revenir dans un filet d'huile d'olive, sans le colorer. Ajoutez le riz et laissez nacrer légèrement, en mélangeant à l'aide d'une cuillère en bois. Versez un verre de vin blanc et continuez de mélanger jusqu'à ce que l'alcool se soit évaporé. Ajoutez ensuite une louche de bouillon de légumes et laissez réduire tout en mélangeant sans cesse : lorsque le bouillon est absorbé, ajoutez de nouveau une louche, et ainsi de suite. Au bout de 17 minutes de cuisson, le riz doit être cuit.

3. Ajoutez alors le beurre coupé en morceaux, le mascarpone, et râpez le parmesan. Incorporez le tout et laissez 2 minutes à couvert hors du feu.

4. Plongez les légumes verts pendant 2 minutes dans le bouillon de légumes resté chaud et égouttez-les. Mélangez-les au risotto.

5. Dressez le risotto dans des assiettes creuses et décorez de fines tranches de chorizo. Dégustez aussitôt !

BONITE RÔTIE
à la coriandre

Mardi
23
JUILLET

1. Retirez le pédoncule des tomates et coupez-les en deux.

2. Préchauffez le four à 180 °C (th. 6). Versez un peu d'huile dans un grand plat allant au four. Parsemez-le d'un peu de sel, de poivre et de sucre. Ajoutez la moitié des graines de coriandre et le romarin. Disposez les tomates dans le plat, faces tranchées sur le fond, en les serrant bien les unes contre les autres.

3. Huilez et assaisonnez à nouveau d'un peu de sel, de poivre, de sucre et des graines de coriandre restantes. Enfournez pour 1 h 30 (ou faites cuire dans un barbecue à cloche).

4. Faites 3 ou 4 incisions sur le côté peau des filets de bonite. Salez et poivrez.

5. Lorsque les tomates sont bien rôties, ajoutez le basilic et posez les filets de bonite sur les tomates, peau vers le haut. Arrosez-les de jus de cuisson et enfournez pour 20 à 30 minutes. Arrosez-les régulièrement.

6. Posez le plat au centre de la tablée !

Pour 6 à 8 personnes
Préparation : 15 min
Cuisson : 2 h

- ☐ 1,2 kg de filets de bonite désarêtés
- ☐ 2 kg de tomates rouges, vertes, jaunes (si possible du même calibre)
- ☐ 3 cuil. à soupe de graines de coriandre
- ☐ 3 branches de romarin
- ☐ 1 bouquet de basilic nain
- ☐ Huile d'olive
- ☐ Sucre, sel et poivre

MIEUX *CONNAÎTRE*

La bonite est la cousine méconnue du thon ! Elle est plus petite, et son dos est bleu sombre, strié de bandes obliques… Mais surtout elle est aussi savoureuse que son cousin, un peu plus douce, un peu plus tendre, et ses stocks sont abondants !

Mercredi
24
JUILLET

LA CHACHOUKA EST UN PLAT D'AFRIQUE DU NORD QUI CONNAÎT AUTANT DE VARIANTES QUE DE PERSONNES QUI LA CUISINENT ! ON PEUT LA DÉGUSTER COMME UN PLAT COMPLET. EN ISRAËL, ON LA CONSOMME DÈS LE PETIT DÉJEUNER. DANS MA VERSION, JE VOUS PROPOSE D'Y AJOUTER DE LA FETA POUR LA RENDRE ENCORE PLUS GOURMANDE !

VEGGIE

Pour 4 personnes
Préparation : 15 min
Cuisson : 25 à 30 min

- 2 oignons
- 4 poivrons rouges, jaunes et verts mélangés
- 8 tomates bien mûres ou 1 boîte de tomates concassées de 400 ml
- 4 gros œufs fermiers
- 200 g de feta grecque AOP
- 6 branches de persil plat
- 8 branches de coriandre
- 2 cuil. à café de cumin en poudre
- 2 cuil. à café de paprika en poudre
- 1 cuil. à soupe de concentré de tomate
- 1 cuil. à café de flocons de piment de Cayenne
- 1 branche de thym
- Huile d'olive
- Sel et poivre

1. Pelez et ciselez les oignons.

2. Épépinez les poivrons, ôtez le pédoncule et les graines. Coupez-les en lanières dans la longueur. Coupez les tomates en cubes.

3. Dans une large poêle, faites chauffer un filet d'huile d'olive. Faites revenir les oignons jusqu'à les attendrir, puis ajoutez les poivrons, le persil et la moitié de la coriandre effeuillés. Laissez cuire pendant une dizaine de minutes.

4. Versez les tomates concassées, puis le concentré de tomate et les épices. Salez, poivrez, ajoutez la feta émiettée et la branche de thym. Couvrez et laissez compoter 15 à 20 minutes à feu doux.

5. Ôtez le couvercle et goûtez : lorsque la compotée de légumes est épaisse et concentrée en épices, cassez les œufs un à un aux quatre coins de la poêle, comme pour un œuf au plat.

6. Laissez cuire jusqu'à ce que les œufs soient juste pris. Parsemez du reste de coriandre ciselée. Servez avec des tranches de pain bien frais ou des pains pitas.

L'AMANDINE EST UNE TARTE SUCRÉE QUI TIENT SON NOM DE SON INGRÉDIENT ESSENTIEL : L'AMANDE. GARNIE DE FRUITS, ELLE S'ADAPTE AUX SAISONS !

Jeudi
25
JUILLET

TARTE AMANDINE AUX FRUITS ROUGES

1. Préchauffez le four à 180 °C (th. 6). Foncez un moule à tarte avec la pâte brisée.

2. Mélangez le sucre et les amandes. Incorporez le beurre en petits morceaux, puis versez les œufs battus. Incorporez les fruits délicatement et versez la préparation sur le fond de tarte.

3. Enfournez pour 30 à 35 minutes : l'amandine doit être bien dorée. Laissez-la refroidir hors du four avant de la trancher.

Pour 6 personnes
Préparation : 15 min
Cuisson : 30 à 35 min

- ☐ 250 g de pâte brisée (voir mon atelier « main à la pâte » page 362)
- ☐ 250 à 300 g de fruits rouges
- ☐ 100 g de sucre en poudre
- ☐ 100 g de poudre d'amandes
- ☐ 90 g de beurre
- ☐ 2 œufs

TARTE-LETTRES

DANS SA PIÈCE DE THÉÂTRE *CYRANO DE BERGERAC* (1897), LE DRAMATURGE EDMOND ROSTAND FAIT RÉCITER AU PÂTISSIER RAGUENEAU SA RECETTE DE L'AMANDINE.

Ragueneau.

Comment on fait les tartelettes amandines.
Battez, pour qu'ils soient mousseux,
Quelques œufs ;
Incorporez à leur mousse
Un jus de cédrat choisi ;
Versez-y
Un bon lait d'amande douce ;
Mettez de la pâte à flan
Dans le flanc
De moules à tartelette ;
D'un doigt preste, abricotez
Les côtés ;
Versez goutte à gouttelette
Votre mousse en ces puits, puis
Que ces puits
Passent au four, et, blondines,
Sortant en gais troupelets,
Ce sont les
Tartelettes amandines !

Les poètes, la bouche pleine.

Exquis ! Délicieux !

Un poète, s'étouffant.

Homph !

Vendredi

26

JUILLET

J'AI CUISINÉ CETTE RECETTE DANS MON ÉMISSION DE TF1 AVEC UN JEUNE ÉLEVEUR DE POULETS FERMIERS JAUNES DES LANDES. JE LUI AI FAIT DÉCOUVRIR CETTE CUISSON À LA PLANCHA ET LUI M'A FAIT DÉCOUVRIR SON POULET BIEN ÉLEVÉ, NOURRI AU MAÏS. ACCORD PARFAIT AVEC LA PÊCHE ET LE THYM FRAIS !

POULET AUX PÊCHES *à la plancha*

MIEUX S'ORGANISER

Achetez plus de pêches que nécessaire, vous en aurez besoin ce dimanche !

Pour 4 personnes
Préparation : 10 min
Cuisson : 25 à 30 min

- ☐ 1 poulet jaune des Landes de 1,4 kg, coupé en 12 morceaux (manchons, ailerons, pilons, hauts de cuisses séparés et blancs coupés en 2)
- ☐ 2 ou 3 pêches (mûres à point)
- ☐ 4 oignons rouges nouveaux en botte
- ☐ 1 gros brin de thym frais
- ☐ 1 petit verre de vin blanc sec
- ☐ Quelques champignons de saison
- ☐ Huile d'olive
- ☐ Sel et poivre

1. Salez généreusement la peau des morceaux de poulet. Faites cuire tous les morceaux, sauf les blancs, pendant 15 à 20 minutes sur une plancha légèrement huilée en les retournant de temps en temps.

2. Pendant ce temps, coupez en quartiers les pêches, les oignons nouveaux avec le vert (réservez du vert pour le dressage) et les champignons choisis.

3. Au bout de 15 à 20 minutes de cuisson, déglacez les sucs de cuisson avec le vin blanc pendant 2 minutes.

4. Ajoutez le thym, les blancs de poulet, les oignons, les pêches et les champignons. Faites revenir le tout 6 à 8 minutes supplémentaires.

5. Salez légèrement, poivrez et servez aussitôt après avoir parsemé du vert d'oignon ciselé.

POUR MIEUX MANGER TOUTE L'ANNÉE, IL NE FAUT PAS HÉSITER À CUISINER DE NOUVEAUX COQUILLAGES. J'AI REDÉCOUVERT LES TELLINES LORS D'UN DÉJEUNER EN ANDALOUSIE. ON TROUVE AUSSI CES PETITS COQUILLAGES SUR NOS CÔTES. JE TROUVE LEUR SAVEUR ENCORE PLUS FINE QUE CELLE DES COQUES. C'EST DIRE... TOUS AUX TELLINES !

Samedi
27
JUILLET

Tellines et fenouils À LA PLANCHA SEMOULE AUX HERBES

Pour 4 personnes
Préparation : 25 min
Cuisson : 10 min
Dessablage : 2 à 3 h

- 1 kg de tellines
- 4 mini-fenouils
- 1 bouquet de persil plat
- 3 gousses d'ail
- 400 g de semoule à cuisson rapide
- 1 noix de beurre
- Huile d'olive
- Sel et poivre

1. Faites dessabler les tellines dans un grand saladier rempli d'eau froide salée pendant 2 heures minimum, en changeant l'eau de trempage régulièrement. Puis rincez-les bien et égouttez-les.

2. Rincez les mini-fenouils et coupez-les en 4. Effeuillez le persil et ciselez-le. Pelez l'ail et hachez-le.

3. Faites bouillir un demi-litre d'eau salée. Mettez la semoule dans un saladier et versez l'eau bouillante dessus. Couvrez et laissez gonfler 4 minutes.

4. Pendant ce temps, faites chauffer une plancha à chaleur forte. Huilez-la et posez-y les quartiers de fenouil. Faites-les griller sur toutes les faces, le temps de les attendrir, puis réservez-les. Versez alors sur la plancha les tellines rincées et bien égouttées ; remuez-les sans cesse jusqu'à ce qu'elles s'ouvrent. Ajoutez alors le persil et l'ail, et mélangez aux coquillages.

5. Égrainez la semoule avec une fourchette et faites fondre à l'intérieur la noix de beurre en continuant d'égrainer.

6. Incorporez à la semoule les tellines persillées et servez dans des assiettes creuses après avoir disposé dessus 4 quartiers de fenouil grillé.

Dimanche
28
JUILLET

TIAN PÊCHES ABRICOTS

1. Préchauffez le four à 200 °C (th. 6-7).

2. Coupez en deux les pêches et les abricots, et dénoyautez-les. Coupez ensuite chaque moitié de fruit en deux ou en trois dans la hauteur, pour obtenir des tranches de 3 à 5 mm d'épaisseur.

3. Disposez-les à la verticale dans un plat allant au four en alternant tranches de pêche et tranches d'abricot. Badigeonnez-les d'huile d'olive et de miel, puis enfournez pour 10 minutes.

4. Sortez le plat du four et posez la branche de romarin sur les fruits. Enfournez de nouveau pour 10 minutes.

5. À la sortie du four, parsemez le tian de feuilles de menthe ciselées. Dégustez chaud ou tiède, avec une glace à la pistache ou au lait d'amande.

Pour 4 personnes
Préparation : 10 min
Cuisson : 20 min

- ☐ 12 pêches blanches
- ☐ 12 abricots un peu fermes
- ☐ 1 branche de romarin
- ☐ 4 cuil. à soupe d'huile d'olive
- ☐ 4 cuil. à soupe de miel
- ☐ 4 brins de menthe
- ☐ ½ l de glace au lait d'amande ou à la pistache

MIEUX *CONNAÎTRE*

Un tian vaut mieux que deux tu l'auras ! Le tian est un terme provençal qui désigne un récipient en terre cuite. C'est le contenant qui a donné son nom au contenu : de fines tranches de légumes du Midi collées-serrées à la verticale, posées sur des oignons hachés et recouvertes d'huile d'olive. Cette proximité va permettre aux légumes de cuire dans leur jus. Les saveurs s'échangent sans se mélanger. Et n'oubliez pas les tians de poisson et de viande !

Lundi
29
JUILLET

ANTI GASPI

SPAGHETTIS AUX MERGUEZ

VOICI COMMENT SE RÉGALER EN DONNANT UNE DEUXIÈME VIE À DES RESTES DE MERGUEZ.

Pour 4 personnes
Préparation : 25 min
Cuisson : 30 min

- 500 g de spaghettis
- 4 merguez cuites au barbecue ou à la poêle
- 500 g de tomates cerises
- 3 poivrons rouges
- 6 brins de coriandre
- 2 gousses d'ail
- 1 cuil. à café de sucre en poudre
- 1 feuille de laurier
- Huile d'olive
- Sel et poivre

1. Rincez et coupez les tomates cerises en deux dans la longueur. Ôtez le pédoncule des poivrons, coupez-les en deux, puis épépinez-les et taillez-les en petits cubes.

2. Effeuillez la coriandre.

3. Pelez et ciselez très finement les gousses d'ail, puis faites-les revenir dans une poêle avec un trait d'huile d'olive. Lorsque l'ail blondit, ajoutez les tomates cerises coupées en deux, le sucre en poudre, une pincée de sel, du poivre et un fond d'eau.

4. Laissez fondre les tomates quelques instants, puis ajoutez les cubes de poivrons et la feuille de laurier.

5. Les légumes doivent mijoter à feu doux, jusqu'à devenir fondants (20 minutes environ).

6. 10 minutes avant la fin de la cuisson des légumes, faites chauffer un grand volume d'eau salée, puis plongez-y les spaghettis selon le temps indiqué sur le paquet pour qu'ils soient *al dente*.

7. Égouttez-les, puis versez-les dans la poêle contenant la sauce tomates-poivrons. Ajoutez les merguez déchiquetées à la main et remuez bien, le temps de les réchauffer.

8. Servez les spaghettis dans des assiettes creuses, décorés de feuilles de coriandre, et dégustez aussitôt.

OUI, LE MELON SE MANGE AUSSI GRILLÉ. QUI L'EÛT CRU ? ESSAYEZ CET ÉTÉ !

Mardi
30
JUILLET

VEGGIE

Pour 4 personnes
Préparation : 10 min
Cuisson : 4 à 5 min

- ☐ 2 melons
- ☐ 1 concombre
- ☐ 50 g de chèvre bien sec

Pour l'huile au basilic

- ☐ 10 cl d'huile d'olive
- ☐ 1 bouquet de basilic
- ☐ Le jus de 1 citron
- ☐ Sel et poivre

MELON CRU ET GRILLÉ,
concombre et chèvre

1. Préchauffez le barbecue sur une intensité moyenne à élevée.

2. Préparez l'huile au basilic : mixez les trois quarts des feuilles du basilic, la moitié du jus de citron, l'huile d'olive, et ajoutez une pincée de sel et du poivre. Réservez.

3. Coupez les melons en deux et enlevez les graines. Tranchez les extrémités bien droit afin de stabiliser chaque moitié de melon sur une assiette.

4. Posez-les sur le barbecue et faites griller 4 à 5 minutes, le temps qu'apparaissent de jolies stries brunes. Salez et poivrez.

5. Rincez le concombre et, à l'aide d'un rasoir à légumes ou d'une mandoline, prélevez des tagliatelles.

6. Posez un demi-melon sur chaque assiette, et badigeonnez-le d'huile au basilic. Remplissez le demi-melon de tagliatelles de concombre, arrosez de nouveau d'huile au basilic, du reste de jus de citron, et râpez un demi-chèvre sec sur le tout. Terminez par quelques feuilles de basilic pour décorer et dégustez aussitôt.

Mercredi

31

JUILLET

GRAND CLASSIQUE

SAUTÉ DE VEAU AUX OLIVES

EN ÉTÉ, J'AIME AUSSI FAIRE DES MIJOTÉS. ÇA LAISSE LE TEMPS DE BRONZER !

Pour 4 à 6 personnes
Préparation : 20 min
Cuisson : 1 h 30 à 2 h

- ❑ 500 g d'épaule de veau
- ❑ 500 g de collier de veau
- ❑ 500 g de flanchet de veau, le tout coupé en gros cubes
- ❑ 150 g de petites olives noires
- ❑ 4 grosses tomates bien mûres
- ❑ 3 gousses d'ail
- ❑ 4 échalotes
- ❑ 1 cuil. à soupe de farine (facultatif)
- ❑ 1 cuil. à soupe de concentré de tomate
- ❑ 75 cl de vin blanc sec
- ❑ 6 à 8 feuilles de sauge
- ❑ Huile d'olive
- ❑ Sel et poivre

1. Coupez les tomates en cubes. Pelez et hachez l'ail et les échalotes.

2. Dans une cocotte, saisissez les morceaux de veau avec un filet d'huile d'olive.

3. Ajoutez les échalotes et l'ail hachés. Baissez le feu et mélangez 2 minutes. Saupoudrez de farine si vous le souhaitez et laissez roussir 2 minutes supplémentaires.

4. Ajoutez le concentré de tomate et les tomates fraîches. Salez, poivrez, versez le vin blanc de façon à recouvrir largement la viande et complétez avec de l'eau si nécessaire.

5. Ajoutez les feuilles de sauge, les olives et laissez cuire à petits bouillons 1 h 30 à 2 heures, à couvert.

6. Servez dans la cocotte et dégustez avec un bon riz basmati.

MIEUX CONNAÎTRE

Les olives noires et les olives vertes sont bel et bien le même fruit de l'olivier. Les noires sont récoltées mûres tandis que les vertes sont récoltées avant maturation, encore amères. Profitez de l'été pour découvrir l'olive noire de Nyons. Elle bénéficie d'une AOP, et sa peau légèrement ridée à maturité cache une chair douce et parfumée.

AOÛT
au marché

MES INCONTOURNABLES

1 LES MOULES DE BOUCHOT

« Bouchot » n'est ni une ville ni une variété de moules, c'est le nom donné aux piquets sur lesquels on élève les moules sur le littoral atlantique (de la Normandie à l'Aquitaine). On les récolte tout au long de l'été, alors profitez-en si vous êtes au bord de la mer ce mois-ci et rendez-vous le mardi 20 août pour les cuisiner façon marinière.

2 LE POIVRON

Il y en a de toutes les couleurs, en été ! C'est une question de maturité et de variété. Le vert est le plus précoce, le jaune se situe au milieu, et le rouge est le plus mûr. Il est l'ingrédient immanquable des brochettes, du poulet basquaise et de la ratatouille. Retirez la peau pour qu'il soit plus digeste.

3 LA MIRABELLE

La Lorraine concentre 80 % de la production mondiale ! Ce n'était pas gagné d'avance, car elle a failli disparaître dans les années 1970 en raison de sa très courte saison (fin août – début septembre) qui dérangeait. Jaune pigmenté de rouge, un goût unique et délicat : je suis accro !

LES FRUITS ET LÉGUMES *DU MOIS*

CHEZ LE MARAÎCHER

Légumes :

- Aneth
- Artichaut
- Aubergine
- Basilic
- Blette
- Brocoli
- Cèpe
- Cerfeuil
- Ciboulette
- Concombre
- Coriandre
- Courgette
- Cresson
- Échalote
- Épinard
- Estragon
- Fenouil
- Fève
- Haricot vert
- Laitue
- Laurier
- Maïs
- Menthe
- Navet
- Oignon
- Origan
- Oseille
- Persil
- Poivron
- Pomme de terre
- Romarin
- Salade
- Thym
- Tomate

Fruits :

- Abricot
- Brugnon
- Cassis
- Figue
- Framboise
- Groseille
- Melon
- Mirabelle
- Mûre
- Myrtille
- Nectarine
- Pastèque
- Pêche
- Poire
- Pomme
- Prune

MAIS AUSSI CHEZ LE POISSONNIER :

moules de bouchot, anchois, daurade grise, maquereau, sardine, rouget, lieu jaune, lieu noir, merlan, araignée de mer, langoustines, homard, bar

ET CÔTÉ FROMAGER :

camembert, bleu de Bresse, tomme de Savoie, chabichou, livarot, brillat-savarin

EN AOÛT
mes conseils pour
APPRIVOISER SON CONGÉLO

Il fait chaud ! Et si on profitait d'une envie de fraîcheur pour s'occuper du congélateur ?

Ce mois-ci, je fais connaissance avec mon congélo !

- J'ADOPTE LE RÉFLEXE CONGÉLATION POUR ÉVITER DE GASPILLER.
- J'ÉTIQUETTE ET JE LISTE LES INGRÉDIENTS CONGELÉS.
- JE SAIS TOUT SUR LES BIENFAITS (ET CERTAINS RISQUES) DE LA CONGÉLATION.

1 LE CONGÉLATEUR, UN ALLIÉ ANTIGASPI !

Congeler, c'est le meilleur moyen de ne plus gaspiller. Un plat cuisiné en trop grande quantité ? Un pain frais dont il reste la moitié ? Direction le congélateur, pour une conservation longue durée !

MON ASTUCE

Je stocke dans des petits contenants pour ne pas devoir tout décongeler à la fois et me servir au fil de mes besoins. Je congèle des aliments préalablement refroidis et je les étiquette en précisant la date de congélation.

2 LE CONGÉLATEUR, UN AMI QUI NOUS VEUT DU BIEN !

La congélation fournit non seulement des solutions miracles quand on est pressé ou que des amis arrivent à l'improviste, mais elle conserve aussi le goût, les vitamines, et permet de consommer certains aliments saisonniers toute l'année !

Mes indispensables du congélo

- Pain et pâtes à tarte maison.
- Des fruits et légumes frais, lavés, épluchés et découpés.
- Viandes et poissons détaillés et éviscérés.
- Un paquet de petits pois surgelés pour soulager les bosses et les bleus ☺
- Et, bien sûr, des glaçons !

3 JE BICHONNE MON CONGÉLO...

... dont la température doit rester constante, de – 18 °C à – 20 °C. Pas de témoin lumineux ? Investissez dans un thermomètre. Attention aux portes qui restent ouvertes, et quand il est vide, profitez-en pour le nettoyer à fond !

MÊME AU CONGÉLO, LES PRODUITS ONT UNE DURÉE DE VIE LIMITÉE !

- Le pain se congèle très bien, mais pour une courte durée. Au bout d'une semaine, le froid commence à le brûler, parole d'un meunier rencontré en reportage !
- La viande hachée se conserve 2 mois, la viande non hachée 6 à 8 mois maximum, sinon la texture et le goût se dégradent.
- Les restes de plats cuisinés se conservent 3 à 4 mois, tout comme le poisson.

4 JE MAÎTRISE LES RÈGLES DU GRAND FROID

Vous connaissez la maxime : on ne recongèle jamais un produit décongelé, sous peine d'intoxication alimentaire !

Décongelez les produits dans le frigo ou cuisinez-les immédiatement pour éviter la prolifération de bactéries.

Jeudi

01

AOÛT

FLANS DE COURGETTE...

VOICI UN VRAI CLASSIQUE DE LA CUISINE D'ÉTÉ POUR DÉMARRER LE MOIS D'AOÛT ! ET DEMAIN, ATELIER COULIS DE TOMATE POUR L'ACCOMPAGNER !

VEGGIE

Pour 4 personnes
Préparation : 20 min
Cuisson : 30 à 35 min
Repos au frais : 30 min

- 500 g de petites courgettes
- 20 cl de crème liquide
- 4 œufs
- 2 jaunes d'œufs
- 1 noix de beurre pour les moules
- 30 g de gros sel
- Sel et poivre du moulin

Matériel :

- 6 moules individuels de 8 cm de diamètre

1. Préchauffez le four à 170 °C (th. 5-6).

2. Faites bouillir 3 litres d'eau et 30 g de gros sel dans une casserole.

3. Lavez les courgettes, tranchez-les en fines rondelles et plongez-les dans l'eau en ébullition pendant 3 minutes, puis, pendant 30 secondes, dans un saladier d'eau glacée pour arrêter la cuisson.

4. Réservez 4 rondelles de courgette, mettez le reste dans une casserole avec la crème liquide et faites chauffer à feu moyen. À la première ébullition, retirez du feu et mixez. Passez au travers d'une passoire fine en pressant bien pour obtenir une crème de courgette très lisse.

5. Battez les œufs et les jaunes en omelette en incorporant la crème de courgette. Salez et poivrez.

6. Disposez 1 rondelle de courgette dans le fond des moules individuels, légèrement beurrés. Remplissez de crème de courgette et faites cuire au four, dans un bain-marie, pendant 20 à 25 minutes.

7. Laissez refroidir hors du four, puis réservez au frais pendant au moins 30 minutes (jusqu'à 2 jours). Servez avec quelques feuilles d'épinard éventuellement pour décorer.

... ET COULIS DE TOMATE AU BASILIC

VEGGIE

Pour 4 personnes
Préparation : 10 min
Cuisson : 25 min
Réfrigération : 30 min

- 400 g de tomates bien mûres, sans la peau
- 5 à 6 feuilles de basilic
- 1 petite gousse d'ail
- 1 échalote
- 1 cuil. à soupe de jus de citron
- 1 cuil. à soupe d'huile d'olive vierge
- Sel et poivre du moulin

1. Pelez, puis hachez l'ail et l'échalote. Hachez le basilic.

2. Faites chauffer une poêle avec l'huile d'olive sur feu moyen. Ajoutez l'ail et l'échalote hachés, et faites-les revenir pendant 1 minute.

3. Ajoutez les tomates, écrasez-les à l'aide d'une fourchette, arrosez de jus de citron et laissez mijoter 25 minutes.

4. Passez cette préparation au travers d'une passoire fine en pressant bien afin d'obtenir un coulis de tomate très lisse.

5. Salez, poivrez, ajoutez le basilic haché et réservez au frais pendant 30 minutes au moins (jusqu'à 2 jours).

6. Servez les petits flans de courgette froids d'hier, démoulés et entourés de coulis de tomate au basilic.

ENTRE *nous*

Pensez à ce coulis de tomate au basilic pour accompagner les cuisses de dinde au barbecue du 18 août ou le pain de viande à l'italienne du 25 août.

SENSUEL, JUTEUX ET PARFUMÉ, L'ABRICOT SE LAISSE CARESSER PAR LA BELLE PÂTE À GÂTEAU. PLAISIR ET GOURMANDISE ASSURÉS !

Pour 6 à 8 personnes
Préparation : 20 min
Cuisson : 30 à 35 min
Réfrigération : 2 h

Samedi
03
AOÛT

MON GÂTEAU BASQUE AUX ABRICOTS

- 6 à 8 abricots frais
- 300 g de farine
- 1 œuf entier + 2 jaunes
- 1 sachet de levure chimique
- 170 g de sucre en poudre + 1 cuil. à soupe
- 1 citron non traité
- 170 g de beurre
- 1 jaune d'œuf + 1 cuil. à soupe de lait pour la dorure
- 1 pincée de sel fin

Matériel :

- 1 moule à manqué de 20 cm de diamètre environ

1. Versez la farine dans un saladier et formez un puits. Ajoutez les œufs battus, la levure, le sucre, le sel, le zeste du citron râpé et le beurre coupé en petits morceaux. Incorporez le tout jusqu'à l'obtention d'une pâte lisse. Formez une boule et laissez-la reposer au minimum 2 heures à couvert au réfrigérateur.

2. Pendant ce temps, coupez les abricots en deux et dénoyautez-les. Mettez-les dans un plat et saupoudrez-les de la cuillerée à soupe de sucre. Beurrez et farinez le moule à manqué.

3. Préchauffez le four à 180 °C (th. 6).

4. Divisez la pâte en deux (un tiers et deux tiers). Abaissez le plus gros morceau de pâte et foncez le moule avec celui-ci en laissant un bourrelet sur le bord.

5. Disposez les oreillons d'abricots sur la pâte avec le jus qui s'est écoulé. Abaissez le deuxième morceau de pâte et couvrez les abricots. Soudez les bords des pâtes ensemble en pressant avec vos doigts. Dorez le dessus avec le jaune d'œuf et le lait battus.

6. Rayez la surface de la pâte à l'aide d'une fourchette et enfournez pour 30 à 35 minutes (vérifiez la cuisson avec la lame d'un petit couteau).

7. Laissez refroidir complètement avant de démouler le gâteau et dégustez à l'heure du goûter !

MIEUX CHOISIR

Rouge du Roussillon, orangé de Provence, bergeron : c'est le tiercé gagnant des abricots en ce début août. Voici mes petits trucs pour faire le bon choix.

Ne vous fiez pas à sa couleur. La coloration du fruit se produit avant qu'il ne soit mûr et ne constitue pas une garantie de saveur.

Tâtez et sentez le fruit. Il doit être charnu, souple au toucher et parfumé.

Passez votre chemin s'il est dur comme un caillou. Il a été cueilli très tôt pour privilégier le transport. Comme de nombreux fruits à noyau, il ne mûrit plus après avoir été cueilli.

BROCHETTES PARTY !

Brochettes d'agneau, de légumes, de fruits et guimauve

Mon conseil

Tout l'art du barbecue réside dans la chaleur de la braise. Préparez-le un peu à l'avance. Les braises doivent être mourantes, encore rouges, mais pas ardentes. Placez la grille 10 cm au-dessus du foyer.

Dimanche

04

AOÛT

FAITES CHAUFFER LES BRAISES ! VOICI MON MENU COMPLET SPÉCIAL BROCHETTES POUR FAIRE TOURNER LE BBQ EN 24 MINUTES CHRONO !

Pour 4 personnes
Préparation : 15 min
Cuisson : 20 min

Pour les brochettes d'agneau

- 4 rognons d'agneau préparés
- 4 côtes premières d'agneau
- 400 g de gigot ou d'épaule d'agneau coupé en cubes

Pour les brochettes de légumes

- 2 poivrons rouges
- 2 courgettes
- 2 aubergines
- 8 champignons de Paris
- 8 oignons grelots frais
- 2 branches de romarin
- 4 cuil. à soupe d'huile d'olive
- Sel fin et poivre du moulin

Pour la brochette de bonbons et les brochettes de fruits

- 4 figues
- 4 abricots
- 8 fraises
- Cannelle
- 20 cubes de guimauve du pâtissier

1. Préparez et allumez à l'avance le barbecue pour obtenir de bonnes braises.

2. Déposez les poivrons sur la grille du barbecue et retournez-les régulièrement pour les griller uniformément.

3. Confectionnez les brochettes d'agneau : alternez les rognons, les côtes et le gigot sur des piques à brochettes. Mettez-les à mariner avec l'huile d'olive, le romarin et le poivre du moulin (la viande sera salée en fin de cuisson).

4. Au tour des brochettes de légumes : découpez des cubes de courgettes, d'aubergines, et alternez-les en ajoutant les champignons et les oignons grelots. Salez, poivrez et mettez également à mariner dans l'huile d'olive avec le romarin. Retirez les poivrons de la grille du barbecue, épluchez-les dans un bol d'eau froide et taillez-les en lanières.

5. Mettez à cuire les brochettes de viande et de légumes sur le barbecue.

6. Dressez toutes les brochettes dans une assiette et disposez les lanières de poivrons sur celles-ci. Salez la viande.

7. Préparez les brochettes de fruits : coupez les figues et les abricots en deux et piquez-les sur les piques à brochettes, en alternant avec les fraises. Mettez-les à cuire après les brochettes salées et saupoudrez-les d'un peu de cannelle en fin de cuisson.

8. Enfin, disposez quelques guimauves au bout de grandes piques en bois et passez-les 2 minutes dans les braises avant que celles-ci ne s'éteignent.

Lundi

05

AOÛT

TABOULÉ LIBANAIS

VEGGIE

AH ! LE TABOULÉ LIBANAIS, MES AMIS... C'EST LE PLAT LE PLUS CONNU DU TRADITIONNEL MEZZÉ, CET ÉVENTAIL DE HORS-D'ŒUVRE. UNE FOIS QU'ON A GOÛTÉ À CE VRAI TABOULÉ, IMPOSSIBLE DE NE PAS Y RETOURNER !

Pour 4 personnes
Préparation : 20 min
Réfrigération : 30 min

- 2 citrons
- 50 g de boulgour brun
- 3 tomates moyennes
- 2 oignons botte
- 2 à 3 bouquets de persil plat
- 1 petit bouquet de menthe
- 8 à 10 cl d'huile d'olive
- Sel et poivre du moulin

1. Pressez les citrons pour en extraire le jus.

2. Rincez le boulgour dans un saladier d'eau, puis égouttez-le soigneusement, mettez-le dans un saladier et arrosez-le de la moitié du jus de citron avant de le réserver au frais.

3. Pendant ce temps, épépinez et coupez les tomates en tout petits dés, et émincez finement les oignons botte. Hachez finement au couteau les feuilles de persil et de menthe.

4. Répartissez le tout sur le boulgour, salez, poivrez et arrosez du jus de citron restant. Versez l'huile d'olive et mélangez.

5. Rectifiez l'assaisonnement et laissez reposer le taboulé 30 minutes au réfrigérateur avant de le déguster bien frais.

AU SECOURS *le goût !*

Le mot « taboulé » tient son nom de l'arabe *tabulah* qui signifie « salade assaisonnée ». Le taboulé libanais est l'originel. Rien à voir avec ces barquettes de taboulé dit « à l'orientale », vendues dans le commerce, avec des raisins secs et de la semoule de blé à la place du boulgour. Sans parler des mauvaises huiles végétales qui dénaturent le goût !

Papillons de sardines, BROUSSE ET MENTHE

Mardi
06
AOÛT

RASSUREZ-VOUS, IL NE S'AGIT PAS D'UN CROISEMENT TRANSGÉNIQUE, MAIS D'UNE PRÉPARATION PERMETTANT DE PROFITER DES CÔTÉS « PILE ET FACE » DU PETIT POISSON BLEU. LA FARCE, JE LA DOIS À LA CHEFFE REINE SAMMUT. ELLE ME L'A FAIT GOÛTER LORS DE MA PREMIÈRE VISITE DANS SON AUBERGE DE LA FENIÈRE, PRÈS DE LOURMARIN.

Pour 4 personnes
Préparation : 15 min
Cuisson : 10 min

- 12 belles sardines vidées
- 1 brousse de brebis (125 g)
- 1 botte de menthe
- 2 cuil. à soupe d'huile d'olive
- Sel et poivre

1. Préchauffez le four à 180 °C (th. 6).

2. Ôtez la tête des sardines et l'arête centrale en laissant les deux filets attachés. Rincez bien les sardines et séchez-les avec du papier absorbant. Mélangez la brousse avec la menthe ciselée et l'huile d'olive, salez et poivrez.

3. Étalez un peu de cette farce sur chaque sardine et refermez en appuyant légèrement.

4. Déposez les sardines sur une plaque allant au four, versez un filet d'huile d'olive et laissez cuire 10 minutes.

VARIANTE

Vous pouvez également cuire les sardines au barbecue : déposez-les sur la grille en ayant pris soin de les ficeler et faites-les cuire 5 minutes de chaque côté.

Mercredi

07

AOÛT

MES BURGERS de poulet AU GUACAMOLE

Pour 4 personnes
Préparation : 15 min
Cuisson : 10 min

- ☐ 4 petits pains pour hamburgers
- ☐ 4 blancs de poulet fermier ou Label Rouge
- ☐ 2 avocats bien mûrs
- ☐ 2 petits oignons blancs frais
- ☐ 1 citron vert
- ☐ Quelques brins de coriandre
- ☐ Quelques gouttes de Tabasco®
- ☐ 4 feuilles de salade
- ☐ 1 grosse tomate
- ☐ 1 petit-suisse
- ☐ Un peu de farine pour les doigts
- ☐ 2 cuil. à soupe d'huile
- ☐ Sel et poivre

DE NOS JOURS, LE BURGER EST UNE VALEUR SÛRE. POUR VARIER LES PLAISIRS, J'AI REMPLACÉ LE BŒUF PAR UN POULET BIEN ÉLEVÉ ET LE FROMAGE FONDU PAR CE GUACAMOLE BIEN RELEVÉ. J'ADORE FAIRE CE BURGER !

1. Ciselez les oignons frais. Pressez le citron vert. Effeuillez la coriandre.

2. Ouvrez les avocats et ôtez les noyaux, puis prélevez et écrasez la chair. Mélangez-la avec l'oignon, la coriandre, le jus de citron, le Tabasco®, du sel et du poivre.

3. Faites dorer les pains à hamburger coupés en deux sous le gril du four.

4. Lavez et coupez les feuilles de salade en lanières. Coupez la tomate en 4 grosses rondelles.

5. Mixez rapidement les blancs de poulet avec le petit-suisse, du sel et du poivre. Formez 4 burgers avec le poulet en trempant vos mains dans la farine, pour éviter que cela ne colle trop.

6. Faites chauffer l'huile d'olive dans une poêle antiadhésive et faites-y cuire les burgers 4 minutes de chaque côté.

7. Posez de la salade sur la base des petits pains, puis 1 rondelle de tomate, les burgers, du guacamole, puis fermez avec le haut des pains. Dégustez immédiatement !

CASSOLETTE DE FRUITS ROUGES *au barbecue*

Jeudi
08
AOÛT

IL N'Y A PAS QUE LES SAUCISSES ET LES BROCHETTES QUI ONT DROIT AU BBQ, LES DESSERTS AUSSI ! LA PREUVE AVEC CES CASSOLETTES FRUITÉES !

Pour 4 personnes
Préparation : 10 min
Cuisson : 10 à 15 min

- 8 à 12 figues noires
- 4 cuil. à soupe de fruits des bois (mûres, framboises, myrtilles, fraises des bois, etc.)
- 1 gousse de vanille
- 2 cuil. à soupe de sucre rapadura
- 400 g de fromage blanc de brebis

1. Lavez et parez les fruits. Répartissez-les dans 4 cassolettes.

2. Ajoutez les graines de vanille et le sucre, puis posez-les 10 à 15 minutes au-dessus des braises mourantes. Laissez légèrement refroidir. Dégustez les fruits encore chauds, avec le fromage blanc de brebis.

ENTRE *nous*

Des ramequins en terre cuite comme ceux de la crème brûlée feront très bien l'affaire, tout comme des petits plats en fonte. Évitez les ramequins trop hauts, qui empêcheraient une cuisson homogène. Sinon le plat à gratin est un bon plan B !

Vendredi

09

AOÛT

Cigaline marinée À LA PLANCHA

L'AUTRE NOM DE LA CIGALINE EST L'ARAIGNÉE. MÉCONNU, CE MORCEAU TENDRE À FIBRES LONGUES EST IDÉAL POUR LES GRILLADES. CHOISISSEZ UNE CIGALINE PROVENANT D'UN COCHON FERMIER OU BIO.

Pour 4 personnes
Préparation : 15 min
Cuisson : 15 min
Marinade : 30 min

- ☐ 700 g de cigaline de porc (parée par le boucher)
- ☐ 1 aubergine
- ☐ 3 courgettes

Pour la marinade

- ☐ 1 oignon
- ☐ 4 gousses d'ail frais
- ☐ 2 brins de thym frais
- ☐ 4 brins d'origan frais
- ☐ 1 branche de romarin frais
- ☐ 2 feuilles de laurier
- ☐ 2 cuil. à café de mignonnette de poivre noir
- ☐ 2 clous de girofle
- ☐ 10 cl d'huile d'olive
- ☐ Sel

1. Pelez et émincez l'oignon. Écrasez l'ail avec le plat du couteau.

2. Déposez la cigaline de porc dans un plat creux, puis ajoutez tous les ingrédients de la marinade. Mélangez et laissez mariner 30 minutes au frais, à couvert.

3. Pendant ce temps, rincez l'aubergine et les courgettes, puis coupez-les en petits morceaux.

4. Faites chauffer la plancha.

5. Égouttez la viande et faites-la colorer sur toutes les faces. Salez et terminez la cuisson dans un coin de la plancha. Versez tout le contenu de la marinade au centre de la plancha. Ajoutez les morceaux d'aubergine et de courgette, et faites cuire en mélangeant jusqu'à ce que tous les légumes soient fondants. Servez à l'assiette ou dans un grand plat. Dégustez aussitôt !

ÇA M'ÉNERVE !

STOP AU COCHON MAL ÉLEVÉ !

Plus de 80 % de la production de porcs en France provient de l'agriculture intensive. Parqués dans des porcheries sur caillebotis, les cochons sont engraissés à la va-vite. La sélection génétique a même raccourci le temps entre les périodes de gestation de la truie pour augmenter le rendement. Les uns sur les autres, les porcs ne voient pas la lumière du jour et sont dopés aux antibiotiques pour lutter contre les maladies dues à cette promiscuité.

Résultat : à force de manger des cochons enrichis aux antibiotiques, nous devenons antibiorésistants. Prenez le temps de trouver un éleveur de porcs à côté de chez vous. Si ses cochons sont dehors, c'est bon signe !

Samedi
10
AOÛT

SAUMON AU COURT-BOUILLON, SALADE DE POMMES DE TERRE

Pour 6 personnes
Préparation : 20 min
Cuisson : 45 min

- 1 saumon Label Rouge ou sauvage préparé, de 2 kg environ
- 700 g de pommes de terre (type charlotte)
- 2 brins de menthe fraîche
- 2 à 3 cuil. à soupe de mayonnaise maison montée à l'huile d'olive

Pour le court-bouillon

- 1 carotte
- 1 oignon
- 2 feuilles de laurier
- 4 cuil. à soupe de vinaigre blanc
- 1 cuil. à soupe de poivre en grains
- 1 cuil. à soupe de sel

1. Préparez le court-bouillon : pelez et émincez la carotte et l'oignon, puis mettez tous les ingrédients du court-bouillon et 3,5 litres d'eau dans une grande casserole ou une cocotte. Portez à ébullition et laissez mijoter 10 minutes.

2. Plongez le saumon dans le liquide chaud et laissez-le cuire 15 à 18 minutes en maintenant un léger frémissement.

3. Pendant ce temps, pelez les pommes de terre et faites-les cuire dans de l'eau froide salée à laquelle vous aurez ajouté les brins de menthe. Lorsqu'elles sont tendres, égouttez-les et gardez-les au chaud.

4. Égouttez le poisson et posez-le dans un grand plat de service. Retirez la peau délicatement et servez avec les pommes de terre tièdes coupées en rondelles et nappées de mayonnaise maison (voir recette page 364)

QU'EST-CE QU'ON BOIT AVEC ?

Ce saumon au court-bouillon sera en bonne compagnie avec un vin blanc sec plutôt jeune. La Bourgogne, avec un mâcon-villages, l'Alsace, avec un riesling grand cru, le Bordelais, avec un pessac-léognan blanc, ou même la Corse, avec un patrimonio blanc : vous avez le choix de la destination !

Dimanche

11

AOÛT

Tomates farcies aux fruits rouges

LA TOMATE EST UN FRUIT ! POUR NE PAS L'OUBLIER, LA VOICI REINE D'UN DESSERT OÙ ELLE ACCUEILLE D'AUTRES FRUITS DE SAISON. ESSAYEZ, VOUS M'EN DIREZ DES NOUVELLES !

Pour 4 personnes
Préparation : 15 min
Réfrigération : 30 min

- 2 belles tomates (bien rondes, type cœur-de-bœuf)
- 400 g de fruits rouges de saison (groseilles, framboises, mûres…)
- 80 g de sucre en poudre
- ½ bouquet de menthe
- 3 cuil. à soupe de sucre glace

1. Mondez les tomates : faites deux petites incisions en croix à l'opposé du pédoncule. Plongez-les 20 à 30 secondes dans de l'eau bouillante, puis dans un bol d'eau froide pour les rafraîchir. Tirez la peau en partant de l'incision : elle se détache facilement.

2. Coupez les tomates mondées en deux à l'horizontale et évidez-les délicatement, sans percer la chair. Disposez-les dans un plat creux.

3. Faites chauffer 10 cl d'eau et le sucre en poudre, ainsi que la moitié des feuilles de menthe. Lorsque le mélange prend la consistance d'un sirop, filtrez la menthe et versez délicatement le sirop sur les moitiés de tomates mondées, pour bien les imbiber.

4. Laissez refroidir quelques instants, puis placez au réfrigérateur pour 30 minutes.

5. Au moment de servir, posez une moitié de tomate par assiette, garnissez-la d'un mélange de fruits rouges, de feuilles de menthe entières pour décorer, et arrosez de nouveau de sirop de menthe. Saupoudrez de sucre glace pour décorer.

Lundi
12
AOÛT

JE SUIS UN GRAND FAN DE PÂTES ! CETTE RECETTE EST LA PREMIÈRE QUE J'AI FAITE AVEC DU FENOUIL DANS MON ÉMISSION DE TF1. JE VOULAIS QUELQUE CHOSE D'ULTRA SIMPLE. À VOUS DE ME DIRE !

TAGLIATELLES FENOUIL ET PARMESAN

Pour 4 personnes
Préparation : 15 min
Cuisson : 15 à 20 min

VEGGIE

- 250 g de tagliatelles fraîches
- 2 bulbes de fenouil moyens
- 50 g de parmigiano reggiano
- 1 cuil. à soupe d'huile d'olive
- Sel et poivre

1. Faites bouillir 1 litre d'eau salée.
2. Mettez l'huile d'olive à chauffer dans une poêle.
3. Émincez les bulbes de fenouil avec une mandoline (après avoir ôté les premières coques si nécessaire) et mettez-les à suer dans l'huile bien chaude.
4. Dès que l'eau bout, plongez-y les pâtes en suivant le temps indiqué sur le paquet.
5. Lorsqu'elles sont cuites, égouttez-les, puis ajoutez le fenouil et quelques copeaux de parmesan prélevés avec un économe.
6. Rectifiez l'assaisonnement, mélangez et dégustez sans attendre.

Mardi

13

AOÛT

GRAND CLASSIQUE

MON POULET BASQUAISE

Pour 4 personnes
Préparation : 20 min
Cuisson : 55 min

SI LA RECETTE VARIE DE FAMILLE EN FAMILLE, IL Y A AU MOINS TROIS INGRÉDIENTS INDISPENSABLES AU POULET BASQUAISE : LE POIVRON, LE JAMBON DE BAYONNE ET LE PIMENT D'ESPELETTE. HOP, UN BÉRET, ET DIRECTION LE MARCHÉ !

- 1 poulet de 1,2 kg coupé en 8 morceaux
- 500 g de piments verts doux
- 750 g de tomates
- 2 oignons
- 50 g de jambon de Bayonne
- 15 cl de vin blanc sec
- 1 bouquet garni (thym, laurier, persil)
- 2 gousses d'ail
- 4 tiges de persil frisé
- Piment d'Espelette
- Huile d'olive
- Sel et poivre

1. Coupez les piments doux dans la longueur et épépinez-les.
2. Épépinez les tomates et concassez-les.
3. Hachez les oignons. Coupez le jambon en allumettes.
4. Faites dorer les morceaux de poulet dans une cocotte bien huilée. Ajoutez les allumettes de jambon et mélangez.
5. Ajoutez les oignons hachés, puis les piments doux, et mélangez de nouveau. Lorsque tout est bien rissolé, versez le vin blanc.
6. Dès les premiers frémissements, ajoutez les tomates, le bouquet garni, l'ail écrasé et 1 pointe de piment d'Espelette. Salez, poivrez et laissez mijoter 45 minutes à couvert.
7. Parsemez de persil frisé juste avant de servir.

Mercredi

14

AOÛT

VEGGIE

Grande
POÊLÉE D'ÉTÉ

J'AI CONVOQUÉ LA POMME DE TERRE JUSTE RÉCOLTÉE ET LE PETIT ARTICHAUT POUR FLIRTER AVEC L'OLIVE NOIRE ET LE CITRON. DANS UN WOK OU À LA PLANCHA, ILS VONT BIEN SE POÊLER !

Pour 4 personnes
Préparation : 10 min
Cuisson : 15 min

- ☐ 1 citron jaune non traité
- ☐ 12 pommes de terre grenailles ou rattes
- ☐ 2 gousses d'ail
- ☐ 80 g d'olives noires dénoyautées (de Nyons ou picholines)
- ☐ 4 artichauts poivrade
- ☐ ½ bouquet de menthe
- ☐ ½ bouquet d'aneth
- ☐ Huile d'olive
- ☐ Fleur de sel
- ☐ Poivre du moulin

1. À l'aide d'un économe, prélevez le zeste du citron jaune et réservez-le. Pressez le jus du citron.

2. Rincez les pommes de terre et coupez-les en 4 quartiers.

3. Pelez et hachez les gousses d'ail. Coupez les olives en rondelles.

4. Coupez la tige des artichauts au niveau de la base et détachez les feuilles extérieures les plus dures. Coupez l'extrémité pointue et dure des feuilles. Taillez les artichauts poivrade en deux dans la hauteur et arrosez-les de jus du citron.

5. Dans un wok, une grande poêle ou sur une plancha bien chaude, versez un filet d'huile d'olive et faites revenir les pommes de terre et les artichauts jusqu'à ce qu'ils soient bien dorés, en les tournant régulièrement. Ajoutez alors l'ail et le zeste de citron et faites dorer.

6. Ciselez la menthe et l'aneth.

7. Débarrassez les artichauts et les pommes de terre à l'ail dans 4 assiettes creuses, parsemez de rondelles d'olives noires et d'herbes aromatiques.

8. Salez, poivrez, mélangez bien et dégustez chaud ou tiède.

VARIANTE

Si vous êtes d'humeur charcutière, achetez quelques fines tranches d'un bon jambon cru de pays que vous taillerez en lanières avant d'en parsemer la poêlée au moment de servir.

Jeudi
15
AOÛT

LE GIGOT NE SORT PAS UNIQUEMENT DU FOUR À PÂQUES. IL AIME AUSSI SE FAIRE GRILLER AU BARBECUE. PENSEZ BIEN À LE SORTIR DU RÉFRIGÉRATEUR 1 HEURE AVANT DE LE METTRE SUR LES BRAISES. AMBIANCE MÉCHOUI ASSURÉE POUR CE 15 AOÛT !

GIGOT D'AGNEAU AU BARBECUE

Pour 6 personnes
Préparation : 5 min
Cuisson : 1 h 30
Repos : 10 min

- ▢ 1 gigot d'agneau
- ▢ 200 g de beurre salé
- ▢ 1 bouquet de thym frais
- ▢ 8 gousses d'ail
- ▢ Poivre

1. Faites fondre le beurre sur feu doux avec 1 gros brin de thym et l'ail pelé et haché. Réservez à température ambiante.

2. Préparez les braises du barbecue.

3. Badigeonnez bien le gigot de beurre parfumé au thym. Faites-le rôtir 20 à 30 minutes au-dessus des braises ardentes, puis 1 heure au-dessus des braises « douces », en le retournant de temps en temps et en le badigeonnant régulièrement de beurre au thym, tout au long de la cuisson.

4. Poivrez, puis laissez reposer 10 minutes sur le côté du barbecue avant de le trancher.

MON CONSEIL

Dégustez ce gigot avec une belle salade de tomates (voir recette du 1er juillet page 240).

Vendredi

16

AOÛT

Pour 4 personnes
Préparation : 25 min
Cuisson : 8 à 10 min

- 400 g de filets d'églefin extra-frais, sans peau ni arêtes
- 1 citron vert
- 1 petit piment oiseau
- 1 douzaine de feuilles de menthe
- 1 douzaine de feuilles de coriandre
- 500 g de haricots verts
- 1 oignon rouge
- 1 avocat bien mûr
- 1 mangue
- 4 à 8 tortillas de maïs ou de blé (selon leur taille)
- 5 cuil. à soupe d'huile d'olive
- Sel et poivre

QUAND LE CEVICHE DE POISSON, UNE SPÉCIALITÉ DU PÉROU, RENCONTRE LES TACOS MEXICAINS, ÇA DONNE UN VRAI CONCENTRÉ D'AMÉRIQUE LATINE ! ON APPELLE LA MARINADE ÉPICÉE DU POISSON « LE LAIT DU TIGRE », C'EST DIRE S'IL PEUT ÊTRE RELEVÉ !

TACOS DE CEVICHE

1. Tranchez l'églefin en tranches de 5 mm d'épaisseur. Dans un saladier, pressez doucement le jus du citron vert et mélangez-le à l'huile d'olive, au piment émincé finement, aux feuilles de menthe et à la moitié des feuilles de coriandre. Ajoutez le poisson cru, couvrez de film étirable et réservez au frais.

2. Pendant ce temps, équeutez et nettoyez les haricots verts. Dans une grande casserole d'eau bouillante salée, faites-les cuire 7 à 9 minutes. Ils doivent rester fermes. Plongez-les aussitôt dans un saladier d'eau glacée pour qu'ils gardent leur croquant, puis égouttez-les.

3. Épluchez et émincez finement l'oignon rouge. Pelez et coupez en cubes la mangue et l'avocat. Mélangez l'oignon rouge, l'avocat et la mangue, salez, poivrez légèrement et réservez.

4. Faites chauffer les tortillas à la poêle pendant 15 secondes de chaque côté. Répartissez dessus le ceviche d'églefin, quelques haricots verts coupés en petits tronçons, le mélange mangue-avocat-oignon et terminez par quelques feuilles de coriandre. Pliez la tortilla en deux pour maintenir la garniture et dégustez aussitôt !

ENTRE *nous*

J'adore la fraîcheur et les parfums de ce plat. J'ai choisi l'églefin parce que c'est un poisson de saison abordable. Si vous n'en trouvez pas, le maigre, la daurade ou le saumon conviendront très bien… En tout cas, ne coupez pas les tranches de poisson trop finement, car il faut qu'il y ait de la mâche, comme disent les chefs !

Samedi
17
AOÛT

TARTE AUX FIGUES

AVEC SA SENSUALITÉ ET SON PARFUM, IL SE RACONTE QUE LA FIGUE POURRAIT ÊTRE LE FRUIT DÉFENDU ORIGINEL... JE VOUS INVITE AU PÉCHÉ DE GOURMANDISE EN LA METTANT AU CŒUR D'UNE TARTE FAÇON BOURDALOUE ULTRA GÉNÉREUSE !

Pour 6 à 8 personnes
Préparation : 15 min
Cuisson : 30 à 35 min

- ☐ 8 figues noires
- ☐ 1 sachet de sucre vanillé
- ☐ 250 g de pâte brisée maison (voir mon atelier « main à la pâte » page 362)

Pour la crème d'amande

- ☐ 100 g de sucre en poudre
- ☐ 100 g de beurre pommade
- ☐ 100 g de poudre d'amandes
- ☐ 1 goutte d'essence d'amande amère

1. Préchauffez le four à 180 °C (th. 6).

2. Incisez le haut des figues en croix, appuyez dessus pour qu'elles s'ouvrent et saupoudrez-les de sucre vanillé.

3. Incorporez le sucre au beurre pommade en mélangeant avec une spatule sans trop insister. Ajoutez la poudre d'amandes et une goutte d'essence d'amandes amère. Mélangez bien jusqu'à obtenir une crème lisse.

4. Foncez un moule à tarte avec la pâte brisée et piquez le fond à l'aide d'une fourchette. Étalez la crème d'amande sur le fond de tarte et disposez les figues debout. Enfournez pour 30 à 35 minutes de cuisson.

5. Laissez tiédir avant de déguster.

MIEUX S'ORGANISER

Lundi, vous aurez besoin d'olives séchées pour la recette du jour, alors profitez du four allumé pour les faire sécher : après avoir sorti la tarte, enfournez-les pour 45 minutes, puis éteignez le four et oubliez-les quelques heures ou jusqu'à lundi !

ENTRE *nous*

Avec le coulis de tomate maison (voir recette du 2 août, page 282), c'est l'accord parfait ! Si vous n'avez pas de barbecue à cloche, retournez régulièrement les cuisses de dinde pour une cuisson totale de 1 h 10 environ.

NOËL N'A PAS LE MONOPOLE DE LA DINDE. AVEC SES CUISSES GOURMANDES ET GÉNÉREUSES, JE VOUS INVITE À LA CONSIDÉRER COMME UN AMOUR D'ÉTÉ... CHAUDE RENCONTRE AVEC L'AUBERGINE SUR LES BRAISES !

Cuisses de dinde *et aubergines au barbecue*

Pour 4 à 6 personnes
Préparation : 25 min
Cuisson : 45 min

- 2 cuisses de dinde
- 2 belles aubergines
- 3 cuil. à soupe de sirop d'érable
- 1 cuil. à café de cannelle
- 2 cuil. à café de quatre-épices
- 2 gousses d'ail
- 2 oignons botte
- 4 cuil. à soupe d'huile d'olive
- Sel et poivre

1. Dans un bol, mélangez l'huile d'olive, le sirop d'érable, la cannelle et 1 cuillerée à café de quatre-épices. Pelez les gousses d'ail et coupez-les en deux. Frottez les cuisses avec l'ail et badigeonnez-les généreusement du mélange sirop d'érable et huile d'olive épicé. Salez et poivrez l'extérieur et l'intérieur des cuisses.

2. Placez-les sur le barbecue en commençant par le côté peau. Fermez la cloche du barbecue et laissez cuire 45 minutes à flamme étouffée (à environ 180 °C). Retournez-les au bout de 20 minutes de cuisson et surveillez régulièrement qu'elles ne brûlent pas.

3. Pendant ce temps, rincez les aubergines et ôtez le pédoncule. Coupez-les en deux dans la longueur, puis incisez et quadrillez leur chair avec un bon couteau. Badigeonnez les faces quadrillées d'huile d'olive, de 1 cuillerée à café de quatre-épices, salez et poivrez. Enveloppez les aubergines dans une feuille de papier sulfurisé, puis dans une feuille d'aluminium. Refermez la papillote et placez dans les braises du barbecue pour 20 minutes environ, jusqu'à ce que les aubergines soient bien molles. Rincez, puis émincez les oignons botte. Réservez quelques tiges pour le dressage.

4. Lorsque tout est cuit, séparez les pilons des hauts de cuisses. Posez dans chaque assiette un morceau de dinde, une moitié d'aubergine grillée et parsemez d'oignons botte.

Lundi

19

AOÛT

OIGNONS CONFITS À LA POUDRE D'OLIVES NOIRES

Pour 4 personnes
Préparation : 1 h
Cuisson : 10 min

- 4 beaux oignons doux des Cévennes
- 1 boîte d'olives noires dénoyautées
- 50 g de beurre demi-sel
- ½ botte de persil plat
- ½ botte de cerfeuil
- Sel et poivre

1. Préchauffez le four à 180 °C (th. 6).

2. Rincez les olives noires, épongez-les et coupez-les en petits morceaux. Étalez-les sur une plaque antiadhésive et enfournez pour 1 heure afin qu'elles sèchent sans brûler (ou reportez-vous à l'autre méthode, du samedi 17 août). Laissez-les refroidir, puis coupez la moitié des olives noires en tout petits morceaux. Passez l'autre moitié au mixeur pour les pulvériser.

3. Épluchez les oignons doux. Disposez-les dans une sauteuse avec le beurre, du poivre et 10 cl d'eau, couvrez-les et laissez-les cuire à feu doux : ils doivent être fondants, mais toujours entiers.

4. Égouttez-les, coupez-les en deux et évidez-les en partie. Hachez la chair des oignons avec les herbes et les petits morceaux d'olives séchées. Rectifiez l'assaisonnement.

5. Farcissez les moitiés d'oignons de ce mélange et mettez sous le gril du four pour 10 minutes. Parsemez de poudre d'olives noires chaque moitié d'oignon pour décorer et servez bien chaud, accompagné d'une salade verte.

MIEUX CONNAÎTRE

L'oignon doux des Cévennes a une AOP et c'est le début de la saison ! Sa culture en terrasses vaut le détour si vous êtes en vacances dans le coin.

C'EST LA PLEINE SAISON DES MOULES DE BOUCHOT. PEU COÛTEUSES, RASSEMBLEUSES, GÉNÉREUSES EN OLIGOÉLÉMENTS, CE SERAIT BÊTE DE S'EN PRIVER !

GRAND CLASSIQUE

MOULES DE BOUCHOT COMME DANS LE PAS-DE-CALAIS

Pour 4 personnes
Préparation : 15 min
Cuisson : 10 min

- ☐ 3 l de moules de bouchot
- ☐ 1 oignon
- ☐ 1 petite branche de céleri
- ☐ 30 cl de bière blonde du ch'Nord ou d'ailleurs
- ☐ 20 cl de crème fleurette
- ☐ 1 pincée de safran
- ☐ 1 pincée de piment de Cayenne
- ☐ Poivre

1. Grattez et lavez rapidement les moules, puis mettez-les dans une sauteuse.

2. Ajoutez le céleri et l'oignon émincés finement. Poivrez, versez la bière et faites cuire les moules sur feu vif. Lorsqu'elles sont ouvertes, transférez-les dans un plat chaud à l'aide d'une écumoire.

3. Ajoutez la crème dans la sauteuse, le safran, le piment de Cayenne et faites réduire afin d'épaissir légèrement la sauce. Remettez les moules afin de les réchauffer, mélangez et dégustez aussitôt avec des frites maison*.

MIEUX S'ORGANISER

*Retrouvez les véritables frites belges le 21 juillet, page 263 pour accompagner ces moules du Nord !

Mercredi
21
AOÛT

VOUS ME CONNAISSEZ, J'AIME LES DESSERTS DE CUISINIERS : SIMPLES ET RAPIDES À EXÉCUTER. CE NOUGAT GLACÉ EST L'ANTI-PRISE DE TÊTE DES DESSERTS GLACÉS !

NOUGAT GLACÉ
au coulis de fruits noirs

Pour 4 à 6 personnes
Préparation : 20 min
Réfrigération : 1 h
Congélation : 6 h

- ☐ 200 g de nougat blanc artisanal
- ☐ 40 cl de crème fleurette entière

Pour le coulis
- ☐ 200 g de fruits noirs : mûres, myrtilles, etc.
- ☐ 1 cuil. à café de sucre glace
- ☐ 1 cuil. à soupe de jus de citron

Matériel :
- ☐ 1 moule à cake de 1 litre

1. Concassez le nougat et faites-le fondre dans 10 cl de crème sur feu très doux. Lorsqu'il est bien fondu dans la crème, laissez refroidir avant de le placer au réfrigérateur pour 1 heure, afin que la crème monte sans difficulté.

2. Versez la préparation dans la cuve (froide) d'un robot, ajoutez le reste de crème bien froide et fouettez à vitesse moyenne afin qu'elle monte. Versez la préparation dans une terrine rectangulaire couverte de papier film et laissez durcir 6 heures dans le congélateur.

3. Pendant ce temps, mixez tous les ingrédients du coulis avec 5 cl d'eau.

4. Dégustez le nougat glacé coupé en tranches avec le coulis de fruits.

MIEUX CONNAÎTRE

Le nougat made in France

Confiserie à base de sucre, de miel et de fruits secs, le nougat est devenu la spécialité de Montélimar grâce aux amandiers plantés dans la région vers 1650. Plusieurs types de nougat sont fabriqués en France :

Le nougat blanc est une appellation qui doit contenir une garniture de fruits au moins égale à 15 % du produit final.

Le nougat de Montélimar en contient au moins 30 % et associe des amandes douces grillées et des pistaches.

Le nougat de Provence, non aéré, est composé d'un sirop de sucre et de miel (25 %) fortement caramélisé, garni d'amandes, de noisettes, de coriandre et d'anis, et parfumé à l'eau de fleur d'oranger.

DU CRU POUR LE GOÛT ET LES VITAMINES. EN FONCTION DE VOTRE APPÉTIT, CE CARPACCIO SE DÉCLINE EN ENTRÉE OU EN PLAT UNIQUE.

CARPACCIO DE BŒUF, CHAMPIGNONS ET FIGUES

Pour 4 personnes
Préparation : 15 min
Congélation : 2 h

- 500 g de filet de bœuf cru
- 4 gros champignons de Paris ou 8 moyens
- 8 figues
- 3 brins de basilic
- Poivre du moulin

Pour la vinaigrette

- 5 g de gingembre frais
- 2 cl de sauce soja
- 8 cl d'huile d'olive

1. Enveloppez le filet de bœuf de papier film en le serrant bien et placez-le au congélateur pour 2 heures : il va durcir et sera plus facile à couper. Sortez la viande du congélateur, munissez-vous d'un couteau émінceur bien aiguisé et coupez-la en tranches très fines. Déposez-les directement en rosace sur 4 assiettes.

2. Préparez la vinaigrette. Pelez le gingembre et râpez-le. Récupérez la pulpe et déposez-la dans un bol. Versez la sauce soja et l'huile. Émulsionnez le tout avec un fouet.

3. Coupez les champignons en tranches fines et les figues en petits quartiers.

4. Déposez-les sur le carpaccio de bœuf. Versez un filet de vinaigrette au soja et décorez avec quelques feuilles de basilic. Poivrez et dégustez aussitôt.

MON CONSEIL EXPRESS

Pour gagner du temps, demandez à votre boucher de vous trancher le filet de bœuf en carpaccio.

Vendredi
23
AOÛT

LA CAPRESE EST LE NOM DONNÉ À LA FAMEUSE SALADE DE TOMATES/MOZZA/BASILIC NÉE SUR L'ÎLE DE CAPRI. J'AI IMAGINÉ CETTE RECETTE EN PENSANT À UN AUTRE GRAND NOM DE LA TOMATE : LA FARCIE !

SANS CUISSON

EXPRESS

TOMATES FARCIES
À LA CAPRESE

Pour 4 personnes
Préparation : 15 min

- 4 tomates à farcir
- 2 à 3 boules de mozzarella di buffala
- Quelques feuilles de basilic
- Quelques feuilles d'origan frais
- Huile d'olive
- Sel et poivre

1. Retirez le pédoncule des tomates, tranchez le haut et évidez-les à l'aide d'une cuillère. Hachez la pulpe récupérée et remettez-la dans le fond des tomates. Salez et poivrez.

2. Coupez la mozzarella en dés et mélangez-les avec quelques feuilles de basilic et d'origan hachées (conservez 4 feuilles de basilic pour le décor). Salez et poivrez.

3. Garnissez les tomates de cette préparation. Disposez-les dans un grand plat de service, arrosez-les d'huile d'olive et décorez chaque tomate d'une feuille de basilic avant de déguster.

Samedi

24

AOÛT

MADELEINES DE POLENTA

EN CUISINE, IL NE FAUT PAS AVOIR PEUR DE JOUER AVEC LA NOURRITURE. C'EST CE QUE JE VOUS INVITE À FAIRE EN UTILISANT LA POLENTA DANS UNE MADELEINE. CETTE SEMOULE DE MAÏS VA DONNER UN LÉGER GOÛT DE POP-CORN À NOTRE PETITE DOUCEUR DODUE.

Pour 4 personnes
Préparation : 15 min
Cuisson : 15 à 20 min

- 50 g de polenta
- 1 citron
- 2 œufs
- 80 g de sucre en poudre
- 100 g de farine
- 1 cuil. à café de levure chimique
- 15 cl d'huile d'olive sans amertume
- 1 cuil. à soupe de feuilles de thym frais
- 1 noix de beurre pour les moules à madeleine

1. Préchauffez le four à 200 °C (th. 6-7).
2. Pressez le jus du citron.
3. Dans un saladier, battez les œufs pour obtenir un mélange mousseux. Toujours en battant, ajoutez le sucre, la farine et la levure chimique. Incorporez l'huile d'olive et le thym, et mélangez.
4. Terminez en ajoutant la polenta et le jus de citron. Une fois la préparation bien homogène, beurrez des petits moules à madeleines, remplissez-les de pâte et enfournez pour 15 à 20 minutes. Vérifiez la cuisson à l'aide d'une pointe de couteau : elle doit ressortir sèche.

Accompagnez ces petits gâteaux d'une confiture maison (voir recette du 18 mars) !

ENTRE *nous*

La polenta se cuisine aussi en purée avec des herbes fraîches, pour accompagner une viande blanche ou rouge. Pour une version ultra crémeuse, RDV à la page 37 pour ma recette de polenta au gorgonzola.

PAIN DE VIANDE À L'ITALIENNE
et poêlée d'aubergines

Dimanche
25
AOÛT

C'EST EN ENTENDANT UNE DAME COMMANDER CES MORCEAUX CHEZ LE BOUCHER POUR FAIRE UN PAIN DE VIANDE QUE M'EST VENUE L'IDÉE D'APPROFONDIR LE SUJET ET D'EN FAIRE UNE VERSION ESTIVALE. EXÉCUTION !

Pour 6 à 8 personnes
Préparation : 10 min
Cuisson : 40 à 45 min

- 500 g d'épaule d'agneau hachée
- 400 g d'échine de porc hachée
- 2 belles aubergines
- 80 g de chapelure
- 5 tiges de basilic
- 5 tiges de persil plat
- 2 gousses d'ail
- 40 g de pignons de pin
- 50 g de tomates confites
- 3 cuil. à soupe d'huile d'arachide
- Sel et poivre

1. Préchauffez le four à 210 °C (th. 7).

2. Dans un grand saladier, mélangez les deux viandes hachées. Ajoutez la chapelure, les herbes ciselées, les gousses d'ail pelées et hachées. Salez et poivrez. Mélangez bien, puis ajoutez les pignons de pin et les tomates confites émincées.

3. Tassez le mélange dans un moule à cake, couvrez d'une feuille de papier sulfurisé et enfournez pour 40 à 45 minutes. À mi-cuisson, retirez le papier sulfurisé.

4. Pendant ce temps, rincez les aubergines et coupez-les en cubes. Faites-les revenir à la poêle avec l'huile d'arachide jusqu'à ce qu'elles soient bien dorées. Salez et poivrez.

5. Servez le pain de viande coupé en tranches avec les aubergines poêlées.

6. Vous pouvez aussi le déguster froid, accompagné d'une salade de tomates.

ENTRE *nous*

Le pain de viande tel qu'on le cuisine en Italie est appelé polpettone, ce qui signifie littéralement « grosse boulette ». Il est normalement constitué de viande hachée et de pain rassis, mais je préfère remplacer ce dernier par de la chapelure pour une version plus légère.

Lundi

26

AOÛT

AH, LES HARICOTS VERTS ! C'EST TOUTE MON ENFANCE. LA CUEILLETTE ÉTAIT UN ÉVÉNEMENT CAPITAL QUI EMPÊCHAIT TOUT DÉPART EN VACANCES... DU COUP, JE FILAIS EN COLO. MA MÈRE CONTINUE DE LEUR CONSACRER UNE GRANDE PLACE DANS SON POTAGER POUR FAIRE SES BOCAUX. ET MOI, JE LES CUISINE AU WOK POUR PROFITER DE LEUR FRAÎCHEUR !

- ▢ 200 g de haricots verts extra-fins
- ▢ 1 oignon rouge
- ▢ 100 g de tomates cerises
- ▢ 200 g de lard fumé
- ▢ 100 g de champignons de Paris
- ▢ 6 cuil. à soupe d'huile d'olive
- ▢ 3 cuil. à soupe de jus de citron
- ▢ 1 cuil. à soupe de sauce soja
- ▢ 50 g de cacahuètes grillées à sec
- ▢ Sel et poivre

Pour 4 personnes
Préparation : 20 min
Cuisson : 15 min

MON WOK
DE HARICOTS VERTS

1. Ôtez les extrémités des haricots verts.
2. Épluchez l'oignon rouge et émincez-le. Rincez et coupez les tomates cerises en deux. Coupez le lard fumé en allumettes. Émincez assez grossièrement les champignons.
3. Faites cuire les haricots verts dans une casserole d'eau bouillante salée pendant 5 minutes, puis plongez-les dans une eau glacée pour conserver leur couleur verte. Égouttez-les.
4. Préparez la vinaigrette en mélangeant l'huile d'olive, le jus de citron, la sauce soja et un peu de poivre.
5. Faites chauffer dans un wok ou une sauteuse 1 cuillerée à soupe d'huile d'olive et faites-y sauter les légumes et le lard fumé pendant 8 à 10 minutes.
6. Répartissez les légumes sautés au lard sur 4 assiettes, arrosez-les de vinaigrette et ajoutez quelques cacahuètes légèrement concassées.
7. Dégustez aussitôt !

Mardi

27

AOÛT

Maquereaux, cidre et crème

EXPRESS

ILS ONT DES MAQUEREAUX ET DU CIDRE, VIVE LES BRETONS ! C'EST LORS DU TOURNAGE DE « PETITS PLATS EN ÉQUILIBRE » DANS LE MORBIHAN QUE M'EST VENUE L'IDÉE DE CONJUGUER CES DEUX PRODUITS LOCAUX. ET POUR LA CRÈME FERMIÈRE, LA VRAIE AU LAIT CRU, J'AVAIS L'EMBARRAS DU CHOIX !

Pour 4 personnes
Préparation : 15 min
Cuisson : 15 min

- 4 à 8 maquereaux (vidés)
- 20 cl de cidre brut
- 3 cuil. à soupe de crème fraîche fermière
- 4 à 6 échalotes
- 1 bouquet de ciboulette
- Sel et poivre

1. Préchauffez le four à 240 °C (th. 8).
2. Salez et poivrez l'intérieur des maquereaux.
3. Épluchez et ciselez finement les échalotes. Ciselez la ciboulette.
4. Mélangez le cidre et la crème avec les échalotes, puis versez la moitié du mélange dans un plat à gratin.
5. Disposez les maquereaux côte à côte. Nappez-les du reste de crème au cidre et enfournez pour 15 minutes.
6. À la sortie du four, parsemez le plat de ciboulette.
7. Servez à même le plat, accompagné de pommes de terre vapeur.

MON ASTUCE

Vous pouvez aussi faire cuire les maquereaux au barbecue s'il est muni d'une cloche. Dans ce cas, disposez les maquereaux dans un plat en terre cuite ou en Pyrex et faites-les cuire à 250 °C sous la cloche du barbecue pendant 10 à 15 minutes.

Mercredi
28
AOÛT

Pour 4 personnes
Préparation : 15 min
Cuisson : 10 min

EXPRESS

POULET *VOYAGEUR*

LE WOK DE L'ASIE, LES SAVEURS D'AFRIQUE DU NORD ET VOILÀ UN POULET QUI VOYAGE ENTRE LES DEUX ! SUR FEU VIF, LE WOK PERMET UNE CUISSON COURTE, AVEC DES INGRÉDIENTS QUI SE SUIVENT.

- 500 g d'aiguillettes de poulet
- 1 oignon
- 1 gousse d'ail
- 2 courgettes
- 1 branche de céleri
- 1 bouquet de coriandre
- 2 abricots frais
- 1 piment rouge
- ½ citron confit au sel
- 1 cuil. à soupe de raisins secs blonds
- 2 pincées de cumin en poudre
- 50 g d'olives violettes
- Huile d'olive
- Sel et poivre

1. Épluchez l'oignon et la gousse d'ail, et émincez-les. Rincez les courgettes et coupez-les en cubes. Émincez la branche de céleri et le bouquet de coriandre. Coupez les abricots en quartiers. Épépinez et émincez le piment rouge. Rincez le demi-citron confit et coupez-le en petits quartiers.

2. Faites chauffer un wok ou une sauteuse. Ajoutez un filet d'huile d'olive et faites sauter les aiguillettes de poulet 2 minutes sur feu fort. Une fois dorées, ajoutez l'oignon et l'ail émincés, et faites sauter encore 1 minute.

3. Ajoutez les cubes de courgette, le céleri, les quartiers d'abricots, les raisins secs, le cumin, le piment, les olives, et faites sauter le tout 1 minute.

4. Versez 1 verre d'eau et laissez cuire 5 minutes sur feu moyen à découvert.

5. Salez, poivrez, versez la préparation dans un plat de service, parsemez-la de coriandre ciselée et posez-la au centre de la table.

Pour 4 personnes
Préparation : 15 min
Cuisson : 10 min

EXPRESS

Jeudi
29
AOÛT

EN PARIANT SUR UNE ALTERNANCE DE PLUIE ET DE CHALEUR, VOUS ALLEZ PEUT-ÊTRE TROUVER DES CÈPES À CÔTÉ DE CHEZ VOUS ! VOICI LA RECETTE QUE JE FAIS À LA MAISON POUR METTRE TOUT LE MONDE D'ACCORD !

PAPPARDELLES *aux cèpes et au lard*

Pappardelles : pensez tagliatelles version large

Buccatinis : pensez macaronis version longue

Capellinis : pensez spaghettis version extra-fine

- 400 g de pappardelles
- 350 g de cèpes frais
- 1 gousse d'ail
- 5 tranches de poitrine de porc fumée
- 2 cuil. à soupe d'huile d'olive
- 2 cuil. à soupe de crème fraîche épaisse
- ¼ de botte de persil plat
- Gros sel
- Sel et poivre du moulin

1. Retirez la partie terreuse du pied des cèpes à l'aide d'un petit couteau bien aiguisé. Grattez ensuite, avec le plat de la lame, la fine peau des pieds, puis frottez le chapeau des cèpes avec du papier absorbant légèrement humide. Coupez-les en tranches épaisses.

2. Pelez, dégermez et hachez finement la gousse d'ail. Coupez les tranches de poitrine fumée en morceaux de 2 cm environ.

3. Dans une poêle, faites chauffer l'huile d'olive à feu vif et faites revenir les cèpes. Lorsqu'ils ont rendu toute leur eau de végétation, débarrassez-les.

4. Dans la même poêle, faites dorer la poitrine fumée sans matière grasse. Remettez les cèpes dans la poêle, salez et ajoutez l'ail.

5. Terminez par la crème fraîche et faites cuire à feu très doux pendant 2 à 3 minutes.

6. Plongez les pâtes dans une eau bouillante salée le temps indiqué sur le paquet. Pendant ce temps, ciselez le persil.

7. Égouttez les pâtes et versez-les dans la poêle avec le reste des ingrédients. Mélangez sur feu doux pendant 1 minute. Parsemez de persil et dégustez chaud.

Vendredi
30
AOÛT

Gratin de mirabelles ET DE QUETSCHES

DÉJÀ FIN AOÛT ET TOUJOURS PAS DE RECETTES DE PRUNES ! SI JE VEUX POUVOIR REMETTRE LES PIEDS DANS MA LORRAINE NATALE, IL EST TEMPS DE VOUS LIVRER MA RECETTE AVEC DEUX PRUNES DU COIN.

Pour 4 personnes
Préparation : 10 min
Cuisson : 45 min

- 200 g de mirabelles
- 200 g de quetsches
- 3 gousses de cardamome
- 2 œufs
- 10 cl de lait
- 80 g de poudre d'amandes
- 1 sachet de sucre vanillé
- 1 noix de beurre pour le moule
- 2 cuil. à soupe de cassonade

1. Préchauffez le four à 210 °C (th. 7).

2. Dénoyautez les mirabelles et les quetsches. Fendez les gousses de cardamome en deux et prélevez-en les graines.

3. Dans un saladier, fouettez les œufs, le lait, la poudre d'amandes, le sucre vanillé et la cardamome.

4. Beurrez un moule à manqué, tapissez le fond de prunes et versez dessus le mélange aux amandes. Enfournez le gratin pour 15 minutes, puis baissez à 180 °C (th. 6) et laissez cuire de nouveau 15 minutes.

5. Saupoudrez le gratin de cassonade et laissez gratiner encore 15 minutes en surveillant.

6. Laissez tiédir quelques instants et dégustez !

MIEUX CONNAÎTRE

La récolte de la mirabelle commence aux alentours du 15 août et dure jusqu'à la mi-septembre. La mirabelle de Lorraine, avec son IGP, est récoltée mûre à point. Fierté locale, on l'appelle « l'or de Lorraine ». Elle assure 80 % de la production mondiale. Pour être sûr de sa maturité, coupez le fruit en deux : si le noyau se détache sans résistance, c'est qu'il est mûr !

TRÈS CHÈRE RATATOUILLE, J'AI CHOISI MON CAMP ! LA MÉTHODE NIÇOISE VEUT QUE CHAQUE LÉGUME CONFISE SÉPARÉMENT POUR LES « RATATOUILLER » ENSEMBLE À LA FIN. N'HÉSITEZ PAS À EN FAIRE BEAUCOUP, C'EST ENCORE MEILLEUR LE LENDEMAIN... ET LE SURLENDEMAIN !

Samedi
31
AOÛT

MA RATATOUILLE NIÇOISE

Pour 4 personnes
Préparation : 25 min
Cuisson : 50 min

- 2 aubergines
- 4 courgettes
- 2 oignons jaunes
- 2 gousses d'ail
- 1 poivron vert
- 1 poivron rouge
- 600 g de tomates mûres
- 10 cl d'huile d'olive
- 1 feuille de laurier
- 1 branche de thym
- ½ cuil. à café de sucre
- Sel et poivre

1. Enlevez les extrémités des aubergines, puis coupez celles-ci en dés.

2. Faites chauffer la moitié de l'huile d'olive dans une grande sauteuse et faites revenir les aubergines à feu moyen jusqu'à ce que les dés prennent une belle couleur, en mélangeant régulièrement.

3. Pendant ce temps, taillez les courgettes en dés. Pelez, puis émincez les oignons et l'ail. Épépinez les poivrons et détaillez-les en lanières. Ôtez le pédoncule des tomates et coupez-les en quartiers.

4. Lorsque les aubergines sont cuites, débarrassez-les sur du papier absorbant.

5. Ajoutez ensuite le reste d'huile dans la sauteuse, puis faites revenir les dés de courgette jusqu'à ce qu'ils s'attendrissent. Débarrassez-les dans le plat contenant les aubergines. Procédez de même pour la cuisson des poivrons, puis débarrassez-les.

6. Faites revenir à feu doux dans la sauteuse les oignons et l'ail. Lorsque le mélange blondit, ajoutez les tomates, puis tous les légumes, le sel, le poivre, le sucre, le thym et le laurier. Laissez mijoter pendant 20 minutes à feu doux, sans couvrir et en mélangeant délicatement les légumes tout au long de la cuisson. La ratatouille est prête lorsqu'ils sont confits.

SEPTEMBRE

au marché

MES INCONTOURNABLES

1

LES FIGUES

C'est en septembre que débarquent les figues *made in France* ! La figue de Solliès, cultivée dans le Var, est une variété parfumée et très fondante. Elle a toute sa place dans une salade de fruits de fin d'été. Celle de Caromb, dans le Vaucluse, est aussi allongée que sucrée, parfaite pour une confiture. Pour en faire une tarte, rendez-vous le 15 septembre.

2

LES CÈPES

Très attendu et convoité, le roi des champignons se plaît en automne ; il démarre quand la terre chaude est refroidie par de grosses averses, en particulier les pluies abondantes d'orages. Une fois cueillis, brossez-les si besoin, mais ne les faites jamais tremper, ils se gorgeraient d'eau !

3

LA BETTERAVE

Elle est parfois mal aimée, mais profitez de la saison pour la redécouvrir. Légèrement sucrée, avec un petit goût terreux, elle est parfaite pour accompagner une viande rouge, en purée ou cuite au four.

LES FRUITS ET LÉGUMES *DU MOIS*

MAIS AUSSI CHEZ LE POISSONNIER :
tacaud, rouget-barbet, hareng, moules de bouchot, daurade grise, merlan, maquereau, sardine, bar

CHEZ LE MARAÎCHER

Légumes :

- Ail
- Amande
- Aneth
- Aubergine
- Betterave
- Blette
- Bolet
- Brocoli
- Carotte
- Céleri
- Cèpe
- Cerfeuil
- Chou-fleur
- Chou frisé
- Chou-rave
- Ciboulette
- Concombre
- Courgette
- Cresson
- Fenouil
- Échalote
- Estragon
- Girolle
- Laurier
- Maïs
- Navet
- Oignon
- Origan
- Oseille
- Patate douce
- Pâtisson
- Persil
- Poireau
- Poivron
- Romarin
- Thym
- Tomate

Fruits :

- Grenade
- Groseille
- Cassis
- Figue
- Fraise
- Framboise
- Mirabelle
- Mûre
- Noisette
- Pomme
- Prune
- Quetsche
- Reine-claude
- Raisin
- Poire

ET CÔTÉ FROMAGER :
bleu des Causses, comté, chaource, cantal, brie de Melun

EN SEPTEMBRE
mes conseils pour
CUISINER AVEC ET POUR
LES ENFANTS

C'est la rentrée des classes. L'occasion parfaite pour ajouter une matière au programme : la cuisine ! Pour que les petits et moins petits eux aussi « mangent mieux » !

Ce mois-ci, je fais manger mes enfants avec plaisir !

- JE FORME LEUR ÉDUCATION AU GOÛT EN VARIANT LES ALIMENTS.
- JE FAIS PLAISIR À MES ENFANTS ET À MES ADOS, TOUT EN VEILLANT À LEUR BONNE SANTÉ.
- JE PEAUFINE LA PRÉSENTATION DES PLATS POUR LES RENDRE LUDIQUES ET AMUSANTS !
- JE FAIS PARTICIPER MES ENFANTS EN CUISINE.
- JE « DÉGUISE » LES INGRÉDIENTS QU'ILS BOUDENT HABITUELLEMENT.

1 JE FORME LE GOÛT DE MES ENFANTS

Apprécier la diversité dans son assiette, ça commence très tôt ! Mon conseil : variez !

Les modes de cuisson
(four, vapeur, sauté…)

Les textures
(purée, légumes crus, en bâtonnets, sous forme de gaufres…)

Les couleurs
(carottes violettes, aubergines blanches…)

Les mélanges
(pour ne pas habituer mes enfants à l'éternel jambon-coquillettes et steak-purée)

Mon astuce « Mon enfant n'aime pas… »

… donc je camoufle ! Un enfant a besoin de goûter un aliment entre 6 et 10 fois avant que son goût n'évolue. Alors patience ! Tentez de dissimuler les légumes mal-aimés dans des gratins, des soupes, des sandwichs (voir recette du mac & cheese – mon gratin de macaronis au potiron – le 28 novembre)… ou faites un peu de déco dans l'assiette !

Quelques chiffres*... qui montrent que les parents ont du pain sur la planche !

- **1 élève sur 3** ne sait pas reconnaître un poireau d'une courgette.
- **1/4 des enfants** ignorent que les frites sont faites à partir de pommes de terre !

* Source : Association Santé Environnement France (Asef)

2 JE LES INCITE À MANGER AVEC PLAISIR ET ÉQUILIBRÉ

Il est possible de cuisiner à la maison des petits plats que les enfants et les ados adorent, mais en version saine et équilibrée ! Essayez les nuggets de poulet maison (voir recette du 8 mai), les hamburgers variés (voir recette du 13 janvier) en optant pour des produits de qualité, de saison et des accompagnements diversifiés (salade à la place des frites...).

MES RECETTES POUR SE RÉGALER... ÉQUILIBRÉ !

- **Bâtonnets de dinde et parmesan, sauce au poivron** (2 septembre)
- **Biscuits smileys** (4 septembre)
- **Crème au chocolat, façon Danette®** (7 septembre)
- **Mini-hamburgers de champignons** (8 septembre)
- **Gaufres parmentières** (13 septembre)
- **Gnocchis maison** (27 septembre)

3 JE LES IMPLIQUE DANS LA PRÉPARATION DES PLATS

Éloignez les ustensiles dangereux et confiez-leur des tâches faciles et amusantes (rincer des fruits, découper des biscuits à l'aide d'un emporte-pièce, étaler la pâte...). Impliquez vos ados, pas seulement pour mettre la table et la débarrasser. C'est prouvé : les enfants qui cuisinent sont moins difficiles à table !

Pour 1 bocal de 1 litre
Préparation : 15 min
Cuisson : 1 h

- ☐ 1 kg de tomates (mélange de variétés)

Pour la saumure

- ☐ 3 gousses d'ail
- ☐ 2 brins de thym
- ☐ 1 feuille de laurier
- ☐ 1 cuil. à café de grains de poivre noir
- ☐ 10 g de sel

Dimanche
01
SEPTEMBRE

TOMATES EN BOCAUX

LES TOMATES DE SEPTEMBRE SONT LES MEILLEURES. VOICI MON ATELIER BOCAUX POUR EN PROFITER TOUTE L'ANNÉE !

1. Lavez et stérilisez le bocal en verre en le plongeant 5 minutes dans une grande marmite d'eau bouillante, puis laissez-le égoutter sur un torchon propre.

2. Faites une petite incision en croix aux dos des tomates, à l'opposé du pédoncule. Dans une casserole remplie d'eau bouillante, plongez-les 30 secondes. Rafraîchissez-les immédiatement sous l'eau froide, puis pelez-les et retirez le pédoncule.

3. Pour la saumure, versez le sel et 50 cl d'eau dans une casserole et portez à ébullition. Pendant ce temps, pelez et dégermez les gousses d'ail. Déposez les tomates dans le bocal avec les aromates et le poivre, versez par-dessus la saumure bouillante jusqu'à 2 cm du bord.

4. Ébouillantez pendant 5 minutes le joint du bocal dans l'eau avant de le disposer dessus, puis refermez.

5. Placez la conserve dans une grande marmite, recouvrez d'eau et mettez un couvercle. Faites cuire à petits bouillons (100 °C) pendant 1 heure. Ajoutez de l'eau si nécessaire. À la fin de la cuisson, retirez le couvercle de la marmite et laissez totalement refroidir le bocal dans l'eau avant de le stocker dans un endroit sec et frais, à l'abri de la lumière.

ASTUCE

Lorsque les bocaux ont refroidi, vérifiez s'ils sont hermétiquement fermés en ouvrant simplement l'attache : le couvercle ne doit pas se désolidariser du bocal.

Ces tomates en bocal se conservent pendant 10 à 12 mois !

Lundi
02
SEPTEMBRE

EXPRESS

LES VACANCES SONT FINIES ! CETTE SEMAINE, ON DONNE TOUT EN CUISINE POUR QUE LES ENFANTS ATTAQUENT LA RENTRÉE DU BON PIED !

Pour 4 personnes
Préparation : 20 min
Cuisson : 8 min

BÂTONNETS DE DINDE ET PARMESAN

- 4 blancs de dinde
- 2 œufs
- 60 g de farine
- 60 g de parmesan râpé
- 60 g de chapelure
- 2 cuil. à soupe d'huile neutre
- Sel et poivre du moulin

Pour la sauce au poivron

- 200 g de poivrons grillés à l'huile (poids égouttés)
- ½ citron
- 1 gousse d'ail
- 2 cuil. à soupe de miel
- Sel et poivre du moulin

1. Préparez la sauce au poivron : pressez le jus du demi-citron. Pelez la gousse d'ail et coupez-la en 4. Mixez les poivrons égouttés avec l'ail, le jus de citron et le miel, puis salez et poivrez. Réservez la sauce.

2. Coupez les blancs de dinde en lanières de 2 cm de large environ, salez et poivrez.

3. Sortez 3 assiettes creuses. Versez la farine dans l'une, battez les œufs dans la deuxième, mélangez la chapelure et le parmesan râpé dans la troisième. Trempez les lanières de dinde dans la farine, puis dans l'œuf battu et enfin dans le mélange chapelure-parmesan.

4. Faites chauffer l'huile à feu moyen dans une grande poêle antiadhésive. Ajoutez les morceaux de dinde et faites-les dorer 4 minutes environ sur chaque face.

Servez les bâtonnets de dinde avec la sauce au poivron et accompagnez-les de :

frites belges
(voir recette du 21 juillet, page 263)

gnocchis maison
(voir recette du 27 septembre, page 350)

gaufres parmentières
(voir recette du 13 septembre, page 335)

QUAND ON VEUT, *on peut !*

La cantine de Mouans-Sartoux (Provence-Alpes-Côte d'Azur) fait tout pour MIEUX MANGER ! Les repas servis aux enfants sont composés exclusivement d'aliments biologiques depuis 2012. Les plats sont « faits maison » et 85 % des légumes proviennent d'une régie agricole proche.

UN DE MES CLASSIQUES ! FACILES ET RAPIDES À FAIRE, CES « PASTAS » PERMETTENT AUSSI DE FAIRE MANGER DU POISSON AUX ENFANTS. EXCELLENT POUR LE CERVEAU !

EXPRESS

Mardi
03
SEPTEMBRE

PÂTES THON FETA-OLIVES

Pour 4 personnes
Préparation : 10 min
Cuisson : 10 min

- 400 g de penne
- 200 g de thon en boîte (poids égoutté)
- 100 g de feta
- 1 poignée d'olives noires dénoyautées
- 1 gousse d'ail
- ½ citron
- Quelques feuilles de basilic
- 4 cuil. à soupe d'huile d'olive
- Sel et poivre

1. Faites cuire les pâtes dans une grande casserole d'eau bouillante salée selon le temps de cuisson indiqué sur le paquet.

2. Pendant ce temps, coupez la feta en dés. Hachez grossièrement les olives. Pelez et écrasez la gousse d'ail. Pressez le jus du demi-citron. Coupez le basilic en lanières. Écrasez le thon avec une fourchette.

3. Égouttez les pâtes, gardez un peu d'eau de cuisson et reversez-les dans la casserole chaude avec l'huile d'olive, l'eau de cuisson, du sel et du poivre. Mélangez-les avec le thon, la feta, l'ail, les olives, le jus de citron et le basilic.

MIEUX CONNAÎTRE

Les oméga 3 contenus par le thon rendent notre cerveau plus alerte. Ces acides gras ont tout bon : ils stimulent notre mémoire et préservent notre faculté de concentration.

Mercredi

04

SEPTEMBRE

BISCUITS SMILEYS

LA RENTRÉE EST LA PÉRIODE DES BONNES RÉSOLUTIONS. NE LÂCHEZ RIEN… LES BISCUITS DU GOÛTER, FAITES-LES MAISON !

Pour 4 personnes
Préparation : 10 min
Réfrigération : 2 h
Cuisson : 15 min

- 60 g de beurre doux
- 150 g de farine
- 50 g de sucre glace
- 1 cuil. à soupe de sucre vanillé
- 2 jaunes d'œufs
- 1 pot de confiture de fraises

Matériel :

- un emporte-pièce en forme de smiley et un emporte-pièce rond du même diamètre (à trouver sur Internet, ça motive bien les petits à goûter au « fait maison » !)

1. Dans un saladier, réunissez le beurre coupé en dés, la farine, le sucre glace et le sucre vanillé. Mélangez bien à la main pour obtenir une pâte sableuse et friable, puis ajoutez les jaunes d'œufs. Continuez de mélanger et formez une boule de pâte. Recouvrez de papier film et placez au frais pour 2 heures.

2. Préchauffez le four à 170 °C (th. 5-6).

3. Farinez votre plan de travail. Étalez la pâte sur 2 mm d'épaisseur au rouleau à pâtisserie. Découpez la moitié de la pâte avec l'emporte-pièce smiley et l'autre moitié avec l'emporte-pièce rond.

4. Déposez tous les disques sur une plaque de four recouverte de papier sulfurisé, recouvrez les biscuits de papier sulfurisé pour éviter qu'ils ne brûlent, puis enfournez pour 15 minutes.

5. Sortez du four et laissez refroidir. Déposez au centre des disques sans smiley un peu de confiture de fraises. Étalez avec une spatule, puis recouvrez avec les disques smiley. Appuyez légèrement pour faire adhérer, puis dégustez !

KOUIGN *patatez*

DANS LA FAMILLE DES RECETTES RASSEMBLEUSES, JE DEMANDE LA VERSION BRETONNE DU GÂTEAU DE POMME DE TERRE ! BONNE PIOCHE !

VEGGIE

Pour 4 à 6 personnes
Préparation : 30 min
Cuisson : 30 min

- 500 g de pommes de terre
- 100 g de farine de sarrasin
- 100 g de beurre demi-sel mou + 1 noix pour le moule
- 1 œuf pour la dorure
- 1 pincée de noix de muscade
- Sel et poivre

1. Faites cuire les pommes de terre en robe des champs dans un four à 180 °C (th. 6) jusqu'à ce que les dents d'une fourchette pénètrent la chair facilement (comptez 20 à 30 minutes). Laissez le four allumé.

2. Pelez les pommes de terre une fois qu'elles ont suffisamment refroidi.

3. Écrasez-les dans un saladier en ajoutant la farine progressivement. Incorporez le beurre mou. Assaisonnez de sel, de poivre, de muscade, et pétrissez bien la pâte.

4. Étalez-la sur 2 cm d'épaisseur dans un moule beurré (une tourtière). Lissez le dessus à l'aide d'une cuillère humide et dorez-la avec l'œuf battu.

5. Décorez éventuellement le dessus en le quadrillant avec le dos d'une fourchette et enfournez le kouign patatez pour 30 minutes. Dégustez chaud avec des saucisses grillées et une salade verte.

MIEUX CONNAÎTRE

Pour ceux qui n'ont pas fait breton en LV1, traduisez « gâteau de pomme de terre ». En forme de galette, la purée de pommes de terre est mélangée à de la farine de sarrasin. Le tout respire, comme il se doit, le bon beurre. Cette recette est encore ancrée dans la région de Vannes.

Vendredi

06

SEPTEMBRE

ON NE LE DIRA JAMAIS ASSEZ, C'EST EN SEPTEMBRE QUE LES TOMATES SONT AU TOP : MOLLES ET BIEN MÛRES. ÇA VOUS DIT, UNE PETITE FONDUE ?

FONDUE DE TOMATES AU FROMAGE

Pour 4 personnes
Préparation : 10 min
Cuisson : 35 min

VEGGIE

- 800 g de tomates bien mûres
- 200 g de gruyère
- 200 g de beaufort
- 1 oignon
- 1 gousse d'ail
- 25 cl de vin blanc sec
- 1 petit bouquet d'origan frais
- Poivre du moulin

Pour accompagner

- Pommes de terre grenailles
- Pain grillé et frotté à l'ail

1. Incisez en croix le dos des tomates à l'opposé du pédoncule et plongez-les dans une eau bouillante pendant 5 minutes. Rafraîchissez-les, pelez-les, puis concassez-les. Épluchez l'oignon et hachez-le. Pelez la gousse d'ail et hachez-la aussi.

2. Dans une casserole à fond épais, faites revenir l'oignon, l'ail haché et les tomates pelées. Écrasez le tout, ajoutez le vin blanc, l'origan, et laissez mijoter 30 minutes à couvert sur feu doux. Mélangez de temps en temps.

3. Avant de passer à table, ajoutez les fromages préalablement râpés et faites-les fondre en remuant sans cesse jusqu'à ce que la préparation soit bien homogène. Poivrez.

4. Posez la casserole au centre de la table, entourée de piques à brochettes, de pain grillé à l'ail et de pommes de terre grenailles cuites à l'eau.

5. Dégustez comme une fondue savoyarde.

ASTUCE

Si vous êtes pressé ou que ce n'est pas la saison, n'hésitez pas à utiliser les tomates en bocaux maison (voir ma recette du 1er septembre).

Fait MAISON

Crème au chocolat

(comme la Danette®)

1. Hachez le chocolat noir en morceaux.

2. Versez le lait dans une casserole. Tamisez par-dessus le cacao en poudre et la fécule de maïs, et fouettez bien jusqu'à ce que la préparation soit homogène. Ajoutez le sucre en poudre.

3. Mettez la casserole à chauffer tout doucement en continuant de fouetter. Ajoutez le chocolat noir, puis la crème liquide et continuez à remuer à l'aide d'une cuillère en bois jusqu'à ce que la crème épaississe et nappe la cuillère.

4. Répartissez alors la préparation dans 4 petits bols ou ramequins et laissez refroidir. Placez les crèmes au chocolat au réfrigérateur pour 2 heures au moins.

5. Au moment de servir, parsemez de vermicelles en chocolat.

Pour 4 personnes
Préparation : 15 min
Cuisson : 15 à 20 min
Réfrigération : 2 h

- ❑ 40 g de chocolat noir
- ❑ 50 cl de lait
- ❑ 15 g de cacao amer
- ❑ 20 g de fécule de maïs
- ❑ 60 g de sucre en poudre
- ❑ 2 cl de crème liquide
- ❑ 1 poignée de vermicelles en chocolat

VIVE LE FAIT MAISON !

Pour déguster cette crème comme celle du commerce, ajoutez-lui quelques conservateurs (E1442 et E407), une bonne poignée d'amidon et enfin quelques gouttes d'arômes artificiels… Mais vous n'êtes pas obligé !

Dimanche

08

SEPTEMBRE

MINI-HAMBURGERS DE CHAMPIGNONS

LE CHAMPIGNON DE PARIS SE TRANSFORME EN PAIN POUR DEVENIR UN BURGER TERROIR ÉQUILIBRÉ. CHAPEAU BAS, LE CHAMPIGNON !

Pour 4 personnes
Préparation : 30 min
Cuisson : 50 min

- ☐ 8 gros champignons de Paris à très grosse tête ou 8 cèpes
- ☐ 400 g d'épaule de veau hachée
- ☐ 2 gousses d'ail
- ☐ ½ citron
- ☐ ½ bouquet de persil plat
- ☐ 4 échalotes
- ☐ 10 cl de xérès blanc
- ☐ 10 cl de jus de volaille
- ☐ Huile d'olive

Pour les frites de légumes au four

- ☐ 2 grosses patates douces
- ☐ 4 panais
- ☐ 4 carottes de couleurs différentes
- ☐ 2 cuil. à soupe de sucre brun ou de cassonade
- ☐ 1 cuil. à café de paprika fumé
- ☐ Huile d'olive
- ☐ Sel et poivre

1. Préchauffez le four à 210°C (th. 7).

2. Pelez les patates douces, les panais et les carottes, puis taillez-les en bâtonnets de la taille d'une frite. Disposez-les sur une plaque de cuisson recouverte de papier sulfurisé, enduisez-les d'huile d'olive, salez, poivrez, et saupoudrez de sucre et de paprika fumé. Enfournez pour 25 minutes de cuisson en les remuant régulièrement.

3. Pendant ce temps, lavez les champignons et détachez leur pied (réservez ces derniers).

4. Faites chauffer une poêle avec un trait d'huile d'olive. Incisez une croix sur les têtes des champignons et faites-les revenir doucement à la poêle. Salez, poivrez et réservez au chaud.

5. Pelez et dégermez les gousses d'ail. Pressez le jus du demi-citron.

6. Hachez les pieds des champignons, ainsi que l'ail et le persil. Ajoutez le jus du citron, salez et poivrez. Faites revenir ce hachis avec un trait d'huile d'olive jusqu'à l'évaporation de l'eau de végétation.

7. Mélangez le hachis de champignons au haché de veau dans un bol, puis confectionnez des palets de la taille des têtes de champignon. Faites-les revenir doucement à la poêle.

8. Pelez, puis émincez les échalotes et faites-les suer dans un peu d'huile d'olive. Déglacez avec le xérès, versez le jus de volaille et laissez réduire.

9. Disposez chaque palet de viande entre 2 têtes de champignon.

10. Servez les « burgers » de champignons accompagnés de la sauce aux échalotes et des frites de légumes.

Lundi

09

SEPTEMBRE

MA SALADE *de haricots rouges*

J'AI TOUJOURS AIMÉ LES GRANDES SALADES. EN COMBINANT LES LÉGUMINEUSES ET LES CÉRÉALES, EN VOICI UNE BIEN ÉQUILIBRÉE. LA SAUCE CHIMICHURRI, ORIGINAIRE D'ARGENTINE, VIENT RELEVER TOUT ÇA !

Pour 4 personnes
Préparation : 25 min
Cuisson : 18 min

- ☐ 300 g de riz venere (riz noir)
- ☐ 1 oignon rouge
- ☐ 150 g de haricots rouges en boîte
- ☐ 150 g de maïs en grains en boîte
- ☐ 2 tomates

Pour la sauce chimichurri

- ☐ ½ oignon blanc
- ☐ 1 gousse d'ail
- ☐ 1 citron
- ☐ ½ botte de persil frais
- ☐ ½ botte de cerfeuil frais
- ☐ 1 cuil. à café d'origan ou d'herbes de Provence
- ☐ 1 cuil. à café de cumin poudre
- ☐ 1 pincée de paprika doux
- ☐ 1 pincée de piment de Cayenne
- ☐ 3 cuil. à soupe de vinaigre de vin
- ☐ 6 cuil. à soupe d'huile d'olive
- ☐ Sel et poivre du moulin

1. Faites cuire le riz venere dans une grande casserole d'eau bouillante pendant 18 minutes, puis rincez-le sous un filet d'eau froide et égouttez-le.

2. Pendant la cuisson du riz, épluchez et ciselez l'oignon rouge. Rincez et égouttez les haricots rouges et le maïs en grains. Coupez les tomates en petits cubes.

3. Préparez la sauce chimichurri : pelez et hachez le demi-oignon blanc et la gousse d'ail, coupez-les en petits morceaux. Pressez le jus du citron. Prélevez les feuilles de persil et de cerfeuil, mélangez-les aux herbes sèches, aux épices, à l'ail et l'oignon, puis passez tous les ingrédients de la sauce au mixeur. Versez dedans le vinaigre et l'huile d'olive en plusieurs fois.

4. Mélangez le riz, l'oignon rouge, les haricots rouges, les grains de maïs et les dés de tomates. Assaisonnez généreusement de sauce et dégustez aussitôt !

ASTUCE

Si vous ne trouvez pas de riz venere, un riz blanc de Camargue ou complet fera l'affaire.

Mardi
10
SEPTEMBRE

Saumon cru AU FENOUIL

LE FONDANT ET LA DOUCEUR DU SAUMON RENCONTRE LE CROQUANT ET LA NOTE ANISÉE DU FENOUIL... LA NATURE EST BIEN FAITE !

1. Pelez et hachez le gingembre. À l'aide d'un économe, prélevez le zeste du citron vert et taillez-le en fins bâtonnets. Pressez le jus.

2. Mélangez le gingembre, le zeste, le jus et la crème fraîche. Assaisonnez de sel, de poivre, et réservez au réfrigérateur.

3. Émincez le fenouil très finement et effeuillez l'aneth. Mélangez-les, puis salez, poivrez et réservez.

4. Huilez et citronnez le fond de 4 assiettes ou d'un grand plat. Parsemez de fleur de sel et de poivre.

5. Escalopez le filet de saumon en taillant des tranches de 3 à 5 mm d'épaisseur. Posez-les sur les assiettes ou dans le plat au fur et à mesure, sans trop les faire se chevaucher.

6. Ajoutez un filet de sauce et le fenouil émincé. Servez et dégustez aussitôt !

EXPRESS

Pour 4 personnes
Préparation : 15 min

- ❑ 700 g de saumon Label Rouge en filet
- ❑ 1 bulbe de fenouil
- ❑ 1 bouquet d'aneth
- ❑ ½ citron
- ❑ Huile d'olive
- ❑ Fleur de sel
- ❑ Poivre noir du moulin

Pour la sauce

- ❑ 2 cm de gingembre frais
- ❑ 1 citron vert bio
- ❑ 8 cl de crème fraîche liquide
- ❑ Sel et poivre

Mercredi

11

SEPTEMBRE

GRAND CLASSIQUE

Pour 4 personnes
Préparation : 15 min
Cuisson : 40 à 45 min

- 8 tomates moyennes
- 600 g de veau haché
- 2 pincées de sucre en poudre
- 50 g de pignons de pin
- 50 g d'amandes en bâtonnets
- 1 pincée de cumin en poudre
- 1 pincée de cannelle en poudre
- 1 citron vert
- 1 bouquet de coriandre
- 2 oignons rouges
- Huile de pépins de raisin
- 1 cuil. à soupe de sauce Worcestershire
- 1 cuil. à café de Tabasco®
- Sel et poivre

TOMATES FARCIES AU VEAU

DOUCE ET FONDANTE, LA VIANDE DE VEAU EST IDÉALE POUR FARCIR LA TOMATE. AVEC LE CROQUANT ET LE PARFUM DES AMANDES AUX ÉPICES, VOUS ALLEZ METTRE LES PETITS PLATS DANS LES GRANDS.

1. Préchauffez le four à 180 °C (th. 6).

2. Mondez les tomates. Ôtez le pédoncule et, à l'opposé, faites deux petites incisions en croix. Plongez-les 20 à 30 secondes dans de l'eau bouillante, puis transférez-les dans un bol d'eau froide pour les rafraîchir. Tirez la peau en partant de l'incision : elle se détache facilement. Coupez ensuite les chapeaux des tomates, puis videz-les et gardez la chair. Assaisonnez de sel et de poivre. Saupoudrez d'une pincée de sucre l'intérieur des tomates, puis réservez-les au frais.

3. Dans une poêle antiadhésive, faites griller les pignons de pin et les amandes avec une pincée de sucre, le cumin et la cannelle en remuant constamment avec une spatule en bois.

4. Pressez le jus du citron vert. Hachez la coriandre en réservant quelques feuilles pour décorer. Épluchez et hachez les oignons rouges.

5. Assaisonnez le veau haché avec une pincée de sel, le jus de citron vert, un trait d'huile de pépins de raisin, la coriandre, la sauce Worcestershire, le Tabasco® et les oignons rouges.

6. Garnissez les tomates de veau haché et enfournez pour 35 à 40 minutes.

7. À la sortie du four, recouvrez de pignons et d'amandes grillés aux épices, décorez de quelques feuilles de coriandre et dégustez !

Crumble RHUBARBE-NOISETTE

Jeudi
12
SEPTEMBRE

LA RHUBARBE, ACTE 2 ! APRÈS SES BELLES POUSSES DE PRINTEMPS, LA RHUBARBE « REDONNE » EN SEPTEMBRE. SES TIGES SONT UN PEU PLUS ACIDES. VOILÀ POURQUOI JE L'ADOUCIS AVEC CE CRUMBLE. ÇA MARCHE AUSSI AVEC LA RHUBARBE CONGELÉE AU PRINTEMPS !

Pour 4 personnes
Préparation : 15 min
Cuisson : 50 min

- ▢ 600 g de rhubarbe
- ▢ 70 g de cassonade

Pour l'appareil à crumble

- ▢ 120 g de beurre doux à température ambiante
- ▢ 150 g de farine
- ▢ 100 g de cassonade
- ▢ 50 g de poudre de noisettes
- ▢ 1 pincée de sel

1. Préchauffez le four à 200 °C (th. 6-7).

2. Préparez la pâte à crumble : dans un saladier, mélangez du bout des doigts le beurre, la farine, le sel, la cassonade et la poudre de noisettes. Vous devez obtenir un mélange sablé.

3. Répartissez le crumble bien émietté sur une plaque allant au four et enfournez pour 25 à 30 minutes (remuez en cours de cuisson pour cuire la pâte uniformément).

4. Pelez, lavez et coupez en tronçons de 2 cm les tiges de rhubarbe. Mettez-les à compoter sur feu moyen dans une casserole avec la cassonade. Égouttez la rhubarbe et laissez tiédir.

5. Versez la compotée de rhubarbe rafraîchie dans des verres, puis du crumble tiède par-dessus, et dégustez !

MIEUX CONNAÎTRE

En plus d'être un légume, la rhubarbe remonte la saison grâce à une variété (livingstone) qu'on dit naturellement remontante, car elle peut pousser deux fois dans l'année (à la fin du printemps et à la fin de l'été), tout comme certaines variétés de fraises, de framboises et de rosiers.

Vendredi
13
SEPTEMBRE

GAUFRES PARMENTIÈRES

PROFITEZ DE CE VENDREDI 13 POUR TENTER VOTRE CHANCE EN CUISINE AVEC UNE NOUVELLE RECETTE ÉTONNANTE. NATURE OU EN GARNITURE POUR ACCOMPAGNER UNE VIANDE, TOUT LE MONDE EST GAGNANT !

Pour 4 personnes
Préparation : 15 min
Cuisson : 5 min par gaufre

- 400 g de pommes de terre à chair jaune et farineuse (type bintje ou BF15)
- 5 brins de persil plat
- 1 pincée de noix de muscade
- 1 œuf entier + 1 jaune
- 10 cl de crème fraîche épaisse
- Huile neutre (pour le gaufrier)
- Sel et poivre du moulin

1. Pelez, lavez et séchez les pommes de terre.

2. Rincez, séchez et équeutez le persil.

3. Râpez les pommes de terre comme des carottes et pressez-les à la main pour les débarrasser de leur eau.

4. Mettez dans un saladier. Assaisonnez de sel, de poivre et de noix de muscade. Ajoutez le persil haché, l'œuf entier, le jaune et la crème fraîche, puis mélangez la pâte.

5. Préchauffez le gaufrier, huilez-le légèrement et confectionnez 4 gaufres : comptez 5 minutes environ de cuisson pour chacune.

Samedi

14

SEPTEMBRE

Escalopes de poulet ensoleillé

EN CUISINE, SEPTEMBRE EST MON MOIS PRÉFÉRÉ. TOUS LES PRODUITS DE L'ÉTÉ SONT LÀ, AU MIEUX DE LEUR MATURITÉ, À COMMENCER PAR LES POIVRONS. VOILÀ UN POULET QUI RAMÈNE LE SOLEIL !

Pour 4 personnes
Préparation : 10 min
Congélation : 2 h
Cuisson : 20 min

- 4 escalopes de poulet fermier jaune des Landes
- 6 poivrons (2 rouges, 2 verts, 2 jaunes)
- 1 gousse d'ail
- 2 oignons jaunes
- 100g de feta grecque AOP ou un fromage de chèvre demi-sec à sec
- 2 branches de thym frais
- 3 cuil. à soupe d'huile d'olive
- 1 cuil. à soupe de paprika fumé
- sel et poivre du moulin

1. 2 heures avant de commencer à cuisiner, placez la feta entière ou le fromage de chèvre au congélateur.

2. Épépinez les poivrons et taillez-les en grosses lanières (1 cm de large) dans la longueur. Pelez l'ail et écrasez-le avec le plat du couteau.

3. Épluchez et émincez les oignons jaunes. Faites-les blondir dans la poêle avec 1 cuillerée à soupe d'huile d'olive. Ajoutez ensuite les poivrons et mélangez 10 minutes. Salez et poivrez. Débarrassez les légumes et gardez-les au chaud.

4. Versez le reste de l'huile d'olive dans la poêle, ajoutez la gousse d'ail, une branche de thym frais et les escalopes de poulet. Faites cuire 3 minutes sur chaque face. Salez et poivrez.

5. Sur une planche, émincez les escalopes. Dans les assiettes, répartissez la fondue de poivrons en disposant harmonieusement les couleurs, ajoutez une escalope de poulet émincée, émiettez la seconde branche de thym et râpez la feta congelée ou le chèvre au-dessus. Parsemez d'une pincée de paprika fumé pour colorer le tout.

TARTE *figues réglisse*

AVEC SON PARFUM ET SON GOÛT SUCRÉ, LA FIGUE PERMET DE PROLONGER LE GOÛT DES VACANCES D'ÉTÉ. POUR LUI DONNER UN PETIT AIR DE RENTRÉE, JE L'AI ASSOCIÉE AU BÂTON DE RÉGLISSE QUE JE MÂCHOUILLAIS EN ALLANT À L'ÉCOLE.

- ☐ 1 pâte sablée maison (voir mon atelier « main à la pâte » page 363)
- ☐ 600 g de figues noires
- ☐ 1 bâton de réglisse de 5 cm
- ☐ 100 g de sucre en poudre blanc
- ☐ 3 cuil. à soupe de poudre d'amandes
- ☐ 50 g de sucre roux

Pour 4 personnes
Préparation : 30 min
Cuisson : 40 à 55 min

1. Coupez grossièrement 300 g de figues et déposez-les dans une casserole avec le bâton de réglisse écrasé et le sucre en poudre. Faites compoter sur feu doux pendant 20 à 30 minutes.

2. Préchauffez le four à 180 °C (th. 6).

3. Pendant ce temps, posez la pâte dans le fond d'un moule. Coupez le reste des figues, à la verticale, en tranches de 5 mm d'épaisseur.

4. Couvrez le fond de tarte de poudre d'amandes. Versez dessus la compotée de figues à la réglisse en lissant avec le dos d'une cuillère à soupe. Disposez par-dessus les tranches de figues en rosace, saupoudrez-les de sucre roux et enfournez dans le bas du four pour 20 à 25 minutes. Servez la tarte tiède.

MIEUX CONNAÎTRE

Le bâton de réglisse n'est ni plus ni moins que la racine de cette plante qui pousse en buisson. Il s'agit d'un des médicaments naturels les plus puissants. Nos anciens en mâchouillaient déjà pour éloigner les infections respiratoires et les virus. Mais attention, à haute dose, la réglisse peut provoquer de l'hypertension. Pas de danger avec les 5 cm de cette recette !

Dimanche
15
SEPTEMBRE

Lundi
16
SEPTEMBRE

SALADE DE COURGETTES AU CRABE

EXPRESS

C'EST LUNDI ! OUVRONS UNE BOÎTE DE CRABE ! TRÈS PRATIQUE, CETTE BOÎTE DE CONSERVE PERMET TOUT DE SUITE DE REHAUSSER UNE SALADE ET DE PROFITER DE LA CHAIR DOUCE ET LÉGÈREMENT IODÉE DU CRABE. VOUS N'EN LAISSEREZ PAS UNE MIETTE !

Pour 4 personnes
Préparation : 15 min

- 400 g de petites courgettes
- 1 boîte de crabe au naturel (125 g)
- 1 citron vert
- ½ botte de coriandre
- 1 avocat
- 150 g de tomates cerises
- 5 cuil. à soupe d'huile d'olive
- Sel et poivre

1. Rincez les courgettes et taillez-les à la mandoline ou au rasoir à légumes pour obtenir des tagliatelles en conservant la peau. Pressez le jus du citron vert et ciselez la coriandre.

2. Mélangez les courgettes avec le jus de citron vert, l'huile d'olive et la coriandre.

3. Égouttez le crabe. Épluchez l'avocat et coupez-le en dés. Coupez les tomates cerises en deux ou en quatre.

4. Dans un saladier, réunissez tous les ingrédients, assaisonnez et mélangez délicatement. Dégustez bien frais.

Mardi

17

SEPTEMBRE

EXPRESS

Confit de canard

pommes de terre paillasson

VOICI UNE RÉPONSE À VOUS QUI ME DITES PARFOIS : « J'AI PAS LE TEMPS DE CUISINER ! » CETTE RECETTE EST UN BEL ASSEMBLAGE POUR UN PLAT EXPRESS.

Pour 4 personnes
Préparation : 15 min
Cuisson : 20 à 30 min

- ▢ 4 cuisses de canard confit
- ▢ 500 g de grosses pommes de terre (type bintje)
- ▢ 100 g de beurre (ou de graisse de canard récupérée du confit)
- ▢ 1 poignée de feuilles de jeune salade
- ▢ Sel et poivre

1. Pelez, lavez et épongez les pommes de terre avant de les tailler en fine julienne (à la mandoline, si elle est équipée d'une râpe spéciale).

2. Graissez une grande poêle avec le beurre ou la graisse de canard, posez 4 tas de pommes de terre, puis salez et poivrez. Aplatissez légèrement les paillassons et laissez cuire. Ne les retournez pas avant qu'ils soient bien dorés : comptez 10 à 15 minutes de cuisson en tout.

3. Faites dorer les cuisses de canard dans une autre grande poêle 7 à 8 minutes côté peau, puis 4 à 5 minutes côté chair.

4. Disposez les paillassons de pomme de terre au centre de 4 assiettes, ajoutez les cuisses de canard et quelques feuilles de jeune salade à côté. Servez aussitôt.

ENTRE *nous*

Sous vide ou en conserve, le confit de canard est une préparation qui donne tout de suite un petit côté luxe et terroir à un repas. Pensez bien à dégraisser les cuisses de canard avant de les faire cuire au four ou à la poêle.

Mercredi
18
SEPTEMBRE

VEGGIE

TATIN D'ÉCHALOTES

FINE ET SUBTILE, L'ÉCHALOTE TRADITIONNELLE FAIT VRAIMENT PARTIE DE NOTRE PATRIMOINE CULINAIRE. POUR LA SORTIR DE SA ROUTINE HACHÉE, JE VOUS INVITE À LA CÉLÉBRER EN LA CUISINANT ENTIÈRE DANS CES PETITES TARTES SALÉES.

Pour 4 personnes
Préparation : 30 min
Cuisson : 50 min

- 1 pâte feuilletée pur beurre
- 1 kg d'échalotes traditionnelles
- 30 g de beurre demi-sel
- 40 g de sucre
- 4 cl de cognac (facultatif)
- Poivre

Matériel :
- 4 moules à tartelette individuelle

1. Épluchez les échalotes en les gardant entières. Dans une sauteuse, à feu moyen, faites fondre le beurre avec le sucre et déposez les échalotes, si possible sans les superposer. Ajoutez le cognac, poivrez et couvrez de papier sulfurisé en faisant une petite cheminée. Laissez cuire 30 minutes environ en surveillant la cuisson : les échalotes doivent confire en dorant très légèrement.

2. Préchauffez le four à 180 °C (th. 6).

3. Étalez la pâte et coupez 4 cercles de la taille de vos moules à tartelette.

4. Dès que les échalotes sont tendres, disposez-les au fond des moules en les serrant bien. Déposez la pâte feuilletée dessus et rabaissez les bords à l'intérieur. Enfournez pour 20 minutes et dégustez bien chaud, accompagné d'une salade verte.

MIEUX CONNAÎTRE

La légende raconte que la tatin serait née d'une étourderie des sœurs du même nom, à Lamotte-Beuvron en Sologne : elles auraient « oublié » la pâte dans la confection de leur tarte aux pommes et auraient eu l'idée de réenfourner cette dernière en la recouvrant de pâte. L'accident de Lamotte-Beuvron a vu naître une méthode remarquable de cuisson à l'étouffée, qui s'applique aussi aux tartes salées !

Jeudi

19

SEPTEMBRE

Minestrone de fruits frais AU BASILIC

LE MINESTRONE EST UNE SOUPE ITALIENNE AVEC DES MORCEAUX DE LÉGUMES. JE VOUS AI PRÉPARÉ UNE VERSION SUCRÉE POUR RÉUNIR VOS FRUITS DE SAISON PRÉFÉRÉS. LAISSEZ-VOUS GUIDER PAR VOS ENVIES SUR LE MARCHÉ !

Pour 4 personnes
Préparation : 15 min

Pour le minestrone

- ▢ 1 pomme type reine des reinettes
- ▢ 1 poire (guyot, conférence, louise-bonne…)
- ▢ 200 g de mirabelles ou autres prunes de saison
- ▢ 1 grappe de raisin chasselas
- ▢ 50 cl de sorbet pomme verte
- ▢ 1 petit bouquet de basilic
- ▢ 50 g de noisettes fraîches

Pour le sirop

- ▢ 70 g de sucre en poudre
- ▢ 1 citron vert bio
- ▢ 1 brin de basilic

1. Prélevez le zeste du citron vert à l'économe et taillez-le en fine julienne. Rassemblez tous les ingrédients du sirop dans une casserole, ajoutez 40 cl d'eau et portez à ébullition pendant 5 minutes. Mélangez et laissez refroidir avant de mettre au frais.

2. Lavez les fruits, puis taillez-les en petits dés de 5 mm de côté environ, sans les peler. Réservez dans un saladier.

3. Au moment de servir, sortez le sorbet du congélateur. Répartissez les fruits dans 4 assiettes creuses et nappez-les de sirop. Parsemez de basilic ciselé. Incorporez les noisettes concassées au sorbet. Posez une quenelle de sorbet (formée à l'aide de deux cuillères à soupe) dans chaque assiette. Servez aussitôt.

MIEUX MANGER

Je vous l'ai déjà dit, mais je vous le redis quand même : quand vous conservez la peau des fruits pour une recette, mieux vaut les choisir bio pour éviter les résidus de pesticides et autres produits chimiques dans le dessert !

Vendredi
20
SEPTEMBRE

EXPRESS

QUAND DES ŒUFS DE POULE RENCONTRENT DES ŒUFS DE SAUMON, QUE SE RACONTENT-ILS ? UNE BELLE HISTOIRE D'ŒUF !

ŒUFS À LA COQUE AUX ŒUFS DE SAUMON

Pour 4 personnes
Préparation : 5 min

- 4 œufs extra-frais
- 1 petit bocal d'œufs de saumon
- Sel et poivre du moulin

1. Faites cuire les œufs 3 min 30 dans de l'eau bouillante salée. Coupez le haut des œufs. Salez légèrement les œufs et poivrez-les.

2. Introduisez les œufs de saumon dans les coquilles (vous pouvez enlever un peu de blanc pour leur laisser la place).

MIEUX *CHOISIR*

Un œuf est considéré comme EXTRA-FRAIS pendant les 9 jours qui suivent la date de ponte. C'est l'œuf idéal pour être cuisiné à la coque, au plat ou cru dans un tartare. Au-delà de 9 jours, un œuf est considéré comme FRAIS. Pensez à lui pour le cuisiner brouillé, mollet, en omelette ou dans les gâteaux. Plus l'œuf est frais, plus les préparations à base de blancs montés en neige sont faciles à réaliser !

ENTRE *nous*

Vous pouvez préparer des mouillettes classiques et raffinées avec du pain grillé tartiné de beurre et parsemé d'aneth haché. Pour faire *light*, pensez aux mouillettes de légumes, avec des tiges de fenouil, des branches de céleri…

GRAND CLASSIQUE

Pour 4 personnes
Préparation : 15 min
Cuisson : 15 min

Samedi 21 SEPTEMBRE

Faux-filets parfumés AUX CHAMPIGNONS

MOINS COÛTEUX ET PLUS GOÛTEUX QUE LE FILET, LE FAUX-FILET A TOUT BON ! POUR L'ACCOMPAGNER, J'AI MIS LE CHAMPIGNON DANS TOUS SES ÉTATS. À VOUS DE JOUER AVEC CE PLAT DIGNE D'UN BEAU BISTROT.

1. Mixez les champignons séchés pour les réduire en poudre. Mélangez cette poudre avec 3 cuillerées à soupe d'huile et badigeonnez la viande de cette préparation en la massant pour la faire pénétrer. Réservez.

2. Nettoyez les champignons de Paris. Émincez-en la moitié et hachez finement le reste.

3. Épluchez et hachez finement l'ail et l'échalote. Chauffez un peu d'huile dans une casserole et mettez-les à dorer. Ajoutez les champignons hachés, puis salez, poivrez, saupoudrez de noix de muscade et faites suer à feu doux jusqu'à complète évaporation de l'eau. Ajoutez le persil haché et réservez au chaud.

4. Poêlez la viande à feu vif quelques minutes sur chaque face. Couvrez d'une feuille de papier d'aluminium et laissez reposer.

5. Débarrassez la viande et faites ensuite colorer dans la même poêle les champignons de Paris émincés.

6. Servez la viande coupée en tranches sur un lit de champignons hachés et entourée de champignons émincés.

- 2 beaux faux-filets de bœuf de 400 g chacun
- 500 g de champignons de Paris
- 5 g de champignons séchés
- 1 petite gousse d'ail
- 1 échalote
- 1 pincée de noix de muscade
- ½ botte de persil plat
- Huile de pépins de raisin
- Sel et poivre

Dimanche
22
SEPTEMBRE

LA CHARLOTTE FAIT PARTIE DES DESSERTS PRÉFÉRÉS DES FRANÇAIS. VOICI MA VERSION FAMILIALE ET SANS CUISSON.

Charlotte poire *et caramel*

Pour 6 personnes
Préparation : 25 min
Cuisson : 15 min environ
Réfrigération : 4 h

SANS CUISSON

- 4 poires mûres
- 5 cl de jus de citron
- 1 étoile de badiane
- 150 g de cassonade
- 400 g de fromage blanc
- 90 g de sucre
- 1 gousse de vanille fendue et grattée
- 2 g d'agar-agar
- 20 biscuits à la cuillère
- 300 g de coulis de caramel

1. Pelez les poires et pochez-les 10 minutes dans une casserole contenant 1,5 l d'eau, le jus de citron, la badiane et la cassonade, à couvert et à feu moyen. Laissez-les refroidir dans le sirop.

2. Coupez les poires en cubes et égouttez-les bien. Fouettez le fromage blanc avec le sucre et la vanille.

3. Portez 10 cl de sirop à ébullition, versez l'agar-agar, mélangez et laissez bouillir 3 minutes.

4. Hors du feu, laissez tiédir, puis incorporez le mélange de sirop et d'agar-agar au fromage blanc sucré.

5. Trempez les biscuits quelques secondes dans le sirop restant. Tapissez-en le fond et les bords du moule à charlotte.

6. Alternez une couche de fromage blanc, une couche de cubes de poires et 3 cuillerées à soupe de coulis de caramel, jusqu'en haut du moule. Terminez par une couche de biscuits imbibés et recouvrez d'une assiette. Posez un poids sur celle-ci. Placez au réfrigérateur pour 4 heures. Démoulez la charlotte, arrosez-la de coulis au caramel et servez.

MIEUX CONNAÎTRE

La charlotte a vu le jour en hommage à la reine de Grande-Bretagne et d'Irlande qui portait ce prénom, à la fin du XVIIIe siècle. Cette dernière aurait mis à la mode ce gros bonnet froncé et garni d'un volant dont les femmes se coiffaient à l'époque et dont la forme évoque celle du dessert. Les toutes premières recettes se résumaient à du pain de mie beurré, placé contre les parois d'un moule, garni d'une compote de pommes et enfourné. C'est le grand Marie-Antoine Carême qui eut l'idée d'utiliser des biscuits à la cuillère et du fromage blanc, et de réfrigérer au lieu de cuire !

Lundi

23

SEPTEMBRE

VEGGIE

TERRINE POIREAUX *vinaigrette*

LE POIREAU VINAIGRETTE EST MON ENTRÉE DE BISTROT PRÉFÉRÉE. J'ADORE JOUER AVEC CE CLASSIQUE EN LE RECOUVRANT D'ŒUF MIMOSA ET DE NOISETTES. CETTE FOIS-CI, JE ME SUIS AMUSÉ À EN FAIRE UNE TERRINE POUR POUVOIR Y RETOURNER !

Pour 4 personnes
Préparation : 15 min
Réfrigération : 1 nuit

- 600 g de poireaux
- 5 cuil. à soupe d'huile de tournesol
- 2 cuil. à soupe de vinaigre de vin rouge
- 1 cuil. à soupe d'olives noires dénoyautées
- Sel et poivre

Matériel :

- 1 terrine rectangulaire

GRAND CLASSIQUE

1. Taillez les poireaux à la longueur de la terrine, puis lavez-les soigneusement. Plongez-les dans un grand volume d'eau bouillante salée (10 g par litre d'eau) et laissez-les cuire 5 à 8 minutes à découvert jusqu'à ce que la lame d'un couteau les pénètre facilement.

2. Égouttez-les et rangez-les tête-bêche dans la terrine. Pressez-les à l'aide d'une planchette de la taille de la terrine (taillée dans du carton rigide enveloppé de papier film), posez dessus une grosse boîte de conserve et laissez une nuit au réfrigérateur, le temps que les poireaux figent grâce au froid.

3. Démoulez la terrine et taillez délicatement des tranches de 2,5 à 3 cm d'épaisseur.

4. Mélangez l'huile et le vinaigre dans un bol. Salez et poivrez.

5. Posez une tranche de terrine sur chaque assiette, arrosez-la de vinaigrette et parsemez d'olives noires concassées.

Chaussons de veau
AU PESTO

Mardi
24
SEPTEMBRE

J'AI DÉTOURNÉ L'ESCALOPE DE VEAU, DOUCE ET FONDANTE, POUR FAIRE UN CHAUSSON À L'ITALIENNE. UN PETIT CÔTÉ CORDON-BLEU QUI DEVRAIT PLAIRE AUX ENFANTS… ENTRE NOUS, ÇA MARCHE AUSSI AVEC LES ADULTES !

Pour 4 personnes
Préparation : 20 min
Cuisson : 20 min

- 4 escalopes de veau longues, larges et fines
- 1 pot de pesto
- 1 boule de mozzarella (250 g nets)
- 2 sachets de mélange de céréales prêts à cuire
- 2 pincées de muscade
- 2 tranches de jambon blanc
- 10 cl de vin blanc sec
- 20 tomates cerises
- Huile d'olive
- Sel et poivre

EXPRESS

1. Mettez à bouillir un grand volume d'eau salée.

2. Découpez 8 tranches de la même épaisseur dans la mozzarella, poivrez et réservez. Coupez chaque tranche de jambon en deux et réservez.

3. Plongez les sachets de céréales dans l'eau bouillante et faites cuire 10 minutes.

4. Étalez les escalopes de veau et aplanissez-les avec la paume de la main sur les deux faces. Salez, poivrez et saupoudrez chaque face de muscade.

5. Sur une moitié d'escalope, étalez du pesto, recouvrez-le d'une tranche de mozzarella, puis d'une demi-tranche de jambon et terminez par une rondelle de mozzarella. Refermez l'escalope avec l'autre moitié et soudez légèrement les bords avec les doigts. Mettez de l'huile d'olive à chauffer dans une poêle antiadhésive et saisissez les escalopes sur les deux faces.

6. Déglacez avec le vin blanc, réduisez le feu, couvrez la poêle et laissez cuire 7 minutes.

7. Égouttez les céréales, égrainez-les dans un saladier et mélangez-les à 3 cuillerées à soupe de pesto. Ajoutez les tomates cerises coupées en deux.

8. Au moment de servir, émincez les escalopes en tranches de 2 cm d'épaisseur et dressez-les sur les céréales. Nappez de jus de cuisson. C'est prêt !

Cookies au beurre DE CACAHUÈTES

MÊME SI JE NE SUIS PAS VEGAN, JE M'INSPIRE PARFOIS DE CE MOUVEMENT POUR EXPLORER DE NOUVELLES SAVEURS. EXÉCUTION AVEC CETTE RECETTE SIMPLE, SANS PRODUITS D'ORIGINE ANIMALE... ET QUI PLAIRA À TOUT LE MONDE !

Pour 12 cookies environ
Préparation : 10 min
Réfrigération : 30 min
Cuisson : 20 min

- 130 g de beurre de cacahuètes
- 175 g de farine
- 100 g de sucre complet (rapadura)
- 60 g de chocolat noir en pépites ou en tablette
- 60 g de noix de pécan ou de cacahuètes
- 40 g de lait végétal (amande, riz…)
- 1 pincée de bicarbonate alimentaire

1. Dans un grand saladier, mélangez la farine, le sucre et le bicarbonate. Ajoutez le beurre de cacahuètes et incorporez-le au mélange sec à l'aide d'une spatule en bois. Versez le lait végétal et mélangez jusqu'à obtenir une pâte homogène.

2. Ajoutez alors les pépites de chocolat (ou les morceaux de chocolat concassés au couteau) et les noix de pécan.

3. Couvrez de papier film et placez au réfrigérateur pour 30 minutes.

4. Préchauffez le four à 180 °C (th. 6).

5. Prélevez des boules de préparation à l'aide d'une cuillère en bois et répartissez-les sur une feuille de papier sulfurisé posée sur la plaque du four, en les espaçant bien. Enfournez pour 20 minutes.

6. Laissez refroidir et dégustez !

J'AI EU LE PLAISIR D'ANIMER UNE ÉMISSION AVEC JULIA VIGNALI. COMME ELLE N'AIME PAS CUISINER DES PLATS COMPLIQUÉS, J'AI IMAGINÉ CETTE RECETTE POUR ELLE. DEPUIS, ELLE S'EST MISE AU SUCRÉ EN ANIMANT L'ÉMISSION «LE MEILLEUR PÂTISSIER» SUR M6. JULIA, QUAND TU VEUX, POUR UNE PIÈCE MONTÉE !

Jeudi
26
SEPTEMBRE

CURRY VERT *aux crevettes*

Pour 4 personnes
Préparation : 15 min
Cuisson : 15 à 20 min

- ☐ 1 à 2 cuil. à soupe de pâte de curry vert thaï
- ☐ 500 g de grosses crevettes crues décortiquées (surgelées)
- ☐ 1 petit oignon
- ☐ ½ brocoli
- ☐ 8 à 12 mini-épis de maïs en boîte
- ☐ 2 cm de gingembre frais
- ☐ 35 cl de lait de coco
- ☐ 1 cuil. à soupe de nuoc-mâm
- ☐ 1 citron vert
- ☐ Quelques feuilles de basilic thaï
- ☐ Huile neutre (colza, tournesol ou arachide)
- ☐ Poivre

1. Pelez et émincez l'oignon. Détachez les bouquets du brocoli et coupez-les dans la hauteur. Coupez les mini-épis de maïs en deux.

2. Faites revenir ces légumes pendant 5 à 8 minutes dans une poêle ou un wok avec un peu d'huile.

3. Pelez et hachez le gingembre. Répartissez-le sur les légumes, puis ajoutez la pâte de curry et mélangez 1 minute. Versez le lait de coco, mélangez, ajoutez les crevettes et le nuoc-mâm. Mélangez et laissez mijoter 8 à 10 minutes.

4. Goûtez et rectifiez l'assaisonnement avec du poivre, le jus du citron vert et le curry. Ajoutez en tout dernier les feuilles de basilic thaï émincées.

5. Mélangez et servez dans des bols ou des assiettes creuses, accompagné de riz thaï.

Vendredi
27
SEPTEMBRE

J'ADORE LES GNOCCHIS. JE ME SOUVIENS D'UN MAGNIFIQUE MOMENT EN CUISINE, L'ANNÉE DERNIÈRE, AVEC LA FAMILLE TROISGROS. LES GNOCCHIS SYMBOLISENT POUR EUX, QUI SONT D'ORIGINE ITALIENNE DU CÔTÉ MATERNEL, LE PLAT DE PARTAGE DE NOËL. ILS LE SERVAIENT AVEC UN COULIS DE TOMATE MAISON, ET PIERRE TROISGROS, DE RETOUR DU RESTAURANT, DÉPOSAIT À LA SURFACE DE BELLES LAMELLES DE TRUFFE. LE BONHEUR ! SI VOUS SOUHAITEZ FAIRE DE MÊME, ESSAYEZ LA RECETTE DU COULIS DE TOMATE AU BASILIC DU 2 AOÛT.

GNOCCHIS MAISON

Pour 4 personnes
Préparation : 30 min
Cuisson : 1 h 05

- 500 g de pommes de terre à purée (type bintje)
- 1 jaune d'œuf
- 1 cuil. à soupe de parmesan râpé
- 60 à 80 g de farine
- Sel

1. Préchauffez le four à 120 °C (th. 4).

2. Piquez les pommes de terre et faites-les cuire 1 heure au four. Laissez-les refroidir 15 minutes, puis pelez-les et écrasez-les en purée à l'aide d'un moulin à légumes ou avec une fourchette.

3. Ajoutez le jaune d'œuf et le parmesan, puis la farine petit à petit afin d'obtenir une pâte souple et humide au toucher, mais pas collante.

4. Sur un plan de travail fariné, roulez la pâte pour former un long cylindre de 1,5 cm de diamètre. Coupez-le en morceaux de 1,5 cm et roulez-les sur les dents d'une fourchette afin de creuser des sillons profonds. Repliez les bords l'un vers l'autre en laissant un creux au centre.

5. Plongez les gnocchis dans une grande casserole d'eau bouillante salée, remuez-les doucement jusqu'à la reprise de l'ébullition et laissez cuire 2 minutes, jusqu'à ce qu'ils remontent à la surface.

6. Égouttez-les et roulez-les dans une sauce (tomate et sauge ou une crème persillée, par exemple). Dégustez bien chaud !

Tour de magie catastrophe

Attention à ne pas faire « disparaître » les gnocchis à la cuisson en faisant bouillir l'eau trop fort !

Ma crème brûlée
À LA BERGAMOTE

FAN DE CE BONBON MADE IN NANCY, JE L'AI GLISSÉ AU DERNIER MOMENT SUR LA CRÈME POUR REMPLACER LA CASSONADE CLASSIQUE. MIAM !

Pour 4 personnes
Préparation : 10 min
Cuisson : 1 h
Réfrigération : 2 h

- 60 g de bonbons bergamotes de Nancy
- 5 jaunes d'œufs
- 80 g de sucre en poudre
- 50 cl de crème liquide entière

1. Préchauffez le four à 100 °C (th. 3-4).

2. Fouettez les jaunes d'œufs avec le sucre jusqu'à ce que le mélange double de volume. Ajoutez ensuite la crème et fouettez à nouveau. Versez le mélange dans 4 ramequins larges et mettez-les à cuire au bain-marie dans le four pendant 1 heure. Laissez-les refroidir, puis placez-les pour 2 heures au réfrigérateur.

3. Juste avant de servir, faites chauffer le gril de votre four au maximum.

4. Pilez finement les bonbons de Nancy dans un mortier ou écrasez-les dans un torchon avec le fond d'une casserole. Parsemez-les sur les ramequins et passez ces derniers rapidement sous le gril. Surveillez bien et sortez-les du four dès que la surface est caramélisée.

MON ASTUCE

Si vous avez un petit chalumeau de cuisine, utilisez-le (avec précaution !) pour la caramélisation.

Dimanche

29

SEPTEMBRE

CÔTES D'AGNEAU
croûte aux herbes

Pour 4 personnes
Préparation : 15 min
Cuisson : 8 à 10 min

- ☐ 8 côtes d'agneau découvertes
- ☐ 1 gousse d'ail
- ☐ 2 œufs
- ☐ ½ botte de persil plat (80 g)
- ☐ 100 g de chapelure
- ☐ 100 g de farine
- ☐ 20 g de beurre
- ☐ 4 cuil. à soupe d'huile de cuisson (arachide, pépins de raisin…)
- ☐ 2 branches de thym
- ☐ Sel et poivre du moulin

1. Pelez, dégermez et hachez la gousse d'ail.

2. Versez la farine dans une première assiette creuse. Cassez les œufs dans une autre assiette creuse, puis battez-les avec une pincée de sel et un tour de moulin à poivre. Dans une troisième assiette creuse, mélangez le persil ciselé très finement et la chapelure.

3. Passez chaque côte dans la farine, puis dans les œufs battus, et enfin dans le mélange de persil et de chapelure en appuyant bien sur chaque face. Réservez les côtes d'agneau sur un plat.

4. Dans 2 larges poêles, répartissez équitablement le beurre et l'huile. Ajoutez dans chacune l'ail haché et 1 branche de thym, et faites colorer 4 côtes d'agneau pendant 4 à 5 minutes. Retournez-les et poursuivez la cuisson 4 à 5 minutes: elles doivent être rosées et uniformément dorées.

Accompagnez les côtes d'agneau persillées de gaufres parmentières (voir page 335).

MON CONSEIL

Si vous voulez sortir le grand jeu, cette recette fonctionne aussi avec des carrés d'agneau ! Choisissez 2 carrés d'agneau couverts de 8 côtes et demandez à votre boucher de vous les préparer. Pour les persiller, mélangez 80 g de beurre pommade avec la chapelure, l'ail haché et le persil ciselé, salez et poivrez. Enduisez généreusement les carrés d'agneau de ce mélange et disposez-les dans un plat allant au four. Faites cuire à 240 °C (th. 8) pendant 10 minutes, puis terminez la cuisson à 200 °C (th. 6-7) pendant 10 minutes.

EXPRESS

Pilons de poulet À L'ASIATIQUE

Lundi **30** SEPTEMBRE

Pour 4 personnes
Préparation : 10 min
Marinade : 4 h
Cuisson : 35 min

- 1,2 kg de pilons de poulet
- 1 gousse d'ail
- 2 cm de gingembre frais
- 2 citrons verts bio
- 1 cuil. à café de cinq-épices
- 10 cl de sauce soja
- 10 cl d'huile de sésame
- Quelques brins de menthe fraîche

1. Pelez et hachez l'ail et le gingembre frais. Râpez le zeste et pressez le jus des citrons verts. Réservez la moitié du jus pour le service.

2. Mettez les pilons de poulet dans un grand sac de congélation, puis ajoutez tous les autres ingrédients de la recette, sauf la menthe. Fermez hermétiquement, secouez et laissez mariner 4 heures au réfrigérateur.

3. Préchauffez le four à 200 °C (th. 6-7).

4. Disposez les pilons dans un plat à gratin, arrosez-les de la moitié de la marinade et enfournez pour 35 minutes. À mi-cuisson, retournez-les et versez dessus le reste de la marinade.

5. Parsemez-les de menthe ciselée et de jus de citron avant de déguster.

DU SIMPLE ET ÉCONOMIQUE POUR BIEN DÉMARRER LA SEMAINE. AVEC CETTE RECETTE PARFUMÉE ET EXOTIQUE, ÇA VA BIEN COMME UN LUNDI !

MIEUX CONNAÎTRE

La cuisse de poulet peut se diviser en 2 parties : le haut de cuisse et le pilon. En marinade, pané ou grillé... le pilon est un produit accessible. Vous le trouverez surgelé ou frais aux alentours de 8 € le kg.

MON TRUC *en plus*

Pour faire mariner une viande, le sac congélation est très pratique et cela fonctionne avec tous les types de viandes (porc, bœuf, agneau…) : laissez la viande et les parfums infuser au réfrigérateur pendant 4 heures minimum, dans le sac, après l'avoir fermé et secoué (dans cet ordre !).

OCTOBRE

au marché

MES INCONTOURNABLES

1 LE COING

Avec lui, passage en cuisson obligé ! Il ressemble à une pomme ou à une poire qu'on aurait malmenée. Son parfum unique cache d'autres vertus. En gelée, il calme les maux de ventre ! Pour en profiter pleinement, je vous propose de l'associer à plusieurs fruits d'automne dans un tajine parfumé (voir recette du mardi 22 octobre).

2 LES NOIX

Qu'elles soient de Grenoble ou du Périgord, les noix se récoltent ce mois-ci. Si vous avez la chance d'en déguster des fraîches, enlevez la fine pellicule qui les recouvre, puis croquez-les. Elles vous le rendront bien : la noix est une petite bombe d'oméga 3 et 6. Que du bon gras !

3 LE SAINT-NECTAIRE

Ce fromage a surgi des volcans d'Auvergne ! Ses producteurs le fabriquent sur un territoire à cheval entre le Puy-de-Dôme et le Cantal. Pour différencier un saint-nectaire au lait pasteurisé d'un saint-nectaire au lait cru, petite astuce : si l'étiquette est ovale, il est fermier ; si elle est carrée, il est laitier.

LES FRUITS ET LÉGUMES DU MOIS

MAIS AUSSI CHEZ LE POISSONNIER :

anchois, calmars, coquilles Saint-Jacques, églefin, huîtres, colin, merlan, grondin

CHEZ LE MARAÎCHER

Légumes :

- Ail
- Amande
- Betterave
- Blette
- Bolet
- Brocoli
- Carotte
- Céleri
- Cèpe
- Châtaigne
- Chou de Bruxelles
- Chou-fleur
- Chou frisé
- Chou kale
- Chou-rave
- Courge
- Échalote
- Endive
- Épinard
- Fenouil
- Girolle
- Laitue
- Mâche
- Navet
- Noisette
- Noix
- Oignon
- Patate douce
- Poireau
- Poivron
- Potiron

Fruits :

- Citron
- Châtaigne
- Coing
- Datte fraîche
- Figue
- Grenade
- Kaki
- Kiwi
- Pomme
- Prune
- Raisin
- Quetsche

ET CÔTÉ FROMAGER :

saint-nectaire, vacherin, broccio, emmental, cancoillotte

EN OCTOBRE mes conseils pour

CHOISIR LES BASIQUES DU PLACARD

Au moment des premiers frimas, je refais mes stocks, comme la marmotte ! Pour « mieux manger » cet hiver aussi !

Ce mois-ci, je refais mes sotcks

Ça passe par des produits indispensables, de la fleur de sel à la fécule de maïs sans oublier les pois chiches et les farines.

- JE CHOISIS DES ÉPICES ET LES CONSERVE CORRECTEMENT.
- J'ACHÈTE DES PRODUITS DE BASE TOUJOURS UTILES.
- J'AI TOUJOURS DANS MES PLACARDS CES ALIMENTS QUI SAUVENT EN CAS DE REPAS IMPROVISÉ !

1 DES ÉPICES, ÉPICEZ TOUT !

Achetez si possible les épices chez un artisan et stockez-les près de la plaque de cuisson, à l'abri de l'humidité et dans des bocaux bien fermés. Il y a bien sûr les indispensables (cannelle, muscade, gingembre, badiane, cumin, paprika, piment d'Espelette), mais la liste est si longue… Faites-vous plaisir en découvrant de nouvelles saveurs.

Attention, les épices se périment elles aussi : conservez-les un an et demi maximum. Passé ce délai, elles perdent de leur arôme !

2 MES PRODUITS DE BASE INDISPENSABLES EN CUISINE

Les féculents pour un accompagnement ou un plat complet : légumes secs (lentilles, pois cassés, haricots tarbais...), des pâtes (de toutes formes) et du riz (de Camargue, venere, sauvage, thaï, arborio pour un risotto).

Indispensables aussi, de bonnes huiles ! Une huile d'olive artisanale première pression à froid pour assaisonner, de l'huile de colza, de tournesol ou de pépins de raisin pour les fritures... À chacune sa saveur et ses apports nutritionnels.

Enfin, pensez aux fruits secs (raisins secs, amandes, noix de pécan, noisettes...), pour des recettes gourmandes ou des en-cas sains et rapides.

Mes recettes express à base d'ingrédients du placard :

- **Lentilles sauce gribiche** (2 janvier)
- **Minestrone aux crozets** (18 février)
- **Ma salade aux haricots rouges** – maïs, riz venere et haricots rouges sauce chimichurri (9 septembre)
- **Crapaudine de poulet et ananas au sirop** (2 octobre)
- **Haricots tarbais carbonara** (9 octobre)
- **Velouté de lentillons roses de Champagne** (14 octobre)

Ma recette de minestrone aux crozets du 18 février

3 LE PLAN P (COMME PLACARD) DES GOURMANDS PRESSÉS

J'ai toujours de côté, dans mon placard, quelques conserves de légumes : pois chiches, tomates pelées concassées pour cuisiner des plats ensoleillés quand ce n'est pas l'été, du maïs (bio) pour une soupe ou une salade express...

Sans oublier, bien sûr, de bonnes sardines en boîte, des maquereaux pour improviser des rillettes rapides, du thon bio de qualité...

Mardi

01

OCTOBRE

Pour 4 personnes
Préparation : 10 min
Cuisson : 25 min

PRATIQUE, ÉQUILIBRÉE ET RAPIDE, C'EST LA RECETTE IDÉALE POUR SE METTRE EN CUISINE EN RENTRANT DU BOULOT. PARFAIT POUR DÉCOMPRESSER ET FAIRE PLAISIR À CEUX QU'ON AIME ! *GO* SUR LE CLAFOUTIS !

CLAFOUTIS
ÉPINARDS-CROTTIN

- 1 kg d'épinards frais (ou 500 g d'épinards surgelés)
- 2 crottins de chèvre
- 1 noix de beurre
- 4 œufs
- 25 cl de crème liquide
- 50 g de noisettes émondées
- Sel et poivre

1. Préchauffez le four à 160 °C (th. 5-6).
2. Équeutez les épinards et faites-les tomber dans une sauteuse avec la noix de beurre.
3. Pendant ce temps, coupez les crottins de chèvre en deux dans l'épaisseur. Mélangez les œufs et la crème, salez et poivrez.
4. Dans un plat à gratin, déposez en couches les épinards, les crottins, et recouvrez le tout du mélange œufs-crème.
5. Enfournez pour 25 minutes de cuisson.
6. Servez parsemé de noisettes écrasées.

MIEUX *CHOISIR*

Le crottin le plus connu est celui de Chavignol. On le fabrique dans la région Centre-Val de Loire essentiellement. Sur les marchés et chez les fromagers, il existe de nombreux crottins qui n'ont pas l'appellation Chavignol, mais qui sont tout de même délicieux. Au début de l'affinage, le crottin est frais et son goût est très doux. Il se couvre ensuite de moisissures, devient plus petit, et son goût se corse, avec des arômes de noix et de noisette…
À vous de choisir celui qui vous convient le mieux !

VOILÀ UNE RECETTE ULTRA SIMPLE AVEC DES INGRÉDIENTS FACILES À TROUVER. AU FINAL, UN RÉSULTAT CROUSTILLANT ET CARAMÉLISÉ QUI FAIT TOUJOURS SON EFFET !

Pour 4 personnes
Préparation : 10 min
Cuisson : 45 min
Marinade : 20 min

CRAPAUDINE *de poulet ananas*

- 1 poulet fermier en crapaudine (demandez à votre boucher de le découper)
- 1 boîte d'ananas au sirop
- 2 citrons
- 1 poignée de fleur de sel
- 20 g de beurre mou
- 50 g de gingembre frais
- 5 branches de coriandre fraîche
- Fleur de sel et poivre

1. Préchauffez le four à 220 °C (th. 7).
2. Pressez les citrons pour en extraire le jus.
3. Salez le poulet sur ses deux faces avec la fleur de sel, puis poivrez et faites mariner pendant 20 minutes dans le jus de citron, côté chair, sur la plaque du four. Égouttez le poulet et badigeonnez-le de beurre.
4. Pelez le gingembre et détaillez-le en bâtonnets.
5. Coupez les tranches d'ananas en cubes et répartissez-les autour du poulet avec le gingembre.
6. Baissez le four à 200 °C (th. 6-7) et enfournez pour 15 minutes.
7. Déglacez les sucs avec un peu de sirop d'ananas et poursuivez la cuisson 30 minutes en arrosant le poulet toutes les 5 minutes.
8. Découpez la volaille et disposez les morceaux dans chaque assiette avec un peu de garniture. Parsemez de feuilles de coriandre.

MES ASTUCES *de courses*

- Pour cette recette, je choisis de l'ananas en boîte : le sirop va caraméliser le poulet !
- Je demande à mon boucher de préparer le poulet en crapaudine. Fendue par le dos, la volaille, une fois aplatie, ressemble à un crapaud. Elle est plus facile à faire mariner, les sucs sont concentrés et la chair ne se dessèche pas.
La crapaudine a tout bon !

Jeudi

03

OCTOBRE

Pour 4 personnes
Préparation : 25 min
Cuisson : 25 à 30 min

- ☐ 4 pommes moyennes (golden, elstar, royal gala, reine des reinettes…)
- ☐ 1 bouteille de cidre doux
- ☐ 150 g de sucre en poudre
- ☐ 1 citron

Pour le caramel laitier

- ☐ 150 g de sucre cristal
- ☐ Quelques gouttes de jus de citron
- ☐ 15 cl de lait entier

Pour accompagner

- ☐ Glace au pain d'épice

GRAND CLASSIQUE

MES POMMES *au caramel*

MIEUX MANGER TOUTE L'ANNÉE EN CROQUANT LA POMME ! « UNE POMME CHAQUE MATIN ÉLOIGNE LE MÉDECIN. » EN VOICI QUATRE AVEC UN BEAU CARAMEL LAITIER. ÇA SENT LA POMME… Y EN A !

1. Dans une casserole, portez à ébullition le cidre et le sucre, et laissez cuire 5 à 10 minutes à frémissement.

2. Pendant ce temps, pelez les pommes en conservant la queue et évidez-les par l'arrière. Citronnez-les pour qu'elles ne noircissent pas. Plongez-les dans le sirop de cidre et laissez cuire à frémissement au moins 15 minutes, jusqu'à ce que la pointe d'un couteau s'y enfonce sans résistance. Pensez à les retourner régulièrement.

3. Réalisez le caramel laitier. Faites cuire le sucre avec 2 cuillerées à soupe d'eau et le jus de citron. Faites chauffer le lait dans une petite casserole. Lorsque le caramel prend une couleur ambrée, détendez-le avec le lait chaud : il doit être bien nappant.

4. Posez une pomme, encore tiède, sur chaque assiette creuse, nappez-la de caramel au lait et accompagnez-la d'une boule de glace au pain d'épice.

Truite aux amandes
ET CÉLERI BRANCHE

Vendredi
04
OCTOBRE

RICHE EN OMÉGA 3, LA TRUITE, QUAND ELLE EST BIEN ÉLEVÉE, NOUS AIDE À MIEUX MANGER TOUTE L'ANNÉE. JE ME SUIS AMUSÉ À REMETTRE AU GOÛT DU JOUR LA TRUITE AUX AMANDES. FRAÎCHEUR GARANTIE !

MIEUX *CONNAÎTRE*

Longtemps boudée, la truite est devenue la quatrième espèce de poisson la plus consommée par les Français après le saumon, le cabillaud et le lieu. Seule la truite d'élevage, principalement de l'arc-en-ciel, peut être commercialisée. Eaux vives, population restreinte, alimentation sans OGM : j'ai constaté que de nombreuses piscicultures offraient de bonnes conditions d'élevage. Sans le petit goût de vase qu'on pouvait leur reprocher avant…
La truite sauvage fario est, quant à elle, réservée à une consommation dans le cadre familial.

Pour 4 personnes
Préparation : 10 min
Cuisson : 25 min

- 4 filets de truite arc-en-ciel avec peau, de 150 g chacun
- 100 g d'amandes effilées
- 2 branches de céleri
- 3 tiges d'oignons cébettes
- 1 oignon rouge
- 1 pomme granny smith
- 1 citron vert
- Huile d'olive
- Fleur de sel et poivre

1. Préchauffez le four à 160 °C (th. 5).

2. Assaisonnez les filets de truite de fleur de sel et de poivre. Déposez-les côté peau sur la plaque de cuisson chaude, badigeonnée d'huile, et enfournez pour 20 minutes en surveillant la cuisson.

3. Taillez les oignons (cébettes et rouge) en lamelles, la pomme et le céleri en petits dés.

4. Faites griller les amandes à la poêle à feu moyen sans ajout de matière grasse. Réservez-les dans un bol dès qu'elles commencent à brunir.

5. Dans la poêle à feu moyen, faites revenir les oignons 2 minutes dans 1 cuillerée à soupe d'huile d'olive. Ajoutez la pomme et le céleri. Faites cuire encore 1 minute et coupez le feu.

6. Sortez les filets du four et parsemez-les du mélange céleri et pomme, puis d'amandes effilées. Salez, poivrez. Arrosez généreusement de jus de citron vert et servez accompagné de quinoa.

Samedi
05
OCTOBRE

ÉCONOMIQUE, SANS ADDITIF, PRATIQUE, LA PÂTE « FAITE MAISON » A TOUT BON !

Atelier « MAIN À LA PÂTE »

PÂTE BRISÉE

Pour une tarte de 28 cm de diamètre

- ☐ 250 g de farine T45
- ☐ 125 g de beurre à température ambiante
- ☐ 50 g d'eau bien froide
- ☐ 1 cuil. à café de sel fin

1. Versez la farine et le beurre coupé en petits morceaux dans un saladier. Mélangez le tout du bout des doigts et amalgamez l'ensemble rapidement entre les mains jusqu'à l'incorporation du beurre.

2. Ajoutez peu à peu l'eau, dans laquelle vous aurez dilué le sel, pour homogénéiser la pâte.

3. Mettez la pâte en boule sur un plan de travail très légèrement fariné et fraisez-la (poussez et écrasez la pâte avec la paume de la main) trois à quatre fois de suite afin de l'homogénéiser et de lui donner du corps, sans la rendre élastique.

4. Puis remettez-la en boule et aplatissez-la légèrement en forme de gros galet.

5. Enveloppez-la dans du papier film et laissez-la reposer au réfrigérateur au moins 30 minutes afin d'obtenir une belle abaisse qui ne s'effondrera pas pendant la cuisson.

MON CONSEIL

Ne pétrissez pas la pâte ; pour qu'elle reste brisée, il faut très peu la travailler ! Vous pouvez la sortir quelques minutes avant de l'étaler, elle sera moins dure. Lorsque vous étalerez la pâte au rouleau à pâtisserie avant de la disposer dans un moule, veillez à ne pas trop fariner votre plan de travail, pour ne pas modifier sa texture.

PÂTE SABLÉE

Dimanche
06
OCTOBRE

Pour une tarte de 28 cm de diamètre

- ☐ 200 g de farine T45
- ☐ 50 g de poudre d'amandes
- ☐ 125 g de beurre à température ambiante
- ☐ 125 g de sucre glace ou de sucre en poudre
- ☐ 1 cuil. à café de sel fin
- ☐ 1 jaune d'œuf

1. Réunissez la farine, la poudre d'amandes et le sucre dans un saladier. Placez-y ensuite le beurre coupé en dés. Mélangez délicatement l'ensemble jusqu'à ce que tous les morceaux de beurre se trouvent enrobés de farine. Sablez le mélange entre vos mains en les frottant rapidement afin de ne pas faire chauffer le beurre.

2. Mettez ce sablage en fontaine et ajoutez au centre le sel et le jaune d'œuf légèrement battu. Incorporez progressivement le sablage à ces éléments liquides.

3. Formez une boule de pâte, farinez-la légèrement, puis aplatissez-la pour lui donner une forme de galet. Recouvrez de papier film et placez au frais pour 2 heures.

MON CONSEIL

Le sucre glace permet d'obtenir une pâte plus fine. Choisissez des ingrédients de qualité, vos pâtes maison n'en seront que meilleures !

MIEUX *CONNAÎTRE*

DES FARINES ET DES CHIFFRES

Nous utilisons le plus souvent de la farine de blé T55 sans le savoir, mais il existe d'autres types de farine de blé, utilisés surtout par les professionnels comme les pâtissiers et les boulangers. Le T devant le chiffre signifie « type ». Plus le chiffre est faible, plus la farine est raffinée, pure et blanche.

LES TYPES SYMBOLISÉS PAR LA LETTRE T :

T45 : farine blanche pour la pâtisserie, les gâteaux… et les pizzas !

T55 : farine blanche pour le pain « blanc » classique.

T65 : farine blanche pour le pain de campagne et la tradition.

T80 : farine bise ou semi-complète pour un bon pain semi-complet.

T130 : farine complète.

T150 : farine intégrale. Il existe des pains complets « intégraux ».

Lundi
07
OCTOBRE

DANS LA SÉRIE « RIEN DE TEL QUE LE FAIT MAISON », VOICI MES ŒUFS DURS AUX 2 MAYOS. INRATABLES !

GRAND CLASSIQUE

ŒUFS DURS MAYO

EXPRESS

1. Sortez les œufs du réfrigérateur s'ils s'y trouvent.

2. Faites chauffer une casserole d'eau et lorsqu'elle est bouillante, plongez-y les œufs à l'aide d'une écumoire pour qu'ils ne se cassent pas lorsque vous les placez dans la casserole. Laissez cuire 10 minutes, pas une de plus !

3. Sortez les œufs durs de la casserole d'eau, et plongez-les dans l'eau froide avant de les écaler.

4. **Pour la mayonnaise classique :** mélangez le jaune d'œuf avec la moutarde, du sel et du poivre. Versez petit à petit l'huile en fin filet en fouettant constamment. Commencez par verser peu d'huile jusqu'à ce que la mayonnaise épaississe, sinon elle risque de trancher ! Lorsque la mayonnaise est bien ferme, ajoutez le vinaigre ou le jus de citron et fouettez de nouveau. **Ou pour la mayonnaise légère :** mélangez le fromage blanc et le jaune d'œuf en battant bien, ajoutez la moutarde, le jus de citron, salez, poivrez, puis fouettez vivement le tout jusqu'à ce que la préparation soit bien homogène.

5. Garnissez les œufs durs, coupés en deux dans la longueur, de la mayonnaise de votre choix, ou d'un mélange des deux !

Pour 4 personnes
Préparation : 10 min
Cuisson : 10 min

- ▢ 4 œufs frais

MAYONNAISE CLASSIQUE

1 jaune d'œuf à température ambiante
1 cuil. à café de moutarde à température ambiante
1 cuil. à soupe de vinaigre de vin blanc ou de jus de citron
25 cl d'huile de tournesol
Sel et poivre

MAYONNAISE LÉGÈRE

1 jaune d'œuf à température ambiante
1 cuil. à café de moutarde à température ambiante
8 cuil. à soupe de fromage blanc allégé
1 cuil. à soupe de jus de citron
Sel et poivre

MIEUX
S'ORGANISER

Pensez à faire tremper vos haricots dans l'eau dès ce soir pour des tarbais carbonara demain !

BŒUF-CAROTTE

Mardi
08
OCTOBRE

EXPRESS

CE N'EST PAS PARCE QUE LE BŒUF-CAROTTE FAIT PARTIE DES GRANDS CLASSIQUES MIJOTÉS QU'ON DOIT S'INTERDIRE UNE VERSION RAPIDE EN RENTRANT DU BOULOT !

Pour 4 personnes
Préparation : 15 min
Cuisson : 15 min

- 600 g de rumsteck de bœuf
- 800 g de carottes
- 3 oignons
- 2 cuil. à soupe d'huile neutre
- 2 cuil. à soupe de miel
- 1 cuil. à café de cumin
- 1 cuil. à café de paprika
- 1 cuil. à soupe de graines de sésame
- Sel fin et poivre du moulin

1. Faites chauffer une casserole d'eau avec un peu de sel. Taillez le rumsteck en bâtonnets.

2. Épluchez les oignons et les carottes. Émincez les oignons. À l'aide d'une mandoline, émincez les carottes pour ensuite les couper en bâtonnets.

3. Mettez-les à cuire dans une casserole d'eau pendant 10 minutes, puis égouttez-les et réservez-les au chaud.

4. Dans une poêle, faites caraméliser les oignons avec l'huile. Ajoutez la viande. Faites revenir l'ensemble quelques minutes, puis ajoutez le miel, le cumin et le paprika. Laissez cuire.

5. Ajoutez les carottes à la viande, laissez infuser l'ensemble et parsemez de graines de sésame. Servez aussitôt !

Mercredi
09
OCTOBRE

HARICOTS TARBAIS CARBONARA

Pour 4 personnes
Préparation : 15 min
Trempage : 1 nuit
Cuisson : 45 min

- 500 g de haricots tarbais blancs
- 100 g de poireaux
- 100 g de carottes
- 200 g de lardons fumés
- 2 branches de thym
- 1 jaune d'œuf
- 2 cuil. à soupe de crème fraîche épaisse
- Quelques branches de persil
- Sel et poivre

1. La veille, mettez les haricots à tremper dans 2 fois et demie leur volume d'eau.

2. Le lendemain, faites-les cuire dans de l'eau bouillante salée pendant 40 minutes.

3. Pendant ce temps, lavez les poireaux et les carottes. Coupez-les en deux dans la longueur, puis en rondelles.

4. Faites dorer les lardons dans une poêle, ajoutez les carottes, le thym, le sel et le poivre, et faites cuire à couvert en ajoutant les poireaux à mi-cuisson.

5. Ajoutez les haricots tarbais cuits et égouttés, remuez et laissez cuire à feu doux pour que les arômes se diffusent.

6. Mélangez le jaune d'œuf avec la crème fraîche et le persil effeuillé. Versez sur les haricots tarbais, rectifiez l'assaisonnement et servez aussitôt.

MIEUX CONNAÎTRE

Cocorico ! Le tarbais est le premier haricot français a avoir obtenu le Label Rouge, c'était en 1997 !
La plus simple des légumineuses ! Le tarbais cuit plus vite que ses copains : 15 % de temps en moins. Et en plus, il n'éclate pas à la cuisson !
La plus gastronomique ! Le tarbais est connu pour la finesse de sa peau, qui le rend plus digeste que d'autres haricots secs, sans parler de son goût si délicat. C'est le haricot du cassoulet.

Info :

Les légumineuses à travers le monde
Le haricot tarbais rencontre aujourd'hui la recette italienne de la carbonara. C'est l'occasion de faire un tour du monde en quelques plats de légumineuses. La consommation de ces légumes secs a été divisée par deux en 100 ans, rattrapons-nous !

Moyen-Orient : houmous
Afrique du Nord : couscous
Amérique du Sud : chili con carne
Asie : gâteaux à la pâte de haricot rouge
Inde : dhal
Et en France : cassoulet, petit salé aux lentilles, haricot de mouton, potage saint-germain…

MIEUX *CUIRE LES LÉGUMINEUSES !*

Le trempage

- Il permet une réhydratation partielle. Pensez à changer l'eau régulièrement.
- Certains légumes secs, comme la lentille ou les pois cassés, ne demandent pas de trempage. Pour les autres, un trempage de quelques heures suffit.

La cuisson

- Ne salez pas en début de cuisson. Le sel et le calcaire durcissent la peau, déjà peu digeste, des légumineuses.
- Mettez la casserole d'eau à petite ébullition.
- Soyez généreux avec les aromates pour parfumer le bouillon.
- Quand la cuisson est terminée, le légume est cuit et reste en forme. Laissez-le refroidir dans son eau et égouttez-le lorsqu'il est juste tiède.

Jeudi

10

OCTOBRE

ÉCRASÉ D'AVOCAT
et morue à l'antillaise

Pour 4 personnes
Préparation : 15 min
Cuisson : 5 min

- ☐ 2 avocats bien mûrs ou 1 gros avocat tropical
- ☐ 1 gousse d'ail
- ☐ 1 ou 2 piments végétariens
- ☐ 2 oignons botte
- ☐ 3 branches de persil plat
- ☐ 1 citron vert
- ☐ 400 g de morue dessalée
- ☐ Sel et poivre
- ☐ Tranches de pain grillées pour servir

1. Épluchez et hachez la gousse d'ail. Ciselez finement le piment végétarien, émincez les oignons botte et hachez le persil plat.

2. Écrasez la chair des avocats à l'aide d'une fourchette. Ajoutez quelques gouttes de citron vert, l'ail, le piment, les trois quarts du persil et les oignons botte. Salez et poivrez légèrement. Mélangez et réservez au réfrigérateur.

3. Passez la morue dessalée sous le gril du four quelques minutes pour la faire griller.

4. Disposez 1 à 2 cuillerées à soupe de purée d'avocat dans 4 assiettes, puis ajoutez la morue effeuillée sur le dessus et décorez de persil plat. Servez avec des tranches de pain grillées.

MIEUX CONNAÎTRE

Vous n'avez rien à craindre, les piments végétariens sont très parfumés et ne piquent pas du tout ! Ils sont très prisés dans la cuisine créole, on les cuisine à toutes les sauces : dans la sauce créoline à base d'oignons bien vinaigrés ou encore dans la sauce chien, un concassé d'ail, d'oignons, de persil et de citron, qui accompagne les grillades.

Vendredi

11

OCTOBRE

Compote de poires AUX AMANDES

COMME BEAUCOUP D'ENTRE VOUS, J'AIME LES COMPOTES AVEC DES MORCEAUX. AVEC CES POIRES RELEVÉES ET FONDANTES, J'AIME AVOIR QUELQUE CHOSE À ME METTRE SOUS LA DENT EN ATTENDANT DE NE PLUS EN AVOIR !

Pour 4 à 6 personnes
Préparation : 10 min
Cuisson : 35 à 45 min

- ☐ 1,5 kg de poires
- ☐ 1 citron vert
- ☐ 50 g d'amandes entières mondées
- ☐ 60 g de sucre en poudre
- ☐ 2 cm de gingembre frais

1. Pelez, épépinez et coupez les poires en morceaux. Arrosez-les de jus de citron vert.

2. Hachez les amandes.

3. Dans une casserole à fond épais, faites caraméliser les amandes avec le sucre. Ajoutez-y les poires en morceaux, le gingembre frais écrasé, mélangez et laissez compoter 35 à 45 minutes sur feu doux en mélangeant régulièrement. Versez la compote dans un pot et laissez refroidir à couvert avant de réserver au réfrigérateur.

4. Dégustez avec les biscuits croquants aux amandes et au miel (voir recette page suivante).

MIEUX CONNAÎTRE

Le gingembre frais et le gingembre sec sont le même rhizome au départ. Le sec est du gingembre frais séché, moulu et tamisé, sa saveur est plus chaude. Vous pouvez le faire vous-même en coupant du gingembre frais en tranches fines, que vous ferez sécher au four à 70-80 °C (th. 2-3) pendant 2 heures environ en retournant les tranches régulièrement. Quand elles sont bien sèches, mettez-les dans un mixeur, puis passez la poudre au tamis. Cette poudre maison sera bien plus puissante en goût que le gingembre sec du commerce ! Quelques pincées suffiront alors pour remplacer le gingembre frais de cette compote.

Samedi

12

OCTOBRE

Croquants aux amandes ET AU MIEL

GRAND CLASSIQUE

1. Préchauffez le four à 220 °C (th. 7). Dans un saladier, mélangez tous les ingrédients secs, sauf le sucre.

2. Dans un autre saladier, battez le beurre à l'aide d'une spatule en bois jusqu'à ce qu'il soit pommade. Ajoutez les épices, incorporez le sucre glace, puis les œufs et le miel, et mélangez bien à la spatule. Ajoutez-y ensuite le mélange sec. Travaillez la pâte jusqu'à ce qu'elle soit homogène.

3. Déposez 2 tas de pâte légèrement allongés sur la plaque de cuisson tapissée d'une feuille de papier sulfurisé. Enfournez pour 15 minutes.

4. Lorsque les pâtons sont dorés et gonflés, sortez-les du four. Baissez la température à 120 °C (th. 4). Coupez les pâtons en tranches de 1 à 2 cm d'épaisseur et remettez-les au four pour 30 minutes afin d'obtenir un croquant parfait. Laissez refroidir avant de croquer.

Préparation : 10 min
Cuisson : 45 min

- 200 g de farine
- 50 g de poudre d'amandes
- 125 g d'amandes entières avec la peau
- 5 g de levure chimique
- 1 pincée de sel
- 50 g de beurre (mou)
- 1 à 2 cuil. à café rases d'épices à pain d'épice (facultatif)
- 100 g de sucre glace
- 2 œufs
- 100 g de miel toutes fleurs

MIEUX CONNAÎTRE

Le croquant nécessite deux cuissons pour un bon croquant-croustillant et une meilleure conservation. C'est un véritable biscuit (« bis-cuit » signifiant cuit deux fois), dans les règles de l'art !
Le croquant vient du Sud, où l'on trouve des amandiers. Il est l'un des treize desserts provençaux. En Italie, ce sont des cantuccini.

VOILÀ UNE RECETTE EN SYMBIOSE TOTALE AVEC L'AUTOMNE. CETTE TOURTIÈRE MIXTE, PÂTE FEUILLETÉE-POMMES DE TERRE, EST L'ÉCRIN IDÉAL POUR RECEVOIR LES CHAMPIGNONS DES BOIS.

Pour 4 personnes
Préparation : 20 min
Cuisson : 30 à 35 min

Dimanche
13
OCTOBRE

Tourtière pompadour CHAMPIGNONS

- 1 pâte feuilletée pur beurre de votre pâtissier
- 4 belles pommes de terre type pompadour
- 200 g de champignons de saison (pleurotes, girolles, trompettes-des-morts, cèpes…)
- 1 échalote
- 1 noix de beurre
- 1 botte d'herbes (persil plat ou ciboulette)
- 2 cuil. à soupe de crème fraîche épaisse
- 1 jaune d'œuf pour la dorure
- Huile d'olive
- Sel et poivre du moulin

1. Épluchez les pommes de terre et faites-les cuire à la vapeur 7 à 10 minutes selon la taille (elles doivent rester fermes). Laissez-les refroidir et coupez-les en fines lamelles pour en faire 4 rosaces sur une feuille de papier sulfurisé.

2. Épluchez et émincez l'échalote. Nettoyez les champignons et coupez-les grossièrement.

3. Poêlez les champignons dans un peu d'huile. Ajoutez l'échalote, le beurre, du sel, du poivre, et faites dorer le tout. Hors du feu, ajoutez les herbes hachées et la crème fraîche, mélangez bien.

4. Préchauffez le four à 200 °C (th. 6). Découpez des cercles de pâte feuilletée légèrement plus grands que les rosaces. Dorez les rosaces de pomme de terre refroidies avec le jaune d'œuf. Disposez au centre de chaque rosace un tas de champignons et recouvrez d'un cercle de pâte. Appuyez bien pour coller les bords. Disposez les rosaces sur une plaque allant au four et enfournez pour 20 à 25 minutes de cuisson (la pâte feuilletée doit être dorée).

5. Servez ces tourtières avec une salade.

Lundi
14
OCTOBRE

PARCE QU'IL N'Y A RIEN DE TEL QU'UNE SOUPE POUR SE RÉCHAUFFER, VOICI MON VELOUTÉ MADE IN CHAMPAGNE. RIEN NE VOUS EMPÊCHE DE LE DÉGUSTER AVEC UNE PETITE COUPE !

Velouté de lentillons roses DE CHAMPAGNE

Pour 4 personnes
Préparation : 20 min
Cuisson : 25 à 30 min

- 250 g de lentillons roses de Champagne
- 1 carotte
- 1 blanc de poireau
- 1 tranche épaisse de lard demi-sel
- 50 cl d'eau
- 15 g de beurre
- 20 cl de crème fleurette
- 1 pincée de quatre-épices
- Quelques brins de cerfeuil
- Sel et poivre

1. Pelez la carotte et émincez-la, ainsi que le blanc de poireau. Rincez les lentillons sous un filet d'eau froide.

2. Dans une casserole, faites blondir les légumes et la tranche de lard dans le beurre avec le quatre-épices. Retirez le lard et emballez-le dans du papier film pour qu'il reste juteux. Ajoutez les lentillons et l'eau. Portez à ébullition, puis baissez le feu et laissez mijoter à couvert 20 à 25 minutes jusqu'à ce que les lentillons soient fondants. Assaisonnez de sel et de poivre. Versez-les dans le bol d'un mixeur avec une petite louche de bouillon de cuisson. Mixez finement en ajoutant un peu de bouillon si nécessaire.

3. Versez la préparation bien chaude dans des assiettes creuses, ajoutez un trait de crème liquide, puis le lard tranché et quelques brins de cerfeuil. Servez aussitôt !

MON CONSEIL

Si vous ne pouvez pas vous procurer de lentillons de Champagne, des lentilles corail feront l'affaire !

MIEUX CONNAÎTRE

Petit et rosé, le lentillon de Champagne est une variété ancienne récoltée au même moment que le seigle. Le lentillon se caractérise par une peau très fine. Au cours du XXe siècle, le lentillon a tenu une grande place dans la nourriture paysanne de cette région. Aujourd'hui, cette variété bénéficie d'une appellation d'origine et sa zone traditionnelle de plantation se situe entre Troyes et Rethel, pays du boudin blanc mais ça, c'est une autre histoire…

Mardi

15

OCTOBRE

Cuisses de lapin VAPEUR ET CRÈME D'AIL

LE LAPIN A TENDANCE À DISPARAITRE DE NOS CUISINES. VOICI UNE RECETTE POUR SE RÉCONCILIER AVEC SA CHAIR PAUVRE EN GRAISSE ET RICHE EN PROTÉINES.

1. Effeuillez grossièrement le cresson et laissez-le tremper dans de l'eau froide.

2. Salez et poivrez les cuisses de lapin et faites-les cuire 30 minutes à la vapeur. Laissez-les refroidir avant de les désosser en gros morceaux.

3. Faites réduire le vin blanc presque à sec avec les gousses d'ail pelées et écrasées. Ajoutez la crème et laissez réduire sur feu doux afin qu'elle soit légèrement nappante. Assaisonnez-la de sel, de poivre et de muscade.

4. Lavez le cresson à grande eau, puis faites-le retomber rapidement dans une poêle avec un peu d'huile, salez et poivrez.

5. Réchauffez les morceaux de lapin dans la crème. Disposez un lit de cresson dans le fond de 4 assiettes. Déposez-y les morceaux de lapin nappés de crème, ajoutez de très fines tranches de carottes, violette et jaune, taillées à l'économe dans la longueur, et servez aussitôt !

Pour 4 personnes
Préparation : 20 min
Cuisson : 45 min

- 4 cuisses de lapin
- 10 cl de vin blanc sec
- 20 cl de crème liquide
- 2 ou 3 gousses d'ail
- 1 botte de cresson
- 1 petite carotte violette avec fanes
- 1 petite carotte jaune avec fanes
- Huile d'olive
- 1 pincée de noix de muscade en poudre
- Sel et poivre

MIEUX CONNAÎTRE

À toute vapeur !
La cuisson vapeur préserve les nutriments des aliments, qui pourraient se perdre dans le bouillon d'une cuisson à l'eau. Avec la vapeur, aucune surchauffe ! La température des aliments se stabilise autour de 100 °C et garde intacts les vitamines et les oligo-éléments.

EXPRESS

Trio de tartines

ATELIER TARTINES EN MOINS DE 24 MINUTES !

Pour 4 personnes
Préparation : 25 min
Cuisson : 5 min

Tartines au jambon de Paris

- ❑ 4 tranches bien épaisses de pain au levain
- ❑ 12 très fines tranches de jambon de Paris
- ❑ 2 noix de beurre demi-sel
- ❑ 4 cuil. à café de moutarde forte
- ❑ 1 poignée de roquette
- ❑ 1 douzaine de tomates confites
- ❑ Poivre du moulin

Tartines dessert au chocolat

- ❑ 4 tranches bien épaisses de pain au levain
- ❑ 1 tablette de chocolat noir (100 g)
- ❑ Vinaigre balsamique
- ❑ 50 g de noisettes entières

Tartines de chèvre

- ❑ 4 tranches bien épaisses de pain au levain
- ❑ 3 crottins de chèvre frais
- ❑ 1 citron vert
- ❑ 1 poignée de mâche
- ❑ Huile d'olive
- ❑ Poivre

ÇA M'ÉNERVE !

Les nitrites dans le jambon

Nitrites ni soumis ! Le nitrite de sodium est un puissant conservateur, cher à l'industrie agroalimentaire, qui peut nous coûter « bonbon » sur le plan de la santé. Il est sur la liste noire des « substances probablement cancérigènes ». Le nitrite permet d'accentuer la couleur rosée du jambon alors que ce dernier tire naturellement vers le gris. Il existe du jambon sans nitrites, moins attrayant, mais plus sain. Il faut juste le manger plus rapidement. Goûtez-le si vous en trouvez du bon, pas trop salé, à côté de chez vous. Oui à la cochonnaille, non à la cochonnerie !

Mercredi

16

OCTOBRE

Tartines au jambon de Paris

1. Beurrez les tranches de pain, puis enduisez-les de moutarde forte sur toute la longueur. Disposez 3 tranches de chiffonnade de jambon et parsemez de quelques feuilles de roquette. Ciselez les tomates confites en lanières et répartissez-les sur chaque tartine. Poivrez.

Tartines dessert au chocolat

1. Préchauffez le four en mode gril. Hachez au couteau la tablette de chocolat noir et couvrez chacune des tartines de gros copeaux de chocolat. Arrosez d'un trait de vinaigre balsamique. Concassez grossièrement les noisettes et répartissez-les sur chaque tartine.

2. Posez les tartines sur une plaque de cuisson et passez sous le gril du four pendant 5 minutes pour faire fondre le chocolat.

Tartines de chèvre

1. Pressez le citron vert. Rincez la mâche, égouttez-la, assaisonnez-la d'huile d'olive, de sel, de poivre et du jus de citron. Tranchez chaque crottin de chèvre en quatre dans l'épaisseur, puis disposez-en 3 tranches sur chaque tartine. Arrosez d'un filet d'huile d'olive et poivrez.

Jeudi

17

OCTOBRE

ANTI GASPI

Potimarron GRATINÉ

1. Préchauffez le four à 180 °C (th. 6).

2. Découpez la poitrine de porc salée en lardons et mettez-les dans une petite casserole d'eau froide. Portez à ébullition, puis égouttez-les.

3. Lavez les potimarrons et découpez dans chacun un couvercle de 10 cm de diamètre environ. Retirez les graines et les fils sans toucher à la chair.

4. Répartissez à l'intérieur la crème fraîche et les lardons. Salez légèrement, poivrez fortement et ajoutez une pincée de noix de muscade. Recouvrez les potimarrons de leurs couvercles, disposez-les dans les plats en terre et enfournez pour 1 h 15 : le potimarron est cuit quand la lame d'un couteau s'enfonce facilement dans sa peau et sa chair.

5. Retirez les couvercles à l'aide d'une spatule, parsemez le centre de croûtons et de gruyère, et faites-les gratiner. Servez-les dans les plats de cuisson afin qu'ils ne s'éventrent pas. Dégustez à la cuillère, en raclant la chair.

FAITES UN VŒU ! C'EST LE PREMIER POTIMARRON DE L'AUTOMNE DANS CE LIVRE. IL EST GRATINÉ, VOUS ALLEZ VOIR !

Pour 4 personnes
Préparation : 15 min
Cuisson : 1 h 30

- 4 petits potimarrons
- 400 g de poitrine de porc salée
- 300 g de crème fraîche épaisse
- 1 pincée de noix de muscade
- 200 g de gruyère râpé
- 1 bol de petits croûtons de pain dorés au beurre
- Sel et poivre du moulin

Matériel :
- 4 plats en terre cuite du même diamètre que les potimarrons

MON TRUC *en plus*

Pas question de jeter !
Je recycle le reste du pain de la veille en croûtons pour ce gratin.

AVEC SON PETIT AIR DE PAPILLOTE, CETTE RECETTE PERMET DE CONSERVER LE MOELLEUX D'UN BON BLANC DE POULET.

Vendredi
18
OCTOBRE

ROULÉ POULET citronnelle

Pour 4 personnes
Préparation : 15 min
Cuisson : 30 min

- 4 escalopes de poulet fermier (150 g chacune)
- 2 tiges de citronnelle
- 1 oignon doux
- 1 petit morceau de gingembre
- 1 citron vert
- 10 cl de lait de coco
- Sel et poivre

1. Préchauffez le four à 150 °C (th. 5).

2. Préparez 4 feuilles de papier sulfurisé pour réaliser les roulés.

3. Pelez l'oignon, puis émincez-le finement. Enlevez les premières feuilles dures des tiges de citronnelle et émincez-les.

4. Épluchez et râpez le gingembre. Prélevez le zeste du citron vert, pressez-en le jus, puis mélangez-le au lait de coco et au gingembre râpé.

5. Déposez sur chaque feuille de papier sulfurisé une escalope préalablement aplatie. Disposez au centre de l'escalope un peu d'oignon, de citronnelle et de sauce au lait de coco, roulez l'escalope sur elle-même pour en faire un boudin et fermez le papier sulfurisé en le serrant bien.

6. Enfournez pour 30 minutes, puis ôtez la feuille de papier sulfurisé et coupez l'escalope en biseau. Dégustez les roulés de poulet avec un riz basmati décoré de zeste de citron vert.

MIEUX S'ORGANISER

La citronnelle, ça se congèle !
On peut la congeler entière, ciselée ou broyée. Elle sera de retour le dimanche 27 octobre pour parfumer un bouillon maison !

Samedi

19

OCTOBRE

MARMITE DE POISSONS
à l'orientale

Pour 4 personnes
Préparation : 10 min
Cuisson : 45 à 50 min

- ☐ 3 pavés de 400 g de poissons mélangés avec peau et sans arêtes (daurade, pageot et mulet)
- ☐ 3 à 4 oignons blancs
- ☐ 1 petit citron confit
- ☐ 150 g de raisins secs blonds
- ☐ 1 cuil. à café de piment doux moulu
- ☐ 1 cuil. à café de curcuma
- ☐ 1 cuil. à café de gingembre en poudre
- ☐ 3 cuil. à soupe d'huile d'arachide
- ☐ Sel

1. Préchauffez le four à 200 °C (th. 6-7).

2. Salez les poissons et disposez-les dans un plat à tajine ou une cocotte allant au four.

3. Épluchez et émincez finement les oignons. Videz la pulpe du citron confit et émincez sa peau en très fines lanières.

4. Ajoutez dans le plat à tajine les oignons, les raisins secs, les lanières de citron confit, les épices, l'huile d'arachide et un petit verre d'eau. Mélangez le tout délicatement et enfournez à couvert pour 45 minutes : la sauce ne doit plus être liquide. Si ce n'est pas le cas, retirez les poissons et laissez réduire la sauce à découvert.

5. Posez le plat au centre de la table et dégustez bien chaud, avec du bon pain frais !

MIEUX CONNAÎTRE

LES BIENFAITS DU CURCUMA

• Bon pour nos articulations !
Le curcuma améliore la mobilité des articulations. Il aiderait aussi à réduire les douleurs articulaires.

• Bon pour notre digestion !
L'Organisation mondiale de la santé a reconnu son action positive contre les troubles digestifs. Il apaise notre estomac et prévient la constipation.
Riche en fer, manganèse, potassium, vitamines C et B6, le curcuma consommé régulièrement est un bon moyen de rester en bonne santé.

• Le couple idéal !
Le curcuma est mieux assimilé s'il est ingéré avec du poivre. Alors, n'hésitez pas à poivrer pour profiter de tous les bienfaits de ce tubercule !

Dimanche

20

OCTOBRE

Pour 6 à 8 personnes

Préparation : 20 min

Cuisson : 30 à 45 min

Gâteau au chocolat FAÇON KOUGLOF

LE KOUGLOF FAIT PARTIE DE MES SOUVENIRS D'ENFANCE. À CHAQUE VIRÉE EN ALSACE, LE JEU ÉTAIT D'ESSAYER UNE NOUVELLE BOULANGERIE POUR COMPARER LES VERSIONS. JE ME SUIS INSPIRÉ DE LA FORME DE CE MOULE POUR UNE VERSION CHOCOLAT !

- 125 g de chocolat noir à 60 % de cacao
- 125 g de beurre + 1 noix pour le moule
- 2 à 3 cuil. à soupe d'amandes entières mondées
- 3 cl de Grand Marnier®
- 2 à 3 cuil. à soupe de raisins de Corinthe
- 4 œufs
- 75 g de sucre en poudre
- 25 g de farine
- 50 g de sucre glace

Matériel :

- 1 moule à kouglof

1. Faites fondre le beurre et laissez-le refroidir. Pendant ce temps, faites fondre le chocolat au bain-marie ou au micro-ondes. Dans une poêle sans matière grasse, faites griller les amandes, puis concassez-les. Versez le Grand Marnier® dans un petit bol et faites-y gonfler les raisins de Corinthe. Séparez les jaunes des blancs d'œufs.

2. Fouettez le beurre fondu avec le sucre en poudre. Incorporez le chocolat fondu, puis les jaunes d'œufs battus, la farine tamisée, et terminez par les raisins égouttés et les amandes grillées.

3. Préchauffez le four à 190 °C (th. 6).

4. Montez les blancs d'œufs en neige avec le sucre glace.

5. Incorporez délicatement les deux préparations à l'aide d'une maryse.

6. Beurrez et farinez le moule à kouglof et versez-y la pâte. Enfournez pour 30 à 45 minutes.

7. Vérifiez la cuisson avec la lame d'un couteau et laissez refroidir le gâteau avant de le démouler. Présentez le kouglof entier, poudré de sucre glace.

Lundi

21

OCTOBRE

- 400 g de saint-nectaire AOP plutôt jeune
- 800 g de pommes de terre (type charlotte ou belle de Fontenay)
- 100 g de lard gras
- 2 gousses d'ail
- Quelques branches de persil plat

Recette régionale

Pour 4 personnes
Préparation : 15 min
Cuisson : 25 à 30 min

TRUFFADE
au saint-nectaire

1. Épluchez, lavez et coupez les pommes de terre en rondelles de 5 mm d'épaisseur.

2. Détaillez le lard en petits lardons et faites-les fondre dans une poêle. Ajoutez les rondelles de pommes de terre et faites cuire 15 minutes en remuant de temps en temps.

3. Pendant ce temps, épluchez et hachez finement l'ail.

4. Lorsque les pommes de terre sont cuites et légèrement dorées, ajoutez l'ail haché, mélangez et ajoutez le saint-nectaire coupé en fines lamelles, sans croûte. Laissez le fromage fondre, puis parsemez le tout de persil haché.

5. Dégustez bien chaud avec une salade verte.

MIEUX CONNAÎTRE

La truffade est une spécialité auvergnate qui associe deux productions locales : la pomme de terre et la tomme fraîche du Cantal. Dans la région, le débat porte sur l'utilisation, ou non, d'ail et de lard. Son nom vient de *trufa*, qui signifie « pomme de terre » en auvergnat.

Samedi

22

OCTOBRE

Pour 4 personnes
Préparation : 25 min
Trempage : 20 min
Cuisson : 30 min

Tajine de coings et fruits d'automne

- 3 coings
- 30 g de raisins secs
- 10 cl d'eau de fleur d'oranger
- 1 pomme
- 1 poire
- 30 g de beurre
- 1 cuil. à café de cannelle
- 1 cuil. à café de cardamome en poudre
- 6 cuil. à soupe de miel
- 30 g de pistaches émondées

AVEC SON PARFUM UNIQUE, LE COING EST L'UN DE MES FRUITS PRÉFÉRÉS. JE ME SUIS AMUSÉ À LE MÉLANGER À D'AUTRES FRUITS DE SAISON.

1. Préchauffez le four à 160 °C (th. 5-6).

2. Faites tremper les raisins dans l'eau de fleur d'oranger pendant 20 minutes. Égouttez et conservez l'eau.

3. Pendant ce temps, épluchez les coings, coupez-les en morceaux et ôtez le cœur. Faites de même avec la pomme et la poire.

4. Faites fondre le beurre dans un plat à tajine (ou une sauteuse). Ajoutez les épices, les coings, le miel, l'eau des raisins, mélangez et couvrez. Enfournez pour 30 minutes.

5. 10 minutes avant la fin de la cuisson, mélangez, puis ajoutez les autres fruits (s'il y a trop de jus, retirez le couvercle pour qu'il réduise).

6. Parsemez de pistaches émondées. Servez ce tajine chaud ou tiède avec une semoule fine sucrée parsemée d'amandes effilées grillées.

MIEUX CHOISIR

LES 4 COINGS DU MONDE

• ***Serbie***
Le géant de Vranja (de la ville serbe Vranje) est l'un de ceux que l'on retrouve le plus sur nos étals. C'est un fruit jaune en forme de poire, à la peau fine et à la chair parfumée.

• ***Portugal***
Le coing du Portugal est un fruit de calibre moyen, rond-allongé et irrégulier. Sa chair délicate est juteuse et très parfumée.

• ***France***
Plus rares sont les coings de Provence, pourtant réputés dans la région puisqu'il existe une vieille recette provençale de pain-coing : un coing enrobé de pâte feuilletée et cuit au four.

• ***Japon***
Le cognassier japonais, appelé à tort pommier japonais, est une merveille en fleuraison. Les coings sont de la taille de petites oranges, de couleur jaune ou vert jaunâtre, et très parfumés.

Mercredi
23
OCTOBRE

EXPRESS

À CHAQUE COMMANDE DANS UN RESTAURANT JAPONAIS, CES BROCHETTES FONT DE L'ŒIL AUX ENFANTS ET AUX ADOS. VOICI LA RECETTE POUR LES REFAIRE À LA MAISON !

Pour 4 personnes
Préparation : 10 min
Cuisson : 8 à 12 min

Yakitoris BŒUF-FROMAGE

- 12 belles tranches de carpaccio de bœuf préparées par le boucher
- 250 g d'emmental

Pour la sauce yakitori

- 125 ml de sauce soja
- 125 ml de saké (alcool japonais)
- 60 ml de mirin (vinaigre japonais)
- 2 cuil. à soupe de miel

Matériel :

- 12 piques à brochettes

1. Mélangez tous les ingrédients de la sauce dans une assiette creuse.

2. Taillez des bâtonnets d'emmental de 5 à 6 cm de long sur 1 cm d'épaisseur et enfilez-les sur les piques. Confectionnez ainsi 12 brochettes.

3. Enroulez chaque bâtonnet de fromage d'une tranche de carpaccio en veillant à bien enfermer le fromage.

4. À l'aide d'un pinceau, badigeonnez chaque brochette de sauce yakitori.

5. Dans une poêle bien chaude, disposez une partie des brochettes et faites-les cuire de tous les côtés, 2 à 3 minutes par face, en ajoutant un peu de sauce yakitori pour bien les caraméliser. Entre deux cuissons de brochettes, nettoyez la poêle pour que les résidus de sauce ne brûlent pas.

6. Dégustez immédiatement nappé de sauce, avec un bol de riz japonais vinaigré.

Jeudi

24

OCTOBRE

Salade de moules ET RADIS NOIR

C'EST ENCORE LA SAISON DES MOULES DE BOUCHOT. ELLES SONT RICHES EN OLIGO-ÉLÉMENTS ET JE LES TITILLE AVEC LA FRAÎCHEUR ET LE PIQUANT DU RADIS NOIR.

Pour 4 personnes
Préparation : 20 min
Cuisson : 50 min à 1 h

- 1 litre de moules de bouchot
- 2 échalotes ciselées
- 1 branche de céleri
- 15 cl de vin blanc sec
- 1 feuille de laurier
- 1 brin de thym frais

Pour la salade

- 1 petit radis noir
- Quelques branches d'estragon
- Quelques branches de coriandre fraîche

Pour la vinaigrette

- 1 cuil. à soupe de vinaigre de vin rouge
- 2 cuil. à café de moutarde fine forte
- 3 cuil. à soupe d'huile de tournesol
- Sel et poivre

1. Épluchez et ciselez les échalotes. Nettoyez les moules. Émincez la branche de céleri.

2. Dans une grande casserole, faites réduire le vin blanc de moitié avec les échalotes, le laurier et le thym. Ajoutez les moules et le céleri, couvrez et lorsqu'elles se sont toutes ouvertes, débarrassez-les. Laissez-les refroidir avant de les décoquiller.

3. Passez le jus de cuisson au travers d'une passoire fine et conservez-le au congélateur dans des bacs à glaçons pour en faire un fumet pour le risotto de risetti de novembre (voir page 409).

4. Préparez la vinaigrette : mélangez le vinaigre, la moutarde, une pincée de sel et de poivre, et l'huile.

5. Ciselez l'estragon et la coriandre. Pelez le radis noir et coupez-le en rondelles très fines. Dans un saladier, mélangez les moules, les herbes et le radis noir, assaisonnez le tout de vinaigrette et dégustez à température ambiante.

La moutarde me monte au nez !

J'adore le pouvoir relevé de la moutarde. Connue dans le monde entier, la moutarde de Dijon n'est pas protégée par une appellation. On peut en fabriquer partout, avec des graines de moutarde du Canada, par exemple. Il suffit de respecter un cahier des charges de fabrication. Heureusement « la moutarde de Bourgogne » bénéficie d'une indication géographique protégée (IGP) depuis 2009. Fabriquée avec des graines de moutarde et du vinaigre de vin de la région, elle reste locale. La maison Edmond Fallot est la dernière à perpétuer la fabrication à l'aide d'une meule de pierre.

Vendredi

25

OCTOBRE

VEGGIE

CANNELLONIS *ricotta-épinards*

Pour 4 personnes
Préparation : 20 min
Cuisson : 35 à 40 min

- 12 cannellonis
- 250 g de ricotta
- 500 g d'épinards en branches
- 1 gousse d'ail
- 50 g de parmesan fraîchement râpé
- 30 cl de coulis de tomates
- 200 g de mozzarella di buffala
- Huile d'olive
- Sel et poivre

1. Dans un grand volume d'eau bouillante salée, faites cuire les cannellonis *al dente* en suivant les instructions du paquet, puis passez-les sous l'eau froide et égouttez-les.

2. Lavez et équeutez les épinards. Faites-les tomber dans une grande poêle avec un filet d'huile d'olive et la gousse d'ail juste pelée. Égouttez-les et mélangez-les à la ricotta et au parmesan. Assaisonnez de sel et de poivre, puis farcissez les cannellonis de ce mélange.

3. Huilez un plat creux allant au four. Disposez les cannellonis farcis les uns à côté des autres et versez un peu d'eau dans le fond du plat. Mixez le coulis de tomate avec la mozzarella coupée en petits morceaux. Nappez-en les cannellonis et enfournez pour 25 à 30 minutes dans le haut d'un four préchauffé à 170 °C (th. 5-6).

4. Laissez légèrement refroidir avant de déguster.

LES ÉPINARDS : *de Florence à la cour de France*

L'épinard a toujours eu une place de choix dans la cuisine italienne. En France, il n'avait pas la cote jusqu'à Catherine de Médicis. C'est la reine qui lui offre ses lettres de noblesse, d'où les nombreux plats « à la florentine », terme de cuisine désignant un apprêt qui associe un ingrédient à de l'épinard.

RIEN DE TEL QU'UN BOUILLON POUR FAIRE DU BIEN À NOTRE PETIT INTÉRIEUR ! VOICI LA RECETTE DE BASE DU BOUILLON DE LÉGUMES, QUE VOUS POURREZ ENRICHIR, AGRÉMENTER ET UTILISER COMME BON VOUS SEMBLERA !

Samedi
26
OCTOBRE

Bouillon *de légumes*

Pour 2 litres de bouillon
Préparation : 15 min
Cuisson : 45 min

- 1 grosse carotte
- 1 vert de poireau
- 1 oignon coupé en morceaux
- 1 branche de céleri
- 1 petit bouquet de persil
- 1 noix de beurre
- Huile d'olive
- 1 cuil. à café de gros sel
- 1 cuil. à café de poivre noir en grains

1. Lavez tous les légumes, coupez-les dans la longueur (en deux pour l'oignon) et taillez-les en morceaux de 1 cm d'épaisseur environ.

2. Faites chauffer un filet d'huile d'olive avec la noix de beurre dans votre casserole et faites suer les légumes à feu vif pendant 2 minutes. Salez, poivrez, ajoutez un peu plus de 2 litres d'eau froide, le persil, et portez à frémissement. Laissez cuire 40 minutes à faible frémissement, à découvert.

3. Laissez refroidir à couvert, puis filtrez le bouillon à l'aide d'une passoire fine.

Fait MAISON

VEGGIE

MON TRUC *en plus*

Un bon bouillon ne doit pas bouillir, il doit rester à feu doux, à très petits frémissements, à la limite de l'infusion.

Dimanche

27

OCTOBRE

MON BOUILLON THAÏ

C'EST L'HEURE D'HIVER. IL FAIT NUIT PLUS TÔT. PROFITONS DE CE DÉCALAGE HORAIRE POUR PRENDRE UN BOUILLON EXOTIQUE ! AVEC LA BASE DE CELUI D'HIER, ÇA VA ÊTRE UN JEU D'ENFANT.

Pour 4 personnes
Préparation : 10 min
Cuisson : 30 min

- 1 carotte
- 1 gousse d'ail
- 4 champignons de Paris
- 1 petit piment rouge frais
- 2 tiges de citronnelle
- 1 citron vert
- 1 l de bouillon de légumes (voir recette de la veille)
- 2 blancs de poulet
- Quelques brins de coriandre fraîche

1. Pelez la carotte et coupez-la en petits bâtonnets. Pelez la gousse d'ail et écrasez-la. Émincez les champignons de Paris. Épépinez le piment et émincez-le très finement. Pelez les tiges de citronnelle et émincez très finement le cœur tendre. Pressez le citron vert pour en extraire le jus.

2. Portez le bouillon à ébullition avec la carotte, l'ail, les champignons, le piment, la citronnelle et le jus de citron vert, puis baissez le feu aussitôt et continuez la cuisson à feu moyen pendant 20 minutes.

3. Coupez les blancs de poulet en fines lanières. Ajoutez-les dans le bouillon et prolongez la cuisson de 10 minutes.

4. Hachez les feuilles de coriandre. Versez le bouillon dans des bols et parsemez de coriandre.

Lundi
28
OCTOBRE

AU MARCHÉ, C'EST LEUR PROXIMITÉ SUR L'ÉTAL DE MON MARCHAND DE LÉGUMES QUI M'A DONNÉ ENVIE DE LES CUISINER ENSEMBLE. LE GOÛT SUCRÉ ET TERREUX DE LA BETTERAVE + LE PIQUANT ET LES VITAMINES DU CRESSON = UNE BELLE SALADE DE SAISON !

EXPRESS

VEGGIE

Salade betterave-cresson

Pour 4 personnes
Préparation : 10 min

- ▢ 2 betteraves moyennes cuites
- ▢ 1 petite botte de cresson

Pour la vinaigrette

- ▢ 4 cuil. à soupe d'huile de tournesol ou de colza
- ▢ 2 cuil. à soupe de vinaigre de vin blanc
- ▢ 4 cuil. à soupe de jus d'orange frais
- ▢ 1 cuil. à café de moutarde fine et forte
- ▢ Sel et poivre

1. Lavez et effeuillez le cresson, puis épongez-le. Pelez les betteraves et coupez-les en fins quartiers.

2. Mélangez tous les ingrédients de la vinaigrette.

3. Assaisonnez les betteraves et le cresson séparément, et disposez-les joliment au centre de chaque assiette. C'est prêt !

Wrap poulet MÂCHE

EXPRESS

Mardi
29
OCTOBRE

C'EST LE PLAT IDÉAL À EMPORTER AU BUREAU : FRAIS, DIGESTE ET TELLEMENT MEILLEUR FAIT MAISON…

Pour 4 personnes
Préparation : 10 à 15 min

- 4 grandes tortillas de maïs ou de blé
- 3 blancs de poulet (ou le reste d'un poulet rôti)
- 1 à 2 poignées de mâche
- 1 oignon rouge
- Quelques brins de coriandre
- 1 citron
- 2 avocats bien mûrs
- 1 cuil. à café de pâte de piment (harissa)
- 2 à 3 cuil. à soupe de crème fraîche épaisse
- Sel et poivre

1. Épluchez et émincez l'oignon rouge. Lavez et égouttez la mâche. Hachez la coriandre. Pressez le citron pour en extraire le jus.

2. Poêlez les blancs de poulet dans un peu de matière grasse, 5 à 7 minutes par côté. Salez et poivrez.

3. Écrasez les avocats avec l'oignon rouge, la coriandre, le jus du citron et la pâte de piment.

LE ROULAGE DU WRAP

ÉTAPE 1

Placez les tortillas à plat sur votre plan de travail. Tartinez-les de purée d'avocat. Ajoutez au centre quelques lamelles de poulet, quelques feuilles de mâche, et terminez par un peu de crème fraîche.

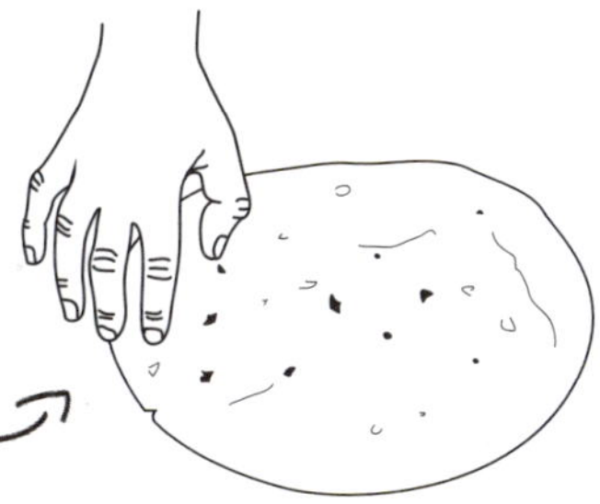

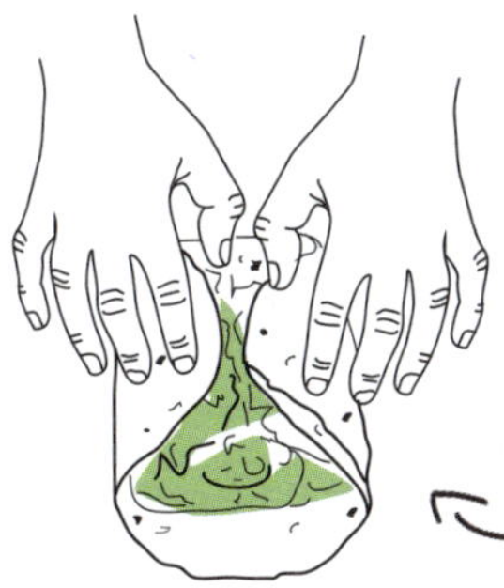

ÉTAPE 2

Rabattez un côté de la tortilla sur la garniture.

ÉTAPE 3

Roulez le tout et réservez au réfrigérateur.

ÉTAPE 4

Coupez les wraps en deux avant de les déguster.

Mercredi

30

OCTOBRE

GRATIN DE TOPINAMBOUR JAMBON ET CHEDDAR

TOPINAMBOUR ET RATATAM ! POUR CHANGER, ESSAYEZ DONC CE GRATIN AU LÉGER GOÛT D'ARTICHAUT.

Pour 4 personnes
Préparation : 20 min
Cuisson : 50 à 55 min

- 1 kg de topinambours
- 1 tranche épaisse de jambon blanc
- 100 g de cheddar
- 1 oignon blanc
- 25 cl de crème liquide
- 1 noix de beurre
- Sel et poivre

1. Brossez les topinambours dans une bassine d'eau froide ou pelez-les. Faites-les cuire 15 minutes dans de l'eau bouillante salée. Coupez-les en rondelles.

2. Préchauffez le four à 170 °C (th. 5-6).

3. Coupez le jambon en lardons. Râpez le cheddar. Épluchez et émincez finement l'oignon.

4. Mélangez les topinambours, le jambon, la moitié du cheddar râpé, l'oignon et la crème liquide dans un saladier. Salez peu et poivrez fortement.

5. Versez le tout dans un plat à gratin beurré, parsemez du reste de fromage et enfournez pour 35 à 40 minutes.

6. Servez le gratin bien chaud, accompagné d'une salade verte.

POUR CÉLÉBRER CETTE FÊTE VENUE DE L'AUTRE CÔTÉ DE L'ATLANTIQUE, JE VOUS INVITE À METTRE UN LÉGUME DANS UN DESSERT. C'EST LE BON CÔTÉ D'HALLOWEEN !

Jeudi
31
OCTOBRE

Pour 4 à 6 personnes
Préparation : 45 min
Cuisson : 1 h 15 à 1 h 20

GALETTE D'HALLOWEEN

- 2 rouleaux de pâte feuilletée pur beurre
- 500 g de courge musquée (musquée de Provence, butternut ou sucrine du Berry)
- 1 à 2 cuil. à café d'épices à pain d'épice (badiane, cannelle et clou de girofle)
- 2 œufs + 1 pour la dorure
- 20 cl de crème liquide
- 6 cuil. à soupe de sucre roux

1. Préchauffez le four à 180 °C (th. 6).

2. Retirez les graines de la courge et faites-la cuire au four jusqu'à ce que la chair soit fondante (45 minutes environ), puis réduisez-la en purée. Incorporez-y les autres ingrédients.

3. Augmentez la chaleur du four à 200 °C (th. 6-7).

4. Foncez un moule à fond amovible avec un disque de pâte feuilletée. Versez dessus la préparation et couvrez-la avec le deuxième disque de pâte, puis soudez bien les bords entre eux en les humidifiant.

5. Dorez la galette avec l'œuf battu et décorez-la si vous le souhaitez. Faites une ouverture au centre afin que la vapeur s'échappe et enfournez pour 35 à 40 minutes.

6. Laissez refroidir avant de démouler et dégustez tiède !

NOVEMBRE
au marché

MES INCONTOURNABLES

1

LE POTIMARRON

Très simple à cuisiner, il n'y a même pas besoin de l'éplucher ! Doux et fondant, il appartient à la famille des féculents. Entier et farci ou en quartiers avec la peau, il est beaucoup plus facile à préparer qu'on ne le pense !

2

LA POMME REINETTE GRISE ET LA BOSKOOP

À ma gauche, une pomme grise et rugueuse d'origine canadienne; à ma droite, la boskoop rouge et parfois teintée de vert, cultivée dans le Val de Loire. Elles sont toutes les deux acidulées. Riche en vitamine C, une pomme par jour éloigne le médecin, ne l'oubliez pas !

3

LA SAINT-JACQUES

La saison a commencé le mois dernier. Elle est pêchée le long de nos côtes jusqu'à la fin mai, pour préserver les stocks. Pour être sûr d'avoir de la vraie saint-jacques et non des pétoncles, regardez l'étiquette : son nom scientifique, *Pecten maximus,* doit apparaître.

LES FRUITS ET LÉGUMES *DU MOIS*

MAIS AUSSI CHEZ LE POISSONNIER :
coquilles Saint-Jacques, carpe, limande, merlan, truite, huîtres, crevettes, bulots

CHEZ LE MARAÎCHER

Légumes :

- Ail
- Betterave
- Brocoli
- Carotte
- Céleri
- Châtaigne
- Chou de Bruxelles
- Chou-fleur
- Chou frisé
- Chou kale
- Chou-rave
- Chou vert
- Courge
- Échalote
- Endive
- Épinard
- Fenouil
- Figue
- Girolle
- Laurier
- Mâche
- Navet
- Noix
- Panais
- Patate douce
- Poireau
- Salsifis
- Topinambour

Fruits :

- Pomme
- Grenade
- Kaki
- Kiwi
- Datte fraîche
- Citron
- Clémentine
- Coing
- Orange
- Mandarine
- Poire

ET CÔTÉ FROMAGER :
beaufort, abondance, cantal, vieux-lille, mascarpone, comté

EN NOVEMBRE
mes conseils pour
CUISINER PROPRE

Dans une cuisine de restaurant, on ne rigole pas avec l'hygiène… À la maison non plus, surtout que chaque année, un tiers des intoxications alimentaires collectives ont lieu… à domicile ! Mieux laver pour « mieux manger », c'est primordial (s'il vous plaît). C'est vous le chef !

Ce mois-ci :

- JE COMMENCE PAR ÊTRE PROPRE MOI-MÊME !
- JE RESPECTE LA CHAÎNE DU FROID.
- JE CUISINE SUR UN PLAN DE TRAVAIL IMPECCABLE.
- JE CONNAIS LES RÈGLES DE BASE POUR NE PAS CONTAMINER LES ALIMENTS.

1 LA PROPRETÉ… DE MON PROPRE CHEF !

Ça paraît tout simple, mais on ne le répétera jamais assez : **lavez-vous les mains !** Avant de commencer à cuisiner, mais aussi entre les plats, après avoir manipulé de la viande, épluché des légumes… pour éviter de contaminer les nouveaux aliments que vous touchez.

Portez un tablier propre et nettoyez vos torchons tous les 2 ou 3 jours : sinon, en essuyant vos mains et la vaisselle, vous risquez de les souiller de nouveau.

Évitez de remettre dans le plat commun l'ustensile avec lequel vous goûtez : la salive peut contenir 10 millions de bactéries au cm^2.

2 JE RESPECTE LA CHAÎNE DU FROID

Les produits congelés et frais vont dans un sac isotherme, le temps de rentrer. À la maison, rangez d'abord les produits congelés, puis les produits frais et enfin les produits secs.

Les poissons entiers se stockent entre 0 °C et 2 °C.

Les viandes hachées entre 2 °C et 4 °C.

Les légumes frais lavés entre 6 °C et 8 °C.

3 JE CUISINE SUR UNE SURFACE PROPRE

Rien de tel qu'un plan de travail débarrassé et désinfecté après utilisation : commencez par chasser les miettes et les traces à l'aide d'une éponge savonneuse, puis passez le plan de travail à l'eau vinaigrée avant de le sécher à l'aide d'un torchon propre.

Même chose pour les planches à découper : nettoyez-les, puis réservez-en une pour la viande et le poisson, et une autre pour les produits cuits et les légumes propres.

4 QUELQUES RÈGLES D'HYGIÈNE ÉLÉMENTAIRES

Emballages cartonnés, terre, plastiques inutiles… Évacuez-les **AVANT** de stocker les aliments dans le frigo !

Commencez par préparer les produits sensibles, comme la viande et le poisson, puis réservez-les dans le réfrigérateur le temps de préparer le reste.

JE PRENDS SOIN DE MON FRIGO !

Un frigo, ça se lave :

une fois par semaine au vinaigre blanc.

VINAIGRE

Astuce déo :
un demi-citron ou une coupelle de bicarbonate pour absorber les mauvaises odeurs du réfrigérateur.

Vendredi
01
NOVEMBRE

Pour 4 personnes
Préparation : 10 min
Cuisson : 10 min

Ma bouillabaisse EXPRESS

POUR METTRE UN PEU DE COULEUR DANS UN MOIS DE NOVEMBRE SOUVENT GRIS, JE VOUS INVITE À TESTER CETTE VERSION SIMPLIFIÉE DE LA BOUILLABAISSE. UNE CURE D'IODE !

- 1 l de soupe de poissons de chez le poissonnier
- ½ oignon doux
- 1 gousse d'ail
- 800 g de poissons en filets, avec peau et sans arêtes (200 g de merlan, 200 g de mulet, 200 g de daurade, 200 g de rascasse)
- 2 ou 3 pistils de safran
- 2 ou 3 pincées de piment de Cayenne
- Sel et poivre
- Rouille et croûtons de pain

1. Émincez finement le demi-oignon, pelez et hachez l'ail.

2. Rassemblez-les dans un plat creux. Ajoutez les différents poissons coupés en portions. Assaisonnez la préparation de sel, de poivre, de piment de Cayenne et de safran, et mélangez délicatement.

3. Mélangez la soupe de poissons avec 25 à 30 cl d'eau. Ajoutez-y la préparation précédente.

4. Posez sur feu vif : dès que la soupe de poissons bout, baissez le feu. Laissez cuire 3 minutes.

5. Servez et dégustez avec des croûtons de pain dorés et tartinés de rouille.

MIEUX CONNAÎTRE

Dès que ça bouille, abaisse !
Cette phrase, prononcée par un pêcheur, a donné son nom à ce plat populaire du Midi. À l'origine, il s'agit d'une soupe de poissons réalisée par les pêcheurs des calanques entre Marseille et Toulon. Au retour de la pêche, ils faisaient chauffer un chaudron rempli d'eau de mer. Dés que l'eau bouillait, ils y faisaient cuire les poissons invendus. La cuisson terminée, le bouillon était versé sur des croûtons de pain rassis frottés d'ail : on appelait cela « la tournée des croûtons ». Ils mangeaient ensuite le poisson avec de la rouille ou de l'aïoli.

Pour 4 personnes
Préparation : 10 min
Cuisson : 45 min

FLAN COCO
et coulis passion

1. Préchauffez le four à 180 °C (th. 6).

2. Portez les deux types de lait à ébullition, ajoutez le sucre et faites-le fondre dans le liquide. Laissez tiédir.

3. Battez les œufs en omelette. Versez le mélange de laits dessus en fouettant. Ajoutez la noix de coco en poudre et mélangez.

4. Versez dans 6 moules en silicone ou 6 ramequins beurrés. Enfournez pour 45 minutes de cuisson au bain-marie.

Pendant ce temps, préparez le coulis passion.

5. Démoulez les flans au moment de servir et présentez-les avec le coulis de fruit de la Passion.

EN DEUX TEMPS TROIS MOUVEMENTS, VOUS ALLEZ VOIR QU'IL EST POSSIBLE DE FAIRE ENTRER LE SOLEIL DES ÎLES DANS VOTRE CUISINE !

- ▢ 25 cl de lait
- ▢ 25 cl de lait de coco
- ▢ 80 g de sucre
- ▢ 3 œufs
- ▢ 25 g de noix de coco en poudre
- ▢ Un peu de beurre pour les moules

Pour le coulis de fruits de la Passion maison (ou 200 g de coulis surgelé)

- ▢ 12 fruits de la Passion
- ▢ 6 cuil. à soupe de sucre

LE COULIS

S'IL EST SURGELÉ, VERSEZ-LE DANS UNE CASSEROLE ET FAITES-LE CHAUFFER À PETIT FEU POUR LE DÉCONGELER. LAISSEZ REFROIDIR.

SI VOUS RÉALISEZ UN COULIS MAISON, COUPEZ LES FRUITS DE LA PASSION EN DEUX ET PRÉLEVEZ LEUR PULPE. METTEZ-LA DANS LE BOL D'UN ROBOT AVEC LE SUCRE ET MIXEZ LE TOUT. PASSEZ LE COULIS AU CHINOIS-ÉTAMINE POUR RETIRER LES GRAINES.

Dimanche
03
NOVEMBRE

Pour 4 personnes
Préparation : 10 min
Cuisson : 25 min

- ☐ 400 à 500 g de rognons (de veau, de porc ou de bœuf), sans membrane et dénervés par le boucher
- ☐ 2 gousses d'ail
- ☐ Quelques tiges de persil plat
- ☐ 150 g de champignons de Paris
- ☐ 10 cl de vin blanc sec
- ☐ 3 cuil. à soupe de coulis de tomate
- ☐ 2 noix de beurre
- ☐ Sel et poivre

C'EST LE MOIS DES PRODUITS TRIPIERS, UNE NOURRITURE DE SAISON ! COMME BEAUCOUP D'ENTRE VOUS, J'ADORE ÇA. POUR CHANGER, J'AI « TOMATÉ » LA SAUCE !

ROGNONS DE VEAU *AUX CHAMPIGNONS*

GRAND CLASSIQUE

1. Coupez les rognons en dés.
2. Pelez et ciselez l'ail. Hachez le persil.
3. Faites cuire les rognons dans 1 noix de beurre à feu vif pendant 3 minutes : ils doivent se colorer.
4. Dans une autre poêle, faites suer les champignons coupés en quartiers dans la seconde noix de beurre. Ajoutez le vin blanc. Laissez réduire 10 minutes à feu doux. Ajoutez l'ail, le persil et le coulis de tomate. Salez et poivrez.
5. Mélangez bien, puis ajoutez les rognons et laissez cuire à feu doux 10 minutes supplémentaires. Dégustez bien chaud !

PRODUITS TRIPIERS

AUTREFOIS APPELÉS LES ABATS, LES PRODUITS TRIPIERS SONT RICHES EN PROTÉINES ET PEU CALORIQUES. PENSEZ-Y !

44 % DES FRANÇAIS CONFIENT MANGER RÉGULIÈREMENT DES PRODUITS TRIPIERS.

LES 5 MORCEAUX LES PLUS CONSOMMÉS : LA LANGUE DE BŒUF, LE FOIE DE VEAU, L'ONGLET, LA JOUE DE BŒUF ET LA TÊTE DE VEAU.

EN GÉNÉRAL, ILS SONT PLUTÔT ÉCONOMIQUES, PUISQUE LE PRIX MOYEN TOURNE AUTOUR DE 9,31 € LE KILO.

Lundi

04

NOVEMBRE

RECETTE Végétale

EXPRESS

Boulettes
DE HARICOTS BLANCS

CHOUETTE, DES BOULETTES ! POUR FAIRE LE PLEIN DE PROTÉINES VÉGÉTALES, J'AI EU RECOURS AUX HARICOTS EN BOCAUX. EN APÉRO, EN ENTRÉE OU EN PLAT AVEC DES LÉGUMES... JE VOUS LAISSE CHOISIR !

1. Mixez les haricots égouttés, ajoutez 2 cuillerées à soupe de chapelure, les épices et le jus de citron, salez et poivrez. Façonnez des boulettes de ce mélange de la grosseur d'une noix, puis passez-les dans le reste de chapelure.

2. Faites chauffer 2 cm d'huile de friture dans une sauteuse et faites-y frire les boulettes en les roulant régulièrement. Retirez-les lorsqu'elles sont dorées. Réservez sur un plat de service.

3. Pour réaliser la sauce rose : râpez la betterave cuite, puis mélangez tous les ingrédients.

4. Servez les boulettes de haricots blancs accompagnées de la sauce.

Pour 4 personnes
Préparation : 15 min
Cuisson : 10 min

- ☐ 250 g de haricots blancs en bocal
- ☐ 100 g de chapelure
- ☐ ½ cuil. à café de cannelle en poudre
- ☐ 1 cuil. à café de cumin en poudre
- ☐ Le jus de ½ citron
- ☐ Sel et poivre
- ☐ Huile de friture

Pour la sauce rose

- ☐ ¼ de betterave cuite
- ☐ Le jus de ½ citron
- ☐ 500 g de yaourt de soja
- ☐ ½ botte de ciboulette
- ☐ Sel et poivre

Mardi

05

NOVEMBRE

TRUITE RÔTIE
À LA CRÈME DE RAIFORT

VOICI UNE RECETTE POUR FAIRE PLAISIR À LA GÉNIALE VALÉRIE LEMERCIER, QUI VOULAIT ÊTRE VIDEUSE DE TRUITES QUAND ELLE SERAIT GRANDE DANS LE CÉLÈBRE SKETCH DE L'ÉCOLE DES FANS !

1. Préchauffez le four à 180 °C (th. 6). Enfournez les truites salées, poivrées et huilées pour 15 à 20 minutes.

2. Faites chauffer le beurre, le jus de citron, le raifort et la crème sur feu doux. Salez, poivrez et mélangez afin d'obtenir une crème bien onctueuse.

3. Disposez les truites dans 4 assiettes (ou dans un grand plat) et nappez-les de crème au raifort chaude. Dégustez aussitôt avec des pommes de terre vapeur.

Pour 4 personnes
Préparation : 10 min
Cuisson : 15 à 20 min

- 4 truites entières vidées par le poissonnier
- 50 g de beurre
- Le jus de 1 citron
- 2 cm de raifort frais
- 50 g de crème liquide
- Huile neutre (tournesol, pépins de raisin…)
- Sel et poivre

Mercredi

06

NOVEMBRE

J'ADORE LE CÔTÉ KITSCH ET GENTIMENT DÉSUET DE CE DESSERT. C'EST UN COUSIN DU PUDDING ANGLAIS. COMME LUI, IL PERMET DE NE PAS GÂCHER UNE VIEILLE BRIOCHE OU UNE GÉNOISE RASSISES. EN CUISINE, J'AIME FAIRE DU NEUF AVEC DU VIEUX !

DIPLOMATE *aux fruits*

ANTI GASPI

GRAND CLASSIQUE

Pour 6 à 8 personnes
Préparation : 20 min
Cuisson : 1 h 30

- ☐ 5 cl de rhum brun
- ☐ 1 poire bien mûre
- ☐ 100 g de fruits confits
- ☐ 30 g de beurre
- ☐ 300 g de pain brioché de la veille
- ☐ 50 cl de lait entier
- ☐ 1 sachet de sucre vanillé
- ☐ 80 g de sucre en poudre
- ☐ 3 œufs

Matériel :

- ☐ 1 moule à gâteau de 22 cm de diamètre

1. Faites chauffer le rhum. Pelez et coupez la poire en petits dés.

2. Coupez les fruits confits en petits dés et faites-les macérer dans le rhum chaud. Beurrez et sucrez généreusement le moule.

3. Retirez la croûte du pain brioché et coupez-le en tranche de 0,5 cm d'épaisseur à l'aide d'une scie à pain (un couteau-scie).

4. Préchauffez le four à 150 °C (th. 5).

5. Recouvrez le fond du moule de pain brioché, sur une seule couche. Ajoutez une couche de fruits confits égouttés, sans oublier les dés de poire. Continuez l'opération en alternant le pain et les fruits. Terminez par le pain sans tasser.

6. Faites chauffer le lait avec les sucres et mélangez-le aux œufs battus, puis au reste de rhum.

7. Versez la préparation dans le moule jusqu'à ce que le pain soit gorgé de liquide. Préparez un bain-marie et enfournez pour 1 h 30 de cuisson.

8. Laissez refroidir le diplomate avant de le démouler. Dégustez-le frais, accompagné, par exemple, d'une crème anglaise.

Jeudi

07

NOVEMBRE

Foie de veau citron
CUMIN ET CURCUMA
POLENTA GRILLÉE

QUAND J'ÉTAIS ENFANT, MA MÈRE ME DOPAIT AU FOIE DE VEAU. IL EST RICHE EN FER ET DONNE DES FORCES POUR LA SUITE ! TENDRE ET DOUX, C'EST LE PRODUIT TRIPIER À FAIRE DÉCOUVRIR AUX ENFANTS.

Pour 4 personnes
Préparation : 15 min
Congélation : 5 min
Cuisson : 15 min

- ☐ 4 tranches de foie de veau
- ☐ Le jus de 1 citron
- ☐ Cumin
- ☐ Curcuma
- ☐ 250 g de polenta
- ☐ 1 gros oignon
- ☐ 50 g de persil plat
- ☐ 100 g de pousses d'épinards
- ☐ 50 cl de bouillon de volaille
- ☐ Huile d'arachide
- ☐ 60 g de beurre
- ☐ 2 cuil. à soupe de vinaigrette
- ☐ Sel et poivre

1. Épluchez et hachez l'oignon, ciselez le persil. Lavez, puis égouttez les pousses d'épinards.

2. Dans une casserole moyenne, faites suer l'oignon, puis ajoutez le bouillon et la polenta. Faites cuire 5 minutes à feu moyen, en surveillant. Sortez la polenta de la casserole, laissez-la refroidir et réservez au congélateur pendant 5 minutes.

3. Dans une poêle antiadhésive, faites cuire les tranches de foie de veau avec un filet d'huile d'arachide et un tiers du beurre. À la fin de la cuisson, ajoutez du sel, du poivre, du cumin et du curcuma, puis déglacez les tranches de foie de veau avec le jus de citron. Ajoutez ensuite une noisette de beurre pour lier le jus et le persil ciselé.

4. Pendant la cuisson des tranches de foie, sortez la polenta du congélateur et mélangez. Confectionnez 2 ou 3 petits palets par personne. Faites fondre le beurre restant dans une poêle et mettez les palets à colorer sur feu doux.

5. Sur chaque assiette, déposez 1 tranche de foie et des galettes de polenta, nappez de sauce et décorez de pousses d'épinards assaisonnées de vinaigrette.

Vendredi

08

NOVEMBRE

LES BOISSONS VÉGÉTALES SONT DE PLUS EN PLUS APPRÉCIÉES. POUR NE PAS FAIRE DE MAUVAISES RENCONTRES AVEC DES AJOUTS DE SUCRE EXCESSIFS, JE VOUS INVITE À LES FAIRE VOUS-MÊME. J'AI UTILISÉ UN MUG, CETTE TASSE ANGLAISE, POUR DOSER LES FRUITS SECS ET L'EAU.

ATELIER « LAITS VÉGÉTAUX »

Préparation : 20 min
Trempage : 12 h minimum

Pour 1 l de lait de noix maison

- ☐ 1 mug de cerneaux de noix fraîches
- ☐ 3 mugs d'eau de source
- ☐ 1 cuil. à soupe de sirop d'érable ou 1 à 2 grosses dattes medjool (facultatif)

Matériel

- ☐ 1 chinois étamine ou 1 tissu

1. Faites tremper les cerneaux de noix dans un saladier rempli d'eau froide pendant 12 heures au moins. Égouttez-les et rincez-les.

2. Dans le bol d'un mixeur, versez les noix, l'eau de source, et mixez le plus finement possible. Ajoutez, si vous le souhaitez, le sirop d'érable ou les dattes dénoyautées, et mixez une nouvelle fois.

3. Passez la préparation à travers un tamis (chinois étamine ou tissu) en foulant bien à l'aide d'une louche.

4. Conservez le lait de noix dans une bouteille au réfrigérateur et consommez-le dans les 48 heures.

RECETTE *Végétale*

Pour 1 l de lait d'amande maison

- ▢ 1 mug d'amandes entières mondées
- ▢ 3 mugs d'eau de source
- ▢ 1 cuil. à soupe de sirop d'érable ou 1 à 2 grosses dattes medjool (facultatif)

Matériel

- ▢ 1 chinois étamine ou 1 tissu

1. Faites tremper les amandes dans un saladier rempli d'eau froide pendant 12 heures au moins. Égouttez-les et rincez-les.

2. Dans le bol d'un mixeur, versez les amandes mondées, l'eau de source, et mixez le plus finement possible. Ajoutez, si vous le souhaitez, le sirop d'érable ou les dattes dénoyautées et mixez une nouvelle fois.

3. Passez la préparation à travers un tamis (chinois étamine ou tissu) en foulant bien à l'aide d'une louche.

4. Conservez le lait d'amande dans une bouteille au réfrigérateur et consommez-le dans les 48 heures.

MIEUX CONNAÎTRE

Les jus végétaux

Les « laits végétaux » sont fabriqués à partir d'eau et de graines ou de fruits réduits en purée avant d'être tamisés pour obtenir une boisson ayant l'aspect du lait d'origine animale. Il est donc techniquement plus juste de parler de boissons végétales plutôt que de laits, même si ces boissons sont de plus en plus consommées comme des substituts au lait de vache.

ON NE RIGOLE PAS AVEC LA LOI !

Afin d'éviter toute confusion, la Cour de justice de l'Union européenne a statué le 14 juin 2017 sur l'utilisation des dénominations « lait », « fromage » et « crème », qui est désormais interdite dans le commerce lorsqu'il s'agit de produits végétaux. Mais elle admet des exceptions* comme :

- lait d'amande,
- lait de coco,
- crème de riz,
- crème d'avoine.

*Source : Journal officiel de l'Union européenne.

Samedi

09

NOVEMBRE

Mon riz AU LAIT D'AMANDE

POUR FAIRE BON USAGE DU « LAIT D'AMANDE » PRÉPARÉ HIER, JE VOUS PROPOSE UNE NOUVELLE VERSION DU RIZ AU LAIT QUE J'AIME TANT !

1. Versez le lait d'amande avec le sucre et les graines de vanille dans une casserole. Ajoutez le riz en pluie et portez à ébullition.

2. Laissez cuire 25 à 30 minutes environ, à petits frémissements : à la fin de la cuisson, la préparation doit rester assez liquide, car, en refroidissant, le riz continue à absorber le lait et l'ensemble prend alors une consistance crémeuse.

3. Servez tiède ou froid, saupoudré de cannelle en poudre et accompagné d'une compote de pommes ou de poires.

Pour 4 personnes
Préparation : 5 min
Cuisson : 25 à 30 min

- 140 g de riz rond
- 1 l de lait d'amande (pour du fait maison, voir recette du 8 novembre)
- 2 cuil. à soupe de sucre cassonade
- 1 gousse de vanille
- 1 cuil. à café de cannelle en poudre

ON SE FAIT TOUT UN MONDE DU SOUFFLÉ, ET POURTANT, C'EST TRÈS SIMPLE. SUIVEZ BIEN LA RECETTE ET N'OUBLIEZ PAS : UN SOUFFLÉ N'ATTEND PAS, CE SONT LES INVITÉS QUI ATTENDENT !

GRAND CLASSIQUE

Dimanche
10
NOVEMBRE

SOUFFLÉ *AU FROMAGE*

Pour 4 personnes
Préparation : 20 min
Cuisson : 25 à 30 min

- 60 g de comté fraîchement râpé
- 3 œufs + 1 jaune
- 20 cl de lait
- 30 g de beurre + 1 noix pour les moules
- 30 g de farine + quelques pincées pour les moules
- 1 pincée de piment de Cayenne
- 1 pincée de noix de muscade râpée
- Sel et poivre du moulin

1. Préchauffez le four à 180 °C (th. 6)

2. Séparez les blancs des jaunes d'œufs : réservez les 3 blancs d'une part et les 4 jaunes d'autre part.

3. Dans une casserole, faites chauffer le lait et 20 cl d'eau. Dans une autre casserole, faites fondre le beurre à feu doux, ajoutez la farine et remuez à l'aide d'un petit fouet.

4. Lorsque le mélange commence à mousser (ne le laissez pas colorer), ajoutez le mélange lait-eau et faites cuire 5 à 6 minutes sans cesser de fouetter.

5. Dès que le mélange devient crémeux, retirez la casserole du feu et ajoutez une pincée de sel. Laissez tiédir, incorporez les jaunes légèrement battus, puis le comté râpé. Salez, poivrez, puis ajoutez le piment de Cayenne et la noix de muscade.

6. Fouettez les blancs en neige très ferme. Incorporez-les petit à petit à la préparation à l'aide d'une spatule, en les soulevant délicatement afin de ne pas les faire tomber.

7. Beurrez et farinez 4 ramequins à soufflé (veillez à éliminer tout excédent de farine en les tapotant retournés), et remplissez-les de pâte jusqu'aux trois quarts de leur hauteur.

8. Enfournez dans le bas du four pour que la surface ne forme pas trop rapidement une croûte. Laissez cuire 20 minutes, puis servez aussitôt.

MON ASTUCE

Pour réussir cette entrée « gonflée », mettez plus de jaunes que de blancs, et veillez à beurrer et fariner uniformément l'intérieur des ramequins, sans traces de doigts.

Lundi

11

NOVEMBRE

PAS D'ARMISTICE POUR LES CHAMPIGNONS. SI LA MÉTÉO EST ENGAGEANTE, PROFITEZ DE CE JOUR FÉRIÉ POUR TENTER LA CUEILLETTE EN FORÊT. RIEN DE TEL QU'UNE POÊLÉE !

POÊLÉE DE chanterelles

VEGGIE

1. Épluchez et ciselez finement la demi-échalote.

2. Évitez de laver les champignons, ils se gorgeraient d'eau et perdraient toute leur saveur : coupez la base de leur pied et brossez-les avec une brosse souple. Calibrez-les pour que la cuisson soit uniforme. Faites cuire d'une part les plus gros ensemble, puis d'autre part les plus petits.

3. Faites chauffer 2 poêles à sec : lorsqu'elles sont chaudes, ajoutez un peu d'huile, puis les champignons répartis sur une seule couche dans chacune des poêles. Faites-les sauter toutes les 15 à 20 secondes. Lorsqu'ils commencent à suer, ajoutez l'échalote.

4. Faites sauter encore 30 secondes et à la fin de la cuisson, ajoutez le persil ciselé, salez et poivrez. Dégustez aussitôt.

Pour 4 personnes
Préparation : 15 min
Cuisson : 5 min

- ☐ 600 à 800 g de plusieurs variétés de chanterelles (girolles, chanterelles blanches, chanterelles violettes, chanterelles en tube, etc.)
- ☐ ½ échalote
- ☐ 1 petit bouquet de persil plat
- ☐ 1 cuil. à soupe d'huile d'olive ou de tournesol
- ☐ Sel et poivre du moulin

MIEUX CONNAÎTRE

Les chanterelles sont des champignons des bois reconnaissables à leur « chapeau » en entonnoir, orné de plis jusqu'à la base du pied. La chanterelle la plus estimée est la chanterelle commune ou girolle.
Si vous avez un doute après la cueillette, montrez-les à un pharmacien connaisseur.
On cuisine les chanterelles surtout comme garniture de viandes blanches ou d'omelettes.
La recette que je vous propose peut accompagner un poulet rôti du dimanche.

Mardi
12
NOVEMBRE

Risotto DE RISETTI

MIEUX MANGER TOUTE L'ANNÉE, C'EST AUSSI MIEUX S'ORGANISER ! LA PREUVE AVEC CE PLAT FAIT EN MOINS DE 30 MINUTES GRÂCE AU FUMET DE MOULES MAISON SORTI DU CONGEL ET AUX PÂTES DU PLACARD !

Pour 4 personnes
Préparation : 10 min
Cuisson : 15 min

- 300 g de risetti (pâtes becs d'oiseau)
- Le fumet de moules maison congelé (voir recette du 24 octobre)
- 1 l de moules
- 1 pincée de filaments de safran
- 1 échalote
- 20 cl de vin blanc sec
- 50 g de beurre
- 50 g de crème fraîche entière
- Quelques tiges de persil plat
- Sel et poivre

1. Décongelez le fumet de moules à feu doux dans une grande casserole avec les filaments de safran. Si besoin, allongez-le avec un peu d'eau jusqu'à obtenir 1 litre de liquide environ. Lorsqu'il est suffisamment chaud, coupez le feu.

2. Épluchez et ciselez finement l'échalote, et faites-la revenir dans 25 g de beurre sans la laisser colorer.

3. Ajoutez les risetti et mélangez intimement pendant quelques minutes. Versez le vin blanc et continuez de remuer jusqu'à ce qu'il soit totalement absorbé.

4. Arrosez du fumet de moules, louche par louche, tout en mélangeant constamment jusqu'à ce que les pâtes soient cuites (15 minutes environ).

5. Ajoutez ensuite les moules et le reste du beurre. Lorsqu'elles sont ouvertes, décoquillez-les en conservant 3 ou 4 moules en coquille pour décorer chaque assiette. Incorporez en dernier lieu la crème fraîche.

6. Servez très chaud dans des assiettes creuses avec quelques feuilles de persil plat et les moules en coquille disposées sur le dessus du risotto de risetti.

Mercredi

13

NOVEMBRE

LE BONHEUR, C'EST SIMPLE COMME UNE DOUCEUR AU CHOCOLAT ! ESSAYEZ ET VOUS ME DIREZ !

GRAND CLASSIQUE

MON BISCUIT
moelleux au chocolat

Pour 6 à 8 personnes
Préparation : 20 min
Cuisson : 30 à 35 min

- ☐ 200 g de chocolat noir à 75 % de cacao
- ☐ 120 g de beurre
- ☐ 8 œufs
- ☐ 180 g de sucre en poudre
- ☐ 120 g de farine
- ☐ Cacao en poudre

Matériel :

- ☐ 1 moule à bord haut et éventuellement amovible de 22 cm de diamètre

1. Faites fondre le beurre au bain-marie et transférez-le dans un récipient pour qu'il refroidisse. Faites ensuite fondre le chocolat haché.

2. Préchauffez le four à 180 °C (th. 6). Beurrez et farinez le moule à gâteau.

3. Séparez les jaunes des blancs d'œufs. Battez les jaunes à la fourchette, puis incorporez le chocolat et le beurre fondus.

4. Fouettez les blancs d'œufs avec le sucre en incorporant celui-ci petit à petit, afin d'obtenir une meringue.

5. Incorporez les deux préparations délicatement à l'aide d'une maryse, puis ajoutez la farine tamisée.

6. Versez la pâte dans le moule et enfournez pour 25 à 30 minutes. Démoulez le biscuit une fois refroidi et saupoudrez-le de cacao avant de le savourer avec, par exemple, une crème anglaise.

Pour 4 personnes
Préparation : 5 min
Réfrigération : 30 min
Cuisson : 10 min

- 800 g d'aiguillettes de poulet
- 1 cuil. à café de quatre-épices
- Le jus de ½ citron
- 1 gousse d'ail
- 2 cuil. à soupe d'huile d'olive
- Sel et poivre du moulin

Jeudi
14
NOVEMBRE

AIGUILLETTES DE POULET *quatre-épices*

CANNELLE, CLOU DE GIROFLE, NOIX DE MUSCADE ET GINGEMBRE EN POUDRE : JE VOUS PRÉSENTE LE MÉLANGE QUATRE-ÉPICES ! C'EST MON ARME SECRÈTE POUR DONNER DE LA CHALEUR ET DU PEPS À CES DOUCES AIGUILLETTES.

1. Pelez et émincez l'ail.

2. Dans un bol, mélangez l'huile, le jus de citron, le quatre-épices, l'ail, le sel et le poivre.

3. Badigeonnez les aiguillettes de poulet de ce mélange et réservez 30 minutes au réfrigérateur.

4. Dans une poêle légèrement huilée, mettez les aiguillettes de poulet à griller 5 minutes de chaque côté. Dès qu'elles sont cuites, ôtez-les de la poêle et laissez-les reposer sous une feuille de papier sulfurisé.

5. Pendant ce temps, déglacez les sucs de la poêle à feu chaud en versant un peu d'eau.

6. Servez les aiguillettes de poulet avec un peu de leur jus de cuisson et un riz blanc de qualité.

Vendredi

15

NOVEMBRE

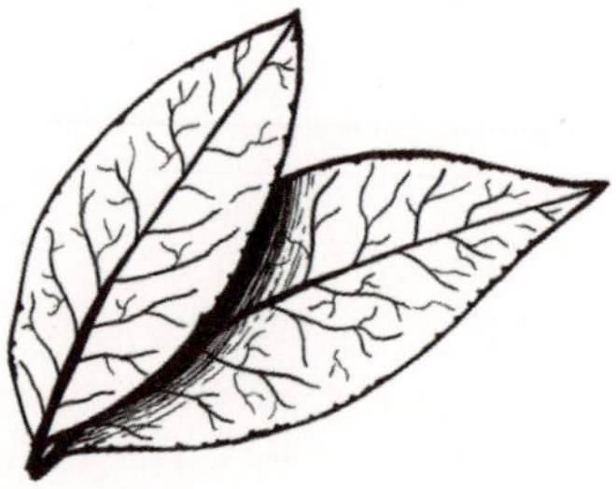

MA BRANDADE DE HADDOCK

DANS LA FAMILLE DES POISSONS FUMÉS, LE HADDOCK EST L'UN DES PRÉFÉRÉS DES FRANÇAIS. JE L'AI ADOUCI EN LE MARIANT À LEUR TUBERCULE PRÉFÉRÉ… DEUX CHOUCHOUS DANS LE MÊME PLAT !

Pour 4 personnes
Préparation : 15 min
Trempage : 1 nuit
Cuisson : 30 à 35 min

- ☐ 600 g de haddock (dessalé 1 nuit dans de l'eau froide)
- ☐ 600 g de pommes de terre bintje
- ☐ 50 cl de lait
- ☐ 1 gousse d'ail
- ☐ 2 feuilles de laurier
- ☐ 1 bouquet de persil plat
- ☐ Huile d'olive
- ☐ Quelques petits croûtons de pain grillé
- ☐ Sel et poivre

1. Faites cuire les pommes de terre, pelées et coupées en morceaux, 20 à 25 minutes dans une casserole d'eau froide salée.

2. Rincez le haddock et jetez son eau de dessalage.

3. Faites-le cuire 10 minutes dans le lait avec l'ail pelé et le laurier. Égouttez les pommes de terre et écrasez-les au presse-purée avec l'ail cuit dans le lait. Assaisonnez d'huile d'olive, de sel et de poivre.

4. Égouttez le haddock et émiettez-le en éliminant les arêtes et la peau.

5. Disposez la purée de pommes de terre dans 4 assiettes, ajoutez le haddock, le persil haché, les croûtons de pain, et dégustez aussitôt.

Samedi
16
NOVEMBRE

TARTE RENVERSÉE AUX MARRONS

C'EST LA SAISON POUR FAIRE UN PEU DE GRAS AVANT L'HIVER. MAIS OUI, DE TEMPS EN TEMPS, ÇA FAIT DU BIEN ! MANGER ET BOUGER... MAIS PAS EN MÊME TEMPS !

Pour 4 à 6 personnes
Préparation : 20 min
Cuisson : 35 à 40 min

- ☐ 1 pâte brisée maison (voir mon atelier « main à la pâte » du 6 octobre)
- ☐ 600 g de marrons sous vide
- ☐ 100 g de sucre en poudre
- ☐ 50 g de beurre
- ☐ 1 gousse de vanille
- ☐ 4 à 6 cuil. à soupe de crème double (ou de crème à 40 % de MG minimum)

1. Préchauffez le four à 200 °C (th. 6-7).
2. Fendez la gousse de vanille et prélevez-en les graines.
3. Répartissez le sucre, le beurre et les graines de vanille dans le fond d'une poêle allant au four. Ajoutez les marrons et faites-les caraméliser sur feu moyen-doux pendant 10 à 15 minutes. Enrobez-les bien de sucre et de beurre pendant la cuisson. Laissez refroidir.
4. Couvrez les marrons du disque de pâte abaissée et enfournez la poêle pour 25 minutes de cuisson.
5. Laissez refroidir 5 minutes avant de renverser la tarte dans un plat. Servez en parts et dégustez tiède avec la crème double.

Dimanche
17
NOVEMBRE

VOILÀ UN PLAT QUI REND « COPAINS COMME COCHON » ! COMME DE NOMBREUX PLATS MIJOTÉS, LA CUISSON EST LONGUE, MAIS PAS LA PRÉPARATION. LE POT AU FEU ET LES POTES À TABLE !

POT-AU-FEU DE COCHON

Pour 6 personnes
Préparation : 20 min
Dessalage : 3 à 4 h
Cuisson : 2 h 10

- ☐ 1 jambonneau demi-sel
- ☐ 600 g de palette demi-sel
- ☐ 300 g d'échine demi-sel
- ☐ 2 bulbes de fenouil
- ☐ 2 patates douces
- ☐ ¼ de céleri-rave
- ☐ 4 carottes moyennes
- ☐ 2 poireaux moyens
- ☐ 2 gousses d'ail
- ☐ 1 oignon piqué de 2 clous de girofle
- ☐ 1 bouquet garni (laurier, thym, queue de persil, branche de céleri)
- ☐ 1 cuil. à café de poivre noir en grains

1. Mettez les viandes à dessaler 3 à 4 heures dans de l'eau fraîche.

2. Rincez-les et faites-les blanchir 10 minutes dans de l'eau frémissante. Passez-les sous l'eau froide afin d'éliminer toutes les impuretés jusqu'à obtenir un bouillon clair. Mettez-les dans un grand fait-tout avec l'ail en chemise, l'oignon piqué de clous de girofle, le bouquet garni et le poivre. Couvrez le tout de 5 cm d'eau froide et faites cuire 2 heures à petits frémissements.

3. Pelez, lavez et coupez tous les légumes en gros cubes ou en tronçons, et ajoutez-les à la viande 25 minutes avant la fin de la cuisson.

4. Servez les viandes coupées en tranches et entourées des légumes, dans un grand plat chaud. Présentez le bouillon à part.

MIEUX CONNAÎTRE

Emblème de la cuisine populaire, le pot-au-feu est un mijoté de viandes et de légumes réunis dans un même bouillon. Il existe de nombreuses variantes régionales comme la garbure du Sud-Ouest avec ses cuisses de canard, la potée lorraine et son lard ou encore le kig ha farz breton avec la farine de sarrasin trempée dans le bouillon.

Qu'est-ce qu'on boit avec ?

Préférez un vin rouge sec, comme un saumur ou un morgon.

Lundi

18

NOVEMBRE

Raviolis de courge musquée ET CURRY

LE LUNDI, C'EST RAVIOLIS ! OUI, MAIS CEUX QUI NOUS VIENNENT DE CHINE ET QU'ON APPELLE LES WONTONS ! POUR RELEVER LE GOÛT DE LA COURGE MUSQUÉE, J'Y AI GLISSÉ DU CURRY. VOILÀ UNE PETITE CHINOISERIE POUR BIEN DÉMARRER LA SEMAINE.

Pour 4 personnes
Préparation : 40 min
Cuisson : 45 min

- ❑ 16 pâtes à ravioles chinoises (feuilles de pâte à wontons)
- ❑ 400 g de courge musquée
- ❑ 1 pincée de curry jaune
- ❑ 20 g de beurre
- ❑ Sel et poivre du moulin
- ❑ 1 pincée de farine pour le plan de travail

Pour la crème au curry

- ❑ 10 cl de lait de coco
- ❑ 10 cl de crème liquide
- ❑ 1 cuil. à soupe de curry jaune

VEGGIE

1. Ouvrez la courge, enlevez les graines, puis coupez-la en cubes et épluchez-la. Mettez le beurre à fondre dans une casserole et ajoutez les cubes de courge. Versez 5 cl d'eau, mélangez bien et laissez cuire à couvert pendant 15 minutes, puis à découvert encore 15 minutes afin de laisser l'eau s'évaporer.

2. Écrasez la courge à la fourchette avec le curry et assaisonnez.

3. Posez une pâte à raviole sur votre plan de travail fariné, déposez 1 cuillerée à café de purée de courge au curry, humectez les bords de la raviole, pliez-la en deux et appuyez sur les bords pour les souder. Recommencez l'opération avec toutes les ravioles.

4. Préparez la crème au curry. Dans une grande casserole, faites chauffer le lait de coco, la crème liquide et le curry à feu doux pendant 10 minutes.

5. Plongez les ravioles dans la crème et faites-les cuire 5 minutes. Servez bien chaud !

ENTRE *nous*...

Vous trouverez la pâte à wontons au rayon frais des épiceries asiatiques ou dans certaines grandes surfaces. Si vous en avez trop, congelez les feuilles restantes !

APRÈS AVOIR CUISINÉ LES RAVIOLIS CHINOIS HIER, FOCUS SUR LA CUISINE DU SICHUAN, DANS LE SUD-OUEST DE LA CHINE. TRÈS PARFUMÉS, LES PLATS DE CETTE RÉGION SONT SOUVENT ÉPICÉS, MAIS PAS NÉCESSAIREMENT PIQUANTS, À L'IMAGE DE CE CARRELET AU FOUR, RELEVÉ PAR LE POIVRE OFFICIEL DE LA RÉGION !

Mardi
19
NOVEMBRE

CARRELET AUX ÉPICES
à la sichuanaise

1. Préchauffez le four à 180 °C (th. 6).

2. Coupez les piments en rondelles. Concassez les bâtons de cannelle. Épluchez et hachez le gingembre frais. Mélangez toutes les épices avec la sauce soja.

3. Salez et poivrez les tronçons de carrelet, et placez-les sur une plaque allant au four. Couvrez-les du mélange d'épices et enfournez pour 10 à 15 minutes de cuisson.

4. Dégustez la chair du poisson avec du chou chinois sauté.

Pour 4 personnes
Préparation : 10 min
Cuisson : 10 à 15 min

- ❑ 4 tronçons de carrelet de 200 g chacun, avec la peau
- ❑ 2 à 3 cuil. à café de poivre du Sichuan
- ❑ 1 à 2 gros piments secs
- ❑ 2 bâtons de cannelle
- ❑ 2 cuil. à soupe de graines de coriandre
- ❑ 1 noix de gingembre frais
- ❑ 1 cuil. à soupe de sauce soja sucrée
- ❑ Sel et poivre

MIEUX CONNAÎTRE

Le carrelet, qu'on appelle aussi la plie, est un poisson plat non menacé et accessible. Il est reconnaissable à ses belles taches orange. Si vous ne le connaissez pas, je vous le conseille !

Mercredi
20
NOVEMBRE

Pour 4 personnes
Préparation : 15 min
Réfrigération : 1 h à 1 nuit
Cuisson : 45 min

CANNELÉS
à la clémentine

POUR SORTIR DE LA GRISAILLE DE NOVEMBRE, VOICI UN ALLER-RETOUR BORDEAUX-BASTIA AVEC CES CANNELÉS GIRONDINS AUX CLÉMENTINES CORSES DE SAISON.

- 200 g de clémentines corses bien fermes
- 50 cl de lait entier
- 2 gros œufs + 2 jaunes
- 200 g de sucre en poudre
- 125 g de farine
- 50 g de beurre

Matériel :
- moules à cannelés en silicone

1. Lavez les clémentines, récupérez le zeste et le jus (5 cl).

2. Faites bouillir le lait avec le zeste et le beurre.

3. Fouettez légèrement tous les œufs et le sucre, puis ajoutez la farine.

4. Versez le lait sur ce mélange, puis ajoutez le jus de clémentine sans cesser de fouetter, pour obtenir un mélange lisse et sans grumeaux.

5. Filmez et laissez reposer au réfrigérateur au moins 1 heure (idéalement 1 nuit).

6. Préchauffez le four à 210 °C (th. 7).

7. Fouettez de nouveau la pâte pour la rendre homogène, puis versez-la jusqu'à 1 cm du bord dans les alvéoles du moule en silicone (cela va permettre aux cannelés de gonfler uniformément). Enfournez et laissez cuire 45 minutes jusqu'à ce que les cannelés soient gonflés et dorés.

8. Laissez tiédir, puis démoulez les cannelés et dégustez-les tièdes.

Jeudi
21
NOVEMBRE

SAUCISSON DE LYON À LA BEAUJOLAISE

GRAND CLASSIQUE

EN FAISANT CE PLAT À LA MAISON, VOUS AUREZ L'IMPRESSION D'ENTRER DANS UN BOUCHON LYONNAIS !

Pour 4 personnes
Préparation : 10 min
Cuisson : 45 min

- 1 saucisson de Lyon à cuire
- 50 cl de beaujolais nouveau de qualité
- 4 gousses d'ail
- 2 échalotes
- 2 brins de thym frais
- 1 branche de romarin
- 1 cuil. à café de poivre noir en grains
- Quelques tiges de persil plat

1. Pelez et écrasez les gousses d'ail. Épluchez les échalotes et coupez-les en quatre.

2. Dans une casserole, placez l'ail, les échalotes, le thym, le romarin, le poivre noir et le saucisson. Versez le vin et laissez cuire à petit bouillon 30 minutes.

3. Débarrassez le saucisson et laissez réduire le vin jusqu'à ce qu'il soit sirupeux (15 minutes environ).

4. Servez le saucisson tranché, arrosé de vin réduit et parsemé de persil plat haché. Dégustez bien chaud avec du pain de campagne.

MIEUX CONNAÎTRE

Les saucissons à cuire lyonnais

Comme leur nom l'indique, ils passent à la casserole, mais ils se préparent aussi en brioche. Il y a le saucisson à cuire traditionnel et le cervelas pistaché, parfois truffé ou aux morilles.

Saucisson versus cervelas

Les règles ne sont pas les mêmes pour le cervelas et pour le saucisson à cuire traditionnel. Les morceaux de viande sont plus maigres et le hachage est plus grossier dans le saucisson à cuire. Il est aussi embossé dans un boyau de porc plus épais que le boyau de bœuf du cervelas, dixit Georges Reynon, honorable charcutier de la cité des gones.

Qu'est-ce qu'on boit avec ?

Un beaujolais nouveau, mais un bon. Profitez-en pour essayer un beaujolais nature, sans intrants chimiques et sans soufre. De nombreux vignerons de la région sont revenus à la base du travail du vin pour proposer des vins fruités et plus digestes. Et sans le goût de banane !

Vendredi

22

NOVEMBRE

COUSCOUS AUX LÉGUMES D'AUTOMNE

LE COUSCOUS EST L'UN DES PLATS PRÉFÉRÉS DES FRANÇAIS ET LES LÉGUMES DE SAISON SONT PLEIN DE RESSOURCES. EN ROUTE POUR UN COUSCOUS DE LÉGUMES !

Pour 6 personnes
Préparation : 15 min
Cuisson : 45 min

- 2 bottes de coriandre
- 1 petit chou rouge
- 4 navets boules d'or
- 1 quartier de potiron
- 4 carottes jaunes
- 4 gousses d'ail
- 1 noix de gingembre frais
- 4 cuil. à soupe d'huile d'olive
- 1 cuil. à café de curcuma
- 1 cuil. à café de cumin
- 1 boîte de tomates pelées
- 100 g de pois chiches en boîte
- 2 cuil. à soupe de harissa
- 400 g de graines de couscous moyen
- 2 noix de beurre
- Sel et poivre selon votre goût

1. Lavez les bottes de coriandre. Nettoyez et coupez en morceaux le chou, les navets et le potiron. Pelez les carottes et coupez-les en gros biseaux. Hachez l'ail et râpez le gingembre.

2. Versez l'huile dans une marmite, ajoutez les épices, l'ail et le gingembre. Remuez 5 minutes avant d'ajouter les légumes, les tomates pelées, 1 botte de coriandre ficelée et de l'eau à hauteur. Salez et poivrez. Laissez cuire 30 minutes à partir du frémissement.

3. Ajoutez les pois chiches égouttés. Laissez cuire 10 minutes, puis retirez la coriandre. Ajoutez 2 cuillerées à soupe de harissa dans le bouillon.

4. Préparez la semoule selon les indications figurant sur le paquet. Beurrez-la en l'égrainant. Effeuillez la seconde botte de coriandre et ciselez les feuilles.

5. Dressez la semoule en dôme dans des assiettes creuses. Posez les légumes cuits au bouillon par-dessus et parsemez de coriandre ciselée.

LE CHOU DE BRUXELLES A ÉTÉ LONGTEMPS BOUDÉ PARCE QUE SERVI TROP CUIT, JE VOUS INVITE À LE REDÉCOUVRIR AVEC UNE CUISSON COURTE. PARCE QU'IL LE VAUT BIEN !

Samedi

23

NOVEMBRE

Veau en croûte d'amande ET CHOUX DE BRUXELLES

1. Faites chauffer une grande casserole d'eau. Nettoyez les choux de Bruxelles et effeuillez-les aux trois quarts. Faites blanchir les feuilles et le cœur des choux 2 minutes dans l'eau bouillante. Égouttez-les.

2. Dans 3 bols ou 3 assiettes creuses, versez respectivement la farine, les œufs battus et, ensemble, la chapelure et la poudre d'amandes.

3. Coupez le veau en gros cubes réguliers et trempez-les dans la farine, puis dans les œufs battus et enfin dans le mélange chapelure-amandes.

4. Chauffez un peu d'huile de cuisson dans une poêle et faites colorer les dés de veau sur chaque face.

5. Réservez-les sur une grille pour que leur jus de cuisson sorte.

6. Ajoutez dans la poêle les feuilles et les cœurs de choux, puis la moitié des amandes effilées grillées.

7. Délayez le miel dans un peu d'eau et versez sur les choux, avant de mélanger le tout avec les dés de viande.

8. Dressez sur les assiettes et parsemez des amandes effilées restantes pour décorer.

Pour 4 personnes
Préparation : 15 min
Cuisson : 20 min

- ☐ 2 morceaux de mignon de veau de 250 g
- ☐ 1 douzaine de choux de Bruxelles
- ☐ 80 g de farine
- ☐ 2 œufs
- ☐ 80 g de chapelure fine
- ☐ 100 g de poudre d'amandes
- ☐ 30 g d'amandes effilées grillées
- ☐ 2 cuil. à soupe de miel liquide
- ☐ Huile neutre de cuisson (pépins de raisin, tournesol…)

MIEUX *connaître*

Souvent mal aimé parce qu'il était servi trop cuit dans les cantines, le chou de Bruxelles a pourtant tout pour plaire. Doux et légèrement sucré, il aime aussi se faire rouler dans un beurre mousseux après une cuisson de 10 minutes à l'eau bouillante salée. Pour la petite histoire, ce chou-arbuste a été créé pour être développé dans les maraîchages bruxellois peu étendus : comme il pousse en hauteur, on gagne de la place. Bête comme chou, mais il fallait y penser…

Dimanche
24
NOVEMBRE

MA MOUSSE AU CHOCOLAT APHRODISIAQUE

Pour 4 personnes
Préparation : 15 min
Réfrigération : 4 h

- ☐ 130 g de chocolat noir à 70 % de cacao minimum
- ☐ 1 petit morceau de gingembre frais
- ☐ 1 petit piment rouge
- ☐ ½ poivron rouge
- ☐ 4 œufs
- ☐ 40 g de sucre en poudre
- ☐ 1 pincée de sel

1. Pelez le gingembre et coupez-le en très petits morceaux.
2. Coupez le piment en deux, épépinez-le et émincez-le très finement.
3. Épépinez le poivron et coupez la chair en petits cubes.
4. Séparez les blancs des jaunes d'œufs. Montez les blancs en neige avec la pincée de sel.
5. Cassez le chocolat en petits morceaux et faites-le fondre au bain-marie. Mélangez-y les jaunes d'œufs battus avec le sucre en poudre. Incorporez délicatement les blancs d'œufs dans le chocolat. Lorsque le mélange est homogène, ajoutez les morceaux de gingembre, de piment et de poivron.
6. Répartissez la mousse dans des verres et réfrigérez 4 heures au moins.

VS MA MOUSSE AU CHOCOLAT *CLASSIQUE*

Préparation : 15 min
Réfrigération : 2 h minimum

- ☐ 250 g de chocolat noir en tablette à 66 % de cacao
- ☐ 20 g de beurre
- ☐ 4 œufs
- ☐ 1 cuil. à soupe bombée de sucre en poudre (25 g)

1. Cassez le chocolat en petits morceaux et faites-le fondre au bain-marie, à feu doux, avec le beurre. Séparez les blancs d'œufs des jaunes. Fouettez les jaunes avec la moitié du sucre jusqu'à ce que le mélange blanchisse. Incorporez le chocolat fondu. Fouettez les blancs d'œufs en neige en ajoutant le reste de sucre en une ou deux fois (attention, le chocolat doit être tiède et encore liquide au moment où vous y ajouterez les blancs en neige).

2. À l'aide d'une spatule, incorporez délicatement les blancs en neige au chocolat fondu, en deux ou trois fois et en soulevant la préparation.

3. Garnissez des coupelles individuelles ou un grand saladier. Laissez reposer au réfrigérateur 2 heures minimum, 24 heures maximum.

MIEUX *CONNAÎTRE*

Choisissez bien votre chocolat !
Pour faire du bon chocolat, il faut du beurre de cacao…, mais ce n'est pas obligatoire ! Depuis le début des années 2000, les industriels du chocolat peuvent choisir d'autres matières grasses, comme le beurre de karité ou l'huile de palme. Le beurre de cacao apporte toute sa rondeur à la tablette de chocolat. Alors, lisez bien les étiquettes : « pur beurre de cacao », c'est comme le Port Salut®, c'est écrit dessus !

Lundi

25

NOVEMBRE

SALADE DE POMMES GRENAILLES

À LA MÂCHE

J'AI SORTI LA MÂCHE ET LA POMME DE TERRE DE LEUR VELOUTÉ POUR EN FAIRE UNE SALADE. TRANSFORMÉE EN PESTO, LA PETITE FEUILLE ENROBE LA GRENAILLE.

Pour 4 personnes
Préparation : 30 min
Cuisson : 15 à 20 min

- 400 g de pommes de terre grenailles
- 4 à 6 poignées de mâche
- 2 à 4 gousses d'ail
- Le jus de 1 citron
- 4 à 6 cuil. à soupe d'huile d'olive
- Sel et poivre

RECETTE *Végétale*

1. Pelez et hachez l'ail.

2. Lavez les pommes de terre en les frottant bien entre les mains et faites-les cuire à la vapeur 15 à 20 minutes (vérifiez la cuisson à l'aide d'une pique).

3. Lavez et épongez la mâche. Mixez-en la moitié avec l'ail, quelques gouttes de jus de citron et l'huile. Salez et poivrez.

4. Enrobez les pommes grenailles de coulis de mâche, ajoutez les feuilles restantes, mélangez et servez !

LA COMTESSE DU BARRY, L'UNE DES FAVORITES DE LOUIS XV, NOUS A LAISSÉ UN POTAGE EN HÉRITAGE. C'EST UN CLASSIQUE DE LA CUISINE FRANÇAISE QUE J'AI APPRIS EN PASSANT MON CAP DE CUISINE. J'AI AJOUTÉ DE LA TRUITE POUR RELEVER CETTE CRÈME, MAIS ÇA MARCHE TRÈS BIEN AVEC D'AUTRES POISSONS FUMÉS !

Mardi
26
NOVEMBRE

CRÈME DU BARRY
à la truite fumée

GRAND CLASSIQUE

1. Coupez le vert et le cœur du chou-fleur et détaillez les fleurettes.

2. Rincez, puis émincez les blancs de poireaux. Faites-les suer dans le beurre. Ajoutez la farine et mélangez bien pour la faire cuire (sans coloration). Versez alors le bouillon en mélangeant au fouet et portez à ébullition.

3. Ajoutez le chou-fleur et laissez cuire 1 heure à feu doux.

4. Mixez l'ensemble, versez la crème et portez de nouveau à ébullition. Ajoutez enfin les jaunes d'œufs et fouettez énergiquement sur feu très doux.

5. Versez la crème du Barry dans des assiettes creuses et parsemez de lanières de truite fumée et de quelques pluches d'aneth.

Pour 4 personnes
Préparation : 15 min
Cuisson : 1 h 15

- ½ chou-fleur
- 2 blancs de poireaux
- 80 g de beurre
- 80 g de farine
- 1,5 l de bouillon de légumes (ou d'eau)
- 2 jaunes d'œufs
- 20 cl de crème liquide
- 300 g de truite fumée
- 2 brins d'aneth

Mercredi

27

NOVEMBRE

ÉMINCÉ DE BŒUF *aux haricots noirs*

EXPRESS

Pour 4 personnes
Préparation : 20 min
Cuisson : 15 min

C'EST MERCREDI ! VOICI MON PROGRAMME : ATELIER EXOTIQUE AVEC LES ENFANTS POUR LEUR FAIRE DÉCOUVRIR QUELQUES PARFUMS DE LA CUISINE ASIATIQUE.

- ▢ 300 g de rumsteck
- ▢ 2 cuil. à soupe de haricots noirs cuits en boîte
- ▢ 100 g de riz thaï
- ▢ ¼ de brocoli
- ▢ ½ botte d'oignons nouveaux
- ▢ 1 petite noix de gingembre frais
- ▢ 1 petite gousse d'ail
- ▢ 1 petite cuil. à café de fécule de maïs
- ▢ 1 cuil. à soupe de sauce soja
- ▢ 1 pointe de wasabi
- ▢ 1 petite cuil. à café de sucre
- ▢ 1 cuil. à soupe d'huile de sésame
- ▢ 1 cuil. à soupe de graines de sésame grillées

1. Faites cuire le riz thaï en suivant les instructions sur le paquet.

2. Faites bouillir une grande quantité d'eau salée. Détachez les sommités de brocoli et recoupez-les pour qu'elles aient la taille d'une petite noix. Plongez-les dans l'eau bouillante et laissez-les cuire 8 minutes à partir de la reprise de l'ébullition (elles doivent rester fermes et bien vertes).

3. Rincez les haricots noirs et écrasez-les grossièrement à la fourchette.

4. Taillez le bœuf en lamelles. Pelez et émincez les petits oignons. Pelez le gingembre et taillez-le en fines lamelles. Pelez la gousse d'ail et coupez-la en deux.

5. Délayez la fécule de maïs dans 2 cuillerées à soupe d'eau, puis ajoutez la sauce soja, le wasabi et le sucre.

6. Faites chauffer l'huile de sésame dans une poêle ou un wok. Jetez-y les lamelles de bœuf et remuez régulièrement pendant 2 minutes. Débarrassez-les.

7. Mettez dans la poêle ou le wok les oignons, l'ail et le gingembre. Versez un peu d'eau pour déglacer et mélangez pendant 1 minute. Ajoutez la viande et les haricots noirs, remuez bien et coupez le feu. Couvrez et gardez au chaud.

8. Détachez les grains de riz en intégrant les sommités de brocoli.

9. Servez la viande et le riz sur 4 assiettes et décorez de graines de sésame.

CE PLAT EST UN GRAND CLASSIQUE DE LA CUISINE AMÉRICAINE. NOURRISSANT, RÉGRESSIF, LE MAC & CHEESE SAIT NOUS PRENDRE PAR LES SENTIMENTS. AUX ÉTATS-UNIS, ON VEND MÊME DES PRÉPARATIONS TOUTES PRÊTES, QU'IL NE RESTE PLUS QU'À VERSER DANS UN PLAT À GRATIN. POUR LE PLAISIR ET AFIN DE SAVOIR CE QU'IL Y A DEDANS, JE VOUS INVITE À FAIRE VOTRE GRATIN MAISON !

Jeudi
28
NOVEMBRE

Mon gratin de macaronis AU POTIRON

Pour 4 à 6 personnes
Préparation : 20 min
Cuisson : 1 h

- 400 g de macaronis
- 300 g de potiron
- 50 cl de bouillon de légumes
- 40 g de beurre
- 40 g de farine
- 50 cl de lait
- 1 cuil. à café de paprika
- 300 g de cheddar orange
- 100 g de chapelure
- 50 g de noisettes hachées
- Sel et poivre

1. Coupez le potiron en deux, évidez-le, puis coupez-le en gros cubes et pelez-les. Faites-les revenir dans le bouillon de légumes pendant 20 minutes environ, le temps de préparer la béchamel.

2. Faites fondre le beurre dans une casserole avec la farine et mélangez 5 minutes sans laisser le beurre se colorer. Ajoutez alors le lait et faites épaissir en fouettant sans cesse. Salez légèrement et poivrez.

3. Égouttez le potiron en conservant une louche de bouillon.

4. Passez le potiron au moulin à légumes pour le réduire en purée, puis ajoutez une louche de bouillon de légumes, le paprika, le cheddar râpé, la béchamel, et mélangez.

5. Préchauffez le four à 180 °C (th. 6).

6. Faites cuire les macaronis dans un grand volume d'eau salée selon le temps indiqué sur le paquet. Égouttez-les soigneusement et mélangez-les à la préparation précédente.

7. Versez le tout dans un plat à gratin beurré. Couvrez de chapelure, de noisettes hachées, et enfournez pour 20 à 25 minutes.

MIEUX CONNAÎTRE

Ça gratine !
Les macaronis au fromage, familièrement appelés *mac and cheese*, est un plat que l'on trouve en Angleterre et en Amérique du Nord. Composé de pâtes coudes auxquelles on associe un mélange de fromages (dont du cheddar et du gruyère), il peut être recouvert de miettes de pain pour créer une croûte dorée après cuisson. *Mamma mia !* Même si l'origine est italienne, la popularité des macaronis au fromage nous vient du troisième président américain, Thomas Jefferson, qui les aurait découverts en Italie et importés aux États-Unis.

Vendredi

29

NOVEMBRE

JE SUIS UN APÔTRE DE LA SAINT-JACQUES ! IL SUFFIT D'UN ALLER-RETOUR À LA POÊLE POUR PRÉPARER SA NOIX. TOUT JUSTE GRILLÉE SUR SES DEUX FACES, DRESSÉE SUR UN LIT D'ÉPINARDS : AINSI SOIT-ELLE !

Saint-jacques snackées et tombée d'épinards

Pour 4 personnes
Préparation : 15 min
Cuisson : 15 min

- 8 à 12 noix de saint-jacques ▢
- 700 g d'épinards en branches ▢
- 1 orange non traitée ▢
- 1 cuil. à soupe de graines de sésame grillées ▢
- Huile d'olive ▢
- Fleur de sel et poivre noir ▢

1. Équeutez et lavez soigneusement les épinards.
2. Faites-les retomber dans une poêle avec un peu d'huile, puis salez et poivrez.
3. Saisissez les noix de saint-jacques dans une autre poêle avec un peu d'huile, 1 minute sur chaque face. Salez et poivrez.
4. Répartissez les épinards égouttés dans 4 assiettes, disposez les noix de saint-jacques, parsemez-les de zeste d'orange et de graines de sésame. Dégustez aussitôt.

J'AI FAIT CETTE RECETTE POUR JEAN-MARC GÉNÉREUX. LE JURÉ ENDIABLÉ DE « DANSE AVEC LES STARS » EST VENU CUISINER AVEC MOI DANS «PETITS PLATS EN ÉQUILIBRE». COMME ON DIT CHEZ LUI, AU QUÉBEC AVEC CETTE RECETTE, ON SE SUCRE LE BEC !

Pour 6 à 8 personnes
Préparation : 5 min
Cuisson : 1 h
Réfrigération : 6 h au moins

Samedi
30
NOVEMBRE

CHEESECAKE au sirop d'érable

- 150 g de galettes bretonnes
- 50 g de beurre
- 300 g de fromage à tartiner
- 2 œufs
- 50 g de sirop d'érable + un peu pour le décor
- 1 cuil. à soupe d'airelles rouges (canneberges) séchées
- 1 cuil. à soupe de noix de pécan

Matériel :

- 1 moule à manqué à fond amovible

1. Préchauffez le four à 150 °C (th. 5-6).
2. Faites fondre le beurre.
3. Mixez les galettes bretonnes et incorporez-les au beurre fondu. Tapissez le fond du moule et réservez au réfrigérateur le temps de continuer la recette.
4. Fouettez le fromage à tartiner en incorporant les œufs un à un, puis le sirop d'érable. Lorsque la préparation est bien onctueuse, versez-la dans le moule et enfournez pour 1 heure.
5. Laissez refroidir avant de réserver le cheesecake 6 heures au moins au réfrigérateur.
6. Dégustez décoré d'un filet de sirop d'érable, de quelques airelles et de noix de pécan.

MIEUX CONNAÎTRE

Le sirop d'érable est certainement le produit le plus emblématique de la cuisine canadienne ! Fabriqué dans les forêts du nord-est de l'Amérique du Nord, il est naturellement sucré, transformé à partir de l'eau d'érable recueillie au début du printemps… à ne pas confondre avec la sève. Quand je pense à mon séjour au Québec, je vois encore les belles saignées faites dans les troncs pour recueillir ce divin nectar… La prochaine fois, je ferai des pancakes au pied de l'arbre !

DÉCEMBRE
au marché

MES INCONTOURNABLES

1 LA CLÉMENTINE

Vous croiserez sur les étals, ce mois-ci, la clémentine, à mi-chemin entre la mandarine et l'orange. Sans pépins, elle séduit tout le monde, moi le premier ! Celle de Corse est plus acidulée que sa cousine d'Espagne. Je les ai mises en bocaux à offrir pour les fêtes, le 21 décembre.

2 LE BOUDIN BLANC DE RETHEL

Tiens, voilà du boudin blanc, oui, mais de Rethel ! Composé de viande maigre, de lard, mais sans ajout de mie de pain, ce boudin des Ardennes a du goût ! C'est une charcuterie de saison accessible et festive à la fois.

3 LA PATATE DOUCE

Douce, elle l'est par sa texture et sa saveur ! Ce tubercule est un féculent qui rassasie et fournit une belle énergie. Je l'ai redécouverte entièrement grillée, en piochant la chair à coups de fourchette : un bonheur ! Ce mois-ci, je la prépare en velouté tout en douceur, le 14 décembre.

LES FRUITS ET LÉGUMES *DU MOIS*

CHEZ LE MARAÎCHER

Légumes :

- Avocat
- Carotte
- Céleri
- Châtaigne
- Chou de Bruxelles
- Chou kale
- Chou rouge
- Chou vert
- Courge
- Cresson
- Échalote
- Endive
- Laurier
- Mâche
- Noix
- Oignon
- Panais
- Poireau
- Potiron
- Salsifis
- Topinambour

Fruits :

- Ananas
- Clémentine
- Citron
- Kaki
- Kiwi
- Mandarine
- Poire
- Orange
- Pamplemousse
- Pomme
- Litchi
- Papaye
- Mangue

MAIS AUSSI CHEZ LE POISSONNIER :

merlan, truite, saumon, carpe, huîtres, bulots, coquilles Saint-Jacques, daurade grise, limande

ET CÔTÉ FROMAGER :

époisses, cîteaux, saint-marcellin, bleu des Causses, comté, vacherin Mont-d'Or, beaufort

EN DÉCEMBRE
mes conseils pour
CUISINER ET MANGER POUR LE PLAISIR

Mieux manger, c'est aussi, et avant tout, se faire plaisir, et c'est possible sans excès, même pendant les fêtes !

Ce mois-ci :

- JE CUISINE DES PRODUITS DE FÊTES BONS POUR LA SANTÉ.
- JE NE PASSE PAS MA SOIRÉE DANS LA CUISINE, JE PROFITE DE MES CONVIVES !
- J'ÉCOUTE MON CORPS !

Mon entrée express, riche en vitamines et en acides gras : la salade de saumon fumé au pomelo (voir recette mardi 24 décembre).

1 JE CUISINE DES PRODUITS DE FÊTES CHICS ET BONS POUR LA SANTÉ

Un dîner copieux et élégant, ça ne passe pas forcément par le foie gras et la crème au beurre !

Les ingrédients de fêtes bons pour la santé : les huîtres, riches en iode, les crustacés, en fer, la dinde, en protéines, les légumes de saison, en fibres, et les agrumes de saison, pleins de vitamines !

2 JE PROFITE DE MES CONVIVES SANS PASSER LA JOURNÉE AUX FOURNEAUX

Pensez aux plats mijotés qui finiront de cuire pendant l'apéritif. Choisissez des recettes simples et des plats généreux : voilà qui devrait garantir de passer un bon moment.

Mes plats de fêtes ultrarapides :

Escalopes de veau aux airelles et aux poires (27 décembre)

Foie gras poêlé aux endives et à la mangue (20 décembre)

MON TRUC *en plus* : *le jeûne intermittent*

Faire un jeûne intermittent, c'est simplement jeûner « à moitié » ! En réalité, je parle d'un temps sans repas de 16 heures, ce qui correspond à une nuit sans repas. En bref, soit vous sautez le dîner, soit vous sautez le petit-déj. Je fais ça souvent, pour remettre le facteur sur le vélo !

3 JE RESTE À L'ÉCOUTE DE MON APPÉTIT

Privilégiez des petites portions et prenez le temps de savourer (et de mastiquer !) pour mieux éprouver plaisir et satiété. Et n'hésitez jamais à dire « non » si on veut vous resservir !

C'est scientifiquement prouvé, le sentiment de culpabilité nuit à la santé, alors profitez pleinement des fêtes de fin d'année ; vous compenserez plus tard avec mes délicieuses recettes de bouillons.

Bouillon à la citronnelle
(26 décembre)

Se faire plaisir, c'est aussi ne pas manger : faire une pause !

Dimanche

01

DÉCEMBRE

Œufs à la neige
VANILLE MYRTILLES

J'AIME DÉCEMBRE SOUS LA NEIGE. POUR LA FAIRE VENIR EN CUISINE, JE ME LANCE SOUVENT DANS CE DESSERT. AVEC UN COULIS DE MYRTILLES SURGELÉES, VOICI UNE OPÉRATION GRAND FROID QUI FAIT CHAUD AU MORAL !

Pour 4 personnes
Préparation : 15 min
Cuisson : 7 à 10 min

- ☐ 4 blancs d'œufs
- ☐ 50 g de sucre en poudre
- ☐ ½ gousse de vanille
- ☐ Quelques amandes effilées grillées

Pour le coulis de myrtilles
- ☐ 200 de myrtilles surgelées
- ☐ 1 cuil. à soupe de sucre glace

1. Prélevez les graines de la gousse de vanille et mélangez-les au sucre.

2. Fouettez les blancs d'œufs à petite vitesse : lorsqu'ils moussent, ajoutez le sucre peu à peu en continuant à fouetter en neige très ferme.

3. Faites chauffer 2 litres d'eau et maintenez-la à 85 °C (si vous n'avez pas de thermomètre de cuisson, maintenez-la à tout petits frémissements).

4. Posez de petites louches de blancs montés sur l'eau et pochez 5 à 7 minutes sur une face, puis 2 à 3 minutes sur l'autre face. Débarrassez-les sur un torchon propre et sec.

5. Confectionnez le coulis : mixez finement les myrtilles avec le sucre glace dans un blender et ajustez la consistance en ajoutant de petites quantités d'eau.

6. Versez un fond de coulis de myrtilles dans 4 assiettes creuses, déposez-y les œufs à la neige et parsemez le tout de quelques amandes effilées grillées.

MIEUX S'ORGANISER

Les sacs de myrtilles surgelées se trouvent très facilement dans le commerce. Vous pouvez aussi ramasser vos myrtilles en été, si vous avez la chance d'en croiser, et les congeler. Et n'oubliez pas de garder des myrtilles surgelées pour le vin chaud du 16 décembre !

Lundi

02

DÉCEMBRE

NOURRISSANTE ET RÉCONFORTANTE, LA CHÂTAIGNE TIENT AU CORPS. POUR SOULIGNER LE PETIT CÔTÉ RUSTIQUE DE CE VELOUTÉ, J'AJOUTE UNE CHIPS DE LARD !

VELOUTÉ CHÂTAIGNE ET LARD

Pour 4 personnes
Préparation : 15 min
Cuisson : 45 min

- 750 g de châtaignes sous vide
- 1 blanc de poireau
- 1 carotte
- 1 échalote
- 1 petite branche de céleri
- 1 feuille de laurier
- 1 brin de thym frais
- 4 tranches fines de lard fumé
- 4 cl de crème fraîche liquide
- Noix de muscade râpée
- Huile d'olive
- Sel et poivre

1. Pelez, lavez et émincez les légumes. Faites-les revenir 3 minutes avec un filet d'huile d'olive dans une casserole. Couvrez-les de 1 litre d'eau, puis ajoutez le laurier et le thym. Faites-les cuire 15 minutes à petits bouillons. Salez légèrement et poivrez fortement. Ajoutez-y les châtaignes et prolongez la cuisson de 30 minutes.

2. Pendant ce temps, faites sécher les tranches de lard entre 2 plaques dans un four préchauffé à 120 °C (th. 4).

3. Retirez les herbes aromatiques et mixez la préparation finement.

4. Servez le velouté dans 4 assiettes creuses, ajoutez 1 cuillerée à soupe de crème liquide, une pincée de noix de muscade râpée, une tranche de lard séché, et servez aussitôt.

Mardi

03

DÉCEMBRE

SCAROLE AUX POIRES
et au roquefort

POUR DONNER DU CROQUANT À CETTE SALADE, J'UTILISE DES RESTES DE PAIN RASSIS. LES CROÛTONS SONT L'ARME ANTIGASPI PAR EXCELLENCE... PENSEZ-Y !

Pour 4 personnes
Préparation : 15 min

VEGGIE

- 1 petite scarole
- 200 g de roquefort
- 1 ou 2 poires bien mûres
- 100 g de pain aux céréales
- 5 cuil. à soupe d'huile de noix
- 2 cuil. à soupe de vinaigre de cidre
- 1 citron
- 1 noix de beurre
- Sel et poivre

1. Effeuillez, lavez et essorez la scarole. Assaisonnez-la de sel, de poivre, de vinaigre de cidre et d'huile de noix. Conservez un peu de cette vinaigrette pour la finition.

2. Pelez les poires et coupez-les en fins bâtonnets. Citronnez-les.

3. Coupez le pain en petits croûtons et faites-les dorer dans une poêle avec la noix de beurre à feu moyen.

4. Dans un plat de service, disposez les feuilles de scarole, puis le roquefort coupé en fines tranches et enfin les bâtonnets de poire. Parsemez le tout de croûtons de pain et de quelques gouttes de vinaigrette. C'est prêt !

Mercredi
04
DÉCEMBRE

COMMENT NE PAS FAIRE DE BOULETTE QUAND ON REÇOIT ? EN EN FAISANT JUSTEMENT ! CONVIVIALES, GÉNÉREUSES ET PARFUMÉES, LES BOULETTES ONT LA COTE POUR RASSEMBLER.

BOULETTES SCANDINAVES

Pour 4 personnes
Préparation : 15 min
Cuisson : 20 min

- ❑ 200 g de viande de bœuf hachée
- ❑ 300 g de viande de porc hachée
- ❑ 1 oignon
- ❑ 50 g de chapelure
- ❑ 1 œuf
- ❑ 1 botte d'aneth
- ❑ 15 g de beurre
- ❑ Huile de cuisson
- ❑ Sel et poivre

Pour la sauce crémeuse

- ❑ 20 cl de crème liquide
- ❑ 40 cl de bouillon de bœuf
- ❑ 1 cuil. à soupe de fécule de maïs
- ❑ 1 pincée de noix de muscade en poudre
- ❑ 1 cuil. à café de moutarde
- ❑ Sel et poivre

1. Pelez l'oignon et hachez-le finement. Faites-le revenir à la poêle sans le cuire complètement. Mélangez-le aux viandes hachées, à la chapelure, à l'œuf, aux pluches d'aneth hachées, au sel et au poivre. Façonnez une vingtaine de boulettes à la main.

2. Faites chauffer une poêle avec un généreux filet d'huile de cuisson et le beurre. Placez-y les boulettes et tournez-les souvent pour qu'elles cuisent uniformément et restent bien rondes. Réservez au chaud.

3. Préparez la sauce crémeuse. Prélevez 2 cuillerées à soupe de bouillon de bœuf et diluez la fécule de maïs dedans. Faites chauffer le reste du bouillon de bœuf et la crème liquide avec la pincée de muscade et la moutarde. Ajoutez la fécule de maïs diluée et laissez mijoter à feu doux en fouettant régulièrement, jusqu'à ce que la sauce épaississe légèrement. Salez et poivrez.

4. Nappez les boulettes de sauce et servez avec une purée de pommes de terre maison et, pourquoi pas, un peu de confiture d'airelles !

MIEUX *CONNAÎTRE*

LES BOULETTES À TRAVERS LE MONDE

-En Italie, les polpetti sont une véritable institution. Ces boulettes à base de porc ou de veau haché sont servies avec une sauce tomate et du fenouil.

-Au Maghreb, les keftas d'agneau sont relevées avec des herbes et du ras el-hanout, un mélange d'épices. On les retrouve dans le couscous boulettes.

-En Extrême-Orient, les tsukune tiennent leur nom du verbe *tsukeneru* qui signifie « malaxer » en japonais. Ces boulettes de poisson ou de poulet sont parfumées au gingembre et enrobées de sauce teriyaki.

-Au Levant, les falafels rassemblent tout le monde. Ces boulettes végétariennes sont réalisées à base de pois chiches et d'herbes fraîches (voir recette page 170).

-En Suède, les boulettes, comme celles de notre recette du jour, sont des köttbullar.

Jeudi

05

DÉCEMBRE

VEGGIE

Purée de potimarron *et poêlée de trompettes-des-morts*

Pour 4 personnes
Préparation : 15 à 20 min
Cuisson : 30 à 35 min

MIEUX MANGER EST UN ACTE NATUREL QUAND ON REMET LES SAISONS AU CENTRE DE L'ASSIETTE. DÉMONSTRATION AVEC CETTE BELLE PURÉE ORANGE RELEVÉE PAR LE NOIR INTENSE DES TROMPETTES.

Pour la purée de potimarron

- 500 g de potimarron
- 100 g de pommes de terre à chair ferme (type charlotte)
- 5 cl d'huile d'olive
- 10 cl de lait
- Noix de muscade râpée
- Sel et poivre

Pour la poêlée de champignons

- 600 g de trompettes-des-morts
- ½ échalote
- Quelques feuilles de céleri
- 1 cuil. à soupe d'huile d'olive
- Sel et poivre

1. Lavez le potimarron et pelez les pommes de terre. Coupez-les en morceaux et mettez-les dans une casserole. Couvrez-les d'eau à hauteur des légumes, salez et faites cuire 15 à 20 minutes à petit bouillon.

2. Égouttez-les et passez-les aussitôt au moulin à légumes. Incorporez l'huile d'olive, puis le lait. Assaisonnez de sel, de poivre et de muscade. Fouettez énergiquement et réservez la purée au chaud.

3. Nettoyez délicatement les champignons.

4. Épluchez et ciselez finement la demi-échalote. Émincez les feuilles de céleri.

5. Dans une poêle, faites chauffer l'huile d'olive. Lorsqu'elle est chaude, ajoutez les champignons et faites-les sauter 5 minutes. Ajoutez l'échalote et poursuivez la cuisson encore 2 à 3 minutes, salez, poivrez, puis ajoutez les feuilles de céleri. Mélangez.

6. Servez la purée de potimarron parsemée de trompettes-des-morts et dégustez aussitôt.

ENTRE *nous*

Nourrissante grâce aux féculents, cette purée bien servie peut faire office de plat unique. N'hésitez pas à la proposer en garniture avec une viande rouge ou un poisson tel que le lieu.

- ☐ 1 pâte sablée maison (voir mon atelier « main à la pâte » du 6 octobre)
- ☐ 200 g de chocolat noir à 70 % de cacao
- ☐ 20 cl de crème fleurette
- ☐ 8 cl de lait entier
- ☐ 1 gros œuf
- ☐ 2 cuil. à soupe de cacao amer non sucré

Pour 6 à 8 personnes
Préparation : 20 min
Réfrigération : 30 min
Cuisson : 30 min

Vendredi
06
DÉCEMBRE

MA TARTE AU CHOCOLAT NOIR

1. Farinez légèrement votre plan de travail, étalez la pâte sablée et beurrez le moule à tarte. Garnissez le moule de la pâte, piquez-la (sans la transpercer) et placez-la au réfrigérateur pour 30 minutes.

2. Préchauffez le four à 160 °C (th. 5). Posez une feuille de papier sulfurisé sur la pâte, couvrez de haricots secs et enfournez pour 10 minutes. Ôtez le papier sulfurisé et faites cuire encore 5 minutes pour que la pâte soit légèrement dorée. Sortez du four et laissez refroidir.

3. Augmentez la température du four à 190 °C (th. 6-7).

4. Versez la crème fleurette et le lait entier dans une casserole, mélangez et portez à ébullition. Retirez la casserole du feu et ajoutez le chocolat noir cassé en petits morceaux. Fouettez jusqu'à ce qu'il soit complètement fondu et homogène. Laissez refroidir, puis incorporez l'œuf légèrement battu et mélangez bien.

5. Versez sur le fond de tarte, enfournez à mi-hauteur et faites cuire 12 à 15 minutes : la crème doit être ferme et encore tremblante au centre.

6. Laissez refroidir, saupoudrez de cacao amer et dégustez !

MIEUX CONNAÎTRE

Dans les supermarchés, les tablettes de chocolat noir affichent leur teneur en cacao en %. Celui-ci indique la proportion de fèves de cacao dans la tablette. Dans le cas du chocolat noir, cette proportion ne doit pas être inférieure à 43 %.

QUEL POURCENTAGE JE PRENDS ?

- Pour un gâteau au chocolat (comme celui du 22 avril), je choisis du chocolat noir, mais doux, à 55 % et je tranche avec un glaçage à 70 %. Mais s'il n'y a que des enfants autour de la table, optez pour un glaçage à 55 % aussi !
- Pour ma mousse au chocolat aphrodisiaque du 24 novembre, je mets du 70 %, car il faut que ça sente ! Mais pour une classique, je mets du 66 %.
- Pour des cookies, je choisis un chocolat autour de 60 % : ni trop ni trop peu !

Samedi

07

DÉCEMBRE

EXPRESS

ŒUF cocotte brioché chèvre et tomates séchées

VEGGIE

Pour 4 personnes
Préparation : 10 min
Cuisson : 12 à 15 min

- 4 brioches à tête individuelles
- 4 œufs extra-frais
- ½ bûche de chèvre
- 6 tomates séchées confites à l'huile
- 3 brins de basilic
- Sel et poivre du moulin

UN PETIT TOUR CHEZ LE BOULANGER ET VOUS VOILÀ REVENU AVEC DE BELLES PETITES BRIOCHES. MANGEZ LA MIE ET GARNISSEZ L'INTÉRIEUR DE QUELQUES INCONTOURNABLES DU FRIGO ET DU PLACARD ! HUE, COCOTTE !

1. Préchauffez le four à 180 °C (th. 6).

2. Coupez les chapeaux des brioches et mettez-les de côté. Creusez l'intérieur en laissant 5 mm de mie autour.

3. Coupez le fromage de chèvre en morceaux et les tomates séchées en lanières.

4. Disposez au fond des brioches quelques morceaux de fromage de chèvre, cassez par-dessus un œuf, garnissez avec le reste du fromage et quelques lanières de tomates séchées. Salez et poivrez.

5. Enfournez pour 12 à 15 minutes en surveillant la cuisson : 3 minutes avant la fin, ajoutez les chapeaux des brioches dans le four.

6. Effeuillez et ciselez le basilic, parsemez-en les œufs cocotte, recouvrez des chapeaux et dégustez sans attendre !

Dimanche
08
DÉCEMBRE

Pour 4 personnes
Préparation : 30 min
Cuisson : 20 min

- 2 l de coques
- 1 céleri-rave
- 10 g de beurre
- 2 échalotes
- 15 cl de vin blanc sec
- 5 grains de poivre noir
- 1 brin de thym frais
- 1 petit bouquet de persil plat
- Huile pour friture
- Sel

COQUES MARINIÈRES ET CÉLERI-RAVE FAÇON POMMES PAILLES

ELLES SONT DOUCES, CHARNUES ET IODÉES, J'EN CROQUE POUR LES COQUES ! JE LES SERS AVEC UN CÉLERI BOULE DEVENU CROUSTILLANT. C'EST MAGIQUE, LA CUISINE !

1. Brassez les coques délicatement pendant 10 minutes dans une bassine d'eau froide salée afin de les dessabler. Répétez l'opération une à deux fois, jusqu'à ce qu'il n'y ait plus du tout de sable au fond de la bassine.
2. Épluchez le céleri-rave et taillez-le en fine julienne. Épongez bien pour qu'il n'y ait plus d'humidité.
3. Faites chauffer l'huile pour friture dans une large poêle et, lorsqu'elle est bien chaude, plongez-y les pailles de céleri-rave en remuant sans cesse pour ne pas les agglomérer jusqu'à ce qu'elles commencent à dorer. Égouttez bien et réservez au chaud.
4. Épluchez et hachez les échalotes, et faites-les fondre avec le beurre dans une autre sauteuse. Ajoutez le vin blanc, les grains de poivre, le thym, et laissez frémir 5 minutes.
5. Versez les coques, couvrez et laissez-les s'ouvrir sur feu vif, 5 à 8 minutes. Hachez le persil plat.
6. À l'aide d'une écumoire, débarrassez les coques dans un plat chaud. Hors du feu, ajoutez le persil haché et arrosez les coques de bouillon. Servez avec le céleri-rave façon pommes pailles.

MIEUX CONNAÎTRE

Les pommes pailles sont des pommes de terre frites très fines qui tirent leur nom de leur ressemblance avec de la paille.

Lundi

09

DÉCEMBRE

Crumble DE COURGE SPAGHETTI

Pour 4 personnes
Préparation : 10 min
Cuisson : 40 min

VEGGIE

DEPUIS QUE J'AI DÉCOUVERT LA COURGE SPAGHETTI, J'AI MIS TOUTE MA FAMILLE AU RÉGIME DE SES PÂTES VÉGÉTALES ET… LES TÉLÉSPECTATEURS DE MON ÉMISSION AUSSI ! AVEC UN CRUMBLE DOPÉ AUX GRAINES ET LÉGUMINEUSES, VOUS SEREZ BIEN NOURRI.

1. Préchauffez le four à 170 °C (th. 5-6).

2. Égouttez les pois chiches. Mixez grossièrement tous les ingrédients du crumble et étalez ce mélange sur une plaque allant au four.

3. Coupez la courge en deux dans la hauteur et posez-la, côté tranché en haut, sur une autre plaque allant au four.

4. Enfournez 2 plaques : faites cuire la courge 40 minutes et sortez le crumble du four au bout de 30 minutes. Laissez-le refroidir.

5. Retirez les graines de la courge et grattez la chair à l'aide d'une fourchette. Salez, poivrez et répartissez les spaghettis de courge dans 4 assiettes creuses. Émiettez le crumble dessus jusqu'à les recouvrir. Parsemez d'un peu de paprika ou de piment d'Espelette et dégustez aussitôt !

- 1 courge spaghetti de 2 kg
- Quelques pincées de paprika ou de piment d'Espelette
- Sel et poivre

Pour la pâte à crumble

- 1 cuil. à soupe de graines de courge
- 1 cuil. à soupe de graines de lin
- 4 cuil. à soupe de pois chiches en boîte
- 1 cuil. à soupe d'amandes
- 1 cuil. à soupe de parmesan râpé
- 1 cuil. à soupe d'huile d'olive

Sauté de volaille express
AU CERFEUIL TUBÉREUX

1. Lavez, pelez et coupez les cerfeuils tubéreux en deux dans la longueur (laissez-les entiers s'ils sont petits). Pelez, puis émincez l'oignon, et coupez les blancs de poulet en gros dés.

2. Faites revenir le tout dans une poêle avec le thym et un peu d'huile, puis laissez cuire 8 à 10 minutes à couvert, sur feu doux.

3. Salez, poivrez, ajoutez la crème, mélangez et laissez cuire encore 5 minutes. Ajoutez quelques gouttes de jus de citron avant de servir.

EXPRESS

Pour 4 personnes
Préparation : 15 min
Cuisson : 15 min

- 4 blancs de poulet fermier ou Label Rouge
- 600 g de cerfeuil tubéreux
- 1 oignon
- 1 brin de thym frais
- 80 à 100 g de crème fraîche épaisse
- Huile de tournesol
- ½ citron
- Sel et poivre du moulin

MIEUX CONNAÎTRE

Le cerfeuil tubéreux est un légume racine qui se fait de moins en moins rare. De couleur marron clair et de forme conique, il fait partie des légumes oubliés qu'on redécouvre avec plaisir. À la cuisson, il développe un petit goût de châtaigne.

Qu'est-ce qu'on boit avec ?

Les protéines du lait ne font pas bon ménage avec la texture tannique du vin rouge et imposent donc un vin blanc, qui se marie aussi très bien avec la viande blanche. Il faudra le choisir avec une belle acidité, qui permettra de trancher avec la texture onctueuse de la sauce. Le chardonnay, la marsanne et le pinot gris sauront bien se tenir à table avec ce sauté de volaille à la crème.

POMMES DE TERRE *garnies de fondue* DE POIREAU *au fromage bleu*

OH, QUE J'AIME CETTE RECETTE ! GÉNÉREUSE ET ACCUEILLANTE, LA POMME DE TERRE AU FOUR EST AUSSI BIENVEILLANTE QU'UNE MAMA QUI TEND SES BRAS. À CONSOMMER SANS MODÉRATION !

Pour 4 personnes
Préparation : 30 min
Cuisson : 30 à 35 min

- ▢ 4 grosses pommes de terre bintje de 200 g chacune environ
- ▢ 2 à 3 blancs de poireaux
- ▢ 200 g de bleu de Gex, bleu des Causses, fourme d'Ambert, gorgonzola…
- ▢ 1 à 2 cuil. à soupe de crème fraîche épaisse
- ▢ 50 g de cerneaux de noix
- ▢ 5 g de beurre
- ▢ Noix de muscade râpée
- ▢ Sel et poivre

1. Émincez les blancs de poireaux et hachez les cerneaux de noix.
2. Placez une grande casserole d'eau froide sur le feu, plongez-y les pommes de terre non pelées et faites-les cuire 25 à 30 minutes. Laissez-les refroidir.
3. Pendant la cuisson des pommes de terre, faites revenir les blancs de poireaux émincés dans le beurre. Hors du feu, ajoutez la crème et les noix hachées.
4. Préchauffez le four à 200 °C (th. 6-7).
5. Coupez chaque pomme de terre en deux et creusez légèrement les moitiés.
6. Mélangez, puis garnissez-les copieusement de fondue de poireaux.
7. Couvrez la garniture de lamelles de fromage et disposez les pommes de terre dans le haut du four. Lorsque le fromage a fondu et qu'il est légèrement gratiné, c'est prêt !
8. Dégustez chaud, avec une charcuterie locale et une salade verte.

MIEUX *CONNAÎTRE*

50 nuances de bleus
Pâte fleurie, c'est l'appellation poétique de ces fromages plus ou moins forts à pâte persillée. Tel du marbre, les veines bleuâtres, parfois vertes, de ces « bleus » colorent leur pâte claire et apportent des arômes qui se marient parfaitement aux vins blancs liquoreux. Merci aux nobles moisissures ! Très souvent de vache, ils sont également fabriqués à base de lait de brebis et plus rarement de chèvre.
Les plus doux : la fourme d'Ambert, le bleu de Gex, le bleu de Termignon, le bleu du Vercors-Sassenage.
Les plus forts : le roquefort, le bleu des Causses, le bleu d'Auvergne, la fourme de Montbrison, le bleu de Laqueille.

LE PARMENTIER FAIT PARTIE DES INCONTOURNABLES DE L'HIVER. POUR CHANGER DE LA VERSION CLASSIQUE QUE JE VOUS AI DONNÉE L'ANNÉE DERNIÈRE, VOICI UNE RECETTE TOUT AUSSI GOURMANDE... À BASE DE CÉLERI BOULE, ENCORE LUI !

Jeudi
12
DÉCEMBRE

PARMENTIER *bœuf céleri*

Pour 4 personnes
Préparation : 30 min
Cuisson : 45 à 50 min

- 600 g d'araignée de bœuf ou de bifteck en fines lamelles
- 1 céleri-rave
- 50 cl de lait
- 1 branche de thym
- 2 échalotes
- 1 poignée de cerneaux de noix
- 4 cuil. à soupe de chapelure
- 80 g de beurre + 1 noix pour le plat à gratin
- Sel et poivre du moulin

1. Pelez le céleri-rave, rincez-le, découpez-le en tranches, puis en morceaux. Plongez-les dans un mélange de 50 cl de lait et 50 cl d'eau froide salée avec la branche de thym. Faites cuire 20 à 25 minutes à petite ébullition.

2. Pendant ce temps, épluchez et émincez les échalotes. Faites-les revenir à la poêle avec 5 g de beurre jusqu'à ce qu'elles soient dorées.

3. Préchauffez le four à 200 °C (th. 6-7).

4. Égouttez le céleri-rave et passez-le au moulin à légumes pour le réduire en purée. Ajoutez le beurre en morceaux et écrasez-le à la fourchette pour l'incorporer au céleri.

5. Réduisez les cerneaux de noix en poudre.

6. Beurrez un moule à gratin. Disposez la viande, assaisonnez-la et recouvrez-la de purée de céleri. Saupoudrez de chapelure et de noix en poudre.

7. Enfournez pour 15 minutes et dégustez avec une salade verte ou une salade d'endives.

MON ASTUCE

Faire cuire le céleri-rave dans du lait permet d'adoucir son amertume et d'empêcher qu'il noircisse. Grâce au thym, il sera délicatement parfumé !

Vendredi

13

DÉCEMBRE

UNE RECETTE PARFAITE POUR ANTICIPER LES FÊTES OU S'EN REMETTRE. CETTE TERRINE SE PRÉPARE À L'AVANCE ET RESTE LÉGÈRE TOUT EN CONVENANT AUX GRANDES TABLÉES.

TERRINE DE POISSON ET POIREAU

Pour 6 à 8 personnes
Préparation : 20 min
Réfrigération : 6 h

- 800 g de filets de truite saumonée et de lieu jaune sans peau ni arêtes
- 1 gros poireau ou 2 moyens
- 2 poignées de feuilles d'épinards
- 1 l de fumet de poisson ou de bouillon de crustacés
- Agar-agar (4 g par litre)
- Sel et poivre

Matériel :

- 1 terrine rectangulaire de 1 litre

1. Rincez les feuilles d'épinards.

2. Effeuillez les poireaux et lavez-les. Plongez-les 30 secondes dans de l'eau salée en ébullition.

3. Chemisez la terrine avec les feuilles de poireaux disposées en travers sur 2 couches en laissant retomber les feuilles à l'extérieur.

4. Faites frémir le fumet.

5. Coupez les filets de poisson dans la longueur en gros morceaux. Plongez-les dans le fumet pendant 3 minutes, puis disposez-les dans la terrine en les intercalant avec les feuilles d'épinards, sans tasser.

6. Laissez refroidir le fumet de poisson avant d'ajouter l'agar-agar (suivez les indications inscrites sur l'emballage), puis portez à ébullition. Versez progressivement le fumet de poisson dans la terrine jusqu'à ce qu'il recouvre la totalité des ingrédients. Rabattez les feuilles de poireaux vers le centre et laissez prendre 6 heures au réfrigérateur.

7. Tranchez la terrine et dégustez-la, par exemple, avec une sauce vierge au citron et à l'estragon.

ENTRE *nous*

Pour varier les plaisirs et faire en fonction de vos courses, n'hésitez pas à mélanger les poissons : merlu, lieu noir, maquereau, merlan... vous avez le choix !

Samedi

14

DÉCEMBRE

Velouté de patates douces
ET CHIPS DE PANAIS

QUAND UN TUBERCULE RENCONTRE UN LÉGUME RACINE, ILS SE RACONTENT DES HISTOIRES DE VELOUTÉ. À LA PATATE DOUCE, L'ONCTUOSITÉ, ET AU PANAIS, LE CROUSTILLANT !

VEGGIE

Pour 4 personnes
Préparation : 20 min
Cuisson : 50 min

- 500 g de patates douces
- 2 panais
- 1 oignon
- 1 l de bouillon de légumes
- 1 cuil. à soupe d'huile d'olive
- 20 cl d'huile de tournesol (ou d'huile pour friture)
- 15 cl de crème liquide
- Sel et poivre du moulin

1. Préchauffez le four à 180 °C (th. 6).

2. Épluchez l'oignon et émincez-le. Pelez les patates douces et coupez-les en gros cubes. Faites chauffer l'huile d'olive dans une casserole et mettez l'oignon à rissoler.

3. Ajoutez les cubes de patates douces, salez, poivrez et mélangez. Quand l'ensemble est bien doré, versez le bouillon de légumes bien chaud. Laissez cuire à feu moyen 30 minutes environ.

4. Pendant ce temps, épluchez les panais et coupez-les en très fines lanières à la mandoline ou à l'aide d'un rasoir à légumes.

5. Faites chauffer de l'huile de friture dans une casserole et, lorsqu'elle est bien chaude, plongez-y les chips de panais en plusieurs fois. Lorsqu'elles sont dorées, égouttez-les sur du papier absorbant et salez-les immédiatement.

6. Lorsque les patates douces sont cuites, égouttez et mixez-les finement en ajoutant peu à peu le bouillon de cuisson jusqu'à la consistance souhaitée. Versez la crème et portez de nouveau à ébullition. Rectifiez l'assaisonnement.

7. Servez le velouté bien chaud, parsemé de chips de panais et de poivre du moulin.

GRATIN DE CARDONS

1. Ôtez les feuilles (non comestibles) des cardons, coupez-les et lavez-le. Ôtez les parties filandreuses et tranchez les cardons en tronçons réguliers. Plongez-les immédiatement dans une eau citronnée pour qu'ils ne noircissent pas.

2. Faites bouillir dans une cocotte un grand volume d'eau salée et citronnée, ajoutez les cardons et laissez cuire 40 minutes.

3. Dans une casserole, faites fondre la farine et le beurre, et laissez cuire 1 minute. Ajoutez peu à peu le lait en remuant. Laissez chauffer jusqu'à ce que la sauce commence à s'épaissir. Ajoutez le fond de veau, la noix de muscade et laissez mijoter 5 minutes. Salez et poivrez.

4. Préchauffez le four à 180 °C (th. 6). Beurrez un plat à gratin. Mélangez les cardons à la sauce et versez dans le plat. Enfournez pour 20 minutes jusqu'à ce que le dessus soit bien doré.

Pour 4 personnes
Préparation : 45 min
Cuisson : 1 h

- ☐ **1 kg de jeunes cardons**
- ☐ **3 citrons**
- ☐ **30 g de farine**
- ☐ **30 g de beurre**
- ☐ **½ l de lait**
- ☐ **10 cl de fond de veau**
- ☐ **2 grosses pincées de noix de muscade**
- ☐ **Sel et poivre du moulin**

LE GRATIN DE CARDONS A SA PLACE ATTITRÉE EN HIVER AU MENU DES BOUCHONS, CES RESTAURANTS CANAILLES QUI JALONNENT LA CITÉ DES GONES. MENTION SPÉCIALE À JOSEPH VIOLA, CHEZ DANIEL ET DENISE. LE ROI DU CARDON À LA MOELLE !

Dimanche
15
DÉCEMBRE

MIEUX S'ORGANISER

Commencez à réfléchir à votre menu de Noël. Je vous donne mes recettes de fêtes à partir de maintenant !

GRAND CLASSIQUE

À LA PLACE

Si vous ne trouvez pas de cardons frais, vous pouvez en acheter en bocal dans les épiceries fines.

Lundi

16

DÉCEMBRE

Mon vin chaud... SANS VIN !

C'EST PARTI POUR LES RECETTES DE NOËL ! VOICI UNE BOISSON POUR QUE LES PETITS JOUENT AUX GRANDS... OU POUR QUE LES GRANDS FASSENT ABSTINENCE AVANT LES GRANDES AGAPES !

Pour 4 à 6 personnes
Préparation : 15 min
Cuisson : 1 h

- ▢ 200 g de myrtilles surgelées
- ▢ 30 cl de jus de raisin sans sucre ajouté
- ▢ 50 cl d'eau
- ▢ 50 g de sucre roux
- ▢ 1 étoile de badiane
- ▢ 1 bâton de cannelle
- ▢ 1 pincée de gingembre en poudre
- ▢ 1 pincée de noix de muscade
- ▢ 2 clous de girofle
- ▢ 1 citron non traité
- ▢ 1 orange non traitée

1. Prélevez le zeste des agrumes à l'économe, puis pelez-les à vif et réservez la chair.

2. Dans une casserole, versez tous les ingrédients de la recette sauf la chair des agrumes. Laissez cuire 1 heure à couvert sur feu très doux.

3. Prélevez la chair des agrumes sans leur membrane blanche, puis coupez-la en morceaux.

4. Passez la préparation au travers d'une passoire fine sans fouler, puis versez-la dans des tasses ou des verres résistants à la chaleur. Ajoutez les morceaux d'agrumes et dégustez bien chaud en ajustant la quantité de sucre si nécessaire.

MON TRUC *en plus*

Pour un vin chaud alcoolisé, remplacez les myrtilles et le jus de raisin par une bouteille de vin rouge (type syrah).

Mardi

17

DÉCEMBRE

Pour 4 personnes
Préparation : 15 min
Cuisson : 5 min

- ☐ 4 grandes tranches de brioche rassise
- ☐ 4 petites ou 2 grandes tranches de truite fumée
- ☐ 1 citron
- ☐ 8 cuil. à soupe de crème fraîche
- ☐ 8 brins de ciboulette
- ☐ 25 cl de lait
- ☐ 2 œufs
- ☐ 15 g de beurre
- ☐ 2 cuil. à soupe d'huile de tournesol
- ☐ Sel et poivre du moulin

Brioche perdue à la truite fumée

AVEC TROIS FOIS RIEN, CETTE RECETTE PERMET DE PASSER UN TRÈS BON MOMENT ! JUSTE LE PLAISIR DE CUISINER SIMPLE COMME J'AIME !

1. Pressez le citron pour en extraire le jus.

2. Incorporez 2 cuillerées à soupe de jus de citron dans la crème fraîche. Émincez la ciboulette et ajoutez-la au mélange précédent. Réservez au frais.

3. Dans un autre bol, fouettez le lait et les œufs, salez et poivrez.

4. Faites fondre le beurre avec l'huile à feu moyen dans une grande poêle antiadhésive. Trempez les tranches de brioche dans le mélange lait-œufs. Faites-les dorer des deux côtés dans la poêle, puis égouttez-les sur du papier absorbant.

5. Disposez la truite fumée sur les tranches de brioche, puis la crème au citron et parsemez de ciboulette. C'est prêt !

Mercredi
18
DÉCEMBRE

PAS DE MOIS DE DÉCEMBRE SANS PAIN D'ÉPICE ! ÉLEVÉ EN LORRAINE, C'ÉTAIT L'UN DE MES CADEAUX APPORTÉS PAR SAINT NICOLAS, LE PÈRE NOËL LOCAL. J'ADORE LE GRILLER ET LE TARTINER DE BEURRE, MAIS POUR LE RENDRE FESTIF, J'AI IMAGINÉ CETTE RECETTE.

PAIN D'ÉPICE À L'ORANGE CONFITE ET CHOCOLAT NOIR

1. Préparez le coulis : coupez l'orange confite en morceaux et mixez-la finement en ajustant la texture avec le jus d'orange.

2. Préparez le glaçage : faites fondre le chocolat haché avec la crème et le miel au bain-marie. Découpez le pain d'épice en tranches de 1 à 2 cm d'épaisseur.

3. Disposez les tranches sur une grille et nappez-les de glaçage au chocolat. Répartissez le coulis d'orange confite dans des assiettes, puis posez dessus les tranches de pain d'épice au chocolat. Dégustez !

Pour 4 personnes
Préparation : 15 min

- 400 g de pain d'épice artisanal

Pour le coulis

- 1 orange confite
- 10 à 15 cl de jus d'orange frais (soit 3 à 4 oranges pressées)

Pour le glaçage

- 100 g de chocolat noir à 75 % de cacao
- 20 cl de crème fleurette
- 1 cuil. à soupe de miel d'acacia

MIEUX S'ORGANISER

LA CHECK-LIST DES FÊTES

Commandez dès maintenant chez vos artisans !

- *Chez le boucher :* la dinde
- *Chez le poissonnier :* les huîtres et le saumon fumé
- *Chez le charcutier :* le foie gras cru entier
- *Chez le fromager :* un beau plateau de saison (cantal, brie, roquefort, beaufort…)

Jeudi

19

DÉCEMBRE

EXPRESS

NOIX DE SAINT-JACQUES ET PURÉE FINE DE MARRONS

QUELLE DÉLICATESSE QUE CELLE DE LA SAINT-JACQUES ! POUR NE PAS CONTRARIER SA DOUCEUR, JE L'ACCOMPAGNE D'UNE PURÉE DE MARRONS DOUCE ET SOYEUSE. LA CUISINE ADOUCIT LES MŒURS.

Pour 4 personnes
Préparation : 15 min
Cuisson : 20 min

- 250 g de marrons cuits au naturel (en bocal ou sous vide)
- 2 échalotes
- 30 g de beurre demi-sel
- 25 cl de bouillon de légumes
- 12 noix de saint-jacques avec corail
- 2 cuil. à soupe de noisettes
- 2 branches d'aneth
- Sel et poivre du moulin

1. Épluchez et ciselez finement les échalotes.

2. Faites chauffer 15 g de beurre demi-sel dans une casserole à feu moyen, puis ajoutez les échalotes et faites-les blondir en remuant régulièrement pendant 3 minutes.

3. Ajoutez les marrons et le bouillon de légumes, portez à ébullition, baissez le feu, couvrez la casserole et poursuivez la cuisson 10 minutes à couvert.

4. Retirez la casserole du feu et mixez jusqu'à l'obtention d'une purée fine et onctueuse : n'hésitez pas à ajouter un peu de bouillon chaud si la purée est trop ferme.

5. Faites chauffer le beurre à feu vif dans une poêle et faites dorer les noix de saint-jacques : elles doivent être juste colorées de chaque côté et encore nacrées à cœur.

6. Déposez la purée de marrons au fond des assiettes, posez les noix de saint-jacques par-dessus, et parsemez de noisettes concassées et de quelques pluches d'aneth.

J'AVAIS DÉJÀ MARIÉ LE FOIE GRAS À L'ENDIVE. L'AMERTUME DE L'UNE VA BIEN À L'AUTRE. ON CONNAÎT AUSSI L'ACCORD MANGUE ET FOIE GRAS POUR UN RÉSULTAT ACIDULÉ. J'AI RÉUNI CES TROIS INGRÉDIENTS EN IMAGINANT LE MEILLEUR. RÉSULTAT : OUI, C'EST UN MARIAGE HEUREUX… À TROIS !

Vendredi
20
DÉCEMBRE

Pour 4 personnes
Préparation : 15 min
Cuisson : 11 min

- ½ lobe de foie gras de canard entier cru
- 3 endives de pleine terre
- 1 cuil. à soupe de vinaigre balsamique
- Huile d'olive

Pour la vinaigrette de mangue

- 1 mangue bien mûre
- 2 cuil. à soupe d'huile d'olive
- 1 cuil. à soupe de vinaigre de cidre
- 1 cuil. à café de sel

FOIE GRAS POÊLÉ
AUX ENDIVES ET À LA MANGUE

1. Taillez le foie gras en tranches de 1 cm d'épaisseur et coupez les endives en quatre dans la longueur.

2. Faites braiser les endives dans une poêle à feu moyen avec de l'huile d'olive en retournant les quartiers pour qu'ils soient bien dorés sur toutes les faces. Poursuivez la cuisson à feu doux 10 minutes.

3. Préparez la vinaigrette de mangue : pelez la mangue et coupez-la en dés, puis mixez-la avec l'huile d'olive, le sel et le vinaigre de cidre.

4. Faites chauffer une autre poêle à feu vif, sans matière grasse, et saisissez les tranches de foie gras 30 secondes par côté.

5. Dressez 2 tranches de foie gras et 3 quartiers d'endive dans chaque assiette, et arrosez d'un trait de vinaigre balsamique. Servez accompagné de la vinaigrette à la mangue pour que chacun puisse assaisonner à son goût !

Samedi
21
DÉCEMBRE

C'EST LA PLEINE SAISON DES CLÉMENTINES ! POUR EN PROFITER PLUS TARD, JE VOUS INVITE À LES CONFIRE. VOUS POURREZ LES OFFRIR OU LES UTILISER DANS UN DESSERT AU CHOCOLAT…

ENTRE *nous*

Le travail des fruits confits demande des matières premières de qualité et beaucoup de temps et de patience. Cela explique le prix élevé de ces petites douceurs. Avec ces clémentines confites simplifiées, votre patience vous permettra de faire des économies en jouant au confiseur.

BOCAUX DE CLÉMENTINES confites

Pour 4 bocaux de 50 cl
Préparation : 15 min
Cuisson : 45 min
Macération : 1 nuit

- ❑ 20 petites clémentines bio
- ❑ Sucre cristal : l'équivalent du poids des fruits
- ❑ Eau

Matériel :

- ❑ papier cristal, ruban, étiquettes

1. La veille, pour enlever l'amertume des clémentines, mettez-les entières et non pelées (sans le pédoncule) dans une grande casserole. Recouvrez-les d'eau, portez à ébullition et égouttez-les aussitôt. Recommencez l'opération trois fois.

2. Coupez-les en deux et mettez-les dans une grande casserole ou une bassine à confiture. Versez le sucre et recouvrez-les de 5 cl d'eau. Portez à ébullition, puis faites cuire 15 minutes, coupez le feu et laissez macérer 1 nuit dans la casserole.

3. Le lendemain, portez à ébullition, puis baissez à feu doux. Posez une assiette sur les fruits afin qu'ils restent bien immergés pendant la cuisson. Laissez cuire 30 minutes.

4. Mettez les demi-clémentines encore chaudes dans les bocaux, couvrez-les de sirop et fermez aussitôt les bocaux hermétiquement. Étiquetez-les en indiquant la date de fabrication.

5. Conservez les clémentines au réfrigérateur pendant plusieurs semaines, l'idéal étant de patienter 2 à 3 mois avant de les déguster, elles n'en seront que meilleures !

6. Déguisez les bocaux de papier cristal, fermez à l'aide d'un ruban et offrez-les à vos convives pour les fêtes !

AH, L'ATELIER ROSES DES SABLES ! C'EST L'INITIATION À LA PÂTISSERIE DANS BEAUCOUP DE FAMILLES. VOICI MA VERSION POUR JOUER AVEC LES GOÛTS ET LES COULEURS !

Dimanche
22
DÉCEMBRE

ROSES DES SABLES aux trois chocolats

Pour 4 personnes
Préparation : 10 min
Cuisson : 5 min
Réfrigération : 1 h au moins

- ☐ 75 g de corn-flakes
- ☐ 50 g de chocolat noir
- ☐ 50 g de chocolat au lait
- ☐ 50 g de chocolat blanc

1. Faites fondre l'un des trois chocolats au bain-marie. Mélangez-y un tiers des corn-flakes. Formez des petites boules de ce mélange avec 2 cuillères à café sur une feuille de papier sulfurisé ou dans des caissettes individuelles en papier.

2. Recommencez avec les deux autres chocolats et placez le tout au réfrigérateur pour 1 heure au moins. Dégustez à l'heure du goûter !

À la place

Si vous préférez le riz soufflé aux corn-flakes, ça fonctionne aussi !

ENTRE *nous*

En France, les ventes de chocolat explosent en décembre ! En un seul mois, c'est 20 % de la production annuelle que nous croquons. (source : *Le Figaro*, avril 2017)

Lundi

23

DÉCEMBRE

ON A BEAU CHERCHER D'AUTRES IDÉES DE DESSERTS... À NOËL, ON EN REVIENT TOUJOURS À LA BÛCHE ! JE ME SUIS INSPIRÉ DE L'ACCORD POIRE-CHOCOLAT DE LA BELLE-HÉLÈNE POUR UNE BELLE BÛCHE DANS LAQUELLE LA POIRE SORT DU MOULE !

Bûche de Noël *poire-chocolat*

1. Réduisez les spéculoos en poudre dans un mixeur ou en les effritant à la main.

2. Pelez les poires en conservant la queue. Portez 1,2 litre d'eau à ébullition avec le sucre roux et les bâtons de cannelle, plongez-y les poires et pochez-les 20 minutes environ.

3. Hachez le chocolat et coupez le beurre en petits morceaux. Déposez le tout dans un saladier. Faites bouillir la crème et versez-la peu à peu sur le chocolat en mélangeant.

4. Ajoutez 20 g de spéculoos émiettés et mélangez à nouveau.

5. Chemisez l'intérieur du moule à cake avec du papier film. Parsemez au fond du moule la moitié des spéculoos en poudre restants, puis versez délicatement les deux tiers du mélange au chocolat de manière à obtenir une couche de 3 cm de hauteur environ. Déposez les poires (queue vers le haut) en les enfonçant légèrement dans la ganache.

6. Laissez prendre 4 heures au moins au réfrigérateur.

7. Sortez la bûche du moule, ôtez le papier film et coupez-la en tranches, puis dressez sur les assiettes.

8. Réchauffez légèrement la ganache restante (elle doit être juste coulante), puis versez-la sur le sommet des poires et parsemez de spéculoos effrités à la main.

Pour 6 personnes
Préparation : 20 min
Cuisson : 20 min
Réfrigération : 4 h

- 6 petites poires (type conférence)
- 200 g de chocolat noir à 64 % de cacao minimum
- 40 g de spéculoos + quelques-uns pour le décor
- 10 cl de crème liquide
- 20 g de beurre

Pour pocher les fruits

- 200 g de sucre roux en poudre
- 2 bâtons de cannelle

Matériel :

- 1 moule à cake de 22 cm de longueur
- papier film

Mardi
24
DÉCEMBRE

SALADE DE SAUMON FUMÉ AU POMELO

AVEC DES TAILLAGES ORIGINAUX ET DES ASSOCIATIONS DE SAVEURS NOUVELLES, CETTE SIMPLE SALADE DEVIENT UNE BELLE ENTRÉE DE NOËL. CHIC, LÉGÈRE ET VITAMINÉE !

Pour 4 personnes
Préparation : 15 à 20 min
Réfrigération : 20 min

- 1 botte de cresson
- 2 carottes violettes + 1 carotte orange
- 4 tranches de saumon fumé au bois de hêtre
- 1 pomelo
- 80 g d'œufs de saumon (facultatif)
- 3 brins d'aneth
- 2 cuil. à soupe d'huile d'olive
- Sel et poivre du moulin

1. Coupez les tiges du cresson et lavez les feuilles dans plusieurs bains d'eau froide. Pelez les carottes et réalisez des rubans à l'aide d'un rasoir à légumes. Réservez les tagliatelles de carotte dans un saladier d'eau froide afin de les raidir.

2. Taillez le saumon fumé en lanières.

3. Pelez le pomelo à vif et détachez les segments.

4. Dans un grand saladier, pressez la peau et les membranes blanches du pomelo afin de récupérer un maximum de jus. Versez dessus l'huile d'olive, salez, poivrez, et mélangez rapidement avec une fourchette.

5. Ajoutez le reste des ingrédients (sauf l'aneth et les œufs de saumon) dans le saladier.

6. Placez au frais 20 minutes avant de déguster.

7. Au moment de servir, décorez avec des pluches d'aneth et, si vous le souhaitez, avec des œufs de saumon.

Mieux choisir le saumon fumé

- S'il a beaucoup de lignes blanches : le saumon est bien gras et vient sûrement d'un élevage intensif… Non merci !
- Si les bords sont racornis : la tranche de saumon a séché et n'est plus fraîche, passez votre chemin.
- Privilégiez du saumon fumé qui ne contient que du saumon et du sel. Lisez les étiquettes !
- Si vous l'achetez chez le poissonnier ou le traiteur, faites-le découper devant vous à la main.

Pour 8 personnes
Préparation : 15 min
Cuisson : 2 h 30
Repos : 15 min

- 1 dinde fermière de 3,5 kg
- 400 g de marrons en bocal ou sous vide
- 80 g de beurre à température ambiante
- 25 cl de bouillon de volaille

Pour la farce

- 150 g de mie de pain
- 15 cl de lait
- 2 échalotes
- 20 g de beurre
- Le foie de la dinde
- 350 g de viande à farcir du boucher
- 1 œuf
- 100 g de marrons en bocal ou sous vide émiettés
- 1 cuil. à soupe de cognac
- Sel et poivre du moulin

Mercredi **25** DÉCEMBRE

DANS LA FAMILLE DES GRANDS CLASSIQUES QUI RASSEMBLENT, LA DINDE AUX MARRONS EST UNE VALEUR SÛRE. VOICI MON ATELIER EN 3 GRANDES ÉTAPES POUR NE PAS VOUS PRENDRE LA TÊTE AVEC LA DINDE.

DINDE AUX MARRONS *facile !*

1/ *La farce*

Faites tremper la mie de pain dans le lait. Épluchez et ciselez les échalotes, puis faites-les suer avec le beurre. Ajoutez le foie coupé en dés et laissez cuire 1 minute. Mélangez dans un bol le pain égoutté, le mélange échalotes-foie, la viande à farcir, l'œuf, les marrons émiettés et le cognac. Salez et poivrez. Farcissez la dinde et maintenez le croupion fermé à l'aide d'une pique.

2/ *La cuisson*

Préchauffez le four à 180 °C (th. 6).

Enduisez la dinde de 30 g de beurre mou. Salez et poivrez. Placez une grille sur la lèchefrite et déposez la dinde dessus. Enfournez pour 2 h 20 environ et arrosez la dinde toutes les 30 minutes avec du jus de cuisson.

Enveloppez la dinde de papier d'aluminium et laissez-la reposer dans le four éteint pendant 15 minutes.

3/ *Les marrons*

Pendant ce temps, faites revenir les marrons avec le reste de beurre, puis versez le bouillon de volaille. Faites cuire à feu doux jusqu'à quasi-évaporation du bouillon.

Découpez la dinde et servez-la accompagnée de marrons.

MON ASTUCE

Pour une cuisson parfaite de la dinde, comptez 18 minutes pour 500 g (dinde et farce comprise). À vos calculettes !

Jeudi

26

DÉCEMBRE

ANTI GASPI

BOUILLON À LA CITRONNELLE

APRÈS LES EXCÈS, RIEN DE TEL QU'UN BOUILLON POUR SE REMETTRE À L'ENDROIT. IL DOIT VOUS RESTER UN PEU DE DINDE : AJOUTEZ-EN QUELQUES MORCEAUX EFFILOCHÉS DANS LE BOUILLON !

Pour 4 personnes
Préparation : 15 min
Cuisson : 30 min

- ☐ 1 l de bouillon de légumes ou de volaille
- ☐ Les restes de la dinde de Noël effilochés
- ☐ 2 navets
- ☐ 2 carottes
- ☐ 1 petit blanc de poireau
- ☐ 2 cuil. à soupe de nuoc-mâm
- ☐ 2 bâtons de citronnelle fraîche
- ☐ 2 gousses d'ail
- ☐ 1 cm de rhizome de gingembre frais
- ☐ 1 citron vert
- ☐ ½ bouquet de ciboulette
- ☐ ½ bouquet de coriandre

1. Épluchez les légumes et le gingembre, et lavez-les. Coupez les carottes, les navets, le poireau et le gingembre en julienne. Pelez et dégermez l'ail. Ôtez les premières feuilles des bâtons de citronnelle et émincez-les finement. Ciselez les herbes.

2. Portez à ébullition le bouillon avec la citronnelle, le gingembre et l'ail, baissez le feu et laissez mijoter 20 minutes. Filtrez le bouillon.

3. Ajoutez les légumes dans le bouillon et laissez cuire 10 minutes.

4. Pressez le citron vert et réservez le jus.

5. Ajoutez enfin les restes de dinde effilochés, arrêtez la cuisson, et versez le jus de citron et le nuoc-mâm.

6. Servez le bouillon dans des bols avec les légumes et les morceaux de dinde, et parsemez d'herbes ciselées.

Vendredi
27
DÉCEMBRE

ESCALOPES DE VEAU aux airelles et aux poires

PENDANT LES FÊTES, ON N'A PAS TOUJOURS LE TEMPS DE METTRE LES PETITS PLATS DANS LES GRANDS. VOICI DONC UNE RECETTE DE FÊTES ULTRA RAPIDE !

1. Pelez, puis coupez les poires en cubes et citronnez-les.

2. Mettez les airelles, la moitié des dés de poires et le sucre à chauffer dans une petite casserole à feu moyen pendant 10 minutes.

3. Poêlez les poires restantes dans le beurre chaud, puis débarrassez-les.

4. Poêlez ensuite les escalopes à feu vif 2 à 3 minutes de chaque côté, salez et poivrez.

5. Servez les escalopes avec la compote d'airelles et les dés de poires poêlés.

Pour 4 personnes
Préparation : 15 min
Cuisson : 15 min

- ☐ 4 escalopes de veau
- ☐ 160 g d'airelles
- ☐ 2 poires
- ☐ 50 g de sucre
- ☐ 1 citron
- ☐ 20 g de beurre
- ☐ Sel et poivre

ENTRE *nous*

Les airelles sont des petites baies rouges très consommées en Amérique du Nord. Légèrement acides, elles se cuisinent en tarte ou avec une viande. Vous les trouverez vendues en bocaux dans de nombreux magasins.

Samedi

28

DÉCEMBRE

SAUMON au champagne

POUR CE GRAND CLASSIQUE DES FÊTES, CHOISISSEZ UN SAUMON BIEN ÉLEVÉ ET PAS TROP GRAS. LABEL ROUGE OU BIO D'IRLANDE, DEMANDEZ CONSEIL À VOTRE POISSONNIER.

Pour 4 personnes
Préparation : 5 min
Réfrigération : 20 min
Cuisson : 30 à 40 min

- ☐ 1 beau filet de saumon sans peau (700 à 800 g)
- ☐ 1 bouteille de champagne
- ☐ 4 échalotes
- ☐ 10 cl de crème liquide
- ☐ Sel et poivre

1. Épluchez et émincez finement les échalotes. Disposez le saumon dans un plat, recouvrez d'échalotes et versez le champagne. Filmez et conservez au frais pendant 20 minutes.

2. Préchauffez le four à 120 °C (th. 4). Mettez le saumon dans le four et laissez cuire pendant 30 à 40 minutes en l'arrosant régulièrement (vérifiez la cuisson, la chair doit être mi-cuite).

3. Sortez le saumon du four et couvrez-le de papier d'aluminium pour le conserver au chaud. Filtrez le jus de cuisson, rectifiez l'assaisonnement et faites-le réduire avec la crème dans une petite casserole.

4. Servez le saumon accompagné de sa sauce au champagne.

Dimanche

29

DÉCEMBRE

Tarte fine À L'ORANGE

VOICI UNE IDÉE DE DESSERT, POUR AUJOURD'HUI OU POUR LE MENU DU RÉVEILLON. RAFRAÎCHISSANTE ET BON MARCHÉ, L'ORANGE EMBALLERA VOS INVITÉS SUR CETTE TARTE FINE ET DIGESTE !

Pour 4 personnes
Préparation : 15 min
Cuisson : 25 min

- 1 disque de pâte feuilletée pur beurre
- 3 à 4 oranges de dégustation non traitées
- 4 cuil. à soupe de sucre en poudre
- 50 g de beurre mou + 2 cuil. à soupe de beurre fondu
- 1 citron vert

1. Préchauffez le four à 220 °C (th. 7-8).
2. Pelez les oranges à vif et prélevez les segments.
3. Découpez 4 disques de pâte de 12 cm de diamètre et disposez-les sur du papier sulfurisé.
4. Beurrez-les à l'aide d'un pinceau et saupoudrez-les de la moitié du sucre.
5. Ajoutez les quartiers d'oranges, saupoudrez-les du sucre restant, parsemez-les de petits morceaux de beurre et enfournez pour 25 minutes de cuisson.
6. Servez les tartes fines encore chaudes, parsemées de zeste de citron vert, et dégustez avec une boule de glace vanille.

Lundi

30

DÉCEMBRE

Pour 4 personnes
Préparation : 10 min
Congélation : 2 h

- 24 huîtres fines de claire
- 1 cuil. à soupe de vinaigre balsamique blanc
- 1 orange
- 1 citron vert
- 1 pamplemousse ros
- Poivre

1. Coupez l'orange, le citron vert et le pamplemousse en deux, et pressez-les pour en extraire le jus.

2. Dans un bol, mélangez tous les liquides. Poivrez et versez dans un récipient peu profond (type plat à gratin). Laissez prendre au congélateur pendant 30 minutes.

3. À l'aide d'une fourchette, grattez la surface de la préparation afin d'obtenir des cristaux de glace. Remettez au congélateur 30 minutes, puis répétez l'opération encore 1 à 2 fois pour obtenir un granité.

4. Ouvrez les huîtres au dernier moment et videz leur première eau, puis posez 1 cuillerée à café de granité aux agrumes sur chacune d'elles et servez aussitôt.

HUÎTRES *AU GRANITÉ* d'agrumes

MAGRETS DE CANARD
et courge rôtie à l'orange

JE SERS CETTE RECETTE TOUS LES ANS À MES INVITÉS. COLORÉE, FESTIVE ET PARFUMÉE, C'EST UNE BELLE FAÇON DE TERMINER L'ANNÉE !

- ☐ 2 magrets de canard (400 g chacun)
- ☐ 1 orange à jus
- ☐ 1 cuil. à soupe de miel d'oranger
- ☐ 1 cuil. à soupe de vinaigre d'alcool
- ☐ Sel et poivre du moulin

Pour la courge rôtie

- ☐ 500 g de courge musquée de Provence ou de potiron
- ☐ 2 oranges de dégustation
- ☐ 2 cuil. à soupe de miel d'oranger
- ☐ 20 g de beurre + 1 noix

1. Préchauffez le four à 200 °C (th. 6-7).

2. Pelez la courge, épépinez-la et coupez-la en tranches de 1 cm d'épaisseur. Pelez les oranges à vif et sortez chaque quartier de la membrane qui l'entoure, en récupérant le jus écoulé. Réservez.

3. Dans un plat à gratin beurré, alternez les tranches de courge et d'orange. Ajoutez le jus des oranges et le miel en filet. Parsemez de noisettes de beurre, poivrez et enfournez pour 25 minutes.

4. Pendant ce temps, quadrillez la peau des magrets au couteau, salez et poivrez. Faites chauffer une cocotte sur feu moyen sans matière grasse. Couchez-y les magrets côté peau et laissez cuire 8 minutes. Jetez le gras de cuisson. Retournez les magrets côté chair contre le fond de la cocotte et faites cuire 4 minutes (pour une cuisson rosée), puis retirez-les de la cocotte et jetez tout le gras de cuisson.

5. Versez le vinaigre dans la cocotte, laissez s'évaporer l'alcool pendant 15 secondes. Ajoutez le miel, le jus de l'orange, éteignez le feu et remettez les magrets dans la cocotte en les roulant bien dans le miel. Réservez 5 minutes à couvert.

6. Déposez des tranches de courge et d'orange dans des assiettes creuses. Coupez les magrets en tranches de 1 cm d'épaisseur dans la largeur, en récupérant le jus, et disposez-les sur la garniture courge-orange.

7. Versez dans la cocotte le jus rendu pendant le découpage et mélangez. Nappez les tranches de magret de cette sauce et servez aussitôt.

Pour 4 personnes
Préparation : 20 min
Cuisson : 35 à 40 min

INDEX DES PRODUITS

A

B

C

Q

R

S

T

V

Y

INDEX DES RECETTES

G

H

K

L

M

N

O

P

Q

R

S

REMERCIEMENTS

Sylvain Cambe pour ses belles photos sur mes tournages.

Stéphane Doublet, maraîcher dans l'Essonne et au marché du boulevard Richard Lenoir à Paris (photo de reportage).

Julie Balagué pour ses photos de l'instant.

Julie Bernard pour son aide précieuse.

Terroir d'avenir.

Anne Bergeron et Chloé Josso pour leurs belles photos de recettes. Bravo les filles !

L'équipe du Bureau des Affaires Graphiques : Cécile Bernier et Elie Guesdon.

Frédérique Sarfati pour sa confiance renouvelée.

Didier Férat et Diane Monserat pour leur beau travail et leur engagement.

Tous les chefs cuisiniers de la nouvelle et de l'ancienne génération rencontrés depuis tant d'années au fil de mes émissions et voyages, ainsi que tous les artisans passionnés et engagés pour une cuisine de saison et de qualité.

Mon fils, ma femme, ma mère, ma famille et tous mes amis, pour tous ces bons moments passés à table et ailleurs !

Et vous qui allez faire de ce livre le vôtre ! À l'heure du virtuel et de l'immédiateté, je suis tellement heureux d'être présent au quotidien dans votre cuisine !

Chloé Josso remercie Les Guimards et La Manufacture
de Digoin pour le prêt de céramiques.

Illustrations : Giulia Ceccaci

Photos de reportage : Julie Balagué

Photographies et stylisme des recettes :
Anne Bergeron et Chloé Josso

Illustrations des pages d'ouvertures et photos
des pages 83 (haut), 123 et 238 © Adobe Stock

Directeur éditorial : Didier Férat

Édition : Diane Monserat

Collaboration éditoriale : Julien Amat et Lucile Escourrou

Conception graphique et mise en page :
Le Bureau des Affaires Graphiques

Assistant graphiste et illustrations : Elie Guesdon

Photogravure : Chromostyle

Fabrication : Laurence Duboscq

ISBN : 978-2-263-15755-4

Code éditeur : S15755P/03

Dépôt légal : octobre 2018

Imprimé en Espagne par Macrolibros

MIXTE
Papier
FSC FSC® C003309